湖南出版大编辑

策划
彭玻

主编
张子云

编委
彭兆平 谢清风 杨春丽

民主与建设出版社
·北京·

© 民主与建设出版社，2024

图书在版编目（CIP）数据

湖南出版大编辑 / 张子云主编 . -- 北京：民主与建设出版社，2024.8
 ISBN 978-7-5139-4532-5

Ⅰ.①湖… Ⅱ.①张… Ⅲ.①出版工作者－生平事迹－湖南－现代 Ⅳ.① K825.42

中国国家版本馆 CIP 数据核字（2024）第 043826 号

湖南出版大编辑
HUNAN CHUBAN DA BIANJI

总策划	彭　玻
主　编	张子云
编　委	彭兆平　谢清风　杨春丽
责任编辑	谢爱友　金　弦　宁莲佳
封面设计	萧睿子
出版发行	民主与建设出版社有限责任公司
电　话	（010）59417749　59419778
社　址	北京市朝阳区宏泰东街远洋万和南区伍号公馆 4 层
邮　编	100102
印　刷	湖南天闻新华印务有限公司
版　次	2024 年 8 月第 1 版
印　次	2024 年 10 月第 1 次印刷
开　本	710 毫米 ×1000 毫米　1/16
印　张	32
字　数	383 千字
书　号	ISBN 978-7-5139-4532-5
定　价	128.00 元

注：如有印、装质量问题，请与出版社联系。

序

大编辑何谓，大编辑何为

◎彭玻

马克思在《青年在选择职业时的考虑》一文中，有这样一段感人肺腑的名言："如果我们选择了最能为人类福利而劳动的职业，我们就不会为它的重负所压倒，因为这是为全人类所作的牺牲；那时我们感到的将不是一点点自私而可怜的欢乐，我们的幸福将属于千万人，我们的事业并不显赫一时，但将永远存在，面对我们的骨灰，高尚的人们将洒下热泪。"出版工作就是这样一个值得为之燃烧生命的神圣职业。

湖南出版在20世纪80年代，是全国出版舞台上一支引人注目、声名显赫的出版力量，先后涌现出了一大批出版精品、出版创举和出版成就。这份辉煌成绩的背后，是一大批心甘情愿将毕生生命耗费在神圣事业上的出版工作者的付出。他们这一批人，创造了湖南出版群星闪耀时的奇迹，为湖南出版赢得了"出版湘军"的美名。他们当中，有埋头苦干的人，有拼命硬干的人，有敢为人先的人，有以身殉书的人，是他们构筑了湖南出版的脊梁，也是他们诠释了出版的本质和编辑的作为。

出版的本质是文化生产、思想物化和精神传递。其中，出版主体即出版机构和出版从业者居于核心地位，发挥主导作用。从出版的发展历程和现实业态来看，一直存在着"大出版小编辑"和"小出版大编辑"两种现象。

所谓"大出版小编辑"，是指编辑行为只是出版的一个环节，编辑人员只是出版人中的一部分。而且，随着出版产业组织形态和经营规模的不断扩大，随着传统出版与其他知识传播形式的日益融合，出版的外延不断拓宽，大出版的格局更加凸显。

所谓"小出版大编辑"，一方面是指编辑是一切出版行为的核心，所有出版从业者都是不同程度的编辑；另一方面是指卓越的编辑或编辑家，其价值和影响不限于出版界，而是突破至文化界、教育界、学术界，甚至成为思想文化的引领者和学术史的创造者。这样的编辑可以称之为大编辑。

历史上，出版业的发展在很大程度上都是大编辑推动的。我们无法想象，假如没有孔子、吕不韦、司马光、纪晓岚等大编辑，中国古代出版史会是怎样的；我们无法想象，假如没有张元济、梁启超、李大钊、陈独秀、胡适、鲁迅、叶圣陶等大编辑，中国近代出版史又会是怎样的；我们同样无法想象，假如没有胡真、李冰封、杨德豫、杨坚、锺叔河等大编辑，20世纪80年代的湖南出版会是怎样的！

今天的湖南出版与20世纪80年代相比，站位更高远，业务更广泛，格局更开阔，这得益于我国文化改革和出版政策的引领，也得益于当代湖南出版人的坚实努力，更得益于湖南老一代大编辑的精神传承与风范滋养。这些大编辑，是当代湖南出版大展拳脚的"活的灵魂"，也是当代湖南出版汲取智慧的"真的源泉"。

2022年底，我带着湖南出版集团转型升级中的一些困惑和对老一代大编辑的崇敬之心，去看望钟叔河先生，希望在钟先生那里能得到指点或启发。不承想，一向身体健朗的钟老，却病得下不了床，生活不能自理，与人交流也有些吃力。我一方面赶紧指示集团相关人员安排钟老尽快就医治疗，另一方面也开始思考湖南出版的精神传承与发展问题。因为，当时已经有好几位湖南老出版人接连因病离世了，其中一些人对于自己数十年出版生涯的经验、理念和思想，都没来得及回顾、总结和表达，他们身上所凝结的弥足珍贵的出版精神财富也随之遗失了。我的内心有一种遗憾之感，一种惋惜之感，更有一种刺痛之感。痛定之后，我开始再三反思：我们是做迟了什么？是忽略了什么？我觉得要立刻付诸行动去做一件事了，那就是：尽快组织一支编辑采写队伍，通过访谈、采写、记录的方式去抢救湖南老出版人的记忆。这是一项与时间比拼、与生命赛跑的工作，宜早不宜迟，宜快不宜慢。

经过慎重考虑，我将这个湖南老出版人采写的想法和项目，交到了彭兆平、张子云、谢清风等几位同志手上。他们也极力赞同这项"抢救性"工程，并立即付诸行动。2023年农历正月初八就组织部分编辑人员召开了第一次筹备会，十几天后又扩大规模召开了调度会，将项目的立意和价值做了阐述，将具体的采写任务和时间要求做了说明。很快，这项神圣且特殊的项目便进入具体的全面实施阶段。

在整个实施过程中，所有参与者都秉持着如下三条理念和方向：

其一，在形式上尽量体现融合性。大家秉承融合出版理念，创新出版形态，运用、收集包括文字、图片、音频、视频及影印件等资料，以纸质书本、人物访谈短视频、人物故事长视频、人物专题视频等多维度立体化呈现，给湖南出版、中国出版留下珍贵的史料，给读者带来生动鲜活、有声有色的阅读体验。

其二，在内容上充分体现聚焦性。主要聚焦于"出版"和"人"。聚焦于"出版"是指，重点凸显个体人物在出版经历、出版活动、出版业绩、出版思想方面的故事，通过对个体叙述细节的深入挖掘与生命故事的生动呈现，展现他们在出版专业、出版事业方面的理念、思考、追求与作为。聚焦于"人"是指，对人物的撰写并非冷冰冰的生平概述，也并非简单停留在对事件的记述上，而是通过叙事来着力体现各种选择、各种行为背后的"人"的生命情感与精神追求。就是说，既有故事的现场感，又有人物的生命感。

其三，在未来走向上明确体现开放性。这主要是就湖南老出版人的选择范围和对象而言的。由于具有影响力和值得书写的湖南出版人物数量较多，他们每个人的出版故事都丰富多彩，不是一两本书可以容纳的。因此，本项目不是一次性工作，而是延续性工程。

经过一年时间紧锣密鼓、扎实深入的努力，我们已经推出了《湖南出版五先生》一书。这部书以采写和记录的方式，以真挚而温暖的文笔，讲述了钟叔河、朱正、唐俊荣、唐浩明、蔡皋这五位湖南出版界大先生的成长经历和出版人生。不仅呈现了他们带有书卷气与使命感的人生履历，而且对他们的人格、意志、品质诸方面进行了适当的提炼与总结。该书进入图书市场后，很快获得了积极的反响。有多位学者在《中华读书报》等报刊发表书评文章给予褒扬；有好几所学校在师生中开展了该书的阅读分享活动；一些比较有影响力的自媒体读书平台也进行了重点推荐。尤其值得一提的是，《中国青年报》2024年第一季度的10本书推荐书单中，对《湖南出版五先生》进行了高度的评价："此书出版之意义绝不限于出版界或文化界，它指向无穷无尽的领域。这本书与一代代读者有关，牵扯的是人成长的精神源泉；这本书也与许许多多的人的成长有关,给予读者的是切近可学、值得借鉴的人格榜样。"

现在,继《湖南出版五先生》之后,我们推出的是这本《湖南出版大编辑》。阅读这部新的书稿,有一种强烈的感受,那就是:湖南出版的历史天空,不仅有光彩夺目的"五先生",更有如繁星般璀璨的"大编辑"。

本书记录的这十九位大编辑,他们已经故去,已经将毕生的心血都献给了自己深爱的出版事业,但是他们的精神光耀未来。他们心怀理想、身肩使命,以窃火播光的虔敬与热望,造就了湖南出版的辉煌,推动了湖南出版乃至中国出版的发展进步。他们有着丰富的人生阅历、扎实的专业功底、深厚的文化底蕴,而且大多有着一流的学问与创作。他们视出版为一生志业,是湖南出版发展的重要见证者、亲历者与推动者,是点亮在湖南出版人前行路上的盏盏明灯。他们的名字早已镌刻在湖南出版发展史上:胡真、杨坚、胡昭镕、黎维新、胡遐之、王勉思、李全安、曹先捷、李冰封、杨德豫、洪长春、黄起衰、骆之恬、黄治正、梁绍辉、刘孝纯、弘征、郭天民、胡本昱等。当然,在这十九位之外,还有不少值得我们崇敬和书写的湖南大编辑,他们有的已故去,有的还健在,我们将留待此后分批对他们的成长经历和出版人生再做书写。

目前这部《湖南出版大编辑》是对湖南老编辑精神群像的一次集中展示,我们希望能以此为新一代湖南出版人提供融知识、思想、精神、价值观于一体的成长成才教科书,进而有利于建设当代湖南出版业、推进出版强国建设。

那么,为什么称他们为大编辑?大编辑的作为是如何体现的?

首先,大编辑能顺大势。

编辑出版是引领文化趋势的行业，同时也是顺应文化趋势的行业。何谓趋势？《孙子兵法》的解释是"转圆石于千仞之山"。就是说一块大石头在千仞高山上绕着圈旋转，将要掉下来却还没有掉下来。这意味着"趋势"是一种不可抗拒的力量。改革开放之初，破旧立新、勇于创新、重用人才是当时的社会文化趋势，真正的大编辑就能以一种宏大的气魄与格局，顺应这种时代大势，顺势而为。比如，被誉为出版战略家的胡真先生就是顺大势的典范。胡真先生在改革开放之初担任湖南出版事业管理局局长，不到半年便以宏阔的视野、勃然的勇气，高调提出"立足本省，面向全国，争取更多的图书进入国际市场"的响亮方针。与此同时，他不拘一格选人才，将一大批曾被错划右派的优秀知识分子聚拢到湖南出版领域，为湖南出版的壮大奠定了强大的人才基础。他虽然没有具体编辑过哪一本书，但他的编辑出版理念与思想却顺应时代、引领风潮，他惜才、重才、引才的"超常"举措，至今还广为传颂。

其次，大编辑能传大道。

"道"是中国文化中非常重要的精神范畴，"求道"是一切文化人的最高精神追求。孔子甚至说，"朝闻道，夕死可矣"。随着社会的发展和行业的分化，出现了各种各样的道。编辑出版从业者也有自己的编辑出版之道。真正的大编辑都是传大道的典范。比如杨德豫先生，他是著名的英诗翻译家，他的译著有多种，且质量上乘。作为编辑家，他编的《诗苑译林》丛书51种，是自五四以来中国第一套大型外国诗歌中译本丛书。他责编的《黄兴与中国革命》一书有19万字，是美籍华人的英文著作，其中的地名、人名、引文多几经转译，已不准确。但是，杨德豫先生却以他超强的专业水平、细致的编校精神，最终使全部中文恢复了原貌。杨德豫先生就是在编辑实践中，始终坚守编辑出版的本质和初心，以实际行动诠释了编辑的精神信念和求道精神。

再次，大编辑能出大书。

在人类的书籍出版史上，占据重要地位的往往都是大书，也是这些大书承载着每一个历史时期人类的文化高度。所谓大书，不仅是指大篇幅、大部头，还指其经典性和影响力。大书往往出自大编辑之手，而大书也往往成就大编辑。比如郭天民先生，他是湖南书籍设计界的一面旗帜，也是能出大书的大编辑。他花费了整整六年时间，克服了种种难以想象的困难，换来了煌煌10卷的《齐白石全集》。这套全集旁通博考，印证翔实，全面、完整、准确反映了齐白石的艺术道路和艺术成就，入选第三届国家图书奖正式奖，而且被选送莱比锡参加"全世界最美的书"的评选，被德国书籍与文字博物馆收藏，真正成为一部不朽的大书。此外，像《诗苑译林》、《散文译丛》、《第一推动丛书》、《世界著名学府》丛书等，都是出自湖南大编辑之手的有重要影响的大书。

最后，大编辑能成大爱。

编辑是一种"为他人作嫁衣"的职业，付出性和奉献性是编辑的基本特征。因此，一个好编辑一定具有出版情怀，对出版事业有一种发自内心的热爱。尤其是大编辑，往往具有大爱，甘愿将毕生心血都耗费在出版事业上。比如，杨坚先生便是如此。杨坚先生是著名的古籍整理专家、编辑家。他编辑《船山全书》可以说是到了"以身殉书"的程度。在他离世前的四个月，周一至周五上午还去办公室上班，为《船山全书》再版重读改正错误。那时候，他已"老年喘嗽，出气不赢"，但为了将船山先生的大著校好，他仍拼命硬撑，最后离开办公室时还依规矩请假。正因为对出版事业怀有大爱，杨坚先生才能在生命的最后时刻甘愿为其奉献心力。

正是这群大编辑，以他们的大格局、大学识、大情怀和大本领，在改革开放之初的百废待兴中顺大势，在开拓进取的出版事业中传大道，在敢为人先的创新思路中出大书，在无怨无悔的出版情怀中成大爱，最终生动展现了大编辑的作为与能为，也充分诠释了出版的本质与品质。

这群大编辑还以他们真实的编辑作为和出版成就，映照出了这个职业所能承载的更大可能性。他们在工作中并不止于策划、编校、出版的层面，也不止于做一个优秀的"幕后工作者"和"文化中介"，他们常常基于自身的德才学识，以战略家、作家、学者、诗人、翻译家、艺术家等身份，走向学术文化创造的前沿阵地，积极参与、助推甚至引领学术思想发展和社会文化潮流，从而在社会文化发展中承担更多责任，肩负更大使命。

一时代有一时代之文化，一时代也有一时代之出版。今天的出版业从规模、形态、特征来看，确乎朝着大出版时代在迈进，多元化、数字化、智能化，成为当前乃至未来出版的必然趋势。然而，"大出版"并不意味着一定只能做"小编辑"，大出版也少不了大编辑，大出版更呼唤大编辑。作为新时代的编辑，我们在日益复杂的出版营商环境下，不能消磨志气，不能畏惧挑战，我们敬仰大编辑风范的心不能死，接续大编辑精神的信念不能断，成就大编辑事业的热血不能凉。

我们在《湖南出版五先生》之后，又精心推出《湖南出版大编辑》，就是想从更多维度提供湖南老一代大编辑的学习范本，实现大编辑精神与年轻一代编辑之间的有效对话，进而以当下立场理解过去作为，以今日担当对接往日使命，以后辈作为承袭前辈风范，最终为中国未来出版贡献湖南力量。

目录

胡　真
带着闪电的春雷　　001
执笔人——杨春丽　李郑龙

杨　坚
真正的学究　　033
执笔人——刘文

胡昭镕
默默耕作的"农人"　　059
执笔人——周熠

黎维新
只带着我的笔和书前行　　085
执笔人——潘凯

胡遐之
荒唐慷慨两无妨　　117
执笔人——王文西

王勉思
为拓荒者的"老太太"   151
执笔人——巢晶晶 陈慕芸

李全安
少壮功夫老始成   173
执笔人——杨蕙萌

曹先捷
老骥追光阴，奋蹄勇争先   193
执笔人——夏克军 姚雅馨

李冰封
"出版湘军"的"接棒人"   219
执笔人——杨宁 石元刚

杨德豫
怀抱浓荫的骄杨   247
执笔人——耿会芬

洪长春
战士无畏拓新章   269
执笔人——张洵 胡楚意

黄起衰
无私忘我的出版界"老黄牛"   293

执笔人——贺娅

骆之恬
半生戎马半生歌   315

执笔人——刘思危 周倩倩

黄治正
好书的"守门人"   339

执笔人——曹晓彤

梁绍辉
湖南古籍出版的开路先锋   361

执笔人——李业鹏 丁利

刘孝纯
命运不惧日日新   387

执笔人——杨春丽

弘　征
文艺出版界的士大夫   417

执笔人——吕苗莉

郭天民
戈巴的"文心雕虫"　　441

执笔人——柳刚永　杜作波　唐杰　罗彪

胡本昱
兀兀穷年未懈怠　　473

执笔人——徐夏楠　蔡雨岑

胡 真

带着闪电的春雷

执笔人——**杨春丽** **李郑龙**

胡真

  他是湖南出版璀璨星空里极为耀眼的一颗星。

  胡真于退休前走马上任湖南出版一把手，大胆解放思想，敢为人先，发改革之声，"立足本省，面向全国，争取更多的图书进入国际市场"，惊人之举，冲破"三化"方针的禁锢，推动了新的全国地方出版方针"立足本地，面向全国"之确立。他不拘一格选人才，聚拢起一支卓有贡献、名家辈出的编辑队伍，开启了湖南出版熠熠生辉的繁盛期。仅此两项，足以在出版史册上留下浓墨重彩的一笔。可以说，胡真先生是一位没做过编辑的"大编辑"，是湖南出版乃至中国出版必须铭记的一位"大编辑"。

1978年3月，长沙北城，因历史渊源而命名的营盘路上，陈旧且不宽敞的出版大院，走进一位身着中山服的"老革命"。此时，他身后的中国，春雷在天边隆隆响起，暖风徐徐吹拂着大地，深厚的土壤里种子正酝酿破土而出的力量。

一个宏大的改革时代即将来临。

思想解放的先行者

春天里来到出版大院的"老革命"胡真，时年已届57。之前十多年间，他曾先后在这条路上的几家单位任职。这回走马上任湖南省出版事业管理局（以下简称"湖南省出版局"或"出版局"）第一届党组书记、局长，是他职业生涯的最后一站。按常理，临近退休的日子可以安稳度过，但他没有，也不会那样做。于他而言，"一种没有雄心也没有激情的金光闪闪的平庸，漫无目的、无限地周而复始的日子，缓缓地滑向死亡，不寻思原因的生活，原封不动地保存和重复世界，看来既不可取，也不可能"。春天刚刚来临，秋天还远着呢。

没过半年，胡真就做了第一件大事，称得上惊人之举。8月，他高调提出，湖南出版要"立足本省，面向全国，争取更多的图书进入国际市场"，他认定，只有这样才能把湖南出版搞活。这意味着以前的观念和做法都要被打破。自此，安静的出版大院起了波澜。

刚入出版门，为何要搅动这一池水？胡真到底是个怎样的人？

胡真自延安来，原名陆汉萍，1921年出生于江苏无锡。八岁那年，母亲带着他和弟弟妹妹，从家乡移居上海，与在上海做摊贩生意的陆父团聚。从农村到繁华大都市，新鲜事物如潮水般奔涌而来，陆汉萍视野大开。环境的急遽变化与反差，让他的思想很快成熟起来，行事大胆且有些冒险精神。父母本期望身为长子的他帮忙打理家中事务，将来好承继家业，可他对生意事兴趣寥寥，偏偏选择去走另外一条道路。热血似火的少年，朝着更大的天地，疾风策马行。

"他一直就是个激情澎湃的人。"直到今天，儿子陆小山仍然这样评价父亲。

陆家人居住在上海曹家渡五角场老公益里，此地为附近纱厂工人的聚居区，不少工人参加过1926年10月至1927年3月期间三次轰轰烈烈的上海工人武装起义。陆汉萍性格外向，喜与工人交往，平生第一次听说"中国共产党""周恩来""总罢工""为穷苦人谋利益"这些新鲜词，心灵受到巨大震荡和冲击，萌生了加入共产党的愿望。性格独特的人总有自己独特的命运。1935年，才14岁的胡真成为心之向往的共产党一员。之后他激情满怀，投入抗日救亡运动，传递"救亡情报"，组织民众抵制日货，参加游行示威。1938年4月一个阴雨之夜，才三年党龄的陆汉萍，在地下党同志们的帮助下，以难民身份赴香港，再辗转广州、武汉、西安，奔赴红色延安。途经西安八路军办事处时，陆汉萍改名胡真。在延安，胡真见到了毛泽东，聆听了他的演讲。多年后，他无比深情地回忆道："这是我到延安后听到的最生动活泼的一次演讲，也是一次极其深刻的党史教育。毛泽东同志的这一课，对我参加整风学习和在以后党的生活中都产生了重大的影响。"伟人的思想，深深地影响了他一生。

新中国成立前夕，胡真南下入湘，先后在湖南省委办公厅秘书科、湖南省文化局、湖南省国际活动指导委员会办公室、湖南省文教办、湖南省委办公厅综合组、湖南省档案局、湖南省委宣传部等单位工作，任职从秘书到科长、处长、副局长、局长、党组书记，再到省委副秘书长兼办公厅主任，直至省委宣传部副部长。漫长的革命生涯中，他也遭受过委屈,"文化大革命"期间,被下放五七干校劳动六年,后又去地处澧县的湖南拖拉机制造厂任职六年,但他始终毫无怨言。

经历过风风雨雨,胡真的性格愈发勇毅果敢,无所畏惧,予人一种很"刚"的印象。面对并肩作战战友的牺牲、至亲好友的离去,他虽有难以言说的悲伤,却从未掉过一滴眼泪,即便父母过世亦如此。而1976年9月9日,当广播里传来毛泽东同志逝世的噩耗,胡真悲痛欲绝,无法控制情绪,于众目睽睽之下放声痛哭,任谁也劝不住。"这是我入党后,为伟大领袖毛泽东同志的逝世而痛哭,也是我至今为止唯一的一次痛哭。"

"文化大革命"结束后,省委考虑重新任用胡真,鉴于他在宣传文化部门工作多年,有深厚的政治文化修养和众多文化艺术界的人脉资源,决定将他从工业系统转出,从澧县调回长沙,重回宣传文化系统。

对出版,胡真其实并不陌生。"一二·九"运动后,风华正茂的胡真曾先后创办过两份小杂志——《动荡月刊》和《少年人》,前者宣传党的抗日救亡主张,宣传新文字、世界语,这时期他发表了第一篇小说《家乡的河》、第一首诗《一枝笔》。后者曾约请到宋之的、张庚、章泯等人撰文。因有名家撰稿,两份小杂志在苏浙皖、云贵川读者中有一定影响。解放战争时期,胡真在冀东日报社当过编辑、新华社冀东分社任过特约通讯员。

对图书,胡真亦有一种特殊情感。在上海时,好学勤读的他喜欢跑书店。上海福州路上的各家书店(出版社)都是他常去之地,特别是生活书店、北新书店、开明书店这类进步书店,联系的作者面广,文学方面有巴金、茅盾、老舍、王统照、欧阳山、艾芜、沙汀、张天翼、周立波、郑振铎、臧克家等作家,社科类则有张仲实、沈志远、胡绳、柳湜、金仲华、钱亦石、吴亮平等著作家、翻译家,他们中很多是共

胡真在主持会议

产党员，在著作中宣扬马列主义，激励青年走革命道路。一个偶然的机会，胡真在朋友家的书架上翻到《西行漫记》，才读了几页便被深深吸引，于是借阅了十天。正是这次阅读，他了解到工农红军二万五千里长征、延安红色政权，第一次知道了"毛泽东"的名字。也正是这次阅读，促使他又一次做出抉择，义无反顾地奔赴延安。延安七年，理想沐浴了光辉，读书伴随成长。胡真在陕北公学、延安马列学院国际问题研究室、延安中央研究院俄文研究室和延安中央党校，阅读了大量马列和毛泽东的著作。经典不厌百回读，熟读精思子自知。在延安这所红色大学堂里，他成长为一位既有丰富革命实践经验、又有深厚理论功底的文职干部。书，是他在时代波涛中航行的思想之船，书改变了胡真，也同样影响了他的一生。

延安精神滋养了胡真，对其中最重要的一条——解放思想、实事求是，他领悟得尤其深刻。来到出版系统，他首先去做调查研究，去了解湖南出版的具体实际。他做了一个统计，湖南人民出版社（前身为湖南通俗读物出版社）自1954年建社以来出版的4891种图书中，仅为反右派斗争、"大跃进"、人民公社化运动、"文化大革命"服务而出版的图书里，报废的竟然达1300多种，占23年来出版图书总数的27%。面对这样的数字，他不由得感叹："这是一个惊人的比例！"

而这23年以来，从湖南通俗读物出版社到湖南人民出版社，始终执行的是20世纪50年代初国家制定的地方出版方针，即地方化、通俗化、群众化（简称"三化"）方针。"地方化"要求出版物适应地方需要，作者、读者、发行都限制在本省本地区之内；"通俗化""群众化"要求只出版面向工农群众的通俗读物，排除中高级读物尤其是学术性读物。这个方针是根据国家恢复时期和过渡时期的经济发展水平、人民群众文化水平提出的，当时出版工作的主要任务是普及文化科学知识，提高文化科学水平，此方针是符合当时客观实际的。但它的局限性显而易见，它是一种画地为牢的做法，让地方出版只能"螺蛳壳里做道场"，天地很小，施展不开。导致的结果，一是出版物质量不高。地方出版的图书只限于本省发行流通，极少销往省外，妨碍了各地之间的图书交流，抑制了全国出版业的发展活力。二是作者队伍狭窄。书稿的来源十分有限，依靠本省工农业生产部门、宣传文化部门编写的有1506种，约占出版总数的30%；依靠出版社自身编写的有1038种，约占出版总数的20%，其中绝大多数是为各种运动服务，后来绝大多数也被报废。还有一类是依靠零散作者，大都是几人集体创作或个人编写。个人作品无非是地方小戏、美术作品、文学创作，其中美术作品作者范围更小，几乎年年是那几个人，文学类读物虽有本土作家周立波、蒋牧良、康濯等人的作品，但也不多，省外作者更是寥寥无几。

十年动乱中，编辑队伍不是被遣散，就是被除名，再不然就下放农村劳动，许多机构也被撤销。十年里纷纷出版的，是大量服务运动的小册子、剪刀加糨糊粗制滥造的小本子，造成极大浪费。而有价值的学术著作、文学作品被视为黑线作品，根本无法出版。折腾加践踏，严重破坏了作者队伍和编辑队伍。出版园地百花凋零，一片荒芜，新华书店寂寥冷清。而此状况不只限于湖南，其他省份情况也大致相似。

正当胡真搞调查、做统计、摸家底时，1978年5月间，一场涉及观念变革的大讨论"实践是检验真理的唯一标准"在全国展开，中央的讲话精神不断下达，"打破精神枷锁，使我们的思想来个大解放""一定要和实际相结合，要分析研究实际情况、解决实际问题""解放思想是当前的一个重大政治问题""解放思想，开动脑筋，实事求是，团结一致向前看，首先是解放思想"……思想解放之风频频吹起，中央又提出"尊重知识，尊重人才""提高整个中华民族的科学文化水平"，鼓励青年努力学习科学文化知识，全国读者的求知欲望空前高涨，对各领域的、较高层次的、高品位的、丰富多彩的读物的需求陡增。很显然，过去循用的"三化"方针已远远不能适应新时代的需求了。

凭借自身的洞察与体悟，胡真敏感而清晰地判断："我们正生活在一个大变革的时代，生活在中国对外开放的时代，生活在世界性的信息时代。""改革之风已吹遍城乡，客观形势发展如此之快，往往总是出乎人们的意料。其中当然也包括出版战线的形势。"各条战线、各个部门、各项工作正在经受伟大实践的检验。旧的知识观念、旧的人才观念、旧的价值观念、旧的时空观念等等，都已被时代摒弃，或正在被摒弃。在新的历史时期，对待人和事物都应有新的观念、新的标准。改革的核心，归根结底是观念之变。如何于巨变之际规划湖南出版的未来，如何达到中央的新要求，解放思想就是第一重要任务。对过去禁锢思想行为的"禁区"，要敢去触动，不破则不立。此时的出版界，急需一个引领未来的崭新观念；此时的出版界，也急需一个触发点。胡真自知背负了一种责任，亦知探索有风险、破局实艰难，但他别无选择。他认为是打破沉寂的时候了，大胆发声"立足本省，面向全国，争取更多的图书进入国际市场"。对这一主张，他如此诠释其中涵义。

"立足本省"，不是简单的"地方化"，而是一要确定湖南出版依然服务于湖南，依然扎根三湘四水；二要从湖南实际出发，根据时代巨变，既出版适应各行各业、各类人群需要的通俗类读物，又出版学术性较强、层次品位较高的高品质读物；三要摒弃跟风出版的弊病，树立自己的目标，创造湖南出版的特色；四要按照周恩来总理指示，出好书，快出书，多出好书。

"面向全国"，是个新观念，是有志向的出版人应有之观念。湖南须从全国发展之需、全国读者之需去考虑选题、组织书稿，培养一批有学识、有经验、有作者朋友、有识别书稿价值的优秀编辑，把全国有声望的优秀作者团结到湖南出版的周围来，形成一支省内外相结合、有相当数量的作者队伍，才能"出好书"。

胡真认为，"出版工作要加强竞争意识"，不仅地方出版社之间要竞争，地方出版社和中央出版社之间也要竞争，此乃大势所趋。中央一级出版社和地方出版社，只是所处位置不同、分工不同，没有高低之分、上下之分，彼此是平等的。具体说，全国著名作者的书稿，你可出，我也可出，这就是竞争。对提高整个国家的出版水平、满足全国读者的需要皆有好处，何乐不为？

"争取更多的图书进入国际市场"，是一项对外文化交流工作。我国有专门的图书进出口贸易公司，选择优秀图书出口到世界各国，但被选中的图书都来自京沪一些大型出版社，地方出版社出版的图书品位不高，不能列入出口范围。而今地方出版已呈发展壮大之势，理应进入更广阔的国际图书市场。

胡真的观点一亮相，如深水炸弹激起巨大波澜。因为此观点由湖南率先提出，国家出版局决定，将十年动乱结束后的第一次全国出版工作座谈会安排在长沙召开。为开好"长沙会议"，国家出版局派出调查组带着议题，先赴几个省调研。多数地方出版社表示，不能再株守"三化"方针了，应该突破藩篱。有的地方社业已悄悄动手，翻译出版外国古典名著，出版当代中国著名作家的作品。调查组回京如实提交了报告，题目即是《立足本省，面向全国——新形势下地方出版社的必由之路》。

1979年12月的长沙，阴冷潮湿。全国出版工作座谈会上，胡真旗帜鲜明的呼吁引起强烈反响，代表们各抒己见，热烈争论。出版界如何适应新需要、开创新局面？过去执行的"三化"方针是否还适用、省级出版社的出书方针能否改变？要不要以"立足本省，面向全国"来替代"三化"方针？

观念这东西很奇特，一旦有了惯性，就会形成一种依赖，保持一种姿势，固守成规、遵循习惯、抗拒改变，以规避风险和不可预测的责任。一下子要放开，很多人转不过弯来。然而，大势不可逆转。当时国家出版局的主要负责人陈翰伯，根据会前调查和会上讨论明确表态："要充分发挥中央和地方出版社两个积极性，目前要特别注意发挥地方出版社的积极性，同时要树立全国一盘棋的思想。""立足本省，面向全国或兼顾全国，可以试行，地方出版社出书不受'三化'限制。"

事实证明，争论有益，最后的结果令人欣喜。"立足本地，面向全国"被正式确定为新的地方出版方针，并写入1983年6月中共中央、国务院《关于加强出版工作的决定》之中。

胡真"不仅自己身体力行这些口号，而且为之摇旗呐喊，促进了全国出版事业的改革开放"。他突破思想禁区之举，于当时中国出版业，深具转折性的历史意义。

当年"长沙会议"的组织者之一、原新闻出版署署长宋木文，为胡真《我的出版观》一书作序，高度评价胡真所提出的观点："在湖南率先提出并开始实行'立足本地，面向全国'方针的胡真同志旗帜鲜明的呼吁在会上引起强烈的反响……长沙会议调整地方出版工作方针，是又一次重大的思想解放，是出版体制改革向前迈出的重要一步，带来了全国出版事业的发展和繁荣。而胡真同志作为这个方针的建议者、实践者之一，对陈翰伯同志主持的国家出版局党组关于调整地方出版工作方针的决策，作出了不可磨灭的贡献。"

新的出版方针，很快深入人心。在当年一份"湖南人民出版社工作人员试题卷"上，赫然在目的第一道题是："我社的出版方针是什么？

成立于1978年的湖南省出版事业管理局，当时局属各出版社都在这里办公

胡真著《我的出版观》

你怎样理解这个方针？"答题人是时任装帧设计室主任的胡杰，他写下的答案简明扼要，理解十分到位。

我要"招兵买马"

有了一个正确的指导思想，还要有一支坚强的出版队伍。胡真说："为了繁荣湖南出版事业，必须招贤纳士，网罗人才，扩大出版队伍。古语云，'事在人为'嘛！毛主席也说过，正确的政治路线确定之后，干部就是决定的因素。"

湖南出版界召开第一次全省编辑大会，胡真提出，一定要做到"三个贯彻""三个转变""一个落实"。其中"一个落实"，就是要落实党的政策，抓紧办好两件事，一是对过去错划为右派的人，本着实事求是、有错必纠的精神，弄清一个，平反一个，落实政策；二是对过去运动中受到伤害的同志，领导要作自我检查，承担责任，检讨错误。

敢不敢起用这些人，根据他们的一技之长，放手让他们工作，是衡量一个领导者政策水平的试金石。胡真的观点是："从是否有利出版事业发展来考虑，注重真才实学，凡是有足够业务水平和良好表现的就录用、使用、提拔，反之则不用。""真才实学一般地也包括着学历因素和经历因素。""从事出版工作的人，不仅要有真才实学，而且要在出版事业上有创造性。出版事业最难得的是有创造性的人才，而出版事业最需要的也正是这种有创造性的人才。一个唯唯诺诺的人，一个你说什么就依样画葫芦地去做事的人，一个不动脑筋墨守成规的人，不是一个好的出版工作者。"

凭着以往在宣传文化部门工作时掌握的情况，胡真开列了一份人才清单。所列皆是学有所长、才华横溢之士，他们或在"反右倾"运动中被划右派，或"文化大革命"期间被打成现行反革命分子，被各种不实之名束缚了手脚，有些人还戴着沉重的"帽子"没摘掉，有些人还流落街头打零工，处境十分困难。

胡真下了决心，无论如何要把这批知识分子请来出版系统。他或派人去请，或自己登门拜访，有"三顾茅庐"的诚恳，也有晓之以理的"霸蛮"。真诚打动了人心。据当年在出版局政治处工作的老出版人陈秋玲回忆："胡真为引进人才那真是不惜代价，给予非常优厚的待遇。譬如为引进一个人同时调进配偶、安排子女工作。局里还在燕山街买了房产，安置举家迁入长沙的人员。暂时没房子的，也安排去宾馆过渡。"

短短三四年时间里，一批批优秀人才源源不断汇集拢来，其中有杨德豫（即江声）、洪长春、杨坚、朱正、李冰封、杨衡钟（即弘征）、柏原、锺叔河、郑小娟、胡遐之、唐荫荪、邓潭洲、康曼敏、夏敬文、龚绍忍、潘运告、王勉思、蔡皋、唐浩明、林怀秋、李全安、梁绍辉、曹先捷、骆之恬、郭天民等。就这样，胡真放手录用了一批被错划右派和落实知识分子政策的人士；从各单位商调了一批有编辑经历和文字能力的人员；从学校选调了一批有专业知识背景的教师；从高校争取分配了一批本科生、研究生；从社会上寻得了一批自学成才的人士。他们与原有的老出版人黎维新、黄治正、胡昭镕、喻岳衡、胡本昱等一起，将原来四五十人的编辑队伍壮大到205人，组成了前所未有、难以想象的强大编辑阵容。

多年后，胡真还清楚地记得："李冰封当时下放在南县一家中学教书，我亲自写信，派人事处副处长持我的信到南县去征求他的意见，愿不愿意到出版局工作，在征得他的同意后，我又派那位人事处副处长带小车把他接来长沙。柏原当时没有职业，住在长沙一个偏僻的地方，

湖南始终保持广纳人才的传统。2002年湖南出版集团人力资源管理部门负责人陈秋玲（二排右五）、贺砾辉（二排右四）参加全国性高校人才招聘协商会议

部分老出版人（左起：郑小娟、弘征、刘孝纯、黎维新、杨德嘉、李冰封、郏宝雄、陈秋玲、蔡皋、罗凌翩）

我亲自登门拜访，征求他的意见，是否愿到出版局工作。当时他住的房子十分狭窄简陋，室内是潮湿的泥土地。我们交谈后，他表示愿到出版局工作，我就安排他任科技出版社社长。"

1979年初，李冰封调至湖南人民出版社担任副社长。他提倡打开眼界、百家争鸣，各编辑室出版了《诗苑译林》《世界文学名著（缩写本）》《世界名人文学传记丛书》等一众好书。1982年初，李冰封负责组建湖南教育出版社，担任社长期间，筹划出版了《陶行知全集》等一批重要教育理论书籍。柏原担任湖南科技出版社社长后，组织出版了《科学探索丛书》《第一推动丛书》《爱因斯坦文集》等图书，在科学界、学术界产生了较大影响。杨德豫担纲编辑的《诗苑译林》，品种规模之大、译者阵容之强、社会影响之大，前所未有，被誉为"五四以来我国第一套优秀外国诗歌中译本丛书"，其中《拜伦抒情诗七十首》便是他自己的译作。而杨坚皓首穷经三十年，埋头苦编《船山全书》，成为一代编辑的楷模典范。

李冰封向胡真推荐了原湖南日报社的朱正，胡真便将朱正调至湖南人民出版社工作。朱正在新湖南报社工作期间出过一本《鲁迅传略》，胡真读了，十分欣赏，决定在湖南人民出版社成立"鲁迅研究编辑室"，让朱正负责，希望湖南成为出版这方面书籍的中心，而此前全国只有人民文学出版社设有专门的鲁迅著作编辑室。仅仅两年多时间，湖南人民出版社鲁编室就出版了《鲁迅研究文丛》（四辑）等鲁迅研究书籍，数量之多，在当时出版界亦是少有。在胡真的支持下，喜爱研究鲁迅的朱正如鱼得水，又接连撰写出版了《鲁迅回忆录正误》《鲁迅手稿管窥》两本专著，在学术界颇有影响。

在出版界干得风生水起的朱正，又向胡真极力推荐锺叔河。为引进锺叔河，还发生了一段有趣的插曲。胡真表示要多方网罗人才，朱正立即想到了自己在洣江农场劳改时的好友锺叔河。起初胡真还有一点犹豫，说听人反映，锺叔河为人很骄傲。朱正回答："那恐怕是确实的。不过我推荐的并不是一个修养上的完人，而是一个能干的编辑。"当胡真与锺叔河有了直接接触，十分中意，立刻决定让他来出版社上班。可此时报社又不愿放人了，一直拖着不转锺叔河的人事关系。胡真便亲自跑到财务科下命令，不必等报社转来工资关系，直接按月给锺叔河开工资。这样僵持了几个月，加上锺叔河本人态度坚决，报社终于不再坚持。时间与实践证明，锺叔河果然是一位极能干的编辑，由他主编的《走向世界丛书》，在文化界、出版界均引起轰动。

弘征被划为右派，20年没固定工作，靠着一手铆焊技术，漂泊社会，打零工谋生。他写了封短信给胡真，表示想到出版社工作。胡真便直接在信上批复："此人可进《芙蓉》（当时湖南人民出版社《芙蓉》杂志编辑部）。"

当时出版局人事处有人说："胡真用的人都是些'牛鬼蛇神'。"话里话外，调侃中也夹着真心思。但胡真置之不理，也没批评人。他一系列的大动作，肯定有人夸赞、有人批评，有人喜欢、有人不喜欢。事实上，他的确是力排众议，顶住了巨大压力。特别是锺叔河、朱正这两位曾被打成右派、现行反革命分子，因言获罪坐牢十年，又劳改十年。即使他们平反后，仍有人对他俩抱有成见，对任用他们心有疑虑。而胡真却说："这些同志我过去大都相识，知道他们的情况，相信他们不是什么'牛鬼蛇神'。事实证明，他们都是优秀的知识分子，如果不网罗这些'牛鬼蛇神'出来从事出版工作，湖南的出版工作就不会有后来的兴旺发达。"

正是这样一群纯粹质朴、历经磨难而不减理想主义激情和文化情怀的人，爆发出积蓄多年的激情和创造力，用心用思、用识用才，编辑出版了一大批高质量高水平、具有长久影响的经典湘版图书。在他们中间，产生了出版家、翻译家、作家、画家、学者、装帧设计家，有的走上了出版社领导岗位，成为社长、总编辑，有的担任了省委宣传部、出版局等单位的行政领导职务。

古有南宋辛弃疾于营盘路扎营募兵，拉起一支抗金的"飞虎队"；今有延安来的"老革命"胡真，在营盘路上组建起一支"出版飞虎队"。出版的"江湖"，从此有了"出版湘军"的赫赫声名。

突破出书禁区

怎样用新的观念指导图书出版，胡真说："我们提倡文艺领域里的各种流派和学术研究领域里的不同学派的自由讨论。我们欢迎艺术上不同形式和不同风格的作品出版；在同一专题上，我们允许不同学派的学术著作出版，只要它是持之有故，言之成理，有独创见解，而又符合人民群众利益的。某些书稿虽然学术水平不高，但有丰富的材料，对研究工作者有参考价值，或者它的内容有助于丰富人们文化生活的，也给予出版的机会。"他对作品、作者的态度，是敞开胸襟、理解和包容的。

过去由于"三化"方针禁锢，一不能出古籍，二不能出译著。胡真提议，湖南人民出版社增设一个译文编辑室，"湖南应该有雄心壮志，也应该有个翻译工作的长远计划，到公元2000年能否出它两三部，或者三四部外国著名学者或作家的全集"。译文编辑室成立后的四年里，湖南出版了《诗苑译林》《散文译丛》等翻译著作和文艺作品251种，其中三分之一是由湖南自己的翻译工作者完成，在省内和全国都有一定影响，一部分图书还销往中国香港、澳门和台湾地区，以及美、英、法等国，在当时的地方出版社中首屈一指、被人称道。胡真还提议成立古籍编辑室，决定启动《走向世界丛书》《王船山全集》《魏源全集》《曾国藩全集》《左宗棠全集》等大型图书项目。

1979年，湖南科学技术出版社甫一成立，胡真就说："新的一代人的时间，科学技术将日新月异地发展……我们已经进入到了一个计算机、新技术、新材料、激光、生物工程等高度发展的时代，世界新技术革命的第三次浪潮正在剧烈地冲击着各个领域，改变着社会面貌，改变着人们的精神面貌和生活面貌……我们正面临着一场严重的挑战，面临着一次严峻的考验。"他主张将科技图书出版重点转到传播科学技术理论和研究的新成果方面来，转到普及科学技术知识方面来，甚至要求设置一个专门编辑室，专事出版新兴科技理论和实践、新技术革命成果方面的书。

担任局长第二个月，胡真就提倡："我们大家都要当'伯乐'，发现一些好的编辑和作者。"有十多年工作经验的湖南人民出版社编辑胡本昱写了一封信，梳理他发现的好作者、好书稿，期望改变书刊品种少、出版周期长等状况。胡真将信认认真真看了两遍，写了千把字的批复，很鲜明地表示，对书稿"千万不要要求'完人'，要求'足金'，只要不是有政治性错误的，有政策性错误的，而只是学术上的不同观点，那就应该本着'双百'方针的原则处理。对有不同观点的作品，一概不要的作法是不妥当的"。他很细心，留意到信中提及的作者，"有的我是熟悉的，政治上不甚好，现在应以新的发展时期党的政策来对待。有的可以考虑请来当顾问，有的可商调到局里工作。至于他们的作品，以书稿名称而论，都是可取的"。他将批复和胡本昱的信一同转发编辑部，号召"大家都来做作者的调查工作"。

湖南省民盟的何汉文、杜迈之送来一部《杨度传》书稿，编辑还没看稿，仅凭"杨度是保皇派"的印象，就将书稿否定。胡真知晓后认为，杨度在上海为党做了不少有益的工作，经周恩来介绍加入了共产党，在白色恐怖的环境下殊为不易，他是对党有贡献的人。于是他果断拍板出版。这在当时属实大胆，需要相当的勇气和担当。

胡真还利用自己的广泛人脉，策划了一批优秀出版项目。他在延安时期结识了一批左翼作家，其中丁玲给他留下了深刻印象。1954年丁玲来湖南，当时在文化局工作的胡真负责接待。胡真平时就喜欢读丁玲的作品，这次会面，两人谈的都是文学。辞别时，丁玲把自己的新书《到群众中去落户》签名本送给胡真，胡真爱不释手，当晚一口气读完。岂料之后丁玲被划右派遭批判，"文化大革命"中胡真珍藏的签名书也被说成"大毒草"而遭没收。时间来到胡真任局长的第二年，他发现报章上又出现丁玲的名字，刊载了丁玲的文章，断定她已重返文坛，便去信邀丁玲来湘。终于在1982年秋天，丁玲和丈夫陈明如约成行。此时胡真和丁玲已近三十年未见，老友重逢，胡真觉得丁玲"仍然那么热情，那么爽朗，那么乐观，那么坚强，一双眼睛仍然闪烁着年轻人那样的光泽"。这次相聚，胡真建议出版《丁玲文集》，面对老友盛情，丁玲欣然同意，返京后即着手整理编纂。一年后六卷本《丁玲文集》由湖南人民出版社出版。

随着一大批延安时期文学艺术家被平反、恢复名誉和工作，其工作热情被极大地激发出来。他们组织起延安文艺研究会，主办《延安文艺研究》杂志，并策划、编辑了一系列图书。消息传至胡真耳里，他和同样来自延安的副局长胡代炜商议，认为可由湖南出一套《延安文艺丛书》。1981年冬，国家文物局副局长金紫光到湖南视察，胡真前去看望，交谈中胡真提出，湖南拟策划出版《延安文艺丛书》，想请金紫光同丁玲、艾青、萧军等延安时期文艺界人士商量，在京成立《延安文艺丛书》编委会。金紫光一口应允。1982年，金紫光致信胡真，丛书编委会选在毛泽东《在延安文艺座谈会上的讲话》发表四十周年的座谈会上成立。两年后《延安文艺丛书》完成编纂，由丁玲撰写总序。1984年5月，在王府井新华书店举行的新书发布会上，丁玲激动地发言，感谢湖南出版"为人民做了一件好事"。

在胡真的主导下，短短几年里，湖南以出书思路之新颖，内容之新锐，规模品种之众，推出速度之快，成为地方出版的佼佼者、领先者，令全国出版同行刮目相看。谈到这段历史，胡真认为："这种敢于从实际出发，突破地方出版社出书禁区的作法，使湖南的出版工作活跃起来了，赢得了全国同行的注意和青睐，这是出版工作实行改革开放，经过大家共同努力的结果。"

思想总是跑在前面

与其说胡真是官员、改革者，不如说他是读书人、思想者。工作之外，他并无其他爱好。读而思，思则乐，读书与思考是他最大的乐趣。

胡真喜欢引用焦裕禄的一句话，"别人嚼过的馍我不嚼"。那些他通过不断思考得来的观点，是新鲜实用的，都是"别人没嚼过的馍"，在当时已然透出超前的见解。而今隔着光阴来看，依然睿智，珺璟如晔。

"要做出版家，不做出版商"，同样是胡真一句十分响亮有名的口号。1980年4月，"长沙会议"结束五个月后，胡真赴江浙沪拜访同行，叙谈交友，收获颇丰。其间他又顺道考察了不少书店书摊，发现有出版社为了赚钱，迎合一些读者不健康趣味，出版格调不高、质量低下的图书，或者"一窝蜂"抢出一类或几类赚快钱的书，此类跟风出版大有泛滥之势。有人认为是长沙会议确定的方针造成的，因市场放开才导致出版物良莠不齐、泥沙俱下，从而质疑新的出版方针是否对头。胡真心绪难平，感想良多。归来后的第一次党组会上，他提出："我们坚决不能做唯利是图的出版商"，"我们要做社会主义的出版家"。1981年七八月，他这一想法有了更凝练的表达，"要做出版家，不做出版商"，再次在全国出版界引发强烈反响，关注度很高。从南到北，从东到西，围绕"家"与"商"，又展开了激烈争论。一位出版界有名望的老前辈撰文表达不同观点，大意是，这是个错误说法，难道出版工作就不要赚钱了吗？做出版商有什么不好呢？！一些报章也不点名地批评胡真。

胡真明白，说穿了，问题焦点归根结底在于出版图书到底要不要赚钱。持反对态度的人，认为"出版家"似乎不要赚钱，只有"出版商"才讲营利。他们完全误解了，陷入了认识上的片面性。

何谓"出版家"？胡真心目中的"出版家"究竟是何模样？他在不同场合进行阐述，作为一种解释和回应。从秦朝颁布禁书法令到西汉取消禁书令，从唐代私营书坊到明朝官办出版管理机构，从宋代荣六郎刻坊老板到明代汲水阁毛晋，从近代进步书局到张元济、邹韬奋，"出版家"古已有之，他们爱书惜书、刻印好书，不为名利、留名后世。彼，人也；予，人也。彼能是，而我焉能不是。我们就是"要造就新一代出版家"。

"出版家"应该是学者型的，知识渊博，有真才实学，有自己的著作，有文化情怀和奉献精神。"出版家"还应是企业家，是懂出版的行家、懂经营的管理者，是动脑筋、肯学习、爱人才，广交朋友、有远大眼光、能创造性工作的高效率人士。出版家也是要赚钱的，恰如邹韬奋先生所说，我们"赚钱干什么？全是为着事业"，"不是为个人和小集团发财致富"。胡真认为："坚持出书必须有益于人民、有益于四化和有益于文化积累的出版原则，防止和杜绝精神污染。"还进一步明确，"有些图书虽然印数少，要赔本，但有学术价值的，为了文化积累，也应该出版"。

胡真的立场很鲜明，说自己反对的"出版商"，是那种不顾书刊内容，销售低级庸俗、带有黄色刺激内容的读物，一味追逐利润、发不义之财、中饱私囊的不良商人。在他的标准里，"良心"就是底线，"坚决不能为了赚钱，丧失良心"。

对胡真的这句口号，绝大多数人持赞同意见，尤其是专家、著作家和作家给予好评，湖南因此扩大了影响，聚集起一批作者，开辟了新稿源。新华社驻湘记者也发表题为《不做出版商，要做出版家》《"商"与"家"之分》的文章。这场因胡真而引起的"出版家与出版商"的研究与讨论，乃至激烈争论，延续三年之久才基本结束，它具有积极的意义，也引申出图书属性与图书市场、出版社的性质与生产经营等问题的研究与讨论。湖南出版人的图书商品意识和图书市场意识开始树立并逐步增强。时任岳麓书社总编辑锺叔河提出的"以最少的钱，买最好的书"和湖南科学技术出版社编辑罗盛祖刻意将《化工小产品生产法》改名为《化工小商品生产法》即是最典型的两例。

"建立现代出版体系"是胡真的理想，也是他的作为。出版局成立之初，直属管辖单位只有一家出版机构湖南人民出版社，一家发行单位湖南新华书店，两个书刊印刷厂即省新华印刷一厂、二厂，尚未形成完整的现代出版体系。胡真积极主张专业分工。在他的争取和推动下，1979年5月湖南人民出版社科技组从"母社"分离，成立湖南科学技术出版社。同年，经省编委批准，湖南人民出版社增设译文编辑室，定编20人，引进谙熟英、法、俄、日、西班牙以及阿拉伯等语种的一批人才，定编人数之多，引进语种人才之多，在全国各省、自治区、直辖市出版社中是绝无仅有的。1980年，成立湖南美术出版社。1982年4月，在湖南人民出版社古籍编辑室基础上成立岳麓书社，专事古籍出版。同年成立湖南少年儿童出版社、湖南教育出版社。

在胡真的主持推动下，湖南成立省外文书店、印刷物资公司、印刷技术科学研究所、印刷技工学校。为发展彩印事业，又把新华印刷一厂南厂改为新华印刷三厂，专门承担彩色印刷任务。后又成立出版公司，与出版局"一套人马、两块牌子"。

经过三四年的艰辛努力，出版局直属单位由1978年的四家增加到15家，一个拥有六家出版社、两家书店、三家印刷厂、一家印刷科技研究所、一所技工学校、一家出版公司、一家印刷物资公司的初具规模的现代出版体系已然形成。一棵稚嫩的小树成长为枝繁叶茂的大树，这在当时全国出版界也是独一无二的。

"出版工作应该按照经济规律办事。"这一表达亦是他的经营管理理念。当年湖南人民出版社对内是湖南省出版局的一个编辑部，局、社对外是两块牌子，对内是一块牌子、一套人马。胡真坚决主张企事分开，湖南人民出版社得以从湖南省出版局分离出去，成为一个独立单位，实行社长、总编辑分工负责制，隶属出版局管理。胡真鼓励出版社自办发行，开办书店，设立市场部，开展邮购业务，逐步开辟自己的发行渠道，走多元发行之路。他还强调，切实解决图书利润和经营管理问题，不单纯追求利润，也不单纯运用衡量物资生产部门的"投资回收期""净产值增长率""利税递增率"等各项经济指标，硬套在出版单位管理上。书刊印刷厂是企业单位，就要坚决改变用行政手段来管理的做法，而推行严格的经济核算制、经济责任制，实行企业基金制度、技术考核制度、奖惩制度、民主管理制度等。作为上级管理单位的出版局要尊重企业自主权、独立核算权，放手让他们自己去干，不随便干涉。这些观点在当时都颇具创新超前意义。

单位多了，要出的书多了，彼此之间的关系也复杂起来。编辑、印刷、发行和物资供应四个环节，应是相互依存、相互支持的有机整体，当时却处于松散状态，未能形成合力。怎么办？胡真提出通过推行出版合同制来解决，这在全国亦属首创，而实行下来，确实成效显著。过去一本书从书稿到成书，有的周期长达200天，平均出版周期也在160天，一年之内面世的新书很少。实行合同制后，可将平均出书周期控制在100天以内。虽然出版社增多，出版品种逐年递增，但图书出版周期却一年比一年短。1979年422个品种，平均出书周期99.5天；1980年481个品种，平均出版周期88.6天；1981年出书品种增长到568种，出书周期缩短到了83.4天，比出版局成立前1977年的160天缩短了76.6天。

湖南科学技术出版社出版由中组部等数家中央机关编写的《迎接新的技术革命》一书，创下从交稿到出书13天的全国最短出版周期纪录。1984年10月20日，党的十二届三中全会讨论并通过的《关于经济体制改革的决定》，是我国全面进行经济体制改革的纲领性文件。1985年初，于光远撰写的28万字的书稿《论我国的经济体制改革》，从发稿到出书仅用了11天，创下铅字排印单品种图书全国最快纪录。对此成效，国家出版局的一位老领导盛赞道："湖南出书周期之短，是全国第一家！"

"保留出版局这个机构"，是胡真对出版的又一个大贡献。随着出版机构改革的推进，1983年，各省、自治区、直辖市都"一刀切"撤销了出版局，出版机构出现五花八门的现象，大大削弱了管理工作。胡真认为不能打乱整个出版体系，提出成立出版总社的构想，湖南省委采纳了他的建议，并将出版总社列入机构改革后内定的省级机关序列。各省、自治区、直辖市也都呈报了申请成立总社的报告。事后，胡真再三考虑，感到成立出版总社虽然可以将出版体系完整地保留下来，但总社不是政府行政机构，无法行使行政职能，对出版发展不利。他又亲自起草报告，请求省委保留出版局的架构，很快获得批准，湖南省出版局成为1983年全省省市机构改革中被保留下来的为数不多的管理厅局，除了湖南，当时只有直辖市上海、天津保留了出版局。此举在全国影响较大，促进了各省、自治区、直辖市出版局的恢复，是新中国出版史上应该记载的一笔。

胡真还提出，希望我国第一部具有中国特色的社会主义出版法早日诞生。这也是很有前瞻性的。

胡真爱读书，爱思考。他自己读了好书好文，总忍不住要推荐分享，拉上大家一起读。譬如看了《乔厂长上任记》，他就发动同事们都看看，读到《光明日报》刊文《领导班子要有一个合理的智力结构》，他又"希望大家能读它两三遍，而且要认真地读，不是一般浏览式的读"。他还要求有关部门拿出针对各级领导班子现状的科学分析意见，"目的是提倡大家思索问题，养成想问题的风气"。

热烈而又有秩序地工作

胡真强调民主集中制管理原则，倡导分工负责，各尽其职，凡重要问题要进行充分的民主讨论，取得共识后再执行，领导人绝不能自己说了算、搞"一言堂"。他还要求："对任何人一律不称职衔，称

胡真在书房里

同志。我们一定要热烈而又有秩序地进行工作，造成一个又有集中又有民主，又有纪律又有自由，又有统一意志，又有个人心情舒畅，生动活泼的工作局面。"

胡真对行政业务管理是出了名的严格，要求"一切行动听指挥""有令必行""事有回音"，特别强调纪律，任何人在办公时间都不能迟到、早退，不能松松垮垮、大声喧闹，也不准做私事。对处一级干部，他尤其严厉，认为处级干部起着上情下达、下情上达的桥梁作用，他们工作的质量好坏，同出版事业的发展有直接关系。要求他们"以身作则，带头学习，作出榜样……都制定一个怎样使自己成为主管业务内行的规划……否则将成为时代的落伍者，被时代淘汰"。

他常常会突然出现于某个办公室门口或是叫相关干部到他办公室，说话慢条斯理却目光炯炯，提问各类情况，可能是印张、纸令的算法，可能是最新的工期进度，也可能是发货码洋和折扣……而他自己其实早已摸得清清楚楚。若有干部吞吞吐吐答不上来，或是回答不准确、模棱两可，他就知道对方业务不熟悉、工作不深入，便会一通批评，如疾风骤雨，毫不留情。这时的胡局长是威严的、有魄力的，让人不得不惧怕。

他也常常在会上说："我没有准备讲话，大家要我讲几句，我又被'逼上梁山'了。我就随感式地说两句吧！"结果洋洋洒洒说了两小时，谈史论今，娓娓道来。接着又说："哎呀！我讲的话太长了，这样不行。我还有一句话要讲呢！"这第三句话又讲了二十分钟，最后还要说："对不起，我的三句话讲的时间太长了。耽误了同志们的吃饭时间，第一我要向你们道歉，第二我要感谢你们耐心地听我把话讲完了。"台下笑声一片，掌声一阵。这时的胡局长是风趣的、博识的，让人不得不信服。

不少人私下说胡真"太强势""怕了他"。几乎每次工作会的前夜，办公楼里都是灯火通明，所有处室都在加班加点，认认真真撰写材料，一五一十核实数据，不敢有半点差错、疏漏。生活中的胡真，也同样严厉。儿子陆小山还记得父亲逼他读书、逼他高考，训导他："你哪怕是当个工人，也要当个好工人，当一个对社会有用的人。"儿子仍然笑言："我是怕了我那爸爸的。"

但也有例外，胡真有时讲话会用散文诗的语句开头："和煦的春风吹绿了满山遍野和广袤的平原，珠帘般的春雨滋润着三湘四水二十余万平方公里的大地，带着闪电的春雷似乎在告诉人们，春天到来了……春天，这是一个朝气蓬勃的季节。春天，这是一个百花开放、百鸟争鸣的季节。春天，这是一个耕耘的季节。总之，春天，这是大家都喜欢的季节……"这时的胡局长抒情而明快，像一泻千里的河流。

坚硬的外壳下往往包裹了柔软的内心。对待一线编辑，胡真却是和风细雨、支持关怀有加。岳麓书社退休编辑李润英回忆："我刚参加工作是在人民社古籍室，当时部门里数我年纪最小。胡真局长有次来社里视察工作，走到了我们办公室，他见我在看《当代》杂志，就问：'小李你在看什么？你对《当代》有什么看法？'我当时觉得胡真局长不仅是在关心一本杂志，就回答说：'胡局长，当代出版界、文化界耽误太久了，现在全社会都求知若渴，我们应该为社会提供更多好的产品。'胡局长听了我的回答非常高兴，他鼓励我要走出办公室多去调研，可以写篇调研报告。后来，我专门去了岳阳考察图书市场和销售渠道，写的文章还刊登在了《湖南出版》上。胡局长常鼓励我们年轻人要多去北京拜访专家学者，'你们可以去北京多走走，不要被大专家的名头吓到'。我们受到很大鼓舞，后来还真去拜访了一批名家，李学勤教授就是其中一位。能得到领导的关心和鼓励，对我当时工作影响很大。"

胡真对质量管理也是从无例外地严苛。《湖南画报》原副社长言浩生回忆起湖南美术出版社成立初期，胡真局长对书刊质量的要求是，绝不允许出现差错。有一期画报刊登了一组报道先进人物的稿子，文稿里有一处人物姓名错了一个字，编稿、校对和审稿环节都没发觉，直到在新华三厂上机开印前才被工人发现，工厂当即停机并向出版局报告，同时通知了社领导。为避免经济损失、不耽误送邮局发行的时间，临时想了个补救办法，即在尚未开印的页码空白处补一更正。胡真得知此事，马上通知三厂厂长和言浩生到他办公室，当场表扬了工厂和当班工人，严肃批评画报社的处理办法，说"一字之差也是对工作不负责任的表现"。当即决定，那个花费了2000元的印刷滚筒和印好的2000多张对开纸，全部报废；工厂加班重新制版赶印，按时送邮局不得延误；有关人员认真检讨并给处分。"我们后来做了检查，有关同志被扣发一个月奖金，我也主动提出负领导责任扣发一月奖金。"言浩生说，"这次'一字之错'的教训，给我们上了深刻的一课，从那以后自己对待稿件，甚至看书报和电视，都习惯性地注意是否有差错"。老出版人毛世屏、宋军回忆，地处邵阳的印刷二厂但凡接到胡真将去检查工作的消息，全厂必会扎扎实实搞两天大扫除，连印刷设备的顶部都擦得干干净净。胡真下了车，不去会议室，而直奔车间。他那手上的白手套是最好的"检查仪"。如此高标准的要求之下，从那时起，三家印刷厂的现场管理始终保持了规范、整洁、高效的风格。

有趣的是，如此严苛的胡局长，一线员工居然不怕他。为提高出版物质量，胡真发动各环节提建议，集思广益，由下而上走群众路线。印刷一厂校对人员陈贵贻、刘东力就直接写信给他，建议在印厂校对环节增加一个校次、实行单独经济核算等。胡真不认为这是越级，写了长达四百多字的批复，同时将两封信原文转发到相关单位。

胡真在出版局总共干了不满六年。用他自己的话说，六年做了五件事。"当然还做了许多其他工作，但具有战略意义的只有这五件。就这些事来说，确实做得少了一些，但我仍感到些许欣慰，因为这五件事是大家公认的好事，对出版工作的改革开放，对促进和发展全国出版事业起了一些作用。"他也有憾事，没能成立湖南译文出版社，是他"终身的一个遗憾"。

叙往事，思胡公，追溯湖南出版人敢为人先的源头，我们不得不感念，时光有意，垂顾湖南，让一位激情飞扬的改革家走进了湖南出版，他为突破而来，他为创造而来。他站立潮头，远见卓识，敢思敢言敢为。我们不得不感念，因为他的胆魄，一大批优秀知识分子进入湖南出版，书写了湖南出版的辉煌一页。我们不得不感念，那个一身中山装、那个衬衣加背带西裤"很潮"的老先生，其实并未走远，他一直在用犀利的目光注视着我们，用彭雪枫将军的两句话激励我们："埋头，埋头，第三个埋头！苦读，苦读，第一百个苦读！"

"大丈夫当朝碧海而暮苍梧"，而今问胡公平生功业，又岂止是六年所做的这五件事。

杨　坚

真正的学究

执笔人——**刘文**

杨坚

鲁迅曾经说过:"中国要作家,要文豪,但也要真正的学究。"我觉得你现在大概算得上是一个"真正的学究"吧。

——引自厦门大学汪澍白教授致杨坚先生的信

引言

知道杨坚先生的大名,还是我在武汉大学哲学学院读研的时候。当时就论文的选题向一位老师求教,他建议我写王夫之(即王船山),理由是我是湖南人,正如他建议河南的一个师兄研究冯友兰一样。我很快找来王夫之的著作阅读,理所当然接触到岳麓书社的《船山全书》(以下或称《全书》),也就知道了先生。

2007年6月底,我毕业后到岳麓书社上班,很快见到了传说中的先生。综合部的同事领我到五楼的一间大办公室办公,却忘了配椅子。在借用了邻桌暂时空闲的椅子一两天后,同事告知四楼杨坚先生办公室有两把椅子,可以挪一把上来给我用。于是我们来到411室,见到了先生。他样貌清癯,双眉上扬,两眼深邃有神。办公室有三张桌子,放了很多书稿。桌子旁确实有两把带靠背的皮椅,一把他自己坐,另一把用来放稿子。地上则是名副其实的"故纸堆",而且还不止一堆。虽然书稿很多,但整个房间一点都不显杂乱。当时聊了些什么已经印象不深了,只记得同事说明来意,我大概也自报了家门,先生把有稿子的椅子清空了给我,我便推着回去了。

先生本已离休居家几年了,他职业生涯的代表作《船山全书》已经获得业界最高荣誉,虽然留下些许错漏,但对于这样一部1000余万字的大书来说实属正常。但先生是个极其严谨的人,他无法容忍书中有错而不改。两年前,湖南省准备启动重大文化工程《湖湘文库》,迎来修订再版《船山全书》的机会。先生不顾82岁的耄耋之年,以罹患过肺结核、膀胱癌以及骨折康复的衰病之躯,毅然接过修订《全书》的重任,只为推出一部更为完备、精益求精的《船山全书》。他就修订事宜给老朋友任继愈先生去信征求意见,任老提出若干设想和建议,也鼓励先生"再打一次大胜仗"。于是，有幸如我，虽有着近60岁的年龄差距，却还能获得与先生共事的机缘。

从2005年3月开始，接下来的整整五年，除了有几个月因社里大楼装修必须在家办公外，几乎每周一至周五上午的8点至11点半，先生都在办公室伏案工作，很少离开。曾任岳麓书社社长的易言者先生后来曾在多个场合深情回忆，有一次杨坚先生到他办公室，郑重地说今天自己身体实在不适，要请个假先回去休息。先生平时是不让社里派车接送他的，他坚持每天步行上班。他手中经常提着一把老式长伞，估计是拐杖、雨具两用。他家在望月湖小区，离出版社大约一公里，我不知道他颤颤巍巍地要走多久。

先生见到我们几个新来的小同事，总是亲切地问我们名字、毕业于哪里。我分配在《湖湘文库》项目部学着编古籍图书，喜欢问这问那，加之先生和蔼可亲，便常去他办公室找他聊天。每次进去他总是站起来迎接我，而且一定要我坐下来。记得我曾告诉他，在武大哲学院，他的名气大得很呢！他只是谦虚地笑笑。我的太老师、哲学史家萧萐父先生是研究船山的著名学者，也是《船山全书》的编委。他们很早就认识了，经常通信，且有诗词唱和。两位先生年齿相仿而杨先生略长，但每次提到萧先生他都言必称"萧老师"，说萧老师是很优秀的学者。2008年9月，萧先生不幸辞世，我告诉先生。他沉默了一会儿，深深叹了口气，说萧老师比他还小点呢，就走了。

有一次我去先生的办公室，他和我谈起萧先生的名字，问到底是写作"萧萐父"还是"萧箑父"，"萐（箑）"应念成"jié"还是"shà"。他说有人指责他在《船山全书》中把萧先生的名字弄错了，他正引经据典，准备撰文反驳。我感叹要是萧先生健在就好啦，直接问他不就解决了嘛。在武大的时候听师长们说过关于萧先生名讳的若干故事，据说以前就有中文系的老师揶揄说整个哲学系都把萧先生名字弄错云云。为此我把知道的情况都告诉了杨先生，他听得极为认真，甚至还记下我的若干原话。我当时有些紧张，因为先生要把我说的话作为论据写进文中，我怕记错，误了他的事情。为此，我马上打电话给我的老师，萧先生的大弟子郭齐勇教授。郭老师很详细地告诉我关于萧先生名讳的一些情况，我一一记录下来，交给先生，他非常高兴。过了一阵子，先生拿他的文章指给我看，其中果然有我提供的论据，他还要去了郭老师地址，要把文章寄给他，以示求证并致谢意。先生其为学严谨若此。

2007年，先生花费数月工夫点校《刘蓉集》，并于7月撰成点校后记一篇，备述刘蓉其人其书。此书于1980年初便已开始点校，但当时尚缺数卷，故而中辍，直到此时《湖湘文库》收入此书，先生乃续竣其事，于翌年出版。

2009年9月，先生的译作《希腊罗马神话》再版了，他送了我一本。还特地在一张小纸片上工整地题签，夹在扉页前面。老人家特地解释，这是仿照张舜徽先生的做法，不直接在扉页上题字，一则出于爱书之故，二则若受赠者不欲保存其书，可自由处理而书中并无痕迹。先生其处事细致若此。

《船山全书》一共16册，1129万字，先生考虑身体原因怕难以独立完成修订，便请夏剑钦老社长协助他审读第九至十三册，他自己审读第一至八、十四至十六册。最后由先生统校全书，写出每一册的《重读记》，陈述修订缘由。后来我们发现，光是《重读记》，先生便写了20多万字。

记得和先生聊起《船山全书》的修订，他非常担心再版重排会增加新的错误，再三强调所有校样他都要过目。后来我们考虑到修订改

杨坚给本文作者的赠书与题签

动的量相对不大，便决定将原书逐页扫描，不再重新排录，只在扫描的图片上修改，以避免出现新错。2010年初，先生完成了最后一册的修订。春节后传来他卧病的消息，且病势发展极快。3月16日14时30分，先生在湘雅二医院与世长辞。

"六经责我开生面，七尺从天乞活埋。"王夫之的这副自题联用在先生的身上恐怕也是合适的。不然，我们无法理解为了一个人、一部书而付出一切的宗教般的情怀。2009年底，钟叔河先生得知杨坚先生"喘嗽，出气不赢"却还扶病上班，马上打电话来劝止，并要他立即住院治疗，还劝他不必再校改《全书》了，"满山的麻雀是捉不尽的"。先生回复说"没法像你那样，拿得起，放得下"，书还得校下去。钟先生后来在悼念文章中说他是"以身殉书""死而后已"，这是恰如其分的。使船山殁后三百年而有先生，不知是船山之幸，抑先生之幸也。

岁月不居，我到社里当编辑已荏苒17年。从先生手上接过的那把椅子，我一直用到今天。虽然早已多处破洞，领导与同事也曾几次动员我以新换旧，但我婉谢了他们的关切。这些年我在社里大楼辗转了几间办公室，于六七年前搬进现在的411室。后来跟同事无意中聊起先生，才猛醒这就是他生前修订《船山全书》的那间房子！惊喜之余，一股暖意在心中升起。

家世与求学（1923—1942）

有清一代近300年的政治舞台上，来自浙江绍兴的幕僚群体占据着从中央到地方各级政府的大小衙门，形成一个巨大的"绍兴师爷"网络，有所谓"无绍不成衙"之说。师爷是幕僚的俗称，又称幕友、幕宾等，他们非官非吏，无官无品，只是辅佐幕主官员的秘书班子，却影响着当时政治机器的实际运作。

先生是绍兴人，他曾对同事笑称：我家算得上师爷世家。先生的外祖父陈醉亭少壮宦游，曾为袁世凯直隶总督府首席师爷，辛亥革命后辞幕返乡。外祖有文才，1919年过60岁生日时曾作自寿诗十首，极尽婉转缠绵之能事，一时和章缤纷，家人编印为《心庐主人六旬寿言集》，其中还有蔡元培的和诗。

先生的祖父则是一个励志的典范。他从小在煤店当店员，后由一同乡带到保定学幕，掌握了当幕僚必备的撰写文书、算账等技能。学成后经人介绍去县里当师爷，成为著名的"绍兴师爷"群体中的一员。后来他积资捐了知县，在交河、邢台当了四五年县官，还代理过广平府知府。1911年死于肺病。

先生的父亲杨春奎，毕业于杭州专门政法学校，曾去日本留学一年。回国后曾任杭州地方法院、汉口陆军医院的书记官，后到南京国民政府铁道部当会计科员，直到抗日战争全面爆发。1937年后，父亲携家逃回绍兴，赋闲数年后到宁波县政府当会计，抗战胜利后到上海招商局任会计专员。1949年，他被人民政府留用，后调任福建、北京。

先生的舅父陈镇宇，曾任蒋梦麟的秘书多年（蒋曾任教育部部长和北大校长），后来还当过上海招商局的主任秘书。

由上可知，先生说自己出身师爷世家，殆非虚言也。

1923年6月2日，先生生于绍兴。因为父亲在杭州任职，故在9岁以前都居住在杭州。10岁时，父亲任职汉口，先生转到武昌市立小学读三年级。后来父亲在南京任职，又转到南京私立新民小学读书，毕业后升入国立中央大学附属中学读到初中二年级。在南京的同学中，有著名学者、官至行政院院长的翁文灏之子翁心钧，著名将领傅正模之子傅应秋，出身于海军军官家庭的邹育杭等人。

1937年，抗日战争全面爆发。先生时年14岁，随家人从南京逃难至绍兴老家，在省立绍兴中学读了三个月书，便又逃往南昌。后来局势有所稳定，才回到绍兴，在乡下居住了数月。入私立稽山中学读了几个月之后，先生转到绍兴中学一直读到高中二年级。绍兴中学是鲁迅曾经执教过的学校。这几年来，先生读了许多爱国文选，受爱国主义思想熏染，对人生的影响很大。

1940年，日寇打过钱塘江，绍兴沦陷。父亲命先生与大弟杨伟到外地去，以免落于敌手。于是兄弟二人跑到江西吉安，入国立第十三中学，靠"流亡学生助学金"读到高中毕业。在吉安期间，先生开始发表文章，如一篇《锦绣河山》，是以爱国为主题的小品，发表在《东南日报》；一篇《麦荒》，是描写穷人的悲惨生活的小说，发表在泰和一个综合刊物上；还有一篇《论兵役法的理论与实际》，获全省中学生论文比赛奖。这些文章反映了先生当时的认识与思想。

从1923年6月出生到1942年3月高中毕业，这19年时间是人生第一阶段，先生称之为求学时期。

第一次大行动（1942—1948）

19岁高中毕业后，由于当时国家正经历抗日战争，家里也无法继续负担学费，加之自身素有英雄抱负，先生没有报考大学而是决定考军校。这种抱负至老犹存。1992年8月，先生以69岁之龄到访大连，赋诗尚见壮语："忆昔读辽东，激愤填胸。汪踦气概欲从戎。岁月如流心未老，此意谁同！"又如2003年12月，先生80岁时为友人贺寿题诗云："少年血性岂庸常，天下兴亡独敢当。水木清华非所恋，毅然投笔赴戎行。"

1942年4月，先生在江西泰和考取中央陆军军官学校（即黄埔军校）第十九期，同时考取的还有老同学傅应秋、邹育杭，以及著名活动家、九三学社创始人许德珩之侄许翼民等人。先生晚年在写给同学翁心钧的一封信中回忆，这次投笔从戎是其一生采取的两次大行动之一，是发自内心的爱国之举。

先生随军从江西上饶开赴四川成都，入第十九期第一总队，驻扎成都。先是预备入伍，后正式入伍，由步科转炮科。在军校期间，集体参加了中国国民党。1945年军校毕业后，在重庆大坪的军委会干部训练团参加美式步兵武器训练。随后到四川綦江青年军202师炮兵营任军官，先为少尉见习官，后为少尉观测员，主要工作是训练士兵。

1946年11月，先生随部队迁到江苏，升中尉观测员，主要工作是草拟行军计划、驻防计划、训练计划、命令、地图等。1947年11月底奉命到南京炮兵学校受训，任中尉学员，学习使用美式炮弹。次年3月结业。这时，先生的思想急剧变化，决计不再在原路上走下去，于是结业后不再回部队报到，与国民党及其军队脱离了关系。抗战胜利后，先生的父亲在上海招商局任会计专员，先生径直回到上海家中，与家人团聚。

自1942年4月报考军校，1945年10月起任职，1948年3月底弃职回家，在这七个年头里，先生参加过国民党，当过基层军官，做过观测员的工作。他与国民党及其军队始而产生关系，最后又断绝了关系。

第二次大行动（1948—1949）

回到上海后，先生一面住家读书，一面和武汉的同学许翼民联系，想同他一同前往解放区参加革命。这种愿望最初并不明确坚定，后来随着解放战争的发展和自身认识的提高而日益迫切。

1949年2月至3月,先生同许翼民一起,在许德瑗、彭文应的帮助下,化装成走单帮的商人,从上海通过长江封锁线,进入解放区,到北京考入华北大学,参加革命。许德瑗时任中正大学教授,后任江西省教育厅厅长,是民盟盟员。彭文应时任复旦大学教授,也是民盟盟员。

1948年4月至1949年3月,先生从住家读书到参加革命,与以往的人生做切割,为后半生的人生开新局。这次行动也就是前述"一生采取的两次大行动"中的第二次。这一年是先生人生重要转折时期。

作为革命干部的31年（1949—1979）

1949年3月至6月,先生在华北大学学习,提交加入中国共产党的申请。随即响应党的号召,成为南下干部中的一员,时年26岁。先生分配在宁乡县四区任文教助理,从事农村工作,从此一直留在湖南工作。

在宁乡工作了三年之后,先生到湖南省土改展览会任工作人员,随即于1952年10月调入湖南省文化局任科员,直到1966年6月。其间参加洞庭湖修湖工程,从事繁重的体力劳动,如乡下农人一般吃苦耐劳,于1953年、1955年各立大功一次。1957年1月至1959年12月,先生任《湖南文化报》编辑,为后半生数十年的编辑生涯埋下伏笔。后来又任了两年多科员,参加过安仁支农,还在湖南省群众艺术馆当过四年编辑。

十年动乱期间,先生在湖南省五七干校总校及零陵福田分校学习、劳动。1970年初春,连队正在福田山中冒着寒风伐木,先生的故人之子赵一凡前来探亲,后来留下回忆先生的文字："腰间一根麻绳,把他瘦弱的身体紧裹在一件对襟小袄里，裤腿上卷，冻红的双脚蹚在林间小溪，步履艰难但很坚定。……单薄的脊梁上很专业地扛着一棵树。"即便是在如此繁重的体力劳动之余，先生也并未放松学习。据曾在零陵与先生共事的汪澍白教授回忆，先生带着一本《英汉小词典》用心默读，刻苦温习外语。后来先生自己透露，20世纪80年代出版的他的译作《希腊罗马神话》一书，就是在十年动乱时期译成的。清代理学名臣罗泽南有言："乱极时站得定，才是有用之学。"在动乱而艰苦的环境中，先生能静下心学习，从事翻译，那种近乎不以物喜不以己悲的定力，真非常人所能及。

1975年7月至1979年4月，先生被下放到常德津市市文化馆任文员和辅导老师。他工作认真敬业，1976、1977、1978年连续三年被评为先进工作者。他热心回复文学青年的来信，辅导他们的读书、学习，关心其生活。

从1949年到1979年这31年中，先生由意气风发的南下干部，到后来形势遽变遭受质疑，以致在特殊时期由于他的某些特殊遭际而备受冷遇，甚至被否定、被打击，使他长期以来背负着巨大的历史包袱，但他并没有沉沦，而是在压抑与苦难中默默承受，坚强地生活、学习。等到改革开放以后，他终于彻底摆脱了被审查与下放的境遇，迎来人生真正的春天。

作为出版编辑的32年（1979—2010）

1979年3月，先生在与友人唱和的一首五律中写下这样的诗句："老骥衰犹奋，轻鸥止复行。"一个月后，来自省城的一纸调令，让先生离开生活了四年的津市。他检点行装，回到长沙，入职湖南人民出版社，数十年不同凡响的编辑生涯由此开启。

此时先生虽已56岁，但激情与干劲十足，甫一入职，便投入紧张的编辑工作与业务活动之中。随着当时整个国家、社会运转的迅速正常化，先生的社会活动也得到恢复和展开。

1980年初，湖南人民出版社文史小组草创伊始，先生与柳思、喻岳衡、锺叔河诸先生到北京、济南、曲阜、南京等地访问学习。先生将这一段时间的见闻逐日记载，仿古人遗意，命名为《三京行记》，以备亲友省览。三京者，北京、曲阜（古鲁国都城）、南京也。在北京，先生与锺先生花费整整四天在北京图书馆（今国家图书馆）翻检目录卡片，索阅我国早期外交官笔记及湖南风土载籍。在济南，他们听取山东省新闻出版局及齐鲁书社有关同志介绍书社成立经过及出书情况。在南京，先生踏访龙池庵少年时代的旧居凭吊，还见了朱姓旧房东的一个儿子。自从1937年抗日军兴仓促离开，至此已43年，不胜沧桑之感。

1981年2月，先生到杭州师范学院（今杭州师范大学）出席中国历史文献研究会第二届学术年会，与会长张舜徽先生以及其他学者建立良好关系，后来合作出版了连续五集《中国历史文献研究集刊》。

先生一到出版社上班，便开始整理点校清代首任驻外使节、著名外交官郭嵩焘的日记。这部日记记录的时间跨度达37年，篇幅超过200万字，史料价值极大，整理难度极高。其中很多内容是不懂英文的郭嵩焘用湘阴口音记录的国外见闻。比如包括锺叔河先生在内的很多人都曾经引用过的，光绪三年八月十一日郭嵩焘所记：

铿荝林斯法尔齐立法尔姆安得科谛费格林升阿甫英得纳升尔那参赞诘生及立觉尔得寄示在安多威尔伯地方会绅达摩生宣发一段议论……

《郭嵩焘日记》书影与《船山全书》校样

这开头的"铿蒴林斯法尔齐立法尔姆安得科谛费格林升阿甫英得纳升尔那"27个字,便是郭氏用湘阴口音留下的记录,先生先将其还原成英文,再予汉译,普通读者才能看懂:Conference for the Reform and Codification of International Law(修改编纂万国公法会议)。像这样的"拦路虎",整部日记中有400余条,其难度即使是精通英语者亦不难想见。另外还有些专有名词如"哥弗来兑"之为"Good Friday,耶稣受难日","瓜得利类非有"之为"Quarterly Revier,每季评论",等等,这种还原,完全不是简单懂些英语就能做到的。先生的友人曾经回想过当年的情景:

杨坚面对这种"天书",眉峰紧锁:时而口中念念有词,反复吟诵;时而伏案查阅各种典籍、辞书;时而手持放大镜,俯身在原版西欧地图、英国地图(特嘱在英国留学的弟弟购来)细细察看,仿佛临战前的将军……每弄清楚一段原文,杨坚不啻攻下一个碉堡。

熟悉的人都知道,锺叔河先生于人不轻许可,却也不得不叹服:"这两部书的编辑工作,确实达到了我所见到的最高水平。"

《郭嵩焘日记》一共四册,先生从1979年开始整理,三年后出版第一册,五年后出齐。为了编好这部书,他光是"初读摘要"便写了七万字,后来又写出并发表了长篇学术论文《关于郭嵩焘日记》。此外,还校点出版了《郭嵩焘奏稿》《郭嵩焘诗文集》。先生的这些工作,为近30年后岳麓书社出版《郭嵩焘全集》打下了坚实的基础。

先生还参与了锺叔河先生主持的《走向世界丛书》的创始工作,如书目选定、底本搜集以及涉及人物、地名的翻译和注释等。在第一辑入编的30余种图书中,他校点了《伦敦与巴黎日记》《英轺私记·随使英俄记》《西学东渐记》《癸卯旅行记》《归潜记》共五种。

1982年，先生调入新成立的岳麓书社，此时主持工作的是首任副总编梁绍辉先生。工作单位虽然变了，工作地点却没变。出于核对底本、查找资料的方便，先生自1979年整理《郭嵩焘日记》起，便在位于中山路的湖南省图书馆借屋办公，每天骑自行车上下班。后来图书馆迁至韶山路新馆舍（后改名湖南图书馆），在四楼南侧设研究室，岳麓书社继续租用一间，先生依然驻馆，直至1986年始回社。

1982年岳麓书社成立的同时，湖南省古籍整理出版规划小组亦宣告成立，以书社为办事机构，梁绍辉兼办公室主任。主事者们很快确定了出版王夫之、曾国藩、左宗棠、魏源、王闿运、王先谦六位湘籍名人全集以及众多别集的规划。这年5月，先生被评为编审，成为当时湖南出版界著名的"四大编审"之一，后来担任湖南省出版局审编委员。9月，《王船山全集》被列入国务院批准的《古籍整理出版规划（1982—1990)》。12月，湖南省委同意省出版局关于成立《王船山全集》编委会的报告并10位顾问、13位编委的名单。其中，10位顾问为张岱年、任继愈、侯外庐、萧萐父、周谷城、黎澍、张舜徽、杨伯峻、程千帆、周大璞；13位编委为屈正中、车文仪、姜书阁、李楚凡、吴立民、羊春秋、马积高、宋祚胤、雷敢、颜克述、杨坚、王兴国、陈远宁。据梁绍辉先生回忆，"当时认为在编辑人员中年龄最大的杨坚同志最有实力"，遂以先生为全集责编，列为编委。由此，一项历时15年之久、参与者数十人之多、规模1000万字之巨的重大文化工程拉开了帷幕，而先生近30载的漫长余生亦将与这部大书深度捆绑，并将收获无上荣誉，这恐怕是当时与事诸君始料未及的。

1983年3月，《王船山全集》编委会举行会议，确定书名为《船山全书》，成立办公室负责具体工作，由先生任主任，湖南省社科院王兴国先生任副主任，有同志七八人。王兴国主外，收集版本，访求佚文；先生主内，负责编订全书，付印出版。各项工作稳步推进，一两年之中，船山著作书目、版本便已大部搜齐，辑佚、校点均有开展。在《全书》启动之前，先生曾拟《王夫之全集整理工作发凡》，后来受命责编，先后撰《王夫之著作书目总录》《船山全书校点工作细则》以及《船山全书序例》，为全书发凡起例，作章法以供依循。

1984年，机构改革之后岳麓书社领导易人，编委会办公室、省古籍整理出版规划小组先后撤销，编委会再无第二次会议。《船山全书》草创伊始便面临重重困难，各种头绪纷繁的工作均由先生一人应付，而先生心无旁骛，笃行不倦。后在省出版局领导的支持下，岳麓书社命原办公室同人继续相助。1988年岳麓书社再度易长，继任者遣人襄事。而省社科院王兴国、徐孙铭二君以社外之人始终扶持，堪慰先生之岑寂，可谓道义可佩。

本年秋，先生沿北京、武汉一线拜访张岱年、任继愈、侯外庐、周谷城、黎澍、杨伯峻、张舜徽、周大璞八位顾问，未能见面的萧萐父以及远在南京的程千帆两位顾问则另修书致意。先生还到东北师范大学出席了中国历史文献研究会第五届学术年会。这是一次卓有成效的出行，先生与各位顾问之间建立起紧密联系，很多都成为数十年通信不断的老友。在这些饱学的顾问、编委面前，先生"总是以后学、私淑的身份，随时向他们虚心请教，质疑问难。他们在确定书目编排、提供珍稀版本、匡正点校错误，以及解悟船山文字特点等方面，都给予了宝贵的指导和帮助"。

《船山全书》的定稿过程分初校、复审、终审三个环节。先生首先与众多初校人员沟通好注意事项，向他们提供搜集到的所有版本并初步确定底本。初校人员交稿后进入编辑复审环节，复审之后是"绝不

青年时代的杨坚

杨坚在病床边编校《船山全书》

轻松"的终审，由先生一力承担。前两个环节未能解决或未能妥善解决的所有疑难问题都汇集到他这里，自然大都是硬骨头、拦路虎，往往为了解决一个问题就要花去很多时间。每有书稿交到他这里，他"都像是自己点校一样，摆开所有版本和参考用书，一字一句，从头开始，把初校、复审已经做过的工作重新再做一遍"。所以，无论何时走进先生的办公室，桌上、椅上甚至地上，满目可见都是摊开的书本与书稿，而他则整日在其间爬梳、书写。比如《礼记章句》一书，近百万字，先生将其五个版本、三种校勘记以及多种参考书全部摊开，逐字审读。此稿共有校记860余条，其中初校所无而由先生新增加的有170余条，新征引的图书有10余种，这还没算经先生之手修改的。《全书》共有校记6000余条，每一条都经过先生的审读，补苴罅漏，删繁饰陋，统一风格。读者完全看不出其成于众人之手，这都是先生孜孜矻矻、苦心孤诣的结果。

每一种书定稿后，先生还创为"编校后记"，备述版本种类与源流、诸本异同、底本选定的理由、校勘情况以及前人著录和评述等。"编校后记"成为《全书》一大特色，得到包括作家孙犁、学者蔡尚思在内的众多读者的赞许。此外，对书的装帧形式，如封面书名用字的设计、前后勒口文字的内容、各册图片的选用，先生无不反复斟酌，煞费苦心。

1988年2月，经过数年奋斗，《船山全书》第二册率先问世，随后第十册、第一册相继于年内出版，此后几乎每年都有新书出来。正当先生紧锣密鼓、全身心扑在一应事务上的时候，意外降临了。

1993年秋天的某一天，先生从省图书馆查完资料出来，被一辆飞驰下坡的自行车撞倒，导致左股骨折，不得不卧床数月。翌年春甫告康复，于学习行走时又不慎跌扑，以致伤口再裂。4月，经社长办公会议研究，报经省出版局同意，先生办理了离职休养手续。但先生离职不离岗，继续手头的工作。此时《全书》最后三册尚未完成，先生勉力支撑，不顾亲友反对，让人将书稿送到医院，即于病床边校之。此时先生已是古稀老人，而敬业如此，见者无不动容。

两年后，为筹备资料汇编性质的《船山全书》第十六册，先生到省社科院图书馆查阅群籍。工作人员午休时，先生为节约时间，请他们把自己关在馆中，就着开水啃馒头当午饭，晚上则住在社科院招待所整理资料。历经两月辛劳，终于编成120万字的巨册。本册分传记、年谱、杂录三部分，汇集自明末至20世纪90年代初期研究船山的重要资料，极便学者。光是编写其中的杂录部分，先生便"阅书逾两千部"！而他还在自责"搜求未遍，尚多缺漏"。

1996年2月，《船山全书》最后一册出版。自1982年启动工作，至此已15年，先生已73岁。作为责任编辑，他负全书策划及终审、终校之责，厥功至伟。

随着新书的陆续面世，学界好评如潮。张岱年先生致函称："《船山全书》校订精审，十分钦佩！船山著作从此得一善本，实为学术史上一件大事，此亦出版界之佳话也。"任继愈先生称："这次的全集，可以说是最完备的版本。岳麓版船山全集可以传世。"萧萐父先生称："《全书》校订精，装帧美，足以告慰船山于地下。吾兄数年来辛勤劳绩，嘉惠学林，功在不朽。"张舜徽先生称："伏念贤者频年心力，尽瘁此书，校对仔细，力求无误，认真负责之精神，实罕其匹。"杨伯峻先生称："船山为明末清初一大家……文章特具格局，整理标点大不易，浅学不能施墨。吾兄任此，恰足胜任，非常识深厚，曷克臻此，佩服佩服！"程千帆先生称："这一重大文化工程，先生仔肩独任多年，终即告成，其有功于学术，真功德无量也。"

先生随之斩获了我国出版领域的最高荣耀。先是1992年11月荣获国务院政府特殊津贴及证书，又于次月获得国家新闻出版署、人事部颁发的"全国新闻出版系统先进工作者"称号。1995年11月，先生荣获第四届韬奋出版奖。1997年9月，《船山全书》荣获第三届国家图书奖。

1998年，先生75岁了，如同一位凯旋的老将军，带着一身的劳累与荣光，走下战场。他离开了编辑岗位，回家休养。没想到第二年罹患膀胱癌，万幸的是手术顺利，出院后一段时间内每周化疗一次，五年后终于痊愈。

2001年夏天，先生有杭绍宁沪之行，回到出生和青少年时期生活、读书的地方，多访亲戚故旧，历时百日。放眼整个晚年生活，这算得上是他难得的放松时光，在给朋友的信中，他说此行"为数十年来一大快事"。

翌年，先生罹患肺结核，治疗并卧床休养后好转。几年后虽复发，后逐渐康复。先生为夫人殷老师写下"顺天知命，惜福分福，好整以暇，自得其乐"16个字，郑重其事地请一位青年书法家题写一副行楷斗方，悬挂在客厅。本以为先生与殷老师伉俪就这样颐养天年，没想到82岁的老将还有重新出征的一天。

2005年3月，先生又回岳麓书社来上班了。后来的事情，本文开头已有叙述。2010年初某日，先生于晨梦中得一联"好整以暇须亟讲，有余气力得从容"，醒后提笔记之。不想，这竟成为先生生前的最后手迹。

好整以暇须延伫
有馀气力得从容
——吾最喜中得一联
杨坚记

A Psalm of Life

H. W. Longfellow

Tell me not, in mournful numbers,
　Life is but an empty dream! —
For the soul is dead that slumbers
　And things are not what they seem.

Life is real! Life is earnest!
　And the grave is not its goal;
Dust thou art, to dust returnest,
　Was not spoken of the soul.

Not enjoyment, and not sorrow,
　Is our destined end or way;
But to act, that each tomorrow
　Find us farther than today.

人生礼赞

〔美〕H. W. 朗费罗

不必用悲哀的声调向我诉说明：
　人生不过是一场虚幻的梦——
因为灵魂总是入睡而且死去，
　事物总和所想象的大不相同。

人生是真实的！人生是实在的！
　坟墓决不是它的终点；
从尘土中来，又回到尘土中去，
　对于灵魂绝不能这样声言。

并非欢乐也并非伤悼，
　是我们命定的道路或目标；
而是要去干，去使得每个明晨，
　都能远远地超越今朝。

杨坚的最后手迹及译文手稿

结束语

欧阳兆熊尝谓曾国藩的思想志趣与人生历程有三次转变：当翰林时好辞赋，一变而以程朱理学为依归；出来办团练，再变而崇尚申韩法家；居父丧后出山，三变而采纳黄老道家。纵观先生一生，亦有着较为明显的阶段性。早年辗转求学，于国事蜩螗之际，怀揣报国理想，考入黄埔军校，期待着能有一番作为。几年下来，发现理想与现实差异太大，遂毅然放弃原有道路。他与同学结伴穿过长江封锁线，投奔解放区，考入华北大学，投身于滚滚革命洪流。这两次抉择，先生称之为"一生采取的两次大行动，都是爱国的"。

1949年以后的60余年又可以分为两个阶段。前30年他背负着沉重的历史包袱，改革开放以后，他终于守得云开见月明，投身于出版事业，一展其平生志业。这其实是人生的第三次"大行动"。他以黄昏赶路的心态，不知疲倦地工作，"皓首穷经三十载，呕心沥血一部书。真正做到了鞠躬尽瘁、死而后已，将读书人的情怀与追求书写到极致"。

先生有著述之才，而甘于为人作嫁。《郭嵩焘日记》《船山全书》都是极有挑战性的中长期出版项目，他躬身入局，挺膺负责。在长期的实践中，他成长为编辑家，形成了自己的编辑理论，发表过专门论文。他很欣赏《新唐书》中裴行俭评论初唐四杰的一句话："士之致远，先器识，后文艺。"他将编辑水平分为器识（道）的形而上层面与文艺（术）的形而下层面，认为要做好编辑，要注重器识也就是思想、格局与见识的层面，不砭砭于一得之见，只关注技术层面。

先生旧学功底深厚，为人有古士大夫风采。他常以书会友，遍交海内知名学者。朋友间诗词酬酢，书信亦多文言。尤为难能可贵的是，先生还深通英文，擅长翻译，已出版的译著有《希腊罗马神话》、《基度山伯爵》（缩写本），前者荣获第二届全国图书"金钥匙"纪念奖，得到古希腊文学研究权威罗念生教授的欣赏，未出版的篇什亦复不少。

很多人回忆起先生，往往首先想到的是他的乐于助人。杨德豫先生有回忆文章说，他在译文读物编辑室时常常请先生协助审读《诗苑译林》的译稿。先生是文史编辑，这不属于本职工作，他总是利用休息时间帮忙完成。先生对年轻人尤其爱护有加。刘柯先生回忆，1982年他刚毕业入职时，与先生同在省图书馆办公，先生告诉他，遇有书稿中的任何问题可以随时问他，不管他在干什么都可以问。有的疑问他不能马上解答，过几天他通过查找资料弄清楚了也会给个回复。有一次他们为了辨认一件手札中某个漫漶不清的字颇费踌躇，先生突然说，我们先不说出来，效仿《三国演义》赤壁之战中周瑜与诸葛亮的做法，把答案写在手心，等到同时打开一看，果然是同一个字！二人相视大笑。

先生有个习惯，凡是有朋友送自己的书给他，他都是认真阅读，并提出细致的校勘意见，提醒重版时改正。而他自己，却是绝不轻易麻烦人的。他平时不让社里派车接送，有时因天气原因，社里安排了司机，他虽勉强同意，却似乎很是不安。据老司机杨师傅回忆，有一回送他回家，经过望月湖菜市场，先生让他停车，下车去买了一袋板栗送给他，以示感谢。有段时间，他经常请年轻同事蒋浩给他在网上买书。有一天他问蒋浩吃不吃牛肚，得到肯定的答复后，第二天他提了特别新鲜特别好的牛肚来，还用红缎带系着，并教她怎么做这道菜。先生卧病不能来社里上班后，经常托同事胡颖帮他取送一些稿件，有一天他硬要拿些钱感谢胡颖，被胡颖坚辞。

先生性谦和，晚年得知有"岳麓三先生"的说法（锺叔河先生、杨坚先生、唐浩明先生），称"龙首凤尾，自各克当，而我为马腹，殊不相称，惭惶而已"。先生性本和易，在原则问题上却直道而行，凛然不可干犯。由于他担任出版局审编委员，每年参评高级职称，有一次有个同事的材料到他手上，他认为其当时的条件尚不达标，于是没有投赞成票，并于事后将这事告诉了当事人。其为人又耿介若此。

2023年初，得知梁绍辉先生谢世，我写了一副挽联：

薪尽火传，任责极知宜我辈；
春耕秋获，开山犹赖有斯人。

其实，联中的意思用于先生也是合适的，他们于岳麓书社皆有草创之功，是值得我们感念的前辈。韩愈在《进学解》中说，"口不绝吟于六艺之文，手不停披于百家之编"，这句话可以用来作为先生人生最后30年的真实写照。

2023年，恰逢先生100周年诞辰，崔灿社长带领同人准备了纪念活动。巧合的是，湖南出版集团启动了"老出版人记录项目"，为省内杰出的老出版人立传，先生名列其中。我不辞笔拙，勉任其事，恭撰行状一篇。写毕有感，诗以纪之：

黄埔簿中著姓名，也曾戎马付平生。
可怜身世孤蓬迹，又赴尘沙万里程。
老树苍苍春入绿，新帆片片浪中行。
清风满室书盈架，那复当年謦欬声。

胡昭镕

默默耕作的"农人"

执笔人——**周熠**

胡昭镕

唯有热爱不可辜负。无疑，胡昭镕是热爱出版的，他以身为出版人为荣，以做出好书为荣。因为热爱，所以坚守；因为热爱，所以孜孜以求。他为出版默默奉献近50年，为湖南出版留下了低调、踏实、质朴的精神特质。

从农家子弟到大学学子

1923年农历九月十六日，胡昭镕出生于湘南资兴县（今资兴市）东区一个大山环绕的盆地里（当地人称作"洞"），此地紧邻桂东、炎陵，西距县城（今兴宁镇）约30公里，距郴州市约80公里。

胡昭镕家祖祖辈辈都在乡间耕种，他的祖父、祖母、伯父、伯母和母亲都是文盲，只有父亲在胡氏义塾读了四年书。在这样的环境下，他竟然考上了大学，在当时这实在是件稀奇事。他说："农村，特别是我们这样的边远山区，要出个大学生真不容易！整个资兴县，读大学的人屈指可数，我们东区八个乡，民国以来上大学的也不到10人。像我这样几代农民、家境并不富裕的子弟，能够考上大学，而且是有名的国立大学，乡人认为是祖宗积了德。"

那时，乡间已经兴起新式学校，不过乡村的教育仍是落后的。胡昭镕在回忆录中写道："教育很落后，洞里只办了三所初级小学，还是由胡氏宗族和金氏宗族分别办的义塾改的。读完初小（相当于现在的小学四年级），想继续升学，就得去县城考东乡公办的乐成高级小学。那时候，如果谁能读到乐成高小，就认为中了秀才，毕业回家，厅堂上要贴大红纸捷报，家里要办毕业酒，还吹打着乐器让毕业生遍拜大房小房的祠堂。"

胡昭镕也或多或少见证了民国时期中国教育事业的发展。当时从小学到大学的现代教育机构已经初步完善，湖南省立第一师范学校培育了不少思想先进、综合素质较强的现代教师，胡昭镕的族叔克彪叔就是其中之一。初小毕业后，是这位族叔来劝他父亲，并承诺会照顾他，父亲才应允他去考乐成高小。那一年，他的堂兄昭瑞和克彪叔的满弟（最小的弟弟）克廉也一起报考了乐成高小。他们家族有这么多子弟继续升学，与克彪叔大有关系。他是资兴第一个考进省立第一师范学校的学生，毕业后不久当了乐成高小的校长。用胡昭镕的话说就是："克彪叔受过正规的师范教育，又在长沙见过世面，他一洗以前那些老朽校长的保守与落后，把学校办得很好。"当时克彪叔的二弟克柔在长沙读中学，三弟克勤在衡阳的湖南省立第五中学读初中，家族里读书的氛围非常好。

在回忆录里，胡昭镕多次提到他求学的艰难，其中最难的是路途艰苦。他回忆道："去考乐成高小，是克彪叔带我们三人去的，克廉和堂兄昭瑞都比我大两三岁。60里的山路，对一个不满九周岁的孩子来说，的确很艰难。我记得，我们几个从太阳刚出山头一直走到太阳快要下山了才进县城，整整走了一天。途中，有两次我实在走不动，还是克彪叔背着我走了一段才下来自己走。这件事，在我们族上成为美谈和笑谈：'校长背学生去赶考。'"

在乐成高小时，语文老师许钟谟除了讲解课文外，还会讲一些课外知识，特别是文学方面的人和书。胡昭镕记得他讲过鲁迅和其作品《狂人日记》《阿Q正传》《彷徨》《呐喊》，还告诉学生们世界上有很多大文豪，如英国的莎士比亚、法国的巴尔扎克和莫泊桑、俄国的托尔斯泰和高尔基等。许钟谟老师是胡昭镕的文学启蒙老师。一个小县城的语文老师，既知晓世界文学，又熟悉当时的文坛先锋人物，由此可知当时的知识传播是很通畅且迅速的。

1934年7月，胡昭镕从乐成高小毕业，快满11岁了。父亲无意让他升学，准备带他务农。克彪叔又来劝，说昭镕年纪还小，身体单薄，务农恐怕吃不消，还是去衡阳考初中，继续读书。因此，胡昭镕才有机会继续读初中。初中三年，胡昭镕语文成绩特别突出，他学会了写文言文，可英语、数学、物理、化学方面的表现都不尽如人意。

尽管如此，胡昭镕从未有放弃求学的想法，初中毕业后又积极复习，准备考高中。

1939年春节过后，他仍和克廉同行去衡阳报考省立第五中学高中部，结果他没考上，克廉考上了。幸运的是，他在报纸上看到了新成立的省立第一临时中学师范部在湘乡招生的信息，师范部的学生不收学费、书籍费，不交伙食费，考试不考英文。他和克廉从衡阳坐火车辗转到湘乡报名参加考试，这次却是他被录取，克廉榜上无名。

胡昭镕说，考进省立第一临时中学师范部是他一生中第一个大的转折点，让他从一个愚钝少年成长为一个有追求有目标的知识青年。当时抗日战争已经全面爆发，省立第一临时中学是由几所省立中学、师范、职校合并建成，称"第一"是因为湖南省政府还准备在湘南成立第二临时中学，在湘西成立第三临时中学。说"临时"是因为抗战胜利后就要解散恢复原校。

在省立第一临时中学师范部，同学们除了学好规定课程外，还能借阅大量课外书籍。师范部图书馆的藏书很多，汇总了原省立第一师范学校和省立长沙高级中学师范科、省立长沙女子中学师范科的藏书。开学不久，班上成立了读书会，胡昭镕受邀参加。他在回忆录里说："在参加班上的读书会后，读书的兴趣大增。那三年，我像一头闯进菜园里的牛，拼命读课外书，而且涉猎的范围很广。图书馆里有一套商务印书馆的'万有文库'，一套'ABC丛书'，我一一借阅，像《天文学ABC》《地质学ABC》《相对论ABC》《哲学ABC》等等，都认真地看了。但我读得最多的还是古典文学和历史方面的书……我选读《诗经》、'四书'、《古文观止》、《史记》、《三国志》等，还看《三国演义》《西游记》《水浒传》《儒林外史》《镜花缘》等古典小说，就是不喜欢看《红楼梦》。现代文学也看一些，主要看鲁迅、茅盾、巴金的作品，也看些外国文学作品。有一个学期还借了好几本新闻学方面的书来看，因为我原来很崇拜新闻记者，我认为我理想的职业有二，一是去图书馆当图书管理员，可以大量阅读各类书籍，成为一个学问家，二是当新闻记者，可以天南地北到处采访，成为一个被人尊敬的'无冕之王'。"虽然他最后没能做成图书管理员，却成了图书编辑，也算是"阅书"无数了；虽然没能成为一个学问家，却成了一个"杂家"，不可不算是学问深厚了。

1941年初，省立第一临时中学撤销，师范部恢复为省立第一师范学校。1942年1月，胡昭镕从省立第一师范学校毕业，当了一年多小学老师。1943年暑假，他和克廉一起踏上了考大学的路途。他们先乘火车到广州，准备报考在广州坪石的国立中山大学，得知有好几所大学在广西桂林招生后，又去了桂林。胡昭镕回忆说："那时的桂林是抗战大后方的文化名城，商业很繁荣，物价比较贵，进饭馆吃饭，我们吃不起，只好到小摊上买油条、烧饼、米粉、盖浇饭吃。经常吃两餐，马虎对付过去。"

功夫不负有心人，胡昭镕考上了中山大学师范学院国文系，这是他人生的第二个大的转折点。在颠沛流离中，胡昭镕完成了大学学业。大学四年，胡昭镕只在学校学习了三年，因为日寇南侵，他一度和学校失去了联系，待在闭塞的小城资兴，直到1945年11月底才得知日本投降的消息。欢喜雀跃之余，胡昭镕和资兴的中山大学校友取得了联系，一行七人结伴回广州复课。"因为粤汉铁路尚未修复通车，只好步行，由资兴县城出发，经渡头、滁口、大江桥、青山脚，过汝城文明司，至广东九峰，抵乐昌，整整走了五天。到了乐昌，也不休息，找到一条载客的木船，沿北江顺流而下，行驶了三天，才到广州。"

复课时，中山大学师范学院国文系并入文学院中文系，胡昭镕为此而心情愉悦、精神振奋。他在回忆录中说："中文系的名师很多，文学院院长王力教授是著名的语言学家，他亲自为我们讲授汉语语法理论和古代汉语；中文系主任李笠教授是文字学家，他讲授中国文字学；讲音韵学的是岑麒祥教授，讲训诂学的是严学宭教授；讲诗选、词选及习作的是詹安泰教授，讲民间文学的是钟敬文教授；讲教育心理学的是朱智贤教授，讲教育哲学的是许崇清教授。这几位老师，我久仰大名，如雷贯耳，现在能亲聆教诲，真是三生有幸，恨不得把他们的讲授内容，全部吸收。"因受同系几个同学的影响，他觉得搞语言学很好，可以成为专家学者，于是更加深入地钻研语言文字学，毕业论文也选定为"资兴方言研究"。

大学之所学奠定了胡昭镕一生的学识基础。在后来的编辑生涯中，他无论是编写或编辑《汉语拼音字母读本》《新编农村实用杂字》《新编捷径杂字》《现代汉语词汇》《语文基础知识讲话》《范文选讲》《和小学教师谈修辞》等图书，还是参加《辞源》修订，都能得心应手。

从"通俗"到"人民"的见证人

1951年1月，湖南通俗读物出版社成立，当时只有专职编辑两人，1952年增至七人，胡昭镕便是这个"第七人"。他从郴州群众报社转至长沙工作，进社时全社共37人，办公地点在长沙市府后街25号。人员虽少，分工却很明确，两两一组编辑农业农村类、工业政法类和文艺类图书，胡昭镕负责的是文艺类图书。到了省会城市，分在出版社工作，既专业对口，又是自己所爱的职业，年轻的胡昭镕很是欣喜。他只用了一两个月时间，就熟悉了图书编辑出版的流程。刚到社时，他和同事们挤在一个房间里办公，条件十分简陋，大家却不以为意，

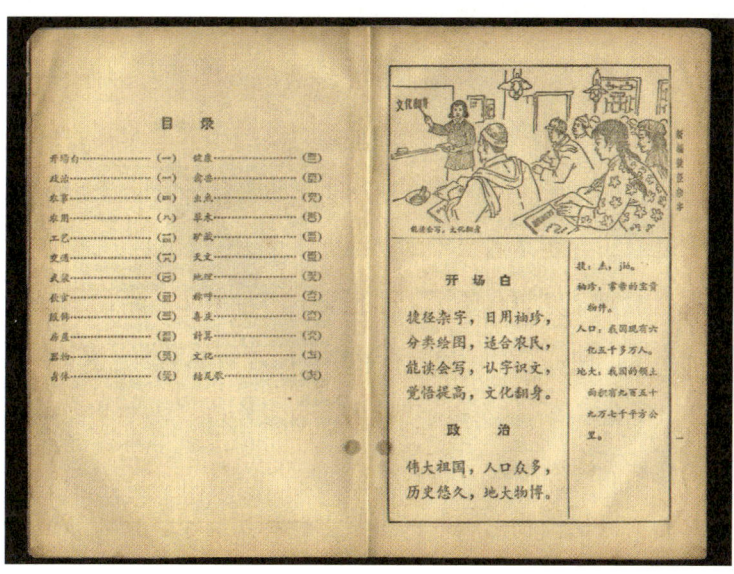

《新编捷径杂字》书影

倒觉得在一起其乐融融，日子不苦反甜。

如何做好编辑工作？胡昭镕认为，首先是要领会当时的出版方针，即"三服务""三化"方针，强调出版"为无产阶级政治服务，为生产服务，为工农兵服务"和"地方化、通俗化、群众化"。

根据党的出版方针和湖南的政治、经济、文化教育情况，湖南通俗读物出版社确定本社的出版任务是"面向农村、面向基层，编辑出版以农民和农村基层干部为主要读者对象的通俗读物，同时适当兼顾工矿和城市广大群众的需要"。为此，强调图书的内容要深入浅出，明白易懂；形式要"字大、图多、本子薄"，定价要低廉；编辑人员在工作时要"举头三尺有农民"；每一本给农村读者的通俗读物，要做到"经济、实惠"，是"营养餐"。

这些通俗读物篇幅都不长，一般一万字左右，有的只有几千字，长的则是两三万字，文字明白如话。这些书看起来很容易编辑，似乎不用费什么力气，可实际却并非如此。胡昭镕感慨道："解放初期的农村，无论是农民，还是基层干部，绝大多数是文盲、半文盲，能有小学毕业程度就算个知识分子了。要把党的方针政策、新的思想、新的知识写成文章，使他们听得懂、看得懂，能理解能掌握，又谈何容易！"因此，对所有书稿，他都得字斟句酌，反复修改，要做到用最简单的字句，口语化地表述思想。

湖南通俗读物出版社的出版方针和实际工作，与新中国成立初期的扫盲运动息息相关。当时我国经济建设人才短缺，工农劳动群众文化水平偏低。相关资料显示，中华人民共和国成立初期全国总人口约5.5亿，文盲率高达80%，农村的文盲率更是高达95%，对加快新中国经济文化建设十分不利。1950年9月，教育部和全国总工会联合召开第一次工农教育会议，发出了"推行识字教育，逐步减少文盲"的号召。

1952年到50年代末,全国开展了三次大规模的扫盲运动。湖南通俗读物出版社出版的图书,对湖南全省"推行识字教育,逐步减少文盲"作出了重要贡献。

胡昭镕在《我的怀念,我的眷恋》一文中谈及他的亲身感受:"它(湖南通俗读物出版社)编辑出版的几百种、几千万册的通俗读物,销行到当时文化教育还相当落后的广大农村,给农民和基层干部送去他们渴望的精神食粮,对提高他们的思想觉悟和文化水平,帮助他们开展工作、生产,投入新的生活,起了十分重要的作用,那可以说真是'雪中送炭'!我曾多次下乡,亲眼见到农村基层干部和农民群众手里拿着我们社编辑出版的通俗读物,在群众大会上、在冬学民校里、在狭窄的农舍里,甚至在田头地角,当作学习材料学习。有的一人念大家听,有的组织讨论,有的用手指点着书上文句认真阅读。此情此景,令我感动不已。"

得益于在郴州群众报社工作时"对编辑工作颇做了一些努力",胡昭镕很快就胜任了图书编辑的工作,尤其是在"通俗化"方面,他掌握了不少方法。在郴州群众报社时,他花了不少功夫研究"通俗化"如何"化"。最开始,胡昭镕以为尽可能地把书面语转换成口语,就算"通俗"了,如把"没有"换作"冇得","很多"换作"蛮多"就可以了,结果文章拉得很长却抓不住要点。在编辑、修改农民通讯员、农村基层干部或小学教师写的文章时,他悟到了"通俗化"的诀窍:"通俗化"不仅要求语言通俗易懂,更重要的是内容生动、接地气。

有时候,供稿的人只有小学文化,甚至是半文盲,他们写的报道、唱词、山歌、快板不大通顺,却十分通俗生动。胡昭镕在改稿时,总是尽可能地保留稿子中的鲜活口语,保存其淳朴风格。他自己写的稿子,也尽最大努力去掉知识分子腔，做到通俗顺口。在改写时事新闻的时候，有时会遇到困难改不动，另外改个意思吧，又怕改得不好，更怕搞错，胡昭镕深感苦恼，但他没有灰心，而是鼓起勇气摸索学习。他在工作日记中记录道："后来看到《川东报》关于改写时事新闻的经验，摸到了一些办法，编写出来的时事新闻精简活泼多了，形式也比较多了，如'时事快板''时事唱词''时事对话''时事漫谈''时事讲话''编报对话''时事问答'等等。"这些经验他都用到了图书编辑工作中。编学相长，在胡昭镕身上得到了实实在在的体现。

1954年4月，湖南通俗读物出版社改为湖南人民出版社，改名换牌，编辑人员既高兴又困惑。高兴的是好像松了绑，能为更多的读者、作者服务了，困惑的是"三化"方针是不是要坚持，如何坚持。当时，胡昭镕在文教组工作，他提出文教组应以编辑出版以中小学教师为对象的教育读物为主，也要编辑出版一些文史读物，包括文史知识读物和学术著作，同时不放弃通俗读物，但要着眼于提高。为了实现这个转变，文教组全组人员走出出版社大门，联系湖南省教育厅、长沙市教育局，走访湖南师范学院（今湖南师范大学，后同）、湖南省第一师范学校（今湖南第一师范学院）和几所中学，还重点走访了几所地区师范学校，调查当时省内的教育、教学情况，教师队伍状况，顺便发现作者、组织书稿。同时，他们还走访了一些从事文史研究的专家、教授，向他们组稿。胡昭镕在回忆录中写道："联系、走访的收获很大。在短短的一年中，编辑出版了好几种有影响的教育读物，接受出版了《湘绣史稿》《现代汉语词汇》等几种文史学术著作。以工农为读者对象的通俗读物则减少了种数，注重提高质量。"

从"通俗"改为"人民"，比较明显的变化，是出书的层次提高了，开始出版学术专著，而"为工农兵服务"和"通俗化"则仍是重要的指导方针。为帮助社里的员工走出出书方向的困惑，社里先后于1954年的6—7月和1956年的3—4月组织编辑出版人员进行了学习、讨论，统一了思想，确定了湖南人民出版社的任务："以编辑出版教育广大农民群众和农村基层干部的通俗读物为主要任务，同时也出版一定数量的以中层干部和教师为对象的中级读物以及少数学术著作，宣传马克思列宁主义，宣传党的方针政策，传播科学文化知识，为国家的社会主义建设服务，特别是动员和教育全省人民为实现农业发展规划纲要而奋斗。"社里同时承担中小学教科书、教学参考资料的出版任务。

很显然，胡昭镕的建议是贴合当时的出版要求的。1961年至1963年的工作记录中，记载了胡昭镕的工作业绩，他"负责编审的初、重版图书中，《新编增广贤文》《新编农村实用杂字》《简易珠算》《语文基础知识讲话》《范文选讲》《和小学教师谈修辞》《课堂的艺术》《给青年同学的几封信》等颇受读者欢迎"。其中《新编增广贤文》初版时他不是责编，此书首次印刷2.5万册，只两个多月就脱销了，各地新华书店的反映非常好，稍加修改后的第二版连续印10万册，不到半年又销完了。为了进一步提高此书的质量，社领导让胡昭镕担任此书的责任编辑，做一次较大的修改。他在参考读者来信和下农村试读征求意见的基础上，对全书的段落做了调整，删去了一些句子，增加了一些当时报刊上常见的警句和新的格言，并对有的句、词、字做了注释。这样，它的内容比前两版充实、准确得多。此后，这本书多次修改，年年重印，至1966年重印27次，累计印数达300多万册。

能编能写的多面手

湖南人民出版社一直是一家综合性出版社，除了文史类图书，还出版政治、经济、社会科学等领域的图书。入社后，胡昭镕主要编辑的是教育和文史类图书，这是他熟悉的领域，工作起来自然驾轻就熟。除此之外，他还需要编辑经济、社会科学方面的图书，这并不是他擅长的领域。但他没有畏难，更没有随便对付，而是潜心学习相关知识，先让自己变成内行，再以内行的功力提出对书稿的修改意见。经他编辑的图书，常是精品；他的工作态度和专业能力，总是让作者心生敬意。

《简易珠算》是当年湖南人民出版社的畅销书，首印只试探性地印了2000册，很快销完，马上加印，累计销量大约有260万册。这本书的责任编辑是胡昭镕，编写者是胡昭镕的同事，在经理部工作。当时，作者完成的初稿比较粗糙，只介绍了一些普通的珠算算法。胡昭镕觉得需要大改。如何改？要提出准确、全面的修改意见，并非易事。胡昭镕只在读小学的时候学过珠算，知其然而不知其所以然，更不懂一些简捷算法。可要编好这本书稿必须懂得珠算算法。胡昭镕沉下心来下功夫学珠算口诀，并探究口诀的演示方法（主要是除法口诀），还学了几种民间的速算法。这样，他提出的修改意见就比较专业和到位了。

1.对珠算口诀，尤其是除法口诀，要做出解释，让学习者不仅知其然而且知其所以然。2.民间流行许多珠算速算法，可以选择那些既易懂又易算的加以采用。3.在用算盘图式示范教学后，再加一些练习题，以起举一反三之效。

作者接受了胡昭锫的建议,增加了以上三方面的内容。比起初稿,书稿质量大大提升。他又帮助作者做了大量的文字加工,调整了结构、层次,有些没有说透的内容,他还和作者商量一起修改。胡昭锫所秉持的,正是我们今天所说的工匠精神。以此精神来编一本书,没有编不好的道理。

如何处理好与作者的关系,是每一个编辑在日常工作中都要面对的问题。胡昭锫编辑《湘绣史稿》的过程,为我们提供了处理与作者关系的范例。《湘绣史稿》是湖南通俗读物出版社改名湖南人民出版社后胡昭锫接到的第一本学术类图书,作者是一位文史老专家。时任社长黄华把书稿交给他时,特意交代:"作者说了,书稿从文字到内容一个字也不要改。"听了这话,胡昭锫心想:"哪有一个字不改可以出书的稿子?"很明显,作者非常自信,且不太信任出版社的编辑。虽然内心不能接受作者的态度,但是胡昭锫对此还是表示理解。他想:"我们以前多是编辑'字大、图多、本子薄'的通俗小册子,作者很可能认为出版社的编辑看不懂他的书稿,如果妄改,岂不坏事!"

此前,胡昭锫从未接触过湘绣、湘绣史。编辑书稿时,他抱着学习的态度,先是认真地作了审读,读后觉得受益匪浅。作者的文字功底不错,按当时的标准,一字不改就发稿未尝不可。尽管如此,他还是觉得有些环节衔接不紧,有些具体技术叙述不清,如果能够把这些问题解决,书稿的质量就能进一步提高。怎样解决这些问题?他打听到长沙市有一个湖南湘绣厂、一个湖南湘绣研究所,厂里和所里有一些老绣工、老画师,他们对湘绣的历史和具体技术很熟悉,只要去那里访问几位老绣工、老画师,开个座谈会,就能解决问题。他把想法跟黄华社长讲了,社长表示支持。于是胡昭锫决定先去采访、座谈,听听老绣工、老画师的意见。

湖南湘绣厂和湖南湘绣研究所实际是一个单位两块牌子，厂子并不大，人员也不多。厂领导听说来征求《湘绣史稿》的意见，很热情地接待了胡昭镕，先请两三位老画师、老绣工读了这部书稿，过几天又安排了一个有十多位画师、绣工参加的小型座谈会。他们介绍了湘绣的起源、发展历史及现状，讲述了几位著名绣工、画师的艺术特长，指出了书稿中个别不足和不准确之处。在此基础上，胡昭镕对书稿提出了修改意见并整理成文字，去找作者商量。

作者听了胡昭镕的介绍，又看了他整理的修改意见，诚心诚意地表示感谢："谢谢你！我虽然搜集了一些有关湘绣的史料，但还没来得及向那些老绣工、老画师征求意见，请他们指正。你帮助我做了这个工作，补救了我的缺失，真是太谢谢你了。我会认真按他们的意见修改！"胡昭镕做这么多，只为提高书稿质量，这样的精神让作者无法不感动。

因为总是一门心思帮助作者改出高质量的书稿，胡昭镕不仅受到作者尊重，也和不少作者处成了好朋友。胡昭镕在回忆录中说："我和作者的关系，可以说是处于'师''友'之间。作为一名编辑，至多对某项知识有些基础。像我，文史知识是知道一些，也不精不深；而作者，则是各行各业的专家，学问精深。作者交稿时往往谦虚地说：'请多提意见。'书稿到了编辑部，要经过初审、复审、终审三关。但我不敢言'审'，我总是以'第一个读者'的身份去读稿。这些作者是专家，我把他们当作老师。书稿如果接受出版，我要对出版社负责，对读者负责，我必须尽自己能力去为作者把关。因此，我也就作为朋友与之相互切磋。"

胡昭镕不仅编书，还自己写书。他的第一本书《汉语拼音字母读本》写于1957年，由湖南人民出版社出版。这本书不到一年印了三次共七万册。书的字数不多，胡昭镕说是在作者的启发、鼓励和帮助下编写出版的。

1956年，中央发出推广普通话的号召，公布了《汉语拼音方案（草案）》。这时，湖南师范学院的青年讲师王勤把书稿《北京语音常识》交给湖南人民出版社，胡昭镕担任了这本书的责任编辑。书出版后颇受读者欢迎。但是，胡昭镕总觉得这本书专业性太强，起码要初中教师才能学懂并运用，小学教师和初中文化程度以下的干部、职工都难以看懂。他当过小学教师，知道小学需要些什么语音知识，因此向王勤建议写个更通俗的小册子。王勤认为胡昭镕的建议很好，但是自己正在写一本汉语词汇学专著，安排不出时间。他鼓励胡昭镕自己写，并承诺帮助他修改。胡昭镕在大学时就钟爱语言学，花了不少精力钻研，有此机会，他决定试一试。他将想法向黄华社长报告，社长不仅赞成，还鼓励他快点写出来，及时发行，供广大小学教师作为推广普通话的学习材料。

胡昭镕按照一般通俗读物的要求，加班加点编写出《汉语拼音字母读本》。全书约8万字，用讲课的形式通俗地讲解了汉语拼音字母的发音、拼写规则和实际应用，还附有练习。完成初稿后，王勤兑现诺言，帮胡昭镕审阅了书稿并作了修改。他称赞说，书写得很浅显，初学者一读就懂，这对学习汉语拼音方案、推广普通话很有好处。这本书出版后，立即成了语文知识读物中的畅销书。在大学学习期间，胡昭镕希望自己能成为语言学方面的专家学者，本书的出版，亦可聊以自慰了。

修订《辞源》，主编《出版志》

回顾自己的编辑生涯，胡昭镕既有成就感，也有挫败感。成就感来自自己所编的图书有不少在社会生活中发挥了积极的作用，如一些扫盲读物、学文化补充读物、通俗韵文、教育读物，对扫除文盲、提高农民文化水平、提高农村小学教师教学水平，功不可没。他曾多次下农村调查，到冬学、民校、乡镇完小、村级初小听课，开座谈会，与农民同吃、同住、同劳动，亲眼见到自己编的书在学校里作为教材，在农民手里作为自学课本，在教师手里作为备课参考。这种时候，编书的辛劳、在政治运动中遭受不公正对待的压抑和委屈都一扫而光。挫败感则来自所编的图书有一半甚至大半是"劳民伤财"，这些书有的因为时效性，寿命很短，有的品质不高，长期积压在仓库。

胡昭镕最难忘的，便是参与大型古汉语工具书《辞源》的修订和编写《湖南省志·出版志》（后与《新闻志》合并为《新闻出版志》，以下简称《出版志》）的经历。

修订《辞源》是20世纪70年代中后期的事情。1977年初，商务印书馆要求河南、湖南、广东、广西四省（区）组织修订班子，配合相关工作。湖南省委宣传部牵头，成立"湖南省《辞源》修订组"，行政工作交湖南人民出版社负责。修订组办公处设在中共湖南省委党校内，出版社派了一名革委会副主任坐镇，还派了一名编辑参加修订。那位编辑去了两三个月便回了社里。胡昭镕从五七干校回来，社领导要他去接手。他很高兴，二话没说，第二天就去报到。

当时省《辞源》修订组设了几个修订小组和一个定稿小组，20多个修订人员，其中有不少知名人士，如文史学者羊春秋、马积高、刘晴波，经济学家张萍，著名的中学校长沈克家、文家驹，等等。除了省里的《辞源》修订组以外，还设立了五个小组，分别是湖南师范学院小组，省政协、省文史馆小组，湘潭市小组，株洲市小组和衡阳市小组。

商务印书馆要求对每个部首的每个字、每个词条都认真修订。每

胡昭镕 1977 年的学习笔记

个字的读音要注出反切、汉语拼音字母、注音符号。每个字下面的旧《辞源》词条，太偏僻的、不成词的要删去，旧《辞源》未收而又比较常见的要增入。旧《辞源》的字和词条有许多释义很简单、不完整，甚至错误的，得找资料予以补充修改。旧《辞源》的字和词条中有的义项所用书证时代过晚的，要从古书中找到出处，找到真正的"源"。旧《辞源》中释义所引书证只有书名或作者名的，这次修订要详细补出，如作者朝代、姓名、书名、卷次、篇名，等等。刚接触修订工作，胡昭镕以为有旧《辞源》和商务印书馆提供的修订资料，会比较容易，动手深入后才意识到难度很大。如果没有广博而深厚的文史知识，没有古文功底，是难以胜任的。

初审后，省《辞源》修订组抽出六人成立了定稿小组，胡昭镕是其中一员。定稿小组的职责是审读、修改各修订小组送来的修订稿，使之成为达到交付标准的定稿。定稿人员要能熟悉运用各种类书和工具书，比较熟悉古籍。要严格掌握修订体例，以近乎吹毛求疵的严苛标准细致审读，把牢关口。定稿小组在审读时，遇到修订质量好的词条，一天可以定二三十条；遇到质量差的、谬误多的词条，一天只能定两三条。

1978年，商务印书馆请河南、湖南、广东、广西四省（区）的《辞源》修订组派人去北京参加最终定稿的审定，每个省去两人。胡昭镕开始没有参加，到1979年初参与进去，在北京工作了九个月。

胡昭镕参加修订《辞源》历时三年，他自己动手修订的词条并不多，主要是定稿。这三年，他先后在省《辞源》修订组和商务印书馆过目并参与定稿的词条，约占《辞源》总词条的1/6。这是胡昭镕十分珍视的三年，"我重温了中国古代文史知识，接触了许多过去未见过的古籍，学到一些查资料、整理资料的方法，这给我以后编纂《出版志》带来无穷的便利。而参加修订《辞源》的文史专家、商务印书馆的同行们，特别是《辞源》主编吴泽炎老先生，他们严谨、细致、认真的工作作风，对我影响很大"。胡昭镕的工作也得到修订组组长的高度评价：工作认真负责，细致扎实，效率高，速度快，能保证质量；热心诚恳，平易近人，肯帮助人，能尊重人，能尊重编写组的劳动；责任心强，有较高的业务水平，能按时保质完成任务；有刻苦精神，自强不息，能够挤出时间来学政治学业务。

从北京回来后，胡昭镕被湖南省出版局安排编纂《出版志》，当时他已经56岁。面对这个完全陌生的任务，一开始他是拒绝的，推托了两次。而真正开始进入工作后，他便全身心地投入进去了，自1980年5月开始搜集资料，到1991年11月《出版志》由湖南人民出版社出版，胡昭镕为此奔波劳累了10年。他是编写组的负责人，也是稿件的组织者和编撰者，初稿完成后，他还是统稿人和定稿人。他独立撰写了中华人民共和国成立前的图书出版这部分内容。为了搜集资料，他和编写团队先是去湖南省图书馆、省档案馆、省博物馆借阅新中国成立前的书刊，查找所需资料，随手抄录或复印，做成卡片；然后向湖南省文化局和省出版局下属机构征集新中国成立后的相关资料；还外出访书访刊，从中获取有用的资料。他先后和胡遐之先生、骆正南先生去了北京、上海、扬州、南京，和骆正南先生、罗余先生去了重庆、成都、湘东和湘西，和胡遐之先生去了湖南雕版印刷最盛的邵阳、新化。《出版志》从第二稿到第五稿，历经四年，前后作了四次大的修改补充。在编写过程中，1984年，湖南省直各厅局进行机构改革，省出版局也在改革之列。编写组人员也有变动。而最大的变动是，1979年到1985年，湖南人民出版社先后分出有关编辑室，成立了湖南科学技术出版社、湖南美术出版社、湖南少年儿童出版社、湖南教育出版社、岳麓书社、

《湖南省志·出版志》送审稿

湖南文艺出版社六家出版社。可想而知，当时要编《出版志》，面对的是多么复杂的情况，要将这本志书编好，是多么不容易。

1991年11月，《出版志》出版了，胡昭镕终于松了一口气。他在回忆录中没有诉说其中的艰难，只是很客观地留下一段文字："'湖南省出版志编写组'虽然存在10年，但是一直没有任命正式组长，只是指定了'负责人'（胡昭镕）。这个'编写组'在省的各厅局中也是独特的。各厅局的修志机构，都有一个'编纂委员会'，下设办公室，办公室设主任，属处级；有的还设了主编、副主编。省出版局没有成立'编纂委员会'，也就没有办公室，编写组把办公室的全部工作都挑起来了。"正是对湖南出版的赤诚与热爱，支撑着胡昭镕坚持了10年。最后，局领导决定让他署主编，对于这一实至名归的安排，胡昭镕心怀感激，而此前长达10年的时间里，他从未为自己提过任何要求。《湖南省志·出版志》是新中国成立以来第一部出版志书，胡昭镕很欣慰地说："我和我的同事们为湖南的出版事业史留下了一部比较全面系统的可靠资料，是有价值的。"

胡昭镕几乎把自己所有的时间都奉献给了工作。一个优秀的图书编辑，必须是一个"杂家"，很多知识都得有所了解。为了提升自己，胡昭镕抓紧一切时间阅读文艺理论、文史和政治等各门类书籍。在他与夫人共同撰写的回忆录中，他讲到自己坚持学习的一段故事。1953年，他担任文教卫生组秘书（相当于副组长）后，受社长兼组长黄华的委托，承担组内编的全部书稿的审读工作。因为书稿内容涉及文学艺术、文化教育、医药卫生、科普知识等诸多领域，他深知责任重大，须得有广博的知识储备。为了能胜任此工作，"当时可以说是拼命地吸收知识，除了业余时间，还在开会、出差时见缝插针地学。这样也居然颇有成效"。

阅读与写作伴随胡昭镕整个职业生涯，他曾在报纸杂志发表札记、随笔、杂文、书评等五六十篇，出版《汉语拼音字母读本》《湖南革命出版史·新民主主义革命时期》，编写《新编农村实用杂字》《新编捷径杂字》等通俗韵文及工农学文化补充读物，还是《出版志》的主要撰稿人。

1988年8月，胡昭镕离休。离休后的他仍心系出版。1989年，他被返聘，帮助湖南人民出版社成立了地方志编辑室。他总结自己的出版生涯，将撰写过的相关文章汇集成册，编为《作嫁集》（内部印制），和夫人许先正合著回忆录《足迹与心声》（内部印制）；担任湖南省出版局审编委员会委员、审读组成员，受邀参与了一些图书的审稿，或作为特约编辑参编了一些图书。他还是湖南省地方志学会理事。

胡昭镕总结自己的一生，用的是"曲折的道路，艰难的跋涉"这么一句话。青少年时，遭遇战乱，求学不易，壮年和中年遭遇一系列政治运动，屡受波及，但他从未失去本心，总是在日记中反省自己，总是保持着一颗爱党爱国的心。在中华人民共和国成立前夕，他参与地下斗争，在1949年7月底加入中国人民解放军粤赣湘边纵队湘南支队政治部文工团，这是他一辈子引以为傲的经历。

作为一个农家子弟，能考上大学，靠的是他的毅力，而非聪慧过人；作为一名编辑，能赢得同辈的尊重、后辈的敬仰，靠的是他的认真、专业和执着，而非左右逢源。人生之路虽艰难，但他总是朝前看。他扎扎实实的才学不仅滋养了他自己，也滋养了他的后人。他的二女儿胡小桔，在1978年以初一学历考上了湖南师范学院，谈及考学的经验，她说要感谢父亲给她的文史知识传授和良好的家风熏陶。她和妹妹胡小红都说，父亲的文科出类拔萃，不仅教导了她们姊妹，还教导了孙辈。谈及对父亲的印象，胡小桔说，父亲是"万金油"，之所以能成为"万

胡昭镕与夫人许先正合影

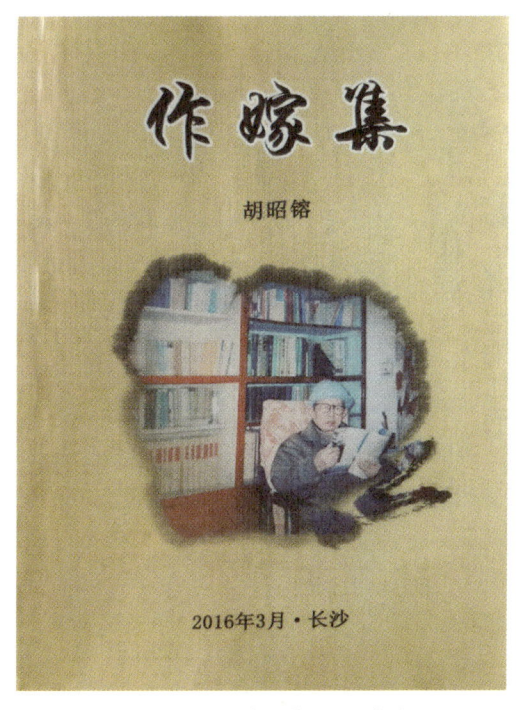

《作嫁集》（内部印制）封面

金油",是因为有广博的知识作底气；父亲是"多面手",之所以能成为"多面手",是因为有学习能力和学习热情作支撑。胡小桔感慨,编辑工作太累了,是一个没有光环的职业。

确实,胡昭镕一生都很朴实,他算不上出版界的风云人物,他不带光环,但是他默默奉献近 50 年（加上离休后的工作）,如同一个在四季不知疲倦精耕细作的农人,为湖南出版贡献了好书,更在湖南出版的精神谱系中增添了低调、质朴、踏实的特质。

黎维新

只带着我的笔和书前行

执笔人——**潘凯**

黎维新

在 40 多年出版实践中，黎维新先后担任湖南通俗读物出版社编委、编辑部副主任，湖南人民出版社编辑部主任、副社长、社长，湖南省出版事业管理局副局长，湖南省新闻出版局顾问等职务，经历了湖南出版从初步发展到整顿提高、从复苏待兴到迅速崛起的整个过程。其个体出版活动与湖南出版历史紧密相连，"同湖南出版事业一道前进"可谓是对其中肯准确的评价。在他的职业生涯里，黎维新数十年如一日，忘我投入、勤恳付出，求真务实、细致严谨，展现了一位出版人的责任担当与敬业奉献。

我憧憬的，是真善美
——在流亡中成长

1925年4月，黎维新出生在湖北武昌的偏僻乡下。其祖父在湖南临湘羊楼司镇开了一个商店，因此，黎维新11岁时转到临湘读小学。羊楼司镇在临湘东北，东接湖北赤壁，粤汉铁路穿镇而过。每天上学、放学时，黎维新都能听到火车在粤汉铁路上奔驰的隆隆声，看到火车头冒着烟，拖着长长的尾巴，背景衬着蓝天白云。1950年，20多岁的黎维新回忆道："这种明丽的和平景象，十分迷人。"

1938年10月，武汉沦陷，临湘、岳阳也相继被占领，日军在铁路沿线肆意掠夺，见人就杀，见房就烧，羊楼司镇成了一片火海，黎维新祖父的店子也毁于其中。他随祖父和父亲仓皇逃难，到了离铁路线较远的临湘笋筐洞。这里山多林密，易于躲藏。他们借住在农民家，一旦听到警报，就赶紧躲往深山的棚子里。这种提心吊胆、朝不保夕的日子十分煎熬。祖父想让黎维新去当学徒，黎维新不肯，又想让他回老家，黎维新也不愿意。当时老家只剩祖母孤身一人，回去也无着落。

既不肯当学徒，又不愿回老家，黎维新一心只想读书。笋筐洞没有小学，只有一个逃难来的先生教私塾。先生教的书全是古文，黎维新听不太懂，也不感兴趣，日子过得很苦闷。到了1939年6月，黎维新的父亲带回消息，说中国战时儿童保育会正在抢救沦陷区的难童到大后方去读书，问黎维新去不去。黎维新痛快地表示愿意，于是父亲收拾了几件换洗衣物，请黎维新的堂叔送他去追赶难童队伍。自此，黎维新踏上了流亡求学之路，他的祖父和父亲则在抗战后期因病客死他乡，祖孙、父子终未能再见。

黎维新跟随堂叔惊险地穿过铁路，经过两天追赶，终于赶上了难童队伍。难童们小的只有六七岁，大的十三四岁，黎维新10岁的表弟也在其中。为避开日军的轰炸，他们专选远离铁路线的小道走，沿途由地方乡政府负责接待，解决吃饭住宿问题，用了10来天才抵达湘阴，然后连夜上船，经水路前往长沙。到达长沙后，黎维新等难童被送到位于黄土岭的湖南第二保育院。在这里，黎维新见到了保育院院长齐新和保教主任李融中，因逃难赶路造成的膝伤得到了她们的悉心照护，黎维新感受到了慈母般的温暖。

然而，战火的阴霾迅速蔓延。1939年9月下旬，湖南第二保育院的师生接到紧急命令：日军即将大举进攻长沙，必须马上转移。黎维新和同学们赶紧整理衣物，连夜登船前往茶陵。整个船队由15条民船组成，载着300来个难童，冒着敌军的轰炸，顶着风浪，走了18天才抵达茶陵。在这次艰险的航行中，齐新院长和李融中老师以过人的胆识克服种种困难，她们的高尚品德给黎维新带来深刻影响。

1939年10月，黎维新和同学们来到距离茶陵县城约四公里的下东村，李融中老师给它改了个更具诗意的名字——霞东村。多年后，黎维新在《霞东村，难忘的家》中动情地写道："在这里，我们有意想不到的困难，也有意想不到的欢乐。"尽管生活条件艰苦、教学设施简陋，但师生们想方设法，共克难关，坚持"为祖国而学习，为长期抗战而学习"。在霞东村，黎维新的学习生活紧张而又充实，除文化课外，还接受到爱国主义、劳动生产、军事常识等各方面教育，知识和人格得到了共同发展。

保育院实行"保教合一"，既开展教学，又负责学生的思想和生活。学生们大多来自农村，年龄大小不等，文化程度不一。黎维新当时读高小五年级，属于高年级学生，承担了部分学生工作。他后来担任保育院学生会第二任主席，主持每天的朝会和晚会，得到了一定的锻炼。

在学生会，黎维新还负责主编壁报，请各班推荐稿子，并鼓励同学们自由投稿。壁报大体每月一期，篇幅两个对开，内容主要是报道学习活动、竞赛评比情况和好人好事，力求有文有图、图文并茂。这应该是黎维新最早的编辑工作实践。

此时的黎维新已经表现出了对文学的热爱，级任老师陈国戡对他说，茶陵地方偏僻，读不到好的文学书籍，以后有机会，要读一点鲁迅的作品，读一点文学名著。在陈国戡老师的关心鼓励下，黎维新尝试练笔，写自己逃难的经历，写自己熟悉的人和事。一篇题为《茶攸道上》的习作，记述了他从茶陵到攸县途中的见闻，投稿后在茶陵县报副刊发表，点燃了黎维新一生对写作的热情。

1941年夏天，黎维新小学毕业，以第二名的成绩考入位于茶陵的湖南省立第二中学实验班。入学后，由于学生家境不同，穿草鞋的保育生在学校受到歧视。黎维新愤而写就《皮鞋与赤脚》一文，登在学校壁报上。文章先讲道理：穿皮鞋并不见得高贵，穿草鞋也并不意味着低下，保育生背井离乡、生活困难，是日本侵略者造成的，自己动手编织草鞋，更显示了保育生自立自强、克服困难的志气。进而提出观点：穿什么鞋并不重要，穿鞋是为了走路，最要紧的是把路走好，路还得靠自己的双脚走，靠爹娘不行，靠"八字"更是胡扯。黎维新的这篇文章收到了很好的效果，同学之间的了解和理解大大增进，齐新院长在回忆文章中评价：该文"虽笔力稚嫩，但为穷孩子鸣不平，切中时弊"。

在省立第二中学就读一年半后，黎维新再次踏上了流亡求学之路。1942年底，国立第二十中学在芷江成立，这是一所专收湘、粤、桂、黔四省保育生的中学，四省保育院毕业的学生凡有条件升入中学的，一律要转到该校就读。次年初春，黎维新和40多名同学一起，在老

黎维新（后左一）和保育院同学看望齐新院长（前右）、李融中老师（前左）

1945年，黎维新（右一）在贵州铜仁国立第三中学和同学们合影

师的带领下前往芷江。他们从茶陵、攸县出发，横跨湖南中部，翻越险峻的雪峰山，历时20多天，行程近千里，终于抵达芷江。

黎维新在国立第二十中学插班读初二。学校坐落于丛林间，景色宜人，环境幽静，适宜读书。多年后黎维新回忆说："我们从战火硝烟中走来，并不满足于死啃课本，总想多读一点课外书，了解世事。"但当时学校初创，图书馆藏书很少，同学之间只好互通有无，交换传阅随身带来的书刊。黎维新和许有为等爱好文艺，热衷于阅读文艺书刊。黎维新尤其喜爱《七月》杂志，读了大量诗歌，被艾青等诗人的作品深深吸引，由此也激发了学习写诗的热情。他将一些习作投寄报刊发表，尝试用诗歌的形式抒发思乡爱国之情。此外，黎维新还阅读了鲁迅、巴金等一些著名作家的小说、散文，这些来之不易的阅读积累和逐渐起步的创作实践，为黎维新从事文字工作奠定了基础。

1944年上半年，日军为打通大陆交通线，发动了豫湘桂战役，芷江的安全受到严重威胁，国立第二十中学奉命疏散。因学校拆分，初中毕业的黎维新无缘就读普通高中，只好进入师范部就读。当年8月，国立第二十中学师范部和初中一部、二部迁往贵州玉屏，学习和生活条件更为艰苦。时任校长濮德超不顾学生疾苦，贪污办学经费，迫害进步学生，黎维新和同学们奋起反抗，掀起了驱逐濮德超的斗争。经过精心组织和深入揭发，驱濮斗争取得胜利，但新任校长继续采取高压手段，进一步控制学生言行，黎维新等人对国立二十中彻底失望，谋求转学。

尽管在玉屏只生活了一个学期，但所经历的磨难使黎维新懂得了更多，受到的启迪更深，也使他有勇气踏上新的旅程，勇敢面对未来的坎坷和斗争。这一年黎维新年方十九，他写下了诗句："我爱那双眼睛，只缘她的明眸里没有藏假，是我所憧憬的，真善美的化身……"

求真、向善、爱美，这一信念和追求，贯穿了黎维新的一生。1945年春节刚过，黎维新、许有为等一行八九人背起行囊启程，顶着凛冽的寒风前往贵州铜仁，以"流亡学生"的名义入读国立第三中学。

经过文化测试，黎维新如愿插班入读国立第三中学高中部。国立三中管理严而有序，教师教学认真，学习风气较为浓厚。但黎维新很快发现，这里信息闭塞，教师同外界接触不多，对抗战情况和国内外形势知之甚少，课堂所学难以满足自身思想进步的要求。经同学介绍，黎维新结识了在铜仁县中教美术的杨宝凤。杨宝凤自桂林来此任教，见识广、见解新，黎维新在他那里读到了不少进步书籍。两人志趣相投，经常在一起谈论时事、交流理想。

时局变化之下，各地辗转求学的经历与持续不断的阅读，使黎维新逐渐明确并坚定了自己的政治立场和革命理想。在学校他沉默寡言，并不引人注目，但在沉默中也有爆发。一次他在重庆《新华日报》上读到揭露国民党拒绝建立民主联合政府、坚持独裁、准备内战等行径的文章，心中极为气愤，连夜将文章剪下来，贴在学校教学大楼的墙上。抗战胜利后，黎维新再难忍受国立第三中学的死气沉沉和思想控制，想立即离开学校。他找到杨宝凤，两人商定先去沅陵。9月初，怀揣着作家梦想，带着对未来生活的渴望，黎维新离开了国立第三中学，奔向社会这所大学，奔向生活的大海。

只要有一星火种，我就会燃烧
——从报业起步

黎维新和杨宝凤抵达沅陵后，考虑到杨宝凤的微薄积蓄难以供二人开销，且杨宝凤回安徽老家路程远、开支大，黎维新提出自己先在沅陵找个临时工糊口，攒点钱再回乡。一天，他遇见曾在国立第二十中学教过书、其时在沅陵力报社编副刊的程扬周，程扬周知道黎维新喜好文学，常向报纸副刊投稿，眼下又正陷困境，便提出力报社正好空出一个校对岗位，问黎维新是否愿意去。黎维新连忙答应，迈出了自己报业之路的第一步。

黎维新入职后，程扬周叮嘱说："校对工作辛苦，要有思想准备。校对工作很重要，要认真消灭差错。"同事陈庆生向黎维新介绍了校对方法，并提醒"校对贵在认真，不能马虎；校对不能自作主张改原稿，有疑问可以提出"。经过一段时间的实践，黎维新初步熟悉了校对业务，他感慨，校对至少须做到两点：一是要练"坐功"，要坐得住，沉得住气；二是要练"眼力"，要像孙悟空，练就一副火眼金睛，能够识别和捕捉错别字，特别是对形近易误字，要认真识别，不能放过。

《力报》是对开四大版的日报，只配两个校对。白天下午校副刊和广告，晚上到零点左右进班校新闻，凌晨五点左右校完清样后下班。若遇特殊情况，新闻稿难以及时送到，下班时间可能更迟。黎维新与陈庆生约定：初校时两人分别校对，复校时两人交叉校对，终校时再交叉看一次清样。两人配合得很好。黎维新对原稿有疑问，总是请教编辑，得到认可后才改正，有时是编辑的笔误，他提出后还得到赞许。当时力报社的总编辑是陈楚，黎维新对他十分敬重。陈楚是排字工人出身，刻苦自学成才，黎维新萌生了向他学习编辑的念头。

工作之余，黎维新仍坚持阅读和写作，写过一些诗和散文。三四个月后，力报社社长朱德龄决定将报社搬回长沙，黎维新十分高兴。自1939年他和同学们乘木帆船逃难到茶陵，时隔六年，他终于又回到长沙。到长沙后，沅陵《力报》改为长沙《力报》，于1946年初复刊，黎维新仍当校对，有时也主动向陈楚学编新闻稿。

这时，中国晨报社也由辰溪迁来长沙。黎维新在国立第二十中学读书时曾向该报副刊投稿，与编辑周艾从有过多次书信往来，于是前去拜访。又过了两个月，《中国晨报》未能在长沙复刊，人员星散。周艾从前往汉口，协助葛琴编辑《大刚报》文艺副刊。不久，周艾从要去青岛，向葛琴推荐由黎维新接替。黎维新感激周艾从的关心和帮助，随即告别了力报社的同事，只身前往汉口，走上了新的工作岗位。

《大刚报》文艺副刊《大江》于1946年3月创刊，旨在团结进步作家，宣传进步文化，葛琴是第一任主编。创刊之初，黎维新投过稿，葛琴对此有印象。到汉口后，黎维新协助葛琴处理编务，也负责选用来稿，葛琴则将主要精力投入副刊的全面筹划、约稿和编审工作。不久，葛琴转移至香港，《大江》副刊由曾卓接任主编。经葛琴介绍，黎维新转而协助曾卓。当时曾卓年仅24岁，热情朴实，富有朝气，黎维新工作经验少，视他亦师亦友。多年后曾卓回忆说，黎维新当时不过20来岁，"为人质朴、诚恳，工作认真、负责"，担当了许多具体编辑事务。

后来接任《大江》主编的还有端木蕻良、王采、天风，其中曾卓三进三出，任主编的时间最长。这种人事变动，并非正常的人事交接，往往是前任上了国民党的黑名单或被通缉而出走，就把工作交给了可信赖的继任者。从1946年6月起，黎维新先后担任大刚报社助理编辑、编辑，协助葛琴、曾卓、端木蕻良等编辑《大江》副刊，兼做一些其他副刊的编辑工作。直到1948年秋，黎维新也因上了国民党特务的黑名单而被迫离开汉口。

在复杂严峻的政治形势下，《大江》的主编们不避风险，兢兢业业，坚持人民文艺方向，敢于斗争、善于斗争，始终坚守先进文化的阵地。这种精神深刻影响着黎维新。1947年，他以笔名黎牧星发表诗歌《短歌》，其中写道："同志，请带我走，只要有一星火种，我就会燃烧！"1948年，他又在诗歌《给Y》中写下："你是能够发声的，你是能够发光的。"在大刚报社两年多的编辑经历，使黎维新得到进一步锻炼和沉淀，与葛琴、曾卓等优秀编辑共事，黎维新形成了更清晰的职业认知和更系统的编辑理念，具备了成为一名优秀编辑的基本素养。

1948年9月，黎维新回到长沙，在湖南省立第四育幼院担任教师。当时大刚报社的同事梁中夫在旧湖南日报社工作，黎维新向他表示自己还是想到新闻界工作。梁中夫说，在育幼院教书更便于隐蔽，一个人只要要求进步，在任何岗位都可以发挥作用。于是黎维新一边教书，一边化名向进步报刊投稿，倾吐冲破黑暗、追求光明的心声。这年10月，他发表诗歌《"挤购"潮》，后由陆华柏谱曲为《"挤购"大合唱》，在长沙公演多日。

1949年1月，黎维新经梁中夫介绍加入中国共产党，同年4月，担任长沙市东区小教党支部书记。湖南解放前夕，黎维新和支部同志积极组织进步教师学习党的理论，开展秘密串联工作，组建歌咏队、秧歌队、宣传站、茶水站，热烈欢迎人民解放军进驻长沙。

1949年8月，长沙和平解放，黎维新向党组织提出申请，被调往新湖南报社参与创办《湘江》副刊，重新回到了编辑岗位。在这里，黎维新与李冰封第一次见面。当时李冰封年仅21岁，在热河群众日报社和北平解放报社当过记者，经受了锻炼，因此被委以重任担任副刊主编。《湘江》副刊人员不多，先后共计八人，大都是20多岁的年轻人，彼此和睦相处、互相支持，显露出蓬勃的朝气和活力。

8月15日，《湘江》副刊在《新湖南报》第三版创刊。创刊之初，着重反映人民群众"迎解"、拥军、反特、支前的热烈情景和

2000年，黎维新（左）与曾卓合影

1947年，黎维新（前一）在汉口和大刚报社同事合影

人民解放军南下作战的英勇事迹。之后不断拓展内容主题，丰富题材栏目，以大量篇幅刊载新人新事，反映现实生活，利用历史事件对群众进行革命传统和爱国主义教育。为配合干部学习，还开辟了《思想漫谈》《学习圈》《编辑室随笔》等小专栏，主动引导作者和读者学习理论政策。

通过上述工作，《湘江》副刊联系的作者面扩大了。对于众多来稿，编辑们坚持不论资排辈，不分亲疏，一视同仁，能用则用，不能用退稿。《湘江》副刊坚持"每稿必复"，编辑们看稿、审稿和退稿的任务繁重，但是乐在其中。同时，根据实际需要，编辑们自己也会写点东西，大多以笔名发表或集体署名。

1950年3月，根据新湖南报社领导安排，黎维新与南下记者柏原、画家黄肇昌一同前往大通湖采访治湖工程。历时一个半月的实地采访，三人分工明确，完成了一系列新闻报道和社会调查，其中黎维新写了《两位土状元》《谁使孩子们受难》《湘阴锡安区渔民初步调查》等通讯稿件，均在《新湖南报》发表。

《湘江》副刊从创刊到终刊，只有10个月。1950年5月，因全国新闻工作政策调整，各省报停办综合性副刊，《湘江》副刊与《读者服务》合并，定名《群众生活》，两个编辑室的人员也因此重新组合。当年8月，省农民报社《大众报》创刊，黎维新被调往大众报社担任副刊组组长。

对于这段在《湘江》副刊的岁月，黎维新记忆深刻。他在2004年撰写的回忆文章中感慨："这在人的一生中是短暂的，而在我们的记忆中却是绵长的。我们忘不了那朝夕相处的激情燃烧的岁月，忘不了我们当时年轻的心是那么单纯，那么率直，那么无忧无虑，把一切都看得十分美好。"

与书有缘，缘在心里
——在书业的坚守

1949年以前，湖南没有一家出版社，少数私营书店兼营图书出版，也多是为了翻印外版图书出售牟利。1950年9月，时任湖南省人民政府新闻出版处副处长朱九思率队参加第一届全国出版工作会议，返湘后传达了会议精神，倡议筹办一个面向群众、面向基层的通俗读物出版社。经中共湖南省委宣传部批准，确定由朱九思主持筹建工作。经过调查研究，朱九思明确了出版方针：坚持贯彻执行全国出版工作会议精神，旗帜鲜明地将出版社定名为湖南通俗读物出版社，出版通俗读物，为工农服务，特别是为广大农民服务。

当时国家财政困难，百废待兴，一时无力投资出版事业，于是出版社体制定为公私合营，资金自筹。由股东大会产生董事会，下设社务委员会、编审工作委员会、经理工作委员会。其中编审工作委员会由大众报社副社长严怪愚任主任委员，大众报社总编辑傅白芦任副主任委员。由于缺乏编辑力量，兼任大众报社社长的朱九思向傅白芦提出："在一段时期内，《大众报》编辑部可作为通俗社的编辑部。《大众报》和通俗社都面向农民，都要求通俗化，有条件一身二用。"与此同时，出版社还聘请了社外编审委员，受聘者有诗人、作家和各方面专业人士。1951年2月，黎维新被聘为编审委员，协助严怪愚处理日常编务。

1951年1月10日，公私合营的湖南通俗读物出版社在长沙正式成立，这是全国各省（自治区、直辖市）最早创办的出版社之一。出版社成立后，先后调来几位同志从事编校工作。成立第一年，共出书

115种，总印数达到458万册，其中有《土地改革读本》《大众政治读本》《农民学文化读本》和农村科技读物等。这些图书具有鲜明的时代性、通俗性和实用性，适合当时的学习需要，做到了深入浅出、通俗易懂，字大图多、本薄价廉，深受广大工农群众和基层干部的欢迎。

1951年四五月间，在大众报社担任副刊组组长的黎维新，正式调到湖南通俗读物出版社工作，就此开启了40多年的书业旅程。在此之前，黎维新曾于1950年下半年参与编写《土地改革读本》，后又受聘为出版社编审委员。但他并没有料到自己会到出版社工作，日后他回忆说："其实，我是酷爱文学的，在报刊上也发表过一些诗和文章，一心想当'作家'。同时，我还在解放前后当过几年报纸的副刊编辑，并以记者的名义写过通讯报道，也很想戴上'无冕之王'的桂冠。"因为出版社刚刚成立，缺少编辑，专职干部中也没有党员，黎维新毅然放弃了自己所喜爱的工作，服从了组织分配。

与书结缘的黎维新到出版社报到，主持编辑工作的严怪愚表示欢迎，叮嘱他好好学习、好好工作。黎维新联系实际，从全局角度看到了通俗读物出版大有可为，是人民出版事业必不可少的组成部分，由此坚定了工作信心和决心。严怪愚作风朴实，真诚待人，对待编辑工作细致严谨，黎维新深受其教诲和感染。

1952年1月，湖南通俗读物出版社由公私合营改为地方国营，私股全部退还。机构设置也随之更改，撤销董事会，建立社长制。社内改设编辑部、经理部，编辑部由黎维新、周汉平任副主任，二人相互支持，配合默契。黎维新主要负责编辑部的行政、编务工作，并审阅时事政治和工业政法方面的书稿。"三反"运动建设阶段，在黎维新的主持下，湖南通俗读物出版社陆续制定了一系列重要的规章制度，涉及选题计划制订、审稿发稿、作者联系、校对美术、日常行政等各

2015年，黎维新（前左一）和老同事在武汉看望朱九思（前排中）

黎维新（右）和李冰封（左）、朱正（中）在一起

个方面，为出版社各项工作的顺利开展奠定了制度基础。

胡昭镕是1952年11月从郴州调到湖南通俗读物出版社的，据他回忆，当时出版社编辑部编辑不多，编完的书稿最后都集中到黎维新那里终审发稿，黎维新自己也负责了一部分选题。胡昭镕说，黎维新不仅编辑工作抓得紧，政治学习也抓得紧。那时，出版社干部职工每天早上要集中学习一个小时，学习结束后才能吃早餐、上班。黎维新虽不住在社里，但每天都按时到社，和大家一起学习，作学习辅导发言。他工作能力强，才思敏捷，平时以身作则，为人随和，编辑部同事都很喜欢和尊敬他。

1953年，湖南通俗读物出版社成立了党支部、编辑委员会，黎维新担任支部书记、编委。社里的编辑力量也得到进一步充实，编辑人员陆续增加至17人。为适应形势发展的需要，编辑部下设工业政法、农业、文教、美术四个编辑组。每组由一位社领导或编委分管，黎维新兼任工业政法组组长。

1953年底到1954年初，出版社开展了一次关于地方出版社方针任务的讨论，历时两个月。这次讨论结束后，编委会组织几位编辑写了题为《关于地方出版社的方针任务——湖南通俗读物出版社几个根本问题的总结》的长文。这是湖南通俗读物出版社成立以来的第一次总结，为之后不久出版社改组为湖南人民出版社留下了宝贵的经验，其中凝结了黎维新的许多心血。

1954年4月，湖南人民出版社在湖南通俗读物出版社的基础上建立，旋即充实了领导力量和编辑出版人员，陆续兴建了办公楼、职工宿舍和纸张仓库。作为一家综合性地方出版社，湖南人民出版社除继续出版通俗读物外，还适当出版中、高级读物，并承担中小学教科书的租型造货任务。黎维新和同事们在出版通俗读物上下了更多功夫，编辑出版了大量宣传马列主义毛泽东思想、普及科学文化知识、丰富人民精神文化生活的图书，为湖南出版事业发展奠定了基础。

20世纪50年代末，一些荒诞、迷信和淫秽的旧唱本在城乡广为流传，害人不浅。为争夺农村文化阵地，黎维新组织出版了近百种健康有益的韵文新唱本，受到群众的欢迎，发行遍及城乡，起到了仅用行政手段起不到的作用。这一时期，黎维新还十分注意出版有湖南地方特色的图书，其中《湖南民间工艺美术选集》和《湖南民间印染图案》经文化部选送参加了1959年的莱比锡国际书籍艺术展。

1955年开始，湖南人民出版社和全国各单位部门一样，经历了多个政治运动和"大跃进"的影响，领导班子受到冲击。"反胡风运动"中，《大江》被点名批判为"反革命据点"，曾卓被打成"胡风分子"，黎维新也受到牵连，承受着巨大压力和痛苦。但黎维新并没有因此消沉，1962年他被任命为副社长，仍和以前一样兢兢业业地工作。这一年周立波的《战场三记》在湖南人民出版社出版，黎维新还撰文表达了欣喜和祝贺。

1966年到1972年，黎维新经受了"文化大革命"时期的不公待遇，重返社领导岗位后，担任湖南人民出版社革委会副主任。尽管遭受重重打击，但在风雨之中，黎维新始终坚守出版本心，正如1978年他在一首题为《黑雨》的小诗中所表达的心境："我随时提防被这阵旋风卷走，又随时准备在旋风中站立！"多年后回想时，黎维新感到遗憾的并非个人一时之际遇，而是出版事业的偏移和凋零。

编辑老了，书还年轻
——沐浴在春风里

1978年3月，为加强对全省出版工作的领导，湖南省出版事业管理局（简称湖南省出版局）成立，胡真为第一任局长。湖南省出版局刚一成立，即着手研究湖南出版的历史和现状，总结长期执行"地方化、通俗化、群众化"出版方针的经验教训。当年8月，胡真在深入调查研究的基础上，提出了地方出版社应"立足本省，面向全国，争取更多的图书进入国际市场"的工作方针。

1979年12月，在长沙召开的全国出版工作座谈会将"立足本地，面向全国"正式确立为全国地方出版方针，并写入1983年6月中共中央、国务院印发的《关于加强出版工作的决定》之中。随着这一方针的确立，湖南出版突破了"地方化、通俗化、群众化"的束缚，从此开始走出封闭狭窄的出版天地。在湖南省出版局的支持领导下，钟叔河、朱正、杨坚等一批学有专长的人才先后调入编辑出版队伍，广大干部职工不断解放思想，开拓出书领域，扩大出书品种，切实提高出书质量，逐步形成了湖南的出书特色，受到全国出版界和知识界的关注，湖南出版事业逐渐走向繁荣。

党的十一届三中全会带来了出版工作的春天，黎维新受过创伤的心灵也得以复苏。湖南省出版局成立后，湖南人民出版社一度成为局里的编辑部（对外仍称出版社），黎维新被任命为编辑部主任。1980年2月，湖南人民出版社恢复建制，局、社分开，黎维新担任社长。

黎维新说，自己过去从事地方出版工作多年，并没有真正认识到地方出版工作在整个文化建设中的地位和作用，并没有真正理解自己肩负的历史责任，"人在湖南，也并不真正懂得湖南，更不懂得从湖南走出去，走向全国，走向世界"。在新形势下，黎维新和同事一道，振奋精神，开拓前进，认真贯彻执行"为人民服务，为社会主义服务"、"百花齐放，百家争鸣"和"立足本地，面向全国"的出版方针。在他主持工作期间，湖南人民出版社组建了革命历史、鲁迅研究、译文、辞书、《芙蓉》杂志、《美育》杂志等编辑室，出书品种不断增加，图书门类逐步扩大，更好地满足了广大读者的需要。

《中国出版年鉴》（1980）记载：湖南人民出版社近年来每年出版图书300种左右，其中包括政治理论、文化教育、革命历史、文学艺术、鲁迅研究、少年儿童读物、翻译读物、美术作品和古籍整理读物等。在黎维新的组织和支持下，湖南人民出版社先后出版了《毛泽东早期哲学思想研究》《诗苑译林》《走向世界丛书》《现代中国人看世界丛书》《延安文艺丛书》等一批具有全国性影响的好书大书，在出版界赢得了一定声誉。

1981年是湖南人民出版社成立30周年，在庆祝大会上，黎维新对30年来出版工作的实践经验作出总结，强调要办好出版社，必须正确理解和认真处理以下六方面问题：一要正确认识地方出版社在整个出版事业中的地位和作用，充分发挥地方出版社的积极性和创造性；二要正确理解出版工作与政治的关系，更好地为人民服务，为社会主义服务；三要正确贯彻"百花齐放，百家争鸣"的方针，使出版园地百花盛开、万紫千红；四要认真做好作者工作，团结广大作者，努力提高书籍质量；五要正确处理出书的经济效益和社会效益的关系，坚持把社会效益放在首位，把优秀的精神食粮奉献给读者；六要抓好编辑出版队伍的建设，这是办好出版社的重要一环。

在为《中国出版年鉴》（1981）"1980年出版社工作回顾与展望"专栏撰写的文章中，黎维新谈到了对于"立足本地，面向全国"出书的体会。他认为，一是必须从本省实际出发，在搞出自己的特色上下功夫。要对本省的读者构成和实际需要进行调查，深入分析本省的历史和现状，梳理本社的作者状况和编辑力量，做到心中有数，明白出书方向与重点。同时要注意处理好中央和地方、普及和提高、组织省内作者与组织省外作者等几对关系。二是要在提高质量上下功夫。黎维新强调："一个出版社办得好不好，在省内外有没有声誉，关键在出书的质量。'质量第一'的观点，必须在出版社深入人心。"为了提高书籍质量，首先要抓选题，选题要符合国家和人民的需要，符合出版社的方针任务，充分体现自己的特色，于人民有益，于"四化"有益，于积累文化有益。其次要抓作者，要团结、尊重和爱护作者，争取发表他们有水平的好作品，对初露才华的新作者，不能求全责备，而是要热情地加以扶持。再次要注意抓优秀图书的评奖，通过评奖提高好书的社会影响，进而鼓励作者和编者，形成繁荣出版工作的合力。

这些思想认识，体现了黎维新作为一名资深编辑和出版管理者的坚守与追求。1982年前后，图书市场上侦探、侠义、言情、推理之类的小说泛滥，黎维新坚持把社会效益摆在首位，抑止了跟风的势头。他强调，人有人品，书有书品，出书不能降低书的品格；要有所不为，才能有所为。在他和其他社领导的带动下，湖南人民出版社出书的路子走得正，没有出现偏差。1983年湖南人民出版社出版新书214种，核算利润比1982年有较大幅度的增长。

从1979年到1985年，湖南人民出版社先后分出有关编辑室，建立了湖南科学技术出版社、湖南美术出版社、湖南少年儿童出版社、湖南教育出版社、岳麓书社、湖南文艺出版社等六家出版社。这一调整主要是在黎维新担任湖南人民出版社负责人期间完成的，他认真落实湖南省出版局成立专业出版社的决策部署，为湖南建立完善的出版体系作出了重要贡献，同时也推动湖南人民出版社业务板块更加聚焦，成为一家以出版政治、经济、文史读物为主的出版社。

市场呼唤，迎潮前进
——做支持改革的促进派

1983年12月，中共湖南省委任命李冰封为湖南省出版局局长，黎维新、刘孝纯、张训智、刘觉民为副局长，胡代炜为顾问，组成第二任局领导集体。1984年1月，第二任局领导集体正式上任，湖南出版进入"稳步提高，迅速发展"的阶段。刘孝纯在回忆文章中提到，为治散治滥和解决出书难买书难问题，李冰封提出"多出好书，快出好书，尽快地把好书送到需要它的读者手中"的战略方针，相应地作出和制定了"推进出版改革、倡导出版工程、规范出版管理、加大技术改造、建设发行网点"等决策部署，使湖南出版实现了由数量规模增长向质量效益提高的阶段性转变。

1984年，湖南省出版局提出成立湖南省出版工作者协会，经中共湖南省委宣传部批准后，成立了筹备组，由黎维新任组长。经过半年多的筹备，湖南省出版工作者协会于1985年3月正式成立，第一届理事会选举李冰封为主席，黎维新等六人为副主席。为多出快出好书、实施出版工程，1985年3月，湖南省出版局成立了审编委员会，以李冰封为主任委员，黎维新、刘孝纯、胡代炜为副主任委员，各出版社社长、总编辑和部分资深编辑为委员。审编委员会定期召开会议，讨论各社的年度选题计划和长远计划，审阅重点书稿，对编辑工作提出意见建议,实际上是湖南出版的"智囊团"和"思想库",起到了专家咨询、选题论证、培育人才的作用。

在湖南省出版局的领导下,黎维新作为主抓选题管理的副局长,认真贯彻党的出版方针,深谋远虑、脚踏实地,开拓进取、务实创新,实施精品名牌战略,全面提升图书质量,推动了湖南出版事业持续繁荣发展、湖南出版产业快速增强壮大。1985年12月,中国书展在香港举行,黎维新前往参加。此次书展湖南送展图书1217种,参展图书品种数在全国各省(区、市)中仅次于上海。

这段时期,黎维新代表湖南省出版局出席了一些重要会议,就出版工作发表了不少真知灼见。1984年7月,在出版局系统党员大会上,他旗帜鲜明地号召大家"做一个支持改革的促进派",解放思想,破除"左"的影响和旧框框、旧章法的束缚,大胆实践,勇于创新,开拓出版工作的新局面。1986年7月,在湖南对外宣传工作会议上,他作了题为《努力做好图书的对外宣传工作》的发言,提出"认真抓好外向型或兼顾海内外需要的图书选题计划的制订",同时建议"抓紧印刷厂的技术改造,提高印刷质量,以增强湘版图书在国际图书市场的竞争能力"。

1985年10月,在湖南省出版工作者协会举办的青年编辑业务讲习班上,黎维新结合自身多年来从事编辑出版工作的经验心得,以《坚持贯彻出版方针,把最好的精神食粮奉献给人民》为题授课。在这篇讲稿中,黎维新观点深刻、金句不断,比如:"选题要精选,不出可出可不出的'关系'书,不出格调低下和有害的书。""书籍的数量和质量是一个统一体。一个出版社不保持一定的品种,不扩大发行量,就不能充分发挥书籍的作用。但这种数量应该是体现质量的数量;没有质量的书,等于废品。""出版社出书,既要考虑当前,又要考虑长远。不从当前入手,就会脱离实际,脱离当前读者的需要;不考虑长远,就目光短浅,看不到出书的方向。""我们要为社会主义出版事业尽职尽责。最根本的职责,就是要把优秀的精神食粮奉献给时代,奉献给人民。""一个好的编辑,应该有崇高的事业心,加上责任感,再加上可贵的奉献精神。"这些认识,体现了黎维新对编辑业务和出版规律的深入思考,具有持久的生命力和启发性。

担任局领导职务后,黎维新仍没有脱离编辑工作,除每年研究和审定各个出版社的选题计划外,还亲自组织了《于右任墨迹选》《托尔斯泰文学书简》《回忆张闻天》《干部现代化知识讲座》等重点图书的出版。1988年,黎维新卸任副局长,转任湖南省新闻出版局顾问。这年夏天,黎维新还带队前往上海,为《社会主义初级阶段理论探索丛书》组稿。

同年,《湖南省志·出版志》(后与《新闻志》合并为《新闻出版志》)将要完成,黎维新被指定代表湖南省新闻出版局终审稿件。审稿过程中,他从大处着眼,从党的出版方针、任务出发,以亲身经历的事实作参照,提出了很多准确、有价值的意见。该志书主编胡昭镕回忆说:"在最后一次修改中,黎维新同志帮助我解决、克服了好些看来难以解决的问题,终于使湖南省的第一部出版志顺利出版。"

1989年,黎维新撰文提出,要切实调整出书计划,精选品种,坚持专业分工,加强选题论证,端正改革的指导思想。1994年,他发表《由"衣食父母"想到的》一文,认为出版社与作者之间,确实存在着相互依存的密切关系:"出版社如果没有作者的支持,断了稿源,再好的编辑也无用武之地;而作者所写的书稿,如果没有物质载体,没有出版社提供必要的出版条件,也无法流传,实现其价值。"他强调,在新的形势下,编辑"必须增强市场意识、竞争意识和质量意识,而不能像过去那样，只顾埋头约稿编书，不问市场需要"，因为"真正的'衣食父母'，是养育我们的人民大众"。

黎维新十分关心党史资料和出版史料的征集整理工作。他与王子英、朱力士合编了《难忘的童年——湖南战时儿童保育院回忆录》，1990年内部出版。1992年离休后，他又与湖南图书馆原馆长周德辉一同主编了《长沙文化城》，全书50多万字，为长沙保存了大量抗战时期的文化资料，1995年由湖南出版社出版。此外，他还协助胡昭镕编辑出版了三辑《湖南出版史料》，分别于1989年、1992年、1997年内部发行。为纪念湖南人民出版社成立50周年，他又牵头组织编辑了纪念集《新湖南第一家出版社》，2000年12月内部出版。黎维新这时已年过古稀，工作起来依然才思敏捷、精力充沛，他的身体并不怎么好，多次住院治疗，但他从不耽误工作，常常抱病开会、看稿。为保存抗战史料、传承历史，他与人合编了《烽火岁月的童年——抗日战争时期湖南战时儿童保育院回忆录》，2009年由中国科学技术出版社出版。

诗心不老，童心未改
——毕竟是诗人

作为诗人的黎维新，早在20世纪40年代就在诗坛崭露头角，他以黎牧星等笔名写过不少诗歌散文、评论文章，表达了对旧社会黑暗统治的憎恶、反抗和对黎明的渴望、追求，四川人民出版社1982年出版的《黎明的呼唤》、重庆出版社1985年出版的《中国四十年代诗选》，都收入了他的诗作。1986年，湖南文艺出版社出版了他的诗集《春天的恋歌》。从事出版工作以来，黎维新将全部精力用在出

黎维新参加中国书展留影

黎维新（中）与《烽火岁月的童年——抗日战争时期湖南战时儿童保育院回忆录》另外两位编者合影

事业上，放弃了个人创作。为了完成大量的审稿和编辑任务，他长年辛勤工作，节假日都很少休息。尽管身患多种疾病，胃切除四分之三，左喉室有囊肿，但他仍然一心扑在工作上，展现出共产党人忘我的献身精神。

离休后，黎维新重拾搁置多年的诗笔，写出了不少新诗。曾卓评价说："诗情之火曾经照耀他的青春，现在又温暖着他的晚境。""他的诗表达了自己对生活的感受，其中也震荡着时代的潮声。"1998年，黎维新再次在湖南文艺出版社出版了诗集《心底波澜》。在后记中他表示："我自信，只要执着地拥抱新的生活，就有我的诗心在。"2007年，黎维新又将自己的晚年诗作选编成册，出版诗集《夕阳风情》。在后记中他写道："人总是要老的，这是自然规律，谁也避免不了。但人不能怕老，也不能因老而混日子，应该在有生之年，做点自己能做的，且喜欢做的事情。"

在1997年写的一组题为《编辑的情怀》的短诗中，黎维新这样表达他对编辑工作的理解："小小的书本，藏着编辑的春夏秋冬——他把最佳年华和深情，融进了书里。小小的书本，藏着编辑的甜酸苦辣——他把长年辛劳和才智，融进了书里。小小的书本，藏着编辑的人生，编辑的梦——临到终了，他的魂，也留在书里……"这不仅是黎维新对自己40多年编辑生涯的真情回顾，更是其辛勤工作的真实写照。

黎维新认为，编辑的本色是奉献，要以"为人作嫁"的无私心态认真对待每一本书稿，但"编辑岂止是为人作嫁？！""编辑并非失去自我，他有历史赋予的舞台"。每一本图书，都应体现编辑的精心劳作、编辑的个性创造、编辑的审美情操。对于图书市场，编辑要保持清醒，不能"发烧"，不能媚俗，"在商海中游泳"，编辑要"牢记自己心中的航标，牢记自己拼搏的方位，迎着潮头前进"。"市场营销要讲效益，但不能钻进钱眼里呼吸，市场需要多样化，但不能推销'垃圾'"，编辑"要做采集百花的蜜蜂"，用心酿造精品。

黎维新作风严谨，工作认真。几十年来，经他终审签发的稿件不下千种。除受历史条件局限，"文化大革命"前的某些书稿不可避免地存在"左"的影响外，其余均未发现大的偏差和失误。锺叔河回忆说，"在编辑《走向世界丛书》时，我总想快一点出书，怕终审时耽搁"，"有篇我写的导言四万多字，已在《历史研究》上发表过，送请老黎终审时，便建议他别看了，最好第二天上班就签字给我"。黎维新却说："不看稿就签字，岂不是走过场，还是看看吧，你放心，反正不误你发稿就是了。"结果黎维新硬是连夜审读完全文，还核对原书，改正了引文中的错误。

黎维新甘为人梯，服务作者。20世纪60年代，湖南人民出版社出版的第一部长篇小说《武陵山下》，凝聚着黎维新的一份心血。他同作者、责任编辑一起，对这部小说的素材取舍、谋篇布局、人物塑造等进行分析，提出了许多颇有见地的修改意见。黄济人回忆说，他在长沙完稿长篇小说《崩溃》（1984年由湖南人民出版社出版）期间，黎维新身为出版社社长，多次为他下厨做饭，一起乘火车时还为他提箱子，一直提到卧铺行李架上。《衡阳方言》（1986年由湖南人民出版社出版）的作者李永明回忆说："跑这本书的出版，我起码跑了七八次，后来还是黎维新社长拍板，才得以出版。"

黎维新为人正直，淡泊名利。胡昭镕回忆说，1979年揭批"四人帮"时，几位与"四人帮"毫无关系的同志也被作为"讲清楚"对象遭到批判。黎维新得知后，立即下令"刹车"。1983年湖南人民出版社第一次评定编辑职称，黎维新被评为副编审，一些老同志私下议

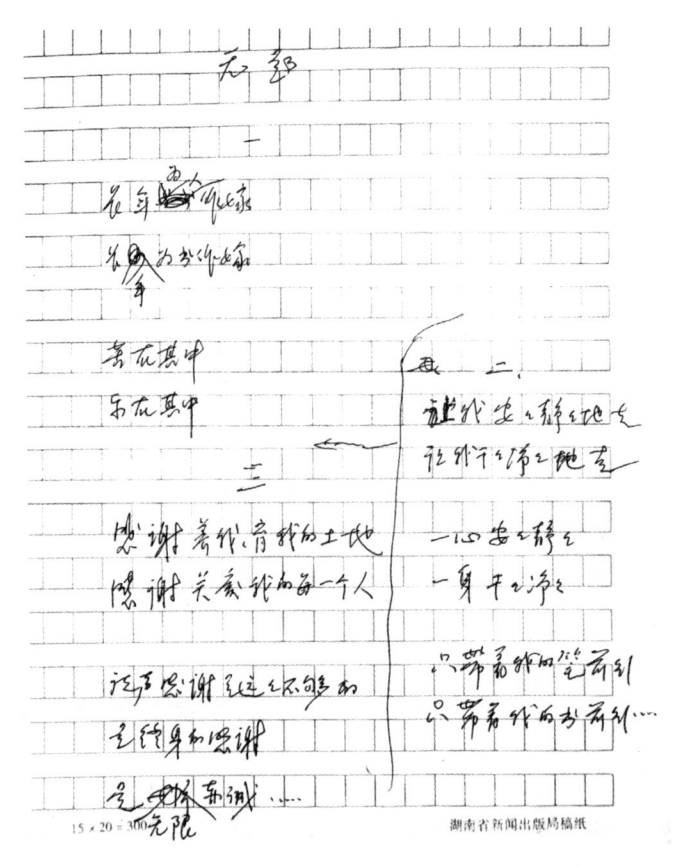

黎维新因病入院后写下的诗句，这是他最后留下的文字

论，认为他是从出版社建社以来一直主持和从事编辑工作的老编辑，只评副编审太不公平，黎维新自己却毫不介意。

黎维新质朴和善，严于律己。他从未将家属、亲信安排到出版系统工作。20世纪80年代初，出版社给员工分发福利物资，黎维新身为社长，常将大家挑剩的留给自己。集资建房的指标，他因房子不合意而放弃，就连可以有偿转让给别人的指标也不要。保育院齐新院长终身未婚、无依无靠，黎维新和几个老同学一直嘘寒问暖，为之求医送药，直至营葬造坟、下乡祭扫。2005年，黎维新将自己的文章作品结集编成《碎墨集》，他自掏腰包请人打字排版、校对印刷，以内部准印的形式出版。

2007年，钟叔河在为黎维新的诗集《夕阳风情》作序时写道："这些年来我虽然不曾见过他怎样写诗，却见过他怎样做事，怎样待人，怎样生活。做事他未必特别能干，却特别认真，绝不弄虚作假。待人他不会用权术，却诚恳温和。当官时也不抖威风，人称'黎婆婆'。生活上他不精算计，却有所不为，很少逾矩。他当然不是真善美的完人，但至少可算是一个求真、向善、爱美的人。"

黎维新的一生不失"赤子之心"，入官场而不染，历尘世而保持着对真善美的憧憬。经过数十年风雨苍黄，诗人已老，诗心不老，到了晚年，他仍童心未泯，有时像一个孩子。钟叔河的夫人朱纯回忆说，一次他们几个家庭结伴去海南旅行，黎维新兴致勃勃地在沙滩上寻找贝壳，发现一个颜色鲜亮的就高兴起来。即将离开亚龙湾时，黎维新脱掉鞋袜，卷起裤脚，沿着潮水线越走越远。过了好久，他才慢慢从远处走回来，手里提着一个袋子，并非又捡了什么贝壳，或是又寻了块石头，而是提回来一袋最洁净的海砂。他笑着对大家说："我以后难得来了，带了这些砂回去，装在盘子里，再将贝壳摆在上面，就可以使我想起大海，想起海上的风和太阳。"

1988年3月，黎维新回顾自己的编辑出版生涯，感慨地写道："一个人既然走上了出版工作岗位，就要有点'为人作嫁'的精神，就要有无私奉献的精神，在任何情况下，只能发扬而不能抛弃。""我只不过是茂密书林中的一棵小草，一棵微不足道的小草。然而，就是小草也应该有自己的奉献，它可以把自己转化为肥料，滋养着书林中的大树的成长。"为湖南出版事业的繁荣发展，黎维新奉献了自己的毕生精力和美好岁月，他的人生道路与湖南出版事业紧密地联系在一起。

2015年，黎维新因病入院，在生命的最后时光里，他留下了一首《无题》诗，其中有这样的句子："长年为人作嫁，长年为书作嫁，苦在其中，乐在其中。""让我安安静静地走，让我干干净净地走，一心安安静静，一身干干净净，只带着我的笔前行，只带着我的书前行……"这是黎维新向自己的一生作郑重的告别。他放得下一切，唯独放不下自己热爱的笔和书。

胡遐之

荒唐慷慨两无妨

执笔人——王文西

胡遐之

1987年9月，一位年过六旬的老编辑，在即将离休之际，决定申报副编审职称，他在申请报告中写道："我是在战争年代参加编辑工作的，血与火的洗礼使我有一定的战斗韧性与胆识。我的编辑生涯是多方面的，包括书报刊。我的道路是曲折复杂的，以此杂而不专，未能有大成就。而今垂垂老矣，将来也不会有大成就。不过我热爱编辑工作，今后离了休还将继续从事编书、写书，望能失之东隅收之桑榆而已。"这位老编辑，是岳麓书社的时任社长胡遐之先生。他从1944年开始投身编辑事业，当过报社、杂志社、出版社的编辑，一生坎坷，两袖清风，能文能武，亦儒亦侠，始终没有离开他所热爱的编辑工作。

从业43年，当了三年的社长，这才想起为自己申报一个副编审职称，一来方便离休后有个合适的身份继续编书，二来也是为自己的职业生涯做个回顾与见证，还特意申明此举无意给单位增添麻烦。这份坦诚与谦恭，令人为之动容。离休之后，他还长期担任《湖南诗词》的主编，将编辑这份职业坚守到病逝前夕。始于热爱，终于情怀，这是一位老出版人的内心独白。

南岳城中忆少年

1926年农历三月初四（公历4月15日），胡遐之出生于湖南衡东县城关镇北正街。原籍湖南衡东县洋塘公社杨梓大队。原名胡霞光，别名申生，后改名为胡遐之。

据胡遐之自述，他的祖父胡友庆，衡山县九区杨梓乡人，职业为漆匠，祖母姓名不详，有子七人，家无田地，皆为雇工。父亲胡经授为家中幼子，子承父业当过漆匠，后做厨师，为人敦厚，乐于助人。母亲成氏名字已不可考，是一位勤劳俭朴的贤内助。二人子女众多，全靠胡经授在外做工养家，成氏则以纺织和卖豆腐补贴家用。后来夫妻俩凑了四五十石谷子的本钱，在衡山县城关租房子开设恒春楼饭店，家庭经济逐渐好转。

胡遐之是成氏所生的第15个孩子。旧社会医疗卫生条件差，15个子女多数夭折。胡遐之出生时家中七口人，除父母外，尚有两个姐姐及兄嫂胡炳生、谭汉英。胡炳生毕业于三湘名校岳云中学，在衡山县图书馆当过干事，于1930年患肺病去世，谭汉英后来转房嫁给胡遐之的嫡亲堂兄胡义恒（又名胡遐龄）。

1933年，胡遐之未满七岁时，因为当时的衡山县立女校也招男生，母亲安排他跟随两个姐姐入读县立女校，便于姐姐们日常照顾。

1936年秋，胡遐之升入县立高小。学校有很多图书，胡遐之爱读其中的童话故事，由此在心中埋下了一颗与书结缘的种子。就在这一年，胡遐之的大姐咏梅也患肺病去世，家中花费不少，加上饭店生意不好，家道中落。

1937年全面抗战爆发后，县城驻军云集，恒春楼饭店的生意逐渐好转。这一年，堂兄胡义恒参加淞沪会战抗击日寇，负伤回乡，留在家中接手经营饭店。

1938年春，胡遐之高小还只读了三个学期，就跳级考进了由长沙搬迁至衡山的衡湘中学（长沙市一中芙蓉中学的前身）。

1938年11月，衡山县城被日机炸毁，恒春楼饭店也被炸塌，胡遐之母亲及姐姐胡灼之受伤，胡家迁至桑园洋塘乡下避难。胡经授拿出两年来经商的积蓄购置了一栋破房子并加以修葺，又购置了四亩田地。胡经授和成氏辛劳一生，终于有了安定的居所。

1939年局势稍定后，胡家搬回衡山县城，原先租用的房子已经由房东重建，恒春楼饭店很快在原址重新开张。不久后，胡经授又回乡下购置了六亩田产。有10亩田产的胡家，算是一户比较富裕的小商人家庭了。

1940年，胡遐之经历了丧母之痛，正在初中读三年一期的他突闻噩耗，匆忙休学回家。在家自修期间，时常看一些灰色的文艺作品。他在多年之后回忆，冰心的《南归》是他当时最心爱的读物，或许，每当夜深人静的时候，读来令人肝肠寸断的悼念母亲的《南归》，最能触动这位14岁少年彷徨无助的心弦，寄托他对母亲深沉的思念。

也正是在这段时期，胡遐之开始了最初的文艺创作与编辑。他原本与同学康华楚等人在学校办过《晨曦》等报刊，已经开始学写文艺稿，居丧期间，感情迸发，写了不少文章，大胆地给衡阳的报纸投稿，并曾在《力报》上发表过文章。

书生意气笔如椽

1941年，在家人的催促下，胡遐之回到学校复学，是年冬季完成初中学业，升入衡湘中学高中部。

在胡遐之的遗著《荒唐居集》中，目前能见到的最早的文艺作品，是1941年发表在长沙《阵中日报》上的一首新诗《大兵的胡子》：

    大兵的胡子
    松树根须一样的
    硬朗而色苍

    大兵的容颜
    却是那么憔悴
    像街头的乞丐
    几天没有吃饭

    我亲惯了长辈的胡子
    我想走近前去
    道一声问候
    他一挥手
    我身上长满了虱

《阵中日报》是抗日战争时期由全国各大战区司令长官政治部发行的报纸，供给前线将士阅读，以此鼓舞士气。年仅15岁的胡遐之，以笔为枪，以通俗易懂的文字，抒发了自己抗日报国的志向，也宣告了

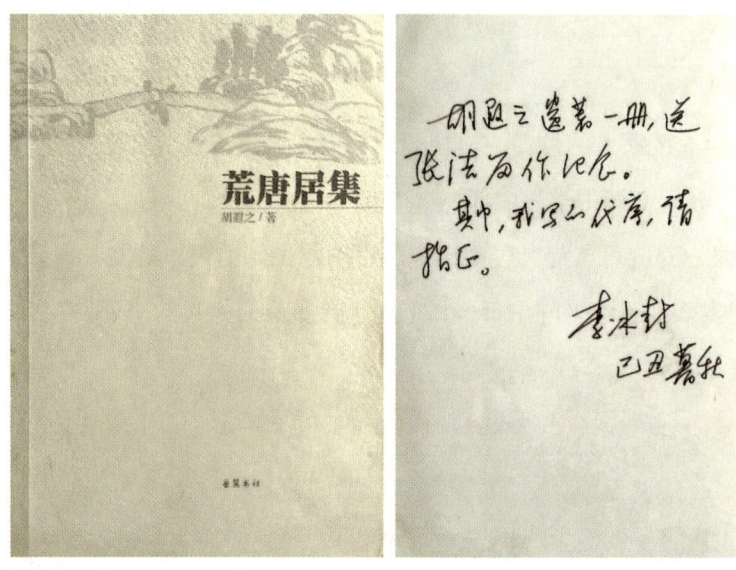

《荒唐居集》封面及题字

一名文学新兵，正式握紧了自己手中的武器，并为之默默奋斗一生。

1943年秋，衡湘中学迁到湘潭姜畲，胡遐之已经读高二。爱读课外书籍的几个少年好友开始阅读苏联的文艺作品，如《燎原》《静静的顿河》《叶甫盖尼·奥涅金》等。胡遐之在学校办了一个宣传进步思想的壁报《岳秀》。学校三青团的负责人对胡遐之等人进行了口头警告，要求《岳秀》停刊。

1944年2月，颇为激进的胡遐之，在即将高中毕业之际，被迫退学，结束了自己的学生时代，随即投身报刊编辑事业。当时，衡山县《衡山民报》的主编陈昌年经常在恒春楼饭店吃饭，胡遐之因此与他结识，得以进入报社做编辑。从2月到5月，胡遐之借用该报的版面编《文艺》副刊，内容以宣传抗战为主，深受青年读者喜爱。可惜只出到第三期，陈昌年即不愿意再借版，《文艺》副刊遂停刊。

1944年6月，日寇侵占衡山县城，恒春楼饭店被抢劫一空，胡遐之全家搬回洋塘乡下避难。是年下半年，胡遐之在桑园小学充当教员。同年9月，胡经授不幸因病逝世。胡遐之与胡义恒设法筹了一点钱，将父亲草草安葬。18岁的胡遐之，从此独自谋生，颠沛流离。

1945年2月，胡遐之应邀担任国民党衡山河东抗日游击司令部办的《互助报》的编辑，与衡山籍的老报人康啸澜搭档。康先生年近花甲，而胡遐之尚未及冠，待康先生如长辈。康啸澜是民国时期湖南著名的老报人，曾因在《晚晚报》上写竹枝词讽刺汤玉麟、何键等人名噪一时。但是胡遐之只干到4月底，就被报社辞退了。最主要的原因是胡遐之在报纸头版头条上刊登了苏军攻入柏林的消息，社长陈鹄便认为胡是在有意为共产党做宣传。胡遐之此时虽然还不是地下党员，却体现了一个出版人应有的职业正义感和非凡的胆识。时隔多年后，胡遐之在申报副编审、回顾自己的职业经历时，还特意提及此事。

胡遐之的这份正义感，或许也与康啸澜的言传身教有一定的关系。胡遐之后来在追忆康啸澜的文章中提到一则轶事，足见老先生一身正气。有一次几位青年朋友来访，胡遐之让工友去沽酒买肉招待午餐，回程中酒肉被国军游击队第一支队哨兵借故没收，胡遐之一气之下写了则消息批评国军游击队违法乱纪。第一支队队长雷宗礼恼羞成怒，当晚就派人持枪将康啸澜、胡遐之和助理编辑聂怀柄五花大绑押至队部听候审讯，扬言要以竹板打屁股。胡遐之出于义气，主动提出一人做事一人当，可是见惯场面的老先生却说："秀才撞了兵，有理讲不清，说也无益。何况沽酒购肉有我一份，还是有福同享，有祸同当吧！"见胡遐之过意不去，他又说："当记者为了伸张正义，总不免惹点麻烦，这算不了什么！"老先生的话令胡遐之心生敬佩。幸亏朋友周旋，三人得以幸免，连夜回报社搞了一顿美食压惊。

被辞退的胡遐之，到由朋友彭伟担任经理的衡山南湾开明纸厂谋生。彭伟对胡遐之非常信任，安排他负责管账。胡遐之某天在南湾街上收账时，意外地遇到王震领导的八路军南下支队在当地宣传抗日主张，极受震撼。他由此读到了毛主席的《论联合政府》《新民主主义论》，这些对他思想转变起了很大作用。如果说冲破阻力在《互助报》头版头条刊发苏军攻占柏林的消息还只是一名年轻编辑的自发行为，那么从此时起，他才是"从黑暗而痛苦的国民党的统治区域里望见了一条光明的革命道路和意识到中国共产党的伟大"，逐渐走上了一条自觉地追寻光明的道路。

1945年8月，抗战胜利后，胡遐之离开开明纸厂，到桑园中心小学任教。后因与校长陈某不和，愤而辞职，赋闲在家。此时胡义恒已经将全家由洋塘搬回县城居住，并且将胡经授生前置办的10亩田产全部卖掉作为本钱，做起了杉树生意。自胡经授夫妇去世之后，胡氏两兄弟从未分家，关系非常和睦。也正因如此，胡遐之无意中给胡义恒一家惹来了一场飞来横祸。

是年12月底,曾任互助报社社长的国民党特务陈鹄,裁定胡遐之为"异党分子",某天晚上派兵将胡家围个水泄不通,意欲捕杀胡遐之。幸好胡遐之当天去了南岳,躲过一劫。但是他的堂嫂和侄子都遭到拷打。当晚,胡遐之原先在互助报社的同事罗焕在乌石铺被陈鹄的手下枪杀,尸体被扔进河里。胡遐之短期供职过的《衡山民报》也被波及,社长陈昌年和编辑胡焜都被迫逃亡,另外还有一些青年被捕下狱。一时满城风雨,恐怖气氛笼罩了整个衡山县城。

陈鹄之所以高举屠刀,杀害罗焕,逼走胡焜、陈昌年,是因为这三个人为了竞选县参议员与陈鹄发生了矛盾;拘捕那些青年学生,是因为他们组织了一个星光学社,在开会时悬挂了马克思的画像;胡遐之则是在《互助报》供职时与陈结下了梁子,陈鹄认为他有通共嫌疑。经此之变,胡遐之终于初步认识到国民党反动派原本就是些刽子手,就是不希望善良的人民有生存的自由。胡遐之已经无法在衡山县立足,被迫远走他乡。

大约是1946年元月,年仅20岁的胡遐之,潜赴长沙开始了流亡生涯。

胡遐之到长沙后,先投奔姐夫欧阳金峰。不料欧阳金峰此时为了攀附权贵,竟然婚内出轨,对年轻的小舅子态度非常冷淡,曾走过场一般介绍胡遐之去《新潮日报》工作,但未成功。半年之后,欧阳金峰与胡遐之的姐姐离了婚,胡遐之的最后一丝希望也破灭了。

说起《新潮日报》,也是一份知名度较高的进步报纸,于1939年9月1日创刊,1946年初从常德迁来长沙。编辑部人员大多是共产党员和进步知识分子,他们利用报刊发表政论、时评,揭露国民党政府的腐败,报道全国各地的学生运动,影响很大。胡遐之虽然未能加入新潮日报社，但是机缘巧合结识了《新潮日报》的副刊编辑蒋先生，他于以后的双方通信中，在思想上对胡遐之颇有帮助。

北上省城谋生不成，胡遐之想到了南下。1946年秋，胡遐之到广州投奔在广东省供应局工作的一个表姐，但没找到合适的工作。因为姐姐来电催促，胡遐之于1947年元旦回到湖南，后来进入汝城县民众教育馆担任干事。6月至10月，在汝城县政府秘书室担任科员，编辑《县政公报》。在汝城期间，胡遐之还兼任简易师范教员。有了一份稳定的收入，又能与姐姐相聚在一起，胡遐之在流浪的岁月中度过了一段难得的安稳日子，再度感受到亲情的温暖。

然而相聚总是短暂的。1947年10月，胡遐之因故离开了汝城。12月，经同学彭镇介绍去湖北《武汉时报》求职。可能胡遐之自己也想不到，此番北上，在他的编辑职业道路上，出现了关键性的转折，促使他由一个文艺青年，正式转变为一个主动追寻共产党组织的革命青年。

胡遐之抵达汉口，却碰上武汉时报社因故被毁，求职不成，只好暂住在彭镇家里。彭镇当时化名彭芳雄，在国民党空军一大队政工室当干事，又编了一个刊物《独立论坛》。他对汉口新闻界的人事颇熟悉，介绍胡遐之担任湖南《中兴日报》驻汉口特派记者。这个工作是没有固定薪水的，全靠拿稿费度日，所以他不得不做点派报工作以补贴家用，初到武汉，人地生疏，有许多地方便吃不开。胡遐之多年后自嘲当时一副寒酸相，穿着破旧的衣服，踩着破烂的皮鞋，还戴着一副破了一块玻璃的眼镜，这样的形象要进入权贵之门采访是很难的，容易被人看不起。胡遐之和彭镇商量后决定不干了。不久，彭镇又介绍胡遐之去《民风报》当编辑，又是光管吃饭不领薪水，做了还不到一个星期，因不屑于奉迎社长，胡遐之又失业了。

1948年2月，迫于生计，胡遐之经人介绍，到驻湖北国民党第三兵团司令部新闻处工作。少将处长侯松亭是衡山县长江乡人，因这层老乡关系，破例安排胡遐之在第二科宣传科当上尉科员。终于找到了一份稳定的工作，不用为生计发愁了，胡遐之松了一口气。他的工作内容最初是管理图书和宣传品，后来是办壁报、写战地通讯。1948年4月，长沙《长江日报》聘请胡遐之当战地特派员，由此可见他当记者和编辑已经小有名气。

在汉口期间，胡遐之身在曹营心在汉，他以过人的胆识，先后写了《活跃在湘粤赣边区的一支共军》与《大别山区见闻》，发表在《独立论坛》和长沙《长江日报》上，在国统区白色恐怖之下，真实地反映了解放军与解放区的情况，产生了一定的影响。侯松亭见到刊载有《大别山区见闻》的报纸后，将胡遐之申斥了一顿。胡遐之被国民党反动派怀疑是地下党员，在侯松亭的掩护下，离开了汉口。

胡遐之后来回忆，在汉口办报期间，他追求革命、追求真理的心从来不曾改变，正是在此期间的磨炼与反省，促使他主动寻找地下党组织。

1949年5月1日，胡遐之由中共地下党衡山工委书记刘东安同志介绍入党，候补半年转正。特委组织部通知从1949年11月起计算党龄。胡遐之后来这样描述当时的感受："此时我的心情真有说不出的高兴，像瞎子的眼睛开了光，像失怙的孤儿得到了保姆的抚育，我从此新生了。"

浮沉我自真潇洒

1949年，23岁的胡遐之回到故乡衡山专心从事革命工作。

1949年6月，中共衡山县工委建立，随即根据中共湖南省工委5月初在长沙召开的全省武装工作会议精神，将原县城区支部的策反小组扩大为县工委策反领导小组，积极策反县内各种反动武装，建立共产党领导的人民武装。策反领导小组由胡遐之、谭雪纯、康华楚等人组成。9月13日，衡山县人民政府成立，胡遐之被分配在衡山县公安局工作。

1950年5月，胡遐之到湖南革命大学土改部（即省委党校）参加第一期学习。他不仅自己努力学，还帮助工农出身的同志学，被评为学习模范。

1950年11月，胡遐之担任衡山县公安局副股长。1951年4月，因清匪肃特取得成绩，被评为二等公安模范。

1951年5月起，年仅25岁的胡遐之先后担任衡山县第九区副区长、代理区长。是年五六月间，长沙《新湖南报》副刊负责人兼湖南通俗读物出版社编审委员李冰封到衡山县第九区洋塘乡采访，两人一见如故。他们后来成为湖南出版战线的同事，相交近半个世纪，这是后话。

1953年3到5月，胡遐之改任衡山县扫盲办公室主任。5月开始，他先后担任衡山县文化馆馆长、衡山县文教委员会副主任。1954年前后，胡遐之被派去康菊英农业社担任办社组长。康菊英是当年的风云人物，曾获全国劳动模范称号。胡遐之与她搭班子长达三个年头，对她的评价概括起来是"求实、民主、敢说"六个字，这又何尝不是胡遐之自己的风格和特点。

从1949年到1955年的六年多时间里，胡遐之的重心放在革命斗争和政治工作中，一度疏远了编辑这个职业。但是工作之余，他还是坚持写作。

1955年初，中共湖南省委宣传部将李莎青从郴州调至长沙，筹办《湖南农民》《共产党员》杂志，任副总编辑，兼湖南省采风工作组负责人。29岁的胡遐之因在衡山工作成绩突出，这年5月被调至《共产党员》杂志社工作，担任编辑组长。临近而立之年，奉调进省城，比

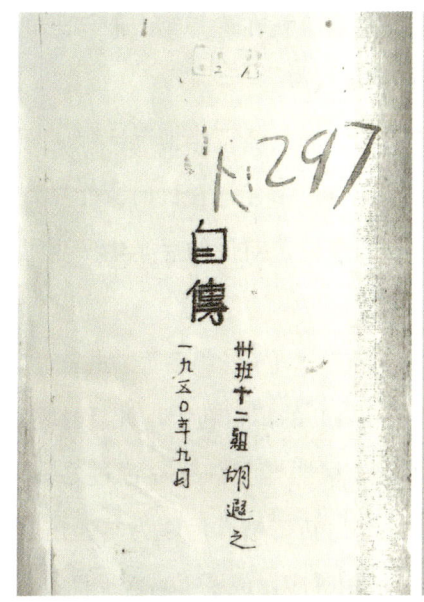

胡遐之在湖南革命大学土改部学习时所写的自传封面

《女社长康菊英》书影

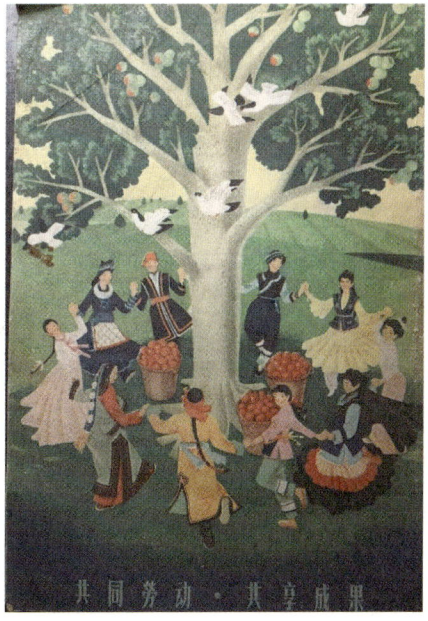

《共产党员》1957年第8期封面及封底

131

起当年流亡长沙落魄潦倒，简直有天壤之别。就在这一年，他与志同道合的文学青年刘仁安喜结连理，婚后感情极好。

胡遐之在《共产党员》杂志社任职期间的具体工作情况，限于资料缺乏，且当年的同事多已去世，难以详考。结合笔者目前所能见到的资料，这一期间曾经发生过两件关键的事情，对他的后半生产生了深远的影响。

1957年夏，胡遐之为湖南新创刊的《新苗》写了一组名为《虫鱼篇》（含《青蛙》《尺蠖》《鲤鱼》《算命鸟》《牛》）的寓言新诗，针砭时弊，发人深省。当时的省文联主席、美术家、民盟盟员魏猛克读过之后，心血来潮，马上为之画了插画。后来，这组新诗被人污蔑为与远在四川的著名诗人流沙河所写的《草木篇》遥相呼应，成了"右派罪证"。

1957年9月，针对《共产党员》杂志八股气太浓、内容贫乏单一的情况，胡遐之曾提出"内容更广些、文风更软些、文章更短些"的口号，同时主张通俗的党刊也要有知识性、趣味性、文艺性，才能赢得广大读者的欢迎。为此，他作为编辑组长，对充实栏目、美化装帧、活跃版面、加强特色都做了些工作，并取得一定成效。在选题方面，他主张多做调查研究，反对主观主义，大胆地建议应该让杂志社在业务活动上有一定的独立性。他主张学习邹韬奋的办报经验，搞人少精干的班子，裁汰冗员。他还倡导广泛开展社会活动，密切编者、作者、读者之间的联系。胡遐之的这些善意而中肯的意见，后来被指为"意图篡改党刊方向"。

因上述两件事，胡遐之被划为右派。1958年夏，胡遐之被下放到株洲新生砂轮厂劳教。就在这一年，为了不拖累妻子及其娘家人，胡遐之主动提出与刘仁安离婚。1962年2月，他被摘掉了右派帽子，回到长沙等待重新分配工作，结果是退职回家。1968年12月的一天，正在老家养蜂的胡遐之，突然被以"反革命嫌疑犯"的罪名拘留在衡山县公安局，1970年10月才被无罪释放，回到老家继续务农。直到1978年10月，胡遐之才恢复工作。他以乐观的心态、坚毅的性格，抚平身上的伤痕，拂去脚下的尘埃。他在《我的苦乐观》一文中这样说：

我这个人是个乐观主义者。这一辈子我吃过不少苦头，仍感觉人间世没有绝对的痛苦，也没有绝对的快乐。乐极可以生悲，否极可以泰来。且常是苦中有乐，乐中有苦。

我以为葆住真性情便是人间至乐，失去真性情便是人间最苦。因此，苦乐二字，非关理念，而是艺术；莫依道学，但凭性灵；最忌狂躁，尤宜清和；休向外索，勤于内求，便能逆当顺处，苦作乐看了。这当然是最传统的、最东方式的看法，未免过迂。然征之古人，诞如漆吏，高如严光，逸如陶潜，狂如阮籍，达如太白，豪如东坡，未必都无苦处，皆以其最具真性情，才无拘无缚，自由自在，今日视之，又不失世间公认的第一等潇洒人也。

胡遐之落实政策后，被安排在衡东县文化馆工作，从事创作。不知是因何种机缘，他还参加了湖南人民出版社《怀念罗荣桓同志》一书的编辑工作。不久之后，这位出版界的五旬老兵，就要踌躇满志再战长沙，绽放隐忍了20年的豪情与光芒。

重整芸编任铁肩

1979年底，胡遐之正式调到湖南人民出版社，从事古籍编辑工作。

就在一年前，他的老朋友李冰封已经由右派改正，1979年开始担任湖南人民出版社（以下简称人民社）副社长。同年，56岁的绍兴人杨坚从津市市文化馆调入人民社，48岁的长沙人朱正从茶陵洣江农场改正调入湖南日报社后再调入人民社，朱正又引荐与己有同样经历的48岁平江人锺叔河调入人民社，这里还有南下干部、担任过湖南省高等法院秘书科首任科长的喻岳衡等人。一群老记者、老编辑，加上一批文化战线的老兵相聚在这里，准备大干一场，焕发职业生涯的第二春了。

胡遐之进入人民社只短短几个月，便被调去编《湖南省志》第二十卷《新闻出版志·出版》，胡遐之称之为《出版志》。这是一项集体工作，当时成立了一个编写组，组长骆正南，主编胡昭镕，采编罗余、骆正南、胡昭镕、胡遐之、徐敦昆、舒尚文、廖新雨，湖南省新闻出版局方面的审稿人为黎维新，湖南省地方志编纂委员会方面的审稿人为胡真。根据编写组的分工，胡昭镕与胡遐之负责撰写《第一篇：北宋至民国湖南的出版事业》（不含期刊）、《第三篇：宋代至1986年湖南刊刻出版图书期刊要目》中宋代至民国年间湖南刊刻出版图书要目的选录。胡遐之在1987年谈到此事时说："我略有一点贡献是我起草的《出版志编写工作计划》与《出版志》的《引言》幸能得到省志编纂委员会的嘉许。今年六月上海《辞书研究》还刊登了我的一篇关于撰写《引言》经验的文章《抓住事物本质，突出专志特点》。"此书经过11个年头，五易其稿，至1991年8月才由湖南出版社出版发行，责任编辑为曾祥虎。

1982年，湖南省古籍整理出版规划小组暨岳麓书社成立大会在省委蓉园召开，决定由人民社副社长梁绍辉出任岳麓书社副社长、副总编辑，赵端才担任副社长，湖南省唯一的古籍出版社正式成立了。筹建之初，省新闻出版局领导决定由人民社拨给开办费两万元，另拨图书资料费五万元，原历史编辑室古籍组喻岳衡担任责编的《古文观止》注释本和杨坚担任责编的《郭嵩焘日记》的出版发行权也交给岳麓书社。可能是由于编撰《出版志》的缘故，胡遐之没有与历史编辑室的同事一道成为岳麓书社最早一批的建社元老。

1984年5月，岳麓书社主要开创者梁绍辉被调回人民社继续担任副社长。出版局将胡遐之从人民社调至岳麓书社，担任第二任社长。湖南出版系统任人唯贤，胡遐之由一名普通编辑直接被提拔为社长，李冰封由湖南教育出版社的社长被提拔为省委宣传部副部长，当时其他出版社还有类似的例子。2000年，胡遐之任社长期间于1985年从北京师范大学引进的丁双平同志，没有当过副社长，直接被破格提拔为岳麓书社社长，可谓延续了这一优良传统。

胡遐之于1984年5月至1988年10月担任社长，在此期间，与他搭班子的有四位：总编辑钟叔河与他的任期一致，两人携手共进退；熊治祁于1984年5月至1985年10月担任副总编辑；刘皓宇于1984年7月至1988年10月担任副社长，他还是胡遐之上任之前，代表组织出面考察并撰写审查意见的两位同志之一；邓云生（即唐浩明）于1985年10月至1988年8月担任副总编辑。

20世纪80年代，社长和总编辑作为出版社的两位主要领导，是岳麓书社出版方向的主要制定者。据当年曾与胡遐之和钟老共事的晚辈回忆，钟老管具体编辑业务比较多，胡遐之则比较超然，两人相处总体上是比较融洽的。钟老曾经亲口告诉社里的年轻同事，他的夫人朱纯老师跟他说，他如果跟胡遐之都搞不好关系，那他跟其他人也都搞不好了。毋庸置疑，钟老以《走向世界丛书》奠定了他在中国出版史上的地位，他是公认的天才出版家，天才往往都有自己的主见和性格，并且能够服众。而在一般人的眼中，胡遐之似乎存在感不强，为钟老

《湖南省志·新闻出版志·出版》封面

的光芒所掩盖。其实不然。两位先生都有着丰富的人生阅历，有着各自的智慧，他们共同推动岳麓书社向前发展。

当然，两人偶尔也会有意见相左的时候，他们当年的部下曾经笑称，锺老有时候希望胡遐之少管点事，有时候又觉得胡遐之太不管事了，像个甩手掌柜。遇上"扯麻纱"（方言，意思是有麻烦、有矛盾）的事情，锺老希望胡遐之能够出面去跟人家谈。比如有时候街道社区要社里派人扫大街，办公室要派编辑参加，锺老就坚决反对，觉得是在浪费时间精力，编辑就应该坐在办公室看稿子。这种跟外面交涉的琐事，最后一般就由胡遐之出面来周旋。

胡遐之后来总结，自己作为行政领导，主要责任还在于从宏观上掌握出版方针，认真贯彻改革开放的精神，他在岳麓书社主要做了以下几件事情。

一是在强调社会效益的前提下，抓经济效益建设。他提出了"牌子、票子、罐子、房子"的奋斗目标。

所谓"牌子"，是打造岳麓书社的品牌，用优秀的图书产品打出名声，扩大在出版界的影响力和知名度。当时锺叔河主持的《走向世界丛书》是延续了人民社时期的项目，在岳麓书社继续扩大规模。"花最少的钱，买最好的书"的口号，也是在此期间提出来的。随着《古典名著普及文库》《传统蒙学丛书》等普及读物走进千家万户，特别是这一时期出版的四大古典名著一直长销不衰，四代岳麓出版人将其持续迭代更新开发出数十个版本，这10个字的口号可谓响彻大江南北，深入人心。全国最大的旧书交易网孔夫子旧书网，在首页曾打出的醒目口号是"花少钱，买好书"，许多岳麓书社的员工和书友，见到这六个字之后都不由得会心一笑，感觉很亲切。1987年，《走向世界丛书》荣获第一届中国图书奖。岳麓书社的牌子，在80年代的中国出版界，有了一定的影响力。

所谓"票子"，就是增加收入。那时候发行科到外面收账，经常是用袋子装现金。后辈们原以为票子指的是增加员工收入，其实更是指增加社里的收入。根据当年的档案可知，1987年10月，作为社长的胡遐之享受正处级待遇，每月工资是140元。据1985年进社的管巧灵回忆，普通编辑的月工资最开始是40多元，后来涨到56元5角，胡遐之是老革命，所以他的140元是高工资。

所谓"罐子"，就是许诺让大家用上液化气罐，改善生活条件。80年代，长沙城区还没有普及液化气，绝大多数市民使用煤球烧水做饭。据管巧灵回忆，当时有不成文的规定，副科级是一道门槛，当上了副科级干部还不一定用得上液化气罐。胡遐之提出的"罐子"目标，不是只解决干部的需求，而是希望全社职工都能用上液化气，这体现了其一贯的民主和平等思想。

所谓"房子"，就是要自建办公大楼和宿舍。当时几家出版社都还跟母社人民社一起，挤在老出版局的院子里上班，员工没有宿舍，少部分人租住在砚瓦池，大部分人分散住在比较远的地方。只有赚够了票子，才能自己修建宿舍和办公楼。在以社长胡遐之、总编辑锺叔河为首的社领导班子带领下，全社的经营状况良好，经济收入不断增加。到20世纪80年代中期，岳麓书社正式向出版局申请买地建房。关于选址的问题，据当年参与其事的总编辑助理刘柯介绍，曾经到铁道学院附近、东塘和赤岗冲等地反复考察，当年那一带都远离市中心，部分职工嫌远；有一次刘柯甚至已经代表社里出面交了40多万元订金，还是被否决了；出版局批了块地皮可以建两栋楼，胡遐之和锺叔河一致认为要建就必须有自己独立的院子。最后看中了河西新民路附近靠江边的一片菜地和鱼塘，全社达成了一致意见，买！买地是在胡遐之和锺叔河在任的时候，修建则是在第三任社长潘运告任上完成的。当时买下的地皮，挨着武警部队的宿舍建了一栋宿舍楼，1991年入住；办公大楼则是1994年搬迁进来；还有一片用不完的地皮，转让给了别的单位，与岳麓书社共一道院墙。2000年以后进社没分到住房的员工们经常感叹，要是当年那块地自己留着，多建一栋宿舍楼，那该多好啊。

二是与锺叔河共同规划了岳麓书社的发展蓝图。胡遐之从宏观上提出一条重要的见解，即整理地方古籍要从大文化背景的角度来确定选题范围：一是下限时间要延伸；二是重点宜放在近代；三是不宜限于纯古籍，图书结构要多元化。两人一起研究制定了"二十四字方针"，以扩大出书路子、增加经济效益。这"二十四字方针"的具体内容，其实也就是岳麓书社的出版业务范围总纲——整理地方文献，刊行古书旧籍，出版学术专著，致力文化积累。前三者是路径，最后一条是归途，他们携手描绘了岳麓书社几十年的发展蓝图。40多年后，岳麓书社的后辈们仍在朝着前辈们指明的方向努力耕耘。到了第四任社长夏剑钦主政期间，进一步将这"二十四字方针"精简为"道承湘学，言纳百家，繁荣学术，积累文化"，成为岳麓书社的社训。

三是主张引进出版港台地区与国外有关中国传统文化的图书。锺叔河主编《走向世界丛书》，其开放性的视野和前瞻性的思想令人称叹；而胡遐之交游遍天下，加上办报出身嗅觉敏锐，思想也比较开明。在这一点上，两人是具有共性的。胡遐之在自述中提及，他与锺叔河共同提出了《海内外丛书》的选题建议。这一套丛书后来在出版时更名为《凤凰丛书》，出版于1986年至1989年间。

《凤凰丛书》以兼容并包为其出版宗旨，举凡1911年至1949年间，海内外有文化积累意义或学术艺文参考价值的旧籍，诸如具备文史资料价值的人物传记、回忆录、文化史、自然史、民俗学之类的旧作，均在收录范围之内。该丛书格调不凡，由锺叔河、鄢琨等人编辑，在当年可谓有胆识之举。如今在旧书网上，成套的原版已经被炒成天价。

四是提出过出版《传统蒙学丛书》的建议。胡遐之在1953年当过衡山县扫盲办负责人，下放时曾教过蒙书，深知其文化价值，因此他结合岳麓书社的古籍出版特色，提出了出版传统蒙学读物的建议。当时为岳麓书社起家发展立下大功的《古文观止》的责编喻岳衡先生旧学功底很好，他与胡遐之的想法不谋而合，专心致力于该丛书的编辑出版工作。

据刘柯、杨云辉、曾德明和管巧灵等人共同回忆，20世纪80年代中期，岳麓书社有四个常设编辑室，一编室为文学编辑室，主任潘运告，副主任梅季坤，编辑有王德亚和杨云辉；二编室为历史编辑室，主任文正义，编辑有管巧灵，李润英与曾德明都曾在二编室工作；三编室为哲学编辑室，陈戍国（后调至湖南师范大学、湖南大学岳麓书院任教）与胡渐逵、曾德明等都在此工作过；四编室为综合编辑室，主任伍国庆。各编辑室的出书范围并无明显划分，总之不离文史哲的范围。除此之外，杨坚带人编《船山全书》，锺叔河带杨向群、王杰成、鄢琨编《走向世界丛书》，唐浩明带丁方晓和李润英编《曾国藩全集》《左宗棠全集》，喻岳衡带丁双平编《传统蒙学丛书》，都不隶属于某个固定的编辑室，有很大的灵活自主性。喻岳衡以类似现今独立发稿人的身份主编《传统蒙学丛书》，是得到了时任社长胡遐之的大力支持的。

《传统蒙学丛书》包括《三字经》《百家姓》《千字文》《五字鉴》《幼学琼林》《声律启蒙》《龙文鞭影》《重订增广》《唐诗三百首》《四书集注》等经典品种，周谷城先生为丛书作序。丛书面世之后，深受读者欢迎，多次加印。这套丛书在当今对传统文化启蒙和普及仍有价值和意义。

五是在物色作者、组织书稿、选拔编辑人才、壮大编辑队伍、培养编辑道德方面，都做过一些有益的工作。

胡遐之交游广泛，上至达官贵人，下至贩夫走卒，他都能找到共同话题。他擅长诗词，以诗词为媒结识了很多文艺界、学术界的朋友。这样广泛的人脉，让他在组稿方面有了一定的优势。兹举一例为证。

1987年，著名华裔学者、诗人叶嘉莹女士回国，在天津和北京等地讲学，其讲稿汇编为《唐宋词十七讲》，当时有上海古籍、中华书局等八家出版社争要此稿，最后由岳麓书社出版。叶嘉莹先生在自序中对书稿出版前后的情况有过介绍，现抄录于此：

于是我的唐宋词系列讲座遂于1987年2月3日，也就是旧年丁卯新正初六日，在北京国家教委礼堂正式开始。我当时正染患有轻微感冒，且曾于不久前在天津火车站前跌伤腰部，加之工作一直极为忙碌，对此系列讲座乃全然未暇作任何准备。不过，骑虎之势已成，遂不得不勉强开讲。岂意爱好诗词之广大听众对此一讲座之反应竟极为热烈，因此在讲座结束后，主办人遂又提出了要将此一讲座之录像及录音全部整理出版的计划。当时幸蒙李宏学长又热心答应了整理此一系列讲座全部录音讲稿的工作，于是我遂又返回了天津，仍在南开继续讲课。

在此期间，北京之辅大校友会常拜托一何姓女同志将李宏学长整理好的稿件送来天津交我审读。直至4月下旬，我又自天津转往南京大学讲课，于是审稿之工作遂暂时停止。迄5月底，我又自南京返回北京，在参加中华诗词学会成立大会时，得与岳麓书社的胡遐之先生相识。胡先生闻知有此一讲稿正在整理中，遂积极与主办此一讲座之负责人联系，决定由岳麓书社出版此册讲稿。

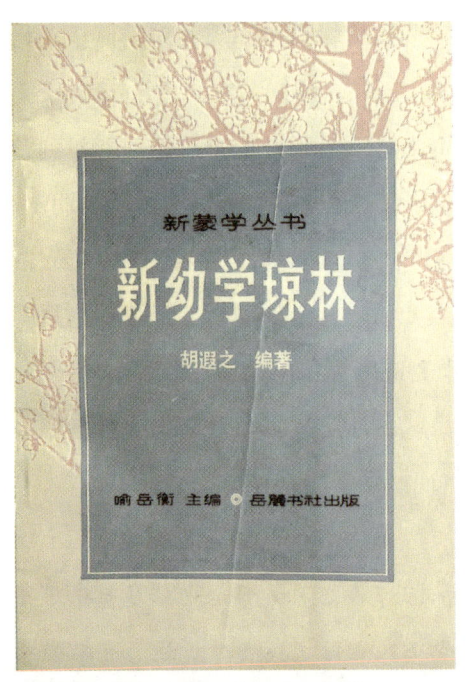

胡遐之编著的《新幼学琼林》书影

叶嘉莹著《唐宋词十七讲》岳麓书社版书影

胡遐之正是由于参与了中华诗词学会的创建，在全国诗词界有一定的影响，才得以与叶嘉莹先生结识，并赢得了她的信任。

关于引进人才的问题，值得称道的是后来被称为岳麓书社黄金一代的"1985年五人组"。据刘柯介绍，当年岳麓书社只有27个正式编制，人数很少。1985年，时任总编辑助理刘柯和办公室主任史明焕受社里委派，前往北京师范大学等高校考察应届毕业生。后来一次性引进5名本科毕业生，分别是北京师范大学历史系的丁双平、南开大学中文系的杨云辉、武汉大学历史系的曾德明、武汉师范学院（今湖北大学）的丁方晓、厦门大学的管巧灵。当时实行社长、总编辑双轨制，社长管行政，总编辑管业务，平时锺叔河总编辑主持日常事务，胡遐之貌似不太管事，实则像一次引进接近全社编制1/5的人才这样重大的事项，胡社长是知情并支持的。丁双平于2000年从期刊主编直接当社长，后来调任湖南教育出版社社长，升任湖南出版投资控股集团党委委员、中南传媒总经理，并且继锺叔河、杨坚之后成为岳麓书社历史上第三位韬奋出版奖获得者。曾德明从2008年起担任岳麓书社总编辑，退居二线后担任首席编辑。杨云辉退休前长期担任文学编辑部主任，现居北京，担任中南博集审稿人。管巧灵长期担任历史文化编辑部、文博考古编辑部主任，2019年内退。丁方晓与曾德明同在武汉求学，来岳麓书社后才相识并结为伉俪，已于2006年内退。这五人一度支撑起了岳麓书社的半壁江山，目前的骨干编辑，多是他们一手带出来的徒弟。

1988年，岳麓书社举行首次民主换届选举。胡遐之时年已经62岁，早在一年前申报副编审职称时就已经表明心迹，打定主意要离休了。因此，这一次换届选举，组织上没有为他提名。选举之后，潘运告当选第三任社长，伍国庆出任副社长，刘柯出任副总编辑（总编辑一职空缺）。原社长胡遐之于是年冬天提交离休申请，原总编辑锺叔河调至省新闻出版局后离休。

1989年1月，组织上正式批准胡遐之离休。

好人胡遐之

许多人提到胡遐之，第一句话就是"他是个好人"。

胡遐之离休之后，没有放下编辑事业，而是在诗词界发挥余热，赢得广泛的赞誉。他长期担任湖南诗词协会的副会长，主编会刊《湖南诗词》，并对湖南各地基层诗词学会、协会的创建不遗余力地予以支持和关注。外地诗人来湘，他总是热情接待。1997年，著名诗人邵燕祥和漫画家丁聪来游南岳，胡遐之一路陪同，互相酬唱。丁聪还于次年特意为他画了一幅漫画，后来用作《荒唐居集》的扉页作者像。1998年，他与朱正等人选编《李锐诗词本事》，李锐来岳麓书社考察，时任社长夏剑钦与胡遐之一起陪同李锐前往省委招待所参加欢迎宴会。

胡遐之既关心遭逢不幸的同辈文朋诗友，也不忘时常提携后辈，湖南诗词界的许多后辈，尊称他为胡遐老。衡东诗人董月华，早年毕业于中华文化学院，为著名学者吴则虞弟子。他蒙冤入狱18年，获释后回到乡下，家徒四壁，无以为生。好心人劝其申诉改正，董月华苦笑置之。胡遐之与他素昧平生，但读过他的诗作，欣赏他的才华，于是为他奔走呼号，终于为他改正，并介绍安排工作。他欣然为董月华诗集《西溪诗选》作序，并促成出版。其侠义之行，仁厚之心，在衡东传为佳话。

胡遐之与结发妻子刘仁安的人间悲剧，尤其令闻者叹息。二人结婚时都是文学青年，志趣相投，感情深厚。1958年，胡遐之被打成右

胡遐之漫画像（丁聪 1998 年绘）

1998 年 10 月，胡遐之（中）与李锐（左）、夏剑钦（右）合影

派，牵连影响在海军服役的内侄刘某不能入党。为不再连累妻子，他选择独自背负痛苦，劝说刘仁安下堂改嫁。离婚前夕，他写下一首《水调歌头·赠安安》：

商定燕巢久，怎奈打头风。孤灯人影萧寂，耳畔有疏钟。三载呢喃细语，不尽骚心芳草，劳燕忽西东。况复病愁里，已失万夫雄。

篱边樽，槛边笛，月迷蒙。裙慵钗困，几回眉黛现欢容。纵令山盟犹在，怎那世情如许，此恨古今同。我负人多也，休再怨天公。

此后，刘仁安另嫁他人，胡遐之终身未再娶，也终生没有放下对刘仁安那份痛苦的恋情。胡遐之改正后，有人劝他"夺回"前妻，他无奈地说："我的悲剧已铸成了，怎么能复婚？难道能借我的手去毁坏又一幸福的家庭，又去制造一个悲剧，谋取我一己的幸福？"胡遐之逝世之后，刘仁安写有挽联一副，情真意切，字字血泪：

天道果难堪，学行如君，壮志未能酬，此生空热胸中血；
衷肠欲断时，凄怆若我，遗篇伤展颂，尔后谁为月下琴。

年事渐高的胡遐之被后辈同事尊称为遐公。

遐公离休之后，不幸罹患癌症。作为1949年参加革命工作的老干部，他的医疗费是可以由单位全额报销的。据当年在岳麓书社财务科工作的易言者（现任中南出版传媒集团副总经理）回忆："遐公每次住院，只要有所好转，马上要求出院。我问他为什么急着出院，他说，小易，我已经能下地走路了，就不要再浪费国家的医药费了。遐公真的是个好人，老一辈人的高风亮节，真的令人敬佩。他去世之后，我和杨云辉他们一起，还到过他老家，参加他的追悼会。"关于这一段治病经历，遐公还曾经半是欣喜半是自我安慰地记述："住进了湘雅医院，终于体验了高级的医院，以湘雅的技术，应该对我的病情有所把握。"这样的文字，读来令人心酸。

遐公为人有高义。出版部门有一位毛姓老工人没有宿舍，遐公常年外出，托毛师傅有时替他照看一下他的"荒唐居"。见毛师傅生活不易，索性借了一间房给他住。后来毛师傅的儿子结婚没有婚房，遐公又借了一间房给他儿子当婚房。再后来，毛师傅的儿媳妇生了孩子，把娘家老母亲接过来帮忙带小孩，毛师傅将自己住的那间房腾给亲家母住，自己又没地方睡了。遐公说，我们两个老头子，就在一张床上挤一挤吧。

遐公为人最是感恩，特别重感情。20世纪60年代他回衡山老家务农时，住在贫农赵春生家中，多蒙照顾。"造反派"曾经想抓捕他，追查到赵家，赵春生将他藏匿在衣柜中，自己手持锄头当门而坐，怒斥"造反派"："我是个贫农，谁敢闯进我家里，我敲碎你的狗头！"遐公得以躲过一劫。20世纪90年代初，遐公搬入岳麓书社宿舍新分到的房子，听闻赵春生的老伴去世，马上到衡东把赵春生接到长沙奉养，前后约10年之久。赵春生以91岁高龄去世，在此之前遐公已经病笃，强撑病体为赵老安排住院治疗，随后又花费两万余元为其操办丧事，妥善安葬。至情至性善良若遐公者，世间能有几人哉？

2000年，遐公74岁。10月下旬，因肝腹水，住进湘雅医院老干病房。11月24日，医院下达病危通知。上午10点，挚友李冰封前往医院看望，遐公以遗集编订相托付。胡心平等家属于下午将遐公接回衡东老家。落叶归根，或许是遐公最后的愿望，毕竟是书生。12月5日晚11点半，遐公因肝脏大出血逝世。

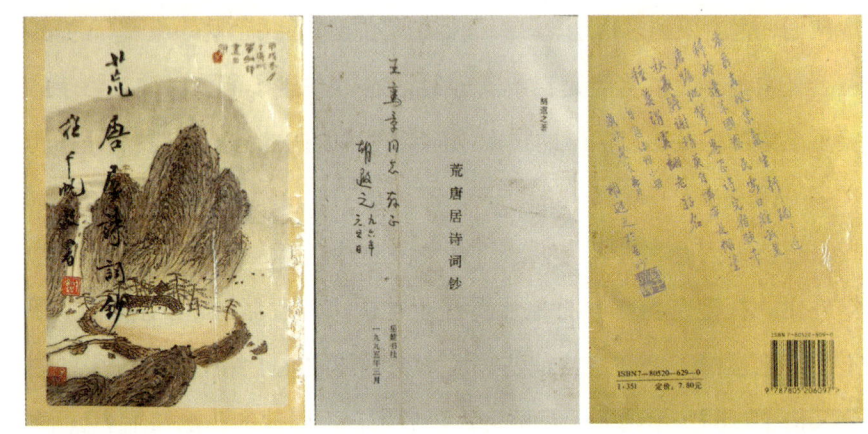

《荒唐居诗词钞》封面、扉页及封底

12月9日，各方人士于衡东县洋塘老屋禾场上为遐公举行追悼会。90高龄的湖南省政协原副主席、新中国成立前曾率领一支庞大的地下武装在湘中一带坚持游击战争的姜亚勋同志，在追悼会上沉痛地说："有不少该死的人却不死，像胡遐之这样的好人，却不让他多活几年，让他为国家民族多做些有益的事，这实在太不公道了！"

家属将遐公葬于洋塘乡老家山上，著名诗人邵燕祥为之题写墓碑"诗人胡遐之墓"，著名诗人史鹏为之撰写墓志。

好人遐公走了，留下一本《荒唐居诗词钞》、一本《荒唐居集》，在诗词界和出版界留下了孤寂而光辉的背影。尤为值得一提的是，遐公遗著交由岳麓书社出版时，他的亲属向社里支付了出版经费，不知遐公生前是否有过相关嘱咐。清廉风骨，至死不渝。

岳麓书社建社40余年以来，能被尊称为公者，还有《船山全书》的责编杨坚先生、主编《传统蒙学丛书》的喻岳衡先生，杨公、喻公皆以姓氏称，而遐公独以名称。遐公在1987年写过一首词《南浦》，可谓为他自己的一生作注：

陪毕朔望、邵燕祥二兄游南岳，感而赋此。

等闲吹遍，笑东风不染发苍苍。隔岸青山问我，何处是家乡？我是无家张俭，喜而今不弃汉时装。有二三文友、二三农友，堪共话衷肠。

我自华胥梦醒，奈眼前桑海怕思量。何似坡仙老去，犹发少年狂。不见故人故国，但相逢酒酽又茶香。只诗心万古，荒唐慷慨两无妨。

时至今日，每当遐公的后辈们站在岳麓书社五楼湖湘文化出版物展示馆中，在社史中看到他的名字，聆听第八任社长崔灿讲述第二任社长胡遐之的传奇经历，仰望他瘦削的容颜，依然会感念他和锺叔河先生等人携手为岳麓书社开创的基业，感受他在曲折坎坷的岁月中始终不曾磨灭的铮铮铁骨和书生意气，由此观照自己的职业生涯前景，为之伤感，为之振奋，更多的是肃然起敬。对岳麓书社的后辈们而言，斯人风范，虽不能至，心向往之，这是一种无言的传承。

王勉思

为拓荒者的"老太太"

执笔人——巢晶晶　陈慕芸

王勉思

　　她是书生意气、敢闯敢为的少女；她是义无反顾、追随革命的斗士；她是勇担使命的"笔枪纸弹"；她更是湖南少儿出版当之无愧的拓荒者和播种人。

　　角色几经变换，热血始终奔涌。一路风雨兼程，一路燃烧自己。她惜才、爱才，也善于发掘和培育人才，她的一片丹心、满腔热情，如一盏灯，照亮了一代又一代湘少人。

青春无畏，义无反顾赴战场

1943年，一列火车鸣叫着向西南行驶。孩子的哭声、醉汉的咆哮，混杂着汗味、烟灰，煎熬着车厢里的每个人。一个小姑娘望向窗外，连绵山野流动起来，像一幅画卷，缓缓地向她展开了一个新天地。她在北平生活了17年，从没出过远门，从没坐过火车。车厢里有日军和伪军来回搜摸，一会儿查票，一会儿查人。小姑娘提心吊胆地坐着，尽力装作镇静的模样，她安慰自己："我脸上又没有记号，谁知道我是去根据地的呢？"手里的车票早就被汗水浸湿，皱巴巴的，像她焦灼的心。

这一切都太突然了，不久前一个热心的学姐神秘地问她："你想到抗日根据地去吗？"就这样，一个斯斯文文的女中学生，立刻瞒着家里收拾了行李。

中午刚过，易县火车站到了。小姑娘躲在人流里，一刻不停地注意着前面来往的所有行人，突然发现一个身穿青布裤褂、头上包着白毛巾的年轻人，两只黑亮黑亮的眼睛正在打量着她。她往后退了半步。年轻人大步走近，扯了扯头巾。"现在几点钟了？"他先开口问道。小姑娘按捺住激动的心情——扯头巾、问答都是之前约定好的接头暗号，她早就牢记在心，于是微笑着答道："五点不到，还差一刻钟。"那人会心一笑，就带着她往县城走去。

太阳给田野镀上一片金黄，远处有起伏的黛色山峦，真是早春少有的好天气，把小姑娘的心也烘得暖洋洋的。为保安全，到县城后，交通员与小姑娘分头而行，谁知出城门时，伪军叫住了小姑娘，不但检查"良民证"，还把包里的东西都翻出来查验。伪军发现了违禁药物金鸡纳霜（又称奎宁），这在当时是根据地普遍用于治疗疟疾的药物，就这样，小姑娘被怀疑是八路军，入了监狱。在狱中，她咬死不承认，聪明的她与同伴假扮私奔的情侣，巧妙地骗过了伪军，最后成功脱逃。

这个小姑娘，就是王勉思。

王勉思（1926—2015），原名陶景和，北京人，祖籍浙江绍兴，出身于书香世家，是家里最小的孩子，深受父母宠爱。陶家历来重视读书，哪怕在北平失守、家道中落的艰难时期，十个兄弟姐妹也都被送去读书。在书籍里，孩子们认识了一个新的世界。战火纷飞之际，两个哥哥义无反顾地去了抗日前线。而家中不幸连连降临，姐姐、父亲、母亲相继离世。家破人亡山河碎，小小的王勉思被迫告别了童年和往日的欢乐，拿着哥哥留下的歌本，一遍又一遍地唱着："起来！不愿做奴隶的人们！把我们的血肉，筑成我们新的长城！""我们要做主人去拼死在疆场，我们不愿做奴隶而青云直上。"她稚嫩的歌声化作一杆长枪，心如擂鼓，热血沸腾。有路人听到这个小姑娘冲破深宅大院的歌声，但从未有人看到过她的满面泪痕。

上初中后，王勉思常常一个人躲在厨房里读巴金、鲁迅的书，痴迷于现实主义反压迫、反剥削的文学作品。她沉浸在那些故事中，眼神闪耀着渴望和坚定的光芒，一盏明灯已在她心中悄悄地亮起。巴尔扎克在《论艺术家》中说："一个能思想的人，才真是一个力量无边的人。"她是多么渴望能够参与到这场激烈的革命中，尽自己的力量改变这个命运多舛的国家。她决定行动起来，与一群志同道合的年轻人组建了一个革命文学社——海燕社，大家一起读马克思主义著作，讨论帝国主义是怎样产生的，共产主义社会又是什么样子的。

第一次前往抗日根据地失败后，王勉思并没有灰心。她实在太渴望为革命事业作出自己的贡献，于是再次找到机会前往晋察冀抗日根据地，一路躲避日军，一路翻山越岭，走到累得几乎站不住，疲倦到靠在山坡上一闭眼就能深睡。终于在一个清晨，她听见远处传来鸡鸣，一个扎着白头巾的人从村里跑出来，热情地握着王勉思的手，说："到家了！"

是啊，终于到家了。从此，王勉思成为抗日队伍中的一名小兵，以文字为武器，用笔墨书写人民的疾苦和斗争，激励着更多人走上抗日的道路。2015年9月，王勉思获中共中央、国务院、中央军委颁发的"中国人民抗日战争胜利70周年纪念章"。祖国没有忘记，曾有一个小姑娘义无反顾，奔赴战场，与千千万万的同胞共筑家国。

转战出版，传承精神使命

新中国在血与火的洗礼中诞生了，各行各业百废待兴，出版业也同样面临着诸多挑战。被安排到出版界工作的王勉思明白，出版是革命精神和文化的传承，是一种责任和使命。而她的新使命便是，以思想和文字为武器，疏导民心，凝聚力量，传承构建社会主义之崭新中国的理想，从思想上引导新中国的人民站起来、富起来、强起来。

1949年后，王勉思历任工人出版社编辑、人事科科长，河北文联《蜜蜂》杂志编辑，《湖南文学》编辑部主任。

1979年，王勉思出任湖南人民出版社副社长，分管少儿读物编辑室和《红领巾》杂志。王勉思文学修养深厚，在出版少儿读物方面颇有经验，她主抓的《红领巾》杂志（前身为《小蜜蜂》杂志）深受广大儿童和家长的喜爱，是当时最热门的儿童读物之一，成为一代人难忘的童年回忆。

1981年底，国家出版局批准同意成立湖南少年儿童出版社（简称湘少社），王勉思出任社长。

管理一家出版社对于王勉思来说是一个新的挑战，但王勉思用她自己的方法，开疆拓土，生生创出一片天地，她的方法总结起来就是：知人善用，让专业的人做专业的事。只要是王勉思发现和认定的人才，她便不惜一切代价网罗到出版队伍中来，并给予他们充分的尊重和自由度，让他们发挥自己的专业特长和创造力，郑小娟、杨福音、蔡皋等一批后来成为湖南出版界的骄傲的编辑，就是被王勉思发掘和引入的；开拓资源，毫无保留地将自己和丈夫康濯在革命年代结识的作家资源引入湖南出版，如丁玲、孙犁、赵树理等一批与王勉思夫妇私交甚笃的作家，就是通过王勉思的引荐与湖南出版结缘的；举目望远，将目光锁定当时世界一流出版物一流作者，不仅引进了黑柳彻子、林格伦等世界儿童文学名家的名作，还将"图画书"这一新兴概念带入国人视野。

出版对王勉思而言，还有一层特别的意义。1946年，王勉思被调到晋察冀边区青联。当时康濯在此负责主编《时代青年》，于是，两位年轻人得以相遇结识，共同的文学爱好又让他们相互欣赏。1947年，王勉思与康濯结婚，他们是革命战友、文学知己，相濡以沫，携手走过战火硝烟，共历峥嵘岁月。书籍编校是夫妻间诚挚、亲密又专业的话题。1991年，康濯病逝，王勉思在挽联上书"归去苍凉"。晚年的王勉思亲自为丈夫整理文集、编写传记，垂老的她在文字中向已逝的爱人告白："五十多年过去了，直到我更多地了解你的经历、身世，我相信我没有选错，只是觉得我们分手太早了。"以文相识，以文相知，因文相爱，借文相思，这是他们特有的浪漫。2010年，王勉思为康濯编辑的文集《真诚礼赞》出版，他们的故事，以文字的形式在时间的长河中涓流不息。

王勉思将激情和心血倾注于少儿出版事业。在他人看来，这份工

康濯、王勉思夫妇

作不得不隐在作者身后、躲在名利暗处，其实在那不被看见的角落里，有属于她自己的光。她懂得，出版的价值在于长久的影响力，在于文字所能带来的触动与启发。她希望通过自己毕生的努力，让图书成为一种精神的传承，一种时代的见证，让孩子们在书籍中得到滋养和成长。

亲如一家，培养良好社风

1982年2月21日，湖南少年儿童出版社正式成立。

这是一家年轻而充满朝气的出版社，它有一支意气风发的队伍。王勉思将原来的《红领巾》杂志编辑室重组，将大部分成熟的编辑班底带到了湘少社，组建了一支21人的初创团队，这支团队里人才济济，有妙笔生花的文学爱好者，也有造诣不凡的丹青妙手。

要将湘少社"以书为媒，引导少年儿童追求真善美，为祖国新生代启智增慧"的理念传递给读者，首先需要一个显著、明快、有传播力的社标。王勉思想，咱们湘少社藏龙卧虎、人才云集，何不自己动手设计一个社标呢？于是她提议，湘少社的文编、美编们都踊跃思考、大胆创意，自己动手设计能代表本社精神特质的社标。在她的鼓励下，杨福音、郦渊、赵留延、郑小娟等编辑反复绘稿、反复讨论，经过多番打磨，社标最终确定，并一直沿用至今。这个社标像是一本书，又像是一只鸟，小鸟代表广阔天地中自由翱翔的少年儿童，也代表永远做"小朋友的大朋友"的湘少人。小小一个自主设计社标的倡议，既充分调动了同志们的积极性，激发了他们的热情和才干，又提升了大家对单位的认同感和使命感，人心不知不觉中悄然凝聚。

湘少社的成立大会是如家人相聚般的第一次团聚，实干的王勉思不想把大会办成简单的庆功宴、浮躁的邀功宴。社里的年轻人多是刚毕业而缺乏编辑经验的大学生,所以王勉思想把它办成一次座谈会,邀请当时少儿文学界的名家齐聚一堂,畅所欲言,一方面,为新时代的少儿出版事业出谋划策,另一方面,也正好为年轻人提供向前辈学习的宝贵机会。成立大会在湘江宾馆举办,王勉思邀请了陈伯吹、任溶溶、郑文光、葛翠琳、蒋风、贺友直等文艺界的名家前辈,请他们给年轻编辑们传授经验。其中有一些宝贵内容直接成为年轻编辑们责编的第一部书,譬如刘杰英责编贺友直著的《连环画创作谈》,便是直接得益于湘少社成立大会,得益于王勉思授人以渔的良苦用心。

湘少社成立初期的日子充满艰辛也充满激情,虽然全社仅有21人,但每个人都像是一颗小小的火种,努力地发光发热,而王勉思就是那张悉心保护每一颗火种的防风网。她用真诚和热情,看见并护卫着每个年轻人的激情和创意,允许他们最大限度地发挥自己的专长和个性,把湘少社变成了温暖包容的家。当时的王勉思已至耳顺之年,整天乐呵呵的,对所有人都和蔼可亲,无微不至,社里上下都十分尊敬这位"大家长",亲切地称呼她为"老太太"。40多年后,张天明等人回忆起王勉思,都由衷地说:"老太太就像一只护崽子的老母鸡,将年轻人保护在她的羽翼之下,呵护我们成长。"而"老太太"这个称呼,直到现在,在湘少社仍是王勉思的专属称谓。说起王勉思,大家都直称"老太太";说起"老太太",大家都知道是在说王勉思。

湘少社成立后的第一个春节,天气寒冷,路人皆行色匆匆,赶着回家团圆。当时社里有些年轻同志由于各种原因,没法回家过年,不免神情落寞。这一切被"老太太"王勉思看在眼里,她心思一动:"回家,湘少社不就是一个大家庭吗?"她想到一个好主意,将不能回家的同志聚集在办公室包饺子,共同庆祝春节的到来。这个提议得到同事们的热烈响应,有人端来锅碗瓢盆,有人拿来擀面杖,社里准备好面粉和新鲜的猪肉、大白菜。年轻的同志主动搬煤生火、打扫卫生。力气大的揉面，手巧的包馅儿，大家各显身手，其乐融融。各个部门还互相串门，"炫耀"自己包饺子的技术和速度。王勉思悄悄在一些饺子里放了硬币，她笑盈盈地看着那些吃到"硬币馅"饺子的人，直贺道："要（咬）发财！要（咬）发财！"说着，又给还没吃到"硬币馅"的同事再添上几个饺子。

这样亲如一家的氛围一直在湘少社延续下来，这里不仅是一个工作场所，更是这群同志的"家"。社里的年轻后辈们都是这位"老太太"关爱的"孩子们"，是王勉思一辈子的牵挂。王勉思的大儿子毛地在接受采访时提道："母亲当年没有空管我们，但是作家、编辑来了，她却热情得不得了，忙里忙外，就好像他们才是她的孩子。"退休之后，王勉思回到北京定居，但每次有机会回长沙，都会到社里看望大家，还会受邀到一些老同事家中小住两天，跟大家聊聊近况。在北京定居多年以后，她偶然在家中找到丈夫康濯从俄罗斯带回来的俄罗斯画家的油画作品，想到这样的艺术风格或许对喜爱绘画的蔡皋有所助益，便委托大儿子毛地千里迢迢将油画带回长沙，转交蔡皋。

最初那个只有 21 人的小小湘少社，如今已经发展壮大，但那些简单而真挚的情感，仍然在每一个人的心中。湘少社新楼落成时，王勉思再次来到社里，时任社长彭兆平扶着年事已高的老太太，一间一间参观办公室。看着年轻的后辈，王勉思连声赞好，为湘少社新发展感到由衷的欣慰。

开疆拓土，奠定出书理念

湘少社成立初期，王勉思以开放性的眼光、开创性的举措，带领湘少社进行艰苦的探索，制定了"为培养四有青年多出书、出好书"的方针，以少年儿童德育图书为重点，儿童文学、儿童绘本、革命先辈故事、期刊等多条出版线并进，形成了清晰而开阔的出书思路。

狠抓名家名作，培养新人新作，组织编辑调研，开辟新的儿童文学途径，王勉思这些做法深为同行所称道，也为少儿出版树立了崭新的方向和标杆，湘少社被誉为全国少儿出版的"五朵金花"之一，在儿童读物方面的开拓精神和创新理念在出版界不断激起波澜。

作为老革命家的王勉思，一直希望通过出版革命先辈的故事来传承革命精神。由她牵线，湘少社的编辑开始与张麟、何家栋等作者接触，策划出版《赵一曼》《彭总在中南海》等讲述革命先辈故事的少儿读物。其后，1991年，恰逢中国共产党成立70周年，中南地区五家少儿出版社经过协商，由湘少社牵头，合作出版《革命先辈的故事》丛书。

王勉思还注重将近现代民族历史的普及工作与符合新时代要求的青少年读物出版相结合。继策划《革命先辈的故事》丛书之后，湘少社再次牵头，与中南地区其他四省少儿出版社联合出版了《红旗颂》丛书，被国家教委推荐为"全国红领巾读书读报奖章活动"用书。

20世纪80年代，儿童文学还是相对边缘的领域，各社都缺乏足够的重视和投入。在文化界、教育界尚未充分重视儿童文学的背景下，王勉思有自己的见解：儿童的成长需要更丰富的精神滋养，应该有更多优秀的文学作品，引导他们树立积极的人生观和价值观，让他们在愉悦的阅读体验中学会思考，学会同情，学会勇敢和坚强。应当以儿童文学为第一阵线，推动儿童文化的全面发展。王勉思引导大家大胆投入，积极发掘优质作者，引入一批优秀的作家。

一天早晨，编辑张光华刚到办公室，就被王勉思叫住了。王勉思笑眯眯的，好像有什么天大的好事。原来，她得知张海迪在山东威海疗养院休养，正在翻译《丽贝卡在新学校》。她以特有的职业敏感，意识到这是一次好机会，于是让张光华即刻启程前往威海拜访张海迪。正是这次拜访，碰撞出了一个新选题，那就是后来产生了很大影响的《鸿雁快快飞》。为了给张海迪的创作提供便利，王勉思邀请张海迪来湖南写作，由社里安排她的饮食起居。张海迪是这样记录这件事的始末的：

一天晚上，我在电视新闻中看到，湖南少年儿童出版社的同志们为孩子们出版了很多好书，大家热情工作的精神和那些书有趣的封面深深地把我吸引住了，于是，我决定让"丽贝卡"去找湖南少年儿童出版社。信寄出去了，当时我想，也许要等一个月才能有消息吧。没想到，湖南少儿社的同志们非常热情、积极，社长王勉思阿姨很快给我来了信，还派了编辑张光华同志来到威海，同我商定了出书的事儿……

为了能让我尽快将《鸿雁快快飞》这本书写出来，湖南少年儿童出版社特地邀请我来湖南写作。为此，社里的同志做了非常周到细致的安排。在滴水洞，我奋战了五十多个日日夜夜，总算给孩子们写完了这本书。现在，我的小鸿雁就要高高地起飞了，它就要飞到孩子们的手中去了，我多么高兴啊！同时，我又是多么感激湖南的同志们和朋友们对我工作的支持和帮助啊！

在这里，我通过跟大家的交往，通过参观，我看到湖南的出版工作搞得非常生动活泼，出版道路走得很正确。……湖南少儿社的书给了我很多快乐，比如，黑柳彻子的《窗边的小姑娘》，阿·林格伦的《疯丫头马迪琴》《大侦探小卡莱》，都使我爱不释手。

湘少社不但出版童话、小说，还注重发掘多体裁的儿童文学作品，比如儿童诗，出版了樊发稼、李少白等人的儿童诗集，还组织出版了一套10种《杜鹃花》诗丛。其时，儿童诗创作初露峥嵘，而其他出版社这类选题还比较少，出版这套书无疑是有胆识的开拓之举。

湘少社成立初期，正值农村改革高潮，王勉思经常带领年轻编辑跋山涉水去下乡调研，个子不高的小老太太比谁都走得快，爬起山来令许多年轻人都自愧不如。王勉思带着年轻编辑感受农业、农村、农民的变化，大家一起住农家、吃农家饭，与当地农民和作者一起讨论、研究能反映时代、对青少年有益的选题。这些选题辑稿成了《六月》丛书。《六月》丛书中的作品，有的获得了省级或全国大奖，有的作者成为省内或全国知名作家。这种对地方文化建设的投入和扶持，正体现了王勉思作为出版人的担当。

当许多人都将目光集中在那些已经名声在外的作家身上时，王勉思却走得更远、更深入。她关注已经成名的作者，更注重新人的发掘和培养，通过《六月》丛书等积极寻找并扶持有潜力的新人，为他们提供展示才华的机会；通过期刊征稿，扶持省内儿童文学新人，团结一大批作者、绘者。王勉思的愿望是让每一个有才华、有梦想的创作者，都能在湘少社的支持下，找到属于自己的舞台。

王勉思一手抓名家名作，一手抓新人新作。于是，在名家名作这一条线上，湘少社很快出版了张天翼、陈伯吹、严文井、叶君健、包蕾、郑文光、葛翠琳、宗璞、浩然等一大批著名作家的作品，其中《神翼》获得了宋庆龄儿童文学奖银奖，《不丑的丑小鸭》《半半的半个童话》获得儿童文学界的好评。在新人新作这条线上，王勉思着重抓本省儿童文学的创作，以《六月》丛书为标志，一共编辑出版了18种原创文学作品，其中新人作者第一次出版的儿童文学作品占80%，有11种获湖南省儿童文学大奖，2种获全国性文学奖。

同时，王勉思还提出"要有国际视野"，要把国际上最优秀的儿童文学作品介绍给国内的少年儿童。在她的倡导下，湘少社先后引进了林格伦、黑柳彻子等国际顶尖儿童文学作家的作品。

湘少社注重本土文化的挖掘和本土作者的原创的做法，丰富了湖南文学市场，也间接推动了湖南省文艺事业的发展。在一片追求短期利润和快速回报的声浪中，湘少社深耕文艺领域，以出版为纽带，形成了一个富有活力和创造力的儿童读物生态圈。

20世纪80年代，正值改革开放之初，在"重文学轻美术"的时代环境里，中国文艺界尚未关注到儿童图画书。很多人对图画书的教育价值表示怀疑，甚至认为图画书是肤浅的，儿童绘本的发展得不到足够的空间和支持。但是王勉思认为，图画往往比文字更能引发孩子们的想象和兴趣。她坚持相信绘本不仅是儿童阅读的一种新选择，更是文化和教育的一种新方式。生动的画面、丰富的色彩和形象的描绘，最契合孩子天真的童心，王勉思希望组织一次海峡两岸图画书研讨会来促进和提升社会对图画书的价值认知。她耐心地与各方沟通协调，积极化解种种误解和质疑，与同事们一起成功地组织了这场专题研讨会。海峡两岸的教育家、编辑、美术家在会上进行深入交流，共同探讨"什么是图画书"等问题。通过学术研讨的方式普及儿童绘本的常识，推动儿童绘本的发展。王勉思的这种做法，是很有前瞻性，也产生了实际成效的。湘少社在国内率先提出"图画书"概念，带头开辟了无字图画书领域，推动了儿童绘本的发展。今天，看到无数孩子沉浸在绘本的世界中，享受着阅读的快乐，不能不钦佩王勉思当年的远见和勇气。

王勉思在任期间，专门成立了美术编辑室，给予美术编辑充分的发言权。一次，王勉思在走廊碰见低幼编辑室的几位编辑正在激烈讨论一本书的封面，大家各持己见，争论不休。还是新编辑的蔡皋偶然经过，王勉思便向蔡皋招招手，让她一起参与讨论。蔡皋挑出了自己看好的一张封面，并大胆地阐述了自己的理由。王勉思仔细听了蔡皋的意见，当即拍板采纳，许久定不下来的书封就这么敲定了。王勉思说："我们要相信专业人士的意见，不要有偏见。"在美术读物的编辑出版上，王勉思注重"抓两头"：一头抓适合小读者的通俗读物，如连环画、卡通图画等；一头抓具有文化积累价值并能进行对外交流的中、高档美术画册。

在王勉思担任社长的短短几年间，湘少社不断推出高质量的、有时代意义的优秀图书。1982到1984年，湘少社出版的《革命先辈的故事》丛书等精品图书获图书奖14种（次）。其中《赵一曼》《长胡子的娃娃》获全国优秀少儿读物奖，《竹哨》获全国少数民族优秀少儿读物奖，《灯伢儿》《鹤与龟》获全国第二届连环画优秀绘画奖，《白马将军》获广州军区创作一等奖，《毛泽东求学的故事》《骆驼之歌》《向警予》《赵一曼》获湘、鄂、赣、陕四省优秀创作奖。1983年，王勉思带领湘少社参加共青团中央等单位举办的"全国红领巾读书读报奖章活动"，也取得了较好的成绩。

知人善用，建设人才队伍

湘少社成立之初，王勉思就意识到作者资源的重要性。为了发掘更多的优秀作者，年事已高的王勉思不辞辛苦，常带领编辑们到各地出差调研。当时出差别说住宾馆，有时连饭也吃不上，只能啃干粮，睡地下室、防空洞招待所或者老乡家里。为了拿到知名作家的稿子，王勉思跟编辑们有时就饿着肚子，坐在马路牙子上等，拿到手稿的兴奋足以让他们忘了疲累和饥饿。以那样的条件，湘少社在成立的第一年，就出版了88种新书，发行量达4200万册。

王勉思深知，专业过硬、眼光卓绝的优质编辑人才，是一个出版社繁荣发展的基石。为了提高社里编辑的专业技能，王勉思举办了少儿读物作者学习班，让编辑也参加听课。她亲自出马，邀请全国知名的儿童文学作家讲课。通过培训，作者提升了写作水准，编辑也越来越懂作品，甚至有些编辑后来成了专业儿童文学作家。

2024年1月18日，国际儿童读物联盟官网公布了2024年"国际安徒生奖"短名单，中国绘本画家蔡皋入选。蔡皋第一次代表中国参评"国际安徒生奖"，便一举入围短名单，向世界展现了中国绘本画家的高超水准。蔡皋曾经也是一名童书编辑，而发掘她的"伯乐"便是王勉思。

时间来到20世纪70年代，当时的蔡皋，还只是远在湖南株洲渌口镇的一名寂寂无名的乡村教师，与王勉思并没有任何交集。但热爱绘画的蔡皋在《小蜜蜂》上的投稿引起了王勉思的注意，求贤若渴的王勉思决定测试一下这个年轻人，于是请她到编辑室现场画一幅画。蔡皋出色地完成了《万岁，中国共产党》（后来它成为1974年《红领巾》杂志的封底图，还被湖南电视台用作少儿节目的题图），这幅画当即让王勉思认可了蔡皋的才华，并下定决心，要将她招募到湘少社旗下。将蔡皋调来湘少社的事并不顺利，遇到了层层阻碍，但王勉思认准了蔡皋，不肯放弃。她煞费苦心，从学校到镇里，再到教育部门，到省委，一层层做工作，前后历时四年。有人劝王勉思，蔡皋不过是个师范生，学历不高，又是搞艺术的，没必要这么大费周章。王勉思说："你错了，不能以单一的标准去判断人才，湘少社的发展离不开多元的人才，应该唯才是举，不应自设门槛、故步自封，要有格局和远见。等着看吧，

王勉思参加蔡皋在北京的画展

黄沙不掩金，未来的舞台一定是他们的。而我要做的，就是勿使宝玉蒙尘。"1982年底，赶在年关之前，王勉思终于办妥了蔡皋的调动手续。当天，王勉思亲自带着蔡皋一个一个办公室地去跟大家打招呼，逢人便说："这是画家蔡皋。"蔡皋也不负王勉思厚望，1996年获评全国优秀中青年编辑，累计创作儿童图画书40多本，是中国第一位获得布拉迪斯拉发国际插画双年展（BIB）"金苹果奖"的画家。

除了蔡皋，陈栋、郑小娟、张卫、肖存玉等也都曾得益于王勉思的鼓励和扶持，他们后来都成为湖南省乃至全国知名的画家或作家。杨福音曾说："我从没想到我的爱人肖存玉会拿起笔来写作，而且成了如今的儿童文学作家……"肖存玉的创作生涯，就是受到了王勉思的鼓励而开启的。杨福音说："当时湖南少年儿童出版社的社长王勉思老太太大会小会表扬存玉，说她不鸣则已，处女作就拿了大奖，以后一定会大有作为。"

王勉思时时叮嘱大家"尊重作者，关心作者""团结较广的作者队伍""保证高质量的稿源"。她深知人才是湘少社未来成功的关键，坚信优秀的出版成果离不开背后团队的智慧与努力。在外，她四处寻觅人才，眼光独到，不拘一格，为湘少社储备了丰富的编辑人才；在内，她打造积极、创新、充满活力的工作环境，吸引并留住优秀的编辑人才。她不仅重视人才的专业能力，更关注他们的潜力与热情，及时回应和肯定他们的创见。无论是文学编辑还是美术编辑，无论是有资历的老前辈还是刚毕业的大学生，王勉思都一视同仁，总是鼓励大家多发表意见，哪怕有时意见不一致也能让大家互相包容。老湘少人都说从未见过王勉思发火，她总是温声细语，鼓励着、劝慰着大家。

1985年夏日的某一天，参加工作不久的张天明还没下班，坐在办公桌前正揣摩着自己刚写的诗句。王勉思从门前路过，看到了这个主

1974年《红领巾》杂志封底图

蔡皋为《红领巾》杂志所作的封面

动加班的年轻人，忍不住进来关心询问他的工作和生活。当王勉思看到张天明桌上的诗句，不由得连声称赞，想为这个"小诗人"寻求一个结交名家、拓宽资源的机会，便说："过几天，我们给海迪过生日，你是'诗人'，写一首诗到现场朗诵吧。"就这么一个机缘，张天明结识了大名鼎鼎的张海迪。两个同龄人本就容易聊得来，张天明给张海迪写的那首诗，"历史的厄运曾同样沉重。不，你的厄运更是双重，思想和肉体都被紧紧捆绑。生命有如地下水，曲曲折折地穿行……"20多年后，张海迪仍然记忆犹新。在2009年4月湘少社举办的一次活动上，嘉宾张海迪与时任湖南出版集团总经理、担任活动主持人的张天明谈起这首诗，两人都热泪盈眶，心中感念他们亲爱的"老太太"王勉思，正是她的引荐，才会有这段以文相交的情谊。

就这样，王勉思勤勤恳恳地为湘少社培养了一批新作者，广泛联系了一批知名作家，出了一批好书，也组建和锻炼了一支有干劲、有才能、有经验的编辑队伍，为湘少社的发展奠定了坚实的基础。

春耕人不倦，总有秋华万里来相谢。王勉思曾鼓励后辈同事们说："那些不计名利，献身少儿出版事业的同志，是永远受到人们尊敬的。"她自己就是这样一位热爱少儿出版事业，不计名利全身心奉献的出版人，是湖南少儿出版的拓荒者，是湘少人心中永远的"老太太"。

李全安

少壮功夫老始成

执笔人——**杨蕙萌**

李全安

  20世纪80年代初期,在社会处于文化饥渴之时,湖南人民出版社品质极高的《散文译丛》适时地走进了人们的视野,它将一本本或经典有名或小众冷门的外国散文精品推到大众面前,获得如潮好评。其中,卢梭的散文集《一个孤独的散步者的遐想》取得口碑与市场效益双丰收,累计印数近30万册。一直关注这套丛书进展的萧乾先生感叹道:"没想到散文比小说还吃香。"《散文译丛》的主编,是一名50余岁才踏入出版行业的"新人"编辑——李全安。他在入职第三年着手策划这套丛书,于第五年推出并大获成功。博观而约取,厚积而薄发,《散文译丛》成功的背后,是李全安一辈子的积淀。

翻译之心的萌芽

1926年8月，此时的中国正处于混乱与动荡之中，各地军阀混战，战火连绵。而在此间某一个稍显安宁的角落——湖南省株洲市茶陵县，李全安出生了。因其出生地在茶陵郊外的云阳山，故得乳名"云生"。

连天炮火之下，李家先从茶陵迁往祖籍地汉寿，不久又回到攸县，遥遥走过小半个湖南。颠沛流离之间，李全安对儿时的记忆只剩下清贫的家境和吃不饱的一日三餐。

物质的匮乏无法阻止李家对精神丰盈的追求，孩子仍在父母的支持下出入学堂。李全安在学校的课余生活中、在与朋友的交往中，踏入了文学世界的大门，《西游记》《七侠五义》《鲁滨逊漂流记》……林林总总的书籍，在少年李全安的心中铺陈出仿若万花筒般绚烂的色彩。

啃书结出了果实，李全安考上了长沙的雅礼中学。为了能准时到校上课，李全安的父亲穿着草鞋，担着铺盖、生活用品，带着李全安，四天步行190公里赶到长沙城内，按时到校报到。

"雅礼"二字即"子所雅言，诗书执礼"之意。雅礼中学诞生于1910年，由雅礼协会创办于雅礼大学的校园内，是部分耶鲁大学毕业校友"教育救国"理想的实践，即"培养中国人自己来教中国人"。我国著名哲学家金岳霖、化学家曾昭抡等人都曾求学于此。

在20世纪上半叶的中国，雅礼中学一直是新式教育的践行者，而且老师都是英语授课。李全安为学英语想了不少办法。要扩大词汇量，得反复写、记单词，但李全安没有余钱买纸笔，就用树枝在田径场的沙地上千百次地写，反反复复地记，他戏称这为"沙婆子英语"（"沙婆子"是方言词，即沙子）。这样的努力确实有效，李全安的词汇量猛增，而且记得很牢固。1986年他在 China Dail（《中国日报》）全英文介绍张家界（国内首次）的文章，还是得益于他的"沙婆子英语"。少年时期下功夫苦学的英语，在几十年后编《散文译丛》时用上了，冥冥中好像上天早有安排。

从雅礼中学毕业后，李全安考上湘雅医学院（今中南大学湘雅医学院）。尽管学医压力很大，但他并未放松对语言的学习和训练。大学一年级时，李全安偶然在图书馆发现了一篇研究疟疾的外国论文，想到当时中国疟疾肆虐、民不聊生的现实，他决定将这篇文章翻译成中文，为医生救治病人，也为同胞了解疟疾的防治提供帮助。经几番打磨，这篇医学论文译稿最终在1946年冬发表于长沙的《中央日报》上，署名"兰道尔夫"——这是李全安在雅礼中学读书时使用的英文名。

一次偶然的机会，李全安在图书馆听到同学们对这篇文章的赞赏，他们以为"兰道尔夫"是一位不知名的"美国教授"。李全安大受鼓舞，翻译的种子，或许在此刻就已被播下，静待发芽生长的时机。

人生如逆旅。在此后的几十年中，李全安虽历经波折却未改初衷。他曾在部队从事新闻和文艺工作，后转业至湘阴县文化馆。为了保持英语词汇量不萎缩，他一直坚持用英文写日记，"文化大革命"期间这本日记落在了不懂英文的造反派手里，被说成是"密电码"，成了抓捕他的罪证之一。"文化大革命"结束后，50多岁的李全安调到湖南人民出版社工作，自此踏入出版行业，开启了迟来的人生辉煌。

50余岁的"新人"编辑

1981年，李全安来到省城长沙，进入湖南人民出版社译文读物编辑室（以下简称译文室）工作。此时的出版行业正值改革开放大环境下的繁荣期，译文室也在这股蓬勃发展的浪潮之中迅速壮大。

相比于其他毕业即入行的同龄同事而言，李全安迟到了几乎半辈子。为了尽快适应新的职业，他在日常工作之余抓紧一切时间和机会学习，以求尽快掌握业内译介外国文学作品的情况，加深对外国文学作品和作家的认识。好在李全安在部队时，曾在解放军政干校的《教学导报》杂志担任过编辑，尽管图书编辑和杂志编辑有区别，但也不乏共通之处，比如对文稿的文字、语言、结构、编排的把握是一致的。这些经验和他多年修炼的外文功底一起，即将成就作为编辑的李全安。

当时，湖南人民出版社译文室决定推出两套高品质丛书，一套是《诗苑译林》，由杨德豫负责，另一套就是《散文译丛》，由李全安负责。最初，"散文译丛"这个选题并不被看好，领导有诸多忧虑。一是担心散文并不如小说般为当时的读者所热衷；二是外国散文极其依赖译文好坏，差之毫厘便失之千里，散文的优秀翻译者少之又少，寻访这些译者更是耗心费力。然而，李全安力争，出版社也对这套书寄予厚望，期待它和《诗苑译林》一样，成为一块在出版业叫得响的名牌。其时，出版业欣欣向荣，图书市场蓬勃发展，然而高品质的好书依然不多，出版社在保证社会效益的同时，还要忧心经济效益，李全安接下了《散文译丛》责编的担子，就接下了遴选好的作品、找到合适的译者、打磨优秀的译本等重担。

正是因为缺乏十分的把握，李全安一想起后续的具体工作，就有点犯怵，但他仍说："我一个半百之人，闯荡过文坛，阅历过世事，无端的怕是犯不着的，再说怕也不解决问题。一大堆未知数摆在眼前全成了三岔口也罢，我还得越雷池，去走南，去闯北。没有三头六臂，更谈不上驾轻就熟，我明白，成功与否，在乎是否努力。我是一个努力惯了的人。"

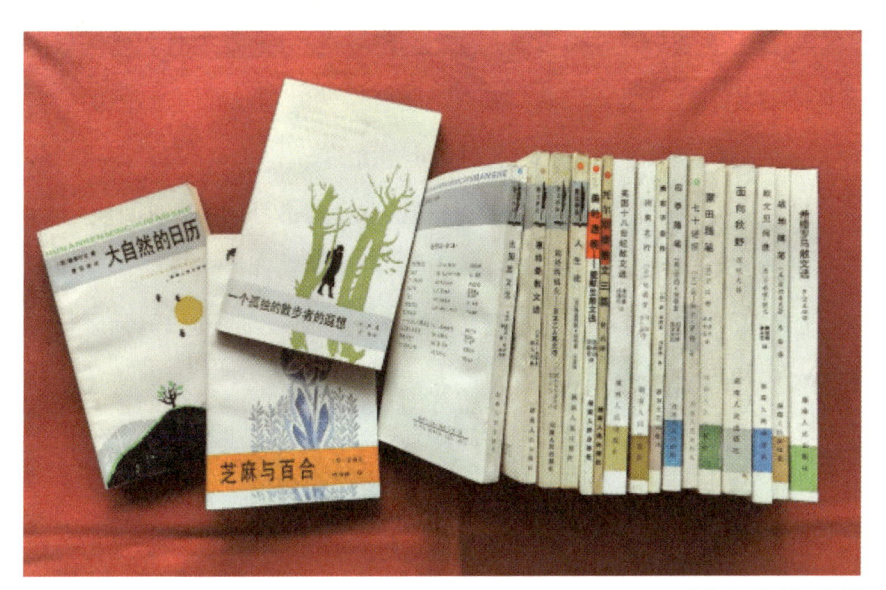

《散文译丛》书影

经过一番梳理，在他看来，《散文译丛》这一套丛书首先要依靠优质译本打响名声、立起品牌，要以"名著"选题带起偏门选题的热度。为此，他遍访专家学者，听取意见，走过北京、上海、天津、南京、武汉、广州等城市。先罗列出一个有待论证取舍的书目，再加以调整充实，从零散的几本，到暂定六辑的初步规模，终是名篇搜尽。

但是，选本是有了，又要请谁来翻译呢？于是，李全安开启了寻找合适译者的"南征北伐"。

在此之前，李全安曾接触过几位文学名家，如冯雪峰。冯雪峰出生于浙江，曾与鲁迅联名发表《上海文化界告世界书》，还曾于1951年任人民文学出版社社长兼总编辑。李全安与他的人生交集在于，冯雪峰在湖南踏勘太平天国水师进军路线图时，李全安专程陪同。然而，李全安这次为译者一事专程去北京拜访时，冯雪峰已经过世。

滴水穿石，并非力量大，而是功夫深。李全安奔走塞北，闯荡江南，牵着良驹找骑手，拿着选题寻译者。好在文学的世界广袤而开阔，一路总能遇见志趣相投的同行者。他曾在回忆文章中写道：

> 徐迟同志还给我来信，愿将旧译《托尔斯泰散文选》交湖南列入译丛；冯至也表示他的得奖作品《哈尔茨山游记》中译本交给译丛；诗人毕朔望认为当代外国散文不可忽略，便主动承译美国当代著名作家E.B.怀特的散文选；女翻译家石素真同志为了将泰戈尔的散文奉献给读者，一再审校译稿，非要精益求精不可；与鲁迅同时代的老前辈、浙江文联主席黄源同志也表示他一定要将旧译日本岛崎藤村的《千曲川旅情之歌》再次加工。

其他作品也在兜兜转转间找到了译者：柳鸣九认译雨果的《莱茵河》；

李全安（左）拜访作者徐迟

李全安（左）与萧乾合影

冯亦代认译《一个作家给编辑的信》；王佐良认译《英国十七世纪散文选》；俞亢咏认译《毛姆随想录》；罗丹霞认译《五十个怪人》……

有赖于这些翻译大家的鼎力协助，《散文译丛》得以顺利启动，而丛书最终能于1985年出版，还绕不开一位文坛名人，那就是萧乾先生。

萧乾曾任《大公报》记者，在第二次世界大战期间被派驻伦敦进行战地报道，而后潜心文学创作和翻译，后任人民文学出版社顾问。在一本不为世人熟知的小书中，李全安借旁人之口，叙说了自己与萧乾见面的故事：

北京地铁的站名他不熟悉。车到复兴门站，他也没问就下车出站了。长安路上从复兴门到复兴门大街，再到复兴门外大街，一路问去，足足走了三站路才到燕京饭店，绕到后面才找着那几栋并不起眼的住宅楼群。……门上赫然在目的一片纸条："约稿免开尊口，一般来访谢绝。"

⋯⋯⋯⋯⋯

他寻思：不要怕吃闭门羹，不要担心被轰了出来，误了大事才是最可怕的。

⋯⋯⋯⋯⋯

嘿！门开了。萧乾的夫人文洁若女士来开门，见是远道从湖南来的，出于礼貌"请进"了门，将李全安延入萧的斗室，萧放下手中的文字活来接待客人。……李全安边往里走边说了自己的身份，交代了来意。没想到"湖南人民出版社"的牌子还好打，这家出版社在萧老心目中有着一席之地，说湖南出了不少好书，笑盈盈地请李全安坐。

经过细致深入的交流，萧乾高度肯定了做《散文译丛》的价值，并向李全安介绍自己熟悉的合适的译者，将他们的姓名、单位、地址抄写给他。

　　因为这一次的交往,李全安和萧乾建立了深厚的友情,书信往来日多。尽管李全安小萧乾近20岁,两人却如久未谋面的旧友一般交流各自境况。在往后的日子里,李全安从未忘将《散文译丛》的最新消息函告萧乾。李全安退休从事创作之后,仍会将自己所写的书稿寄送一份给萧乾,比如《左宗棠》和《文学翻译275问》。收到《文学翻译275问》一稿时萧乾已病重卧床,仍坚持把《文学翻译275问》的清样看完,并为之作序。

　　1999年2月,73岁的李全安因病住院。他本想着等病好后再次去北京看望萧乾,没想到就在这个月的11日,萧乾溘然长逝。

磨出散文中的名品

　　《散文译丛》问世后,凭借优质的译文和隽永的哲理,成为书店柜架上的常销书,很多喜爱它的年轻读者都入手了,《散文译丛》的影响不断地推波向远。第一辑中的《面向秋野》《芝麻与百合》等10种图书多次再版。1986年9月,卢梭的散文集《一个孤独的散步者的遐想》在"上海青年最喜爱的十本书"的评选中,以远超第二名的票数,高居榜首,单本印数竟高达30万册。

　　《散文译丛》是一束随时代浪潮翻涌而上的浪花。20世纪80年代的中国正值改革开放的浪潮初涌,文化上的禁锢被打破,中西方文化的交流碰撞蔚为壮观,出版界更是担起了文化事业发展与繁荣的重任。李全安说,实行对外开放对内搞活的政策,就需要引进国外有益的文化艺术作品,为群众提供优质的精神食粮,也助益社会主义精神文明建设。

　　枫叶不是一天变红的。《散文译丛》的成功是时代之力,也是李全安之功，是他耗费心血浇灌出来的果。李全安后来撰文回忆，自从"1983年开始酝酿这套丛书，一种填补空白的开拓者的乐趣就一直充盈着我"。

李全安是他人眼中的"字痴"，萧乾曾说，"文字工作者只要有纸有笔有张台子，到哪儿都能照常干活"，李全安便是如此。他打磨文本、琢磨细节极其认真，有一本非洲散文译稿中，译者将"three moons"译成"三个月亮"，李全安看出有问题，但一时拿不准该如何译才准确。他查阅了许多资料，力图尽可能充分地了解非洲民族的文化背景和语言习惯，然后反反复复推敲，终于确定了一个准确的译法：三个晚上。为了这四个字，李全安花费的时间远不止三个晚上。

何新波曾在《用心血酿成的蜜——访〈散文译丛〉责任编辑李全安》一文中记载，《散文译丛》这一选题于1983年被提出后，李全安便开始了细致的调研，他参加在北京外国语学院、广州外国语学院等高校举行的座谈，走访书店，拜会专家，就丛书的整体设计、体例、篇目等问题，磋磨了近两年。

为了拜访译者和专家，年近60岁的李全安经常长距离地奔波，有时买不到卧铺票，只能坐硬座。但他觉得这一切的辛苦不算什么："所有这些都是我的甘甜呀。瞧，我心目中认为应该有的东南亚地区散文有了，英国作家詹姆斯·鲍斯韦尔写文坛大师约翰逊博士的《起居言行录》也找着了，西班牙Larra的著名散文也进入了计划，德国作家黑塞的名篇也收进了选题……我哪能不忘记旅途的百般辛苦而喜上眉梢呢？"山高路远，唯有咬定青山可登临。世事虽难，却也简单。

比起相对热闹的小说世界，散文的世界往往缺乏情节，略显清冷。然而出乎李全安和同事们意料的是，"读书界爱煞了《希腊罗马散文选》、《面向秋野》、《战地随笔》和《一个孤独的散步者的遐想》等一大批书。书问世后，畅销、售缺、索书的信函如雪片飞来，报刊上文坛名流撰文

李全安在出差途中

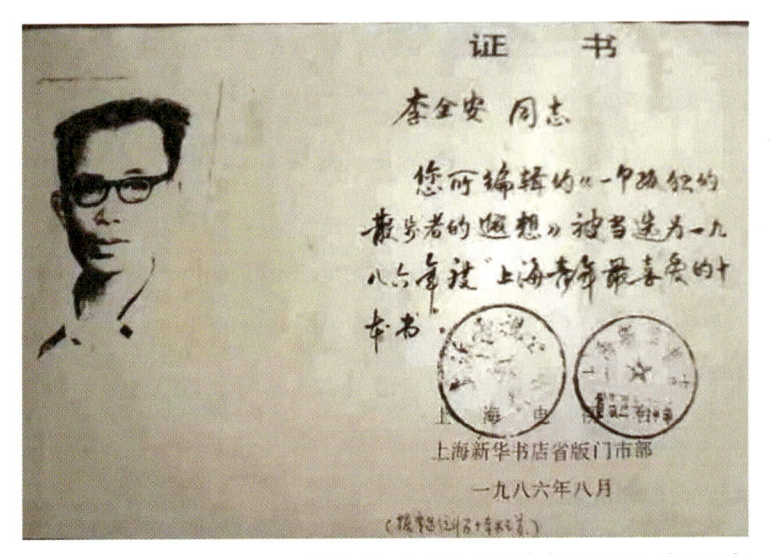

图书《一个孤独的散步者的遐想》获奖证书

立论"。

萧乾更是在《长沙出版界四骑士》一文中言及——

常有青年记者问我新闻工作者为了提高文学修养，应读些什么书。提高文学修养不同于病人吃药，不能吃单味的丸散膏丹，必须广泛而有系统地涉猎。然而像这套丛书里的《战地随笔》斯坦贝克和《大自然的日历》普里什文都完全可以打进旅行记者的行囊里。

当然，梁宗岱与黄建华译的《蒙田随笔》，正如英国十八世纪的斯威夫特、艾迪生、吉朋的散文以及曾经深为先辈叶圣陶所赞赏的《欧洲见闻录》，都是散文宝库中的名品。写评论的朋友最好读读拉斯金的《芝麻与百合》，看看那用优美散文写评论的典范。从吉辛的《四季随笔》足以看到一个贫困潦倒、陷入绝境的英国文人悲惨的一生。

这正是对《散文译丛》出版意义的最高评价——成为行文之典范。

丛书中最受欢迎的《一个孤独的散步者的遐想》一书，原版于1782年出版，是法国作家卢梭以"散步"为题写下的散文集。当时，译者张驰还只是一名研究生，在交第一稿之后，李全安觉得还稍欠火候，译文与卢梭那种追求自然的语言风格还有距离，于是与张驰一次又一次沟通，提出修改意见，张驰也反复推敲，数易其稿，终臻化境。

自担任这套丛书的责编以来，李全安频繁往来于译者和学者之间，跟他们碰面于北京四合院、高校教学楼，或者陪伴译者走那一小段早上出门买菜的路。译丛的作者除了诸如《草叶集》研究专家赵萝蕤、著名学者贾植芳等名人外，还有许多新人。或许他们在当时还并未那么有名，但已如小荷才露尖尖角般显露天赋。年龄最小的郭小专，当时未满二十，已成功地翻译了毛姆的一篇短文。对所有译者，不论是著名教授，还是初出茅庐的青年，李全安都真诚地与之交往，平等地讨论译文。

就像湖中投石激起层层涟漪，围绕《散文译丛》形成了一个又一个外国文学翻译的小圈，而李全安就是那颗投往湖心的石子。

对李全安来说，责任编辑是一本书的负责人，也是一本书的"第一读者"。他作为《散文译丛》的"第一读者"，自然担当起了把握语言风格、判断译稿优劣、决定是否删改的重要责任。

凭他事译几十年的经验，一流译者和一流译作之间并不能简单地等同。所以，为了让每一个译者都有一个明确的质量概念，且便于与译者有效沟通并记录这套书的出版情况，李全安自发定期编写《〈散文译丛〉通讯》（以下简称《通讯》）。

《通讯》类似于简报，最开始只有两三张纸，简要概述《散文译丛》进展情况以及李全安认为需要与译者们沟通的一些问题。他编发《通讯》的目的有三：一是交流译丛的进展情况；二是勉励译者精益求精，拿出一流的译稿来；三是报道问世图书的社会反响和评论，以鼓励众译者。

尽管《通讯》只有两三张纸，但是采写、刻钢板、油印、寄发都由李全安一个人完成，工作量不小，成效也颇为明显。一位译者曾说，比起自己手上的这本稿子，他更关心这个大集体的每一项成就。有译者去世了，《通讯》还会发布讣告以示悼念。每个身处《散文译丛》译者圈的人，都以《通讯》为中心，紧紧相依，随时向李全安提供更多信息。在这个圈子内，译者之间互相作序、释疑答难，一个有模有样的"译者集体"逐渐成形。久而久之，李全安与译者们结下了深厚的情谊，偶至译者所在的城市讲学，他总会安排时间登门拜访，或畅聊，或同游。

著名诗人、曾任中国散文诗学会会长的郭风评价《散文译丛》"为中国散文文坛开创了新的局面，功莫大焉"。作为工作上用了心的编辑，得到这样的褒奖，自是无比满足。

李全安在大学讲授翻译课

离休后的李全安

60余袋"废纸"

1988年，62岁的李全安在岗位上多待了两年之后离休。和他一起离开的，还有60余袋编辑档案。他曾开玩笑说，收破烂的来这里估一下，或许会直接说出"50斤，给你四元"。

这些编辑档案是李全安平时的工作记录和改稿手记，这是他在部队工作时就养成的习惯。李全安认为，每一个人的生活圈子都是有限的，所拥有的知识也是有限的，无论在工作还是生活中，都应该随时留意吸纳新信息、新知识，不断扩大自己的知识面。以编辑为业的人，更是随时会在书稿中遇到不懂的知识、不知如何处理的文字问题，李全安的做法是，自己先理清这些难题，再反馈给译者，而在处理这些问题时，编辑思路不能断，所以他逐渐养成了看稿时准备一张纸随时记录的习惯，既在上面抄写优秀译文供以后借鉴，又在上面标记译稿稍显欠缺之处。每当处理完一部书稿后，总会有那么几张甚至几十张笔记，他将这些笔记放进一个大信封中，在上面标明是某书"阅读档"。李全安回忆道，"我是搞外国文学的，仅以编发的书稿中发现误译记下来的资料为例，我就收集了约3000个句例，近50万字。我记下原文、误译，再加上正译，日积月累，便蔚为大观"。

不到10年的工作，产出60余袋"废纸"。李全安不知如何处理，但想着或许有用，就还是留在了家里。离休之后的李全安还是像在出版社上班那样，每天早起在家里整理这些记录，提炼其中精华之处。在武汉的一次文学翻译研讨会上，李全安无意中透露出自己那些"废纸"的故事，一位河南人民出版社的编辑向李全安发出邀约，希望将它们整理成可供翻阅借鉴的"翻译宝典"，这就是20世纪90年代问世的《文学翻译275问》。

在病床上的萧乾了解到老朋友李全安即将出版这一浓缩数年出版经验的图书，将清样看过后，自荐写序。同为翻译大家的文洁若也为此书撰写序言，题为《谈谈文学翻译》，刊载在1990年2月18日的《光明日报》上。其中一段写道：

读完《文学翻译275问》之后，作者给我留下了两点印象：一、虚怀若谷。作者在谈翻译理论时，不急于建立自己的理论体系，却着重介绍各家的观点（见第83—85问），并引导读此书的人进行冷静的思考。同一段原文，各家译法不同时，作者也尽量指出各家优点，不轻下结论。总之，全书许多地方都更趋向于引导读者去辨识思考。二、诲人不倦。正因为此书来自多年的实践，作者就文学翻译可能遇到的问题，从正文到注释以至标点符号，都尽量介绍了经验。书中既引用了不少妙译的例子，也包括很多习见的误译和病句。作者一再告诫年轻的译者不可单靠字典，要反复推敲。

中国社会科学院外国文学研究所主办的《世界文学》杂志的主编李文俊在读了这本书后告诉李全安，自己要是早点看到这本书，会少走点弯路。除了《文学翻译275问》，李全安也多次在不同场合交流自己的翻译观，以求更好地与各地从事翻译的同人互相促进。他还在权威杂志《中国翻译》上陆陆续续发表译事见地达30年，足见他的坚守和精进。

1992年3月，李全安在北京文学翻译评论研讨会上发言，题为《翻译评论浅议》，就如何提高文学翻译水平提出两点看法，即"一实践，二批评（检验实践）"。关于批评，他认为，编辑对译稿不仅"要批评"，还"要正确地批评"，这既是对译者负责的表现，也是对整本书负责的表现。除此之外,从事这样一份时刻与人沟通的工作,编辑除了在评论选题、译文质量上坚持标准,更应学会"如何批评",即如何提出更容易被译者接受的"批评"。而作为译者,要"正确地对待正确的批评",吸取经验;同样"正确地对待欠正确的批评",怀包容之心。

直译还是意译,这是翻译界争论不休的问题,对此,李全安也有一番巧妙的见解。他曾用简洁的语言阐述了直译和意译的本质,即直译是"主张多一点欧化",非"死译",而意译则是"多一点汉化",也非"歪译"。这两者同等重要,是翻译工作中一种基本手段的两个方面。此两者的运用更是互相流动的,要根据语境和时代的变化而变化。他曾举过一个例子:高速公路诞生之前,"free way"只是指城市街道或公路上的"快车道";20世纪60年代之后,"free way"演变成了"高速公路"。李全安时常引用瞿秋白的一句话,"语言的欧化是可以的,是需要的,只是这种欧化必须在字法、句法上合乎汉语自身的规律"。他还主张直译和意译都应当"依实出华",这句话出自南北朝翻译佛经的先行者鸠摩罗什,在这位译经师的译事原则中,就有"存其本旨,依实出华,曲从方言,趣不乖本"。

李全安十分推崇当代名家如赵树理、李准等人的语言风格,他也力求自己的文字朗朗上口,用生活化的语言表达一些深刻的道理。他的巨制《左宗棠》就是这样的文字风格。阅读他的文字,好像是在与一个老朋友聊天,很是轻松愉悦。

直到自己说出"我老了"

积土成山。在离休后的10年里,李全安写了长篇历史小说《左宗棠》和《郭嵩焘》,得到了萧乾和冯亦代的夸赞。李全安的准备其实是从20

世纪60年代开始的,他利用在左宗棠家乡湘阴工作的机会,于整理县志、普查文物之余,利用各种史料来研究左宗棠。只要闻听涉及左宗棠的信息,他就全身心投入考察、挖掘以至"无漏",在左宗棠故里采集的来自民间的宝贵资料更是无数。通过几十年的研究,李全安对左宗棠的了解已经比较充分了。凭借这些整合之后的资料,他开始在一些文学刊物上系统性地发表关于左宗棠的文章。离开工作岗位后,李全安开始更全面地整理资料,并在离休次年撰写出90万字的长篇历史小说《左宗棠》。小说出版后,搬运《左》书一时成为鼎盛时期的黄泥街的街景。

不仅如此,李全安还翻译出版了《俄国末代沙皇》《天涯历险记》《一个被追捕了四十年的战俘》等百万字的外国小说。这些书的原版来自一个国际图书交换中心——IBP(International Book Project),这是一个爱书人的聚集之地,在成为其会员之后,李全安积极地与平台上的各国同好者交流,获寄不少好书,其中不乏文学经典。几年时间下来,这些漂洋过海而来的图书累积到了近百本,竟然占据了小半个书架。

除了著书和翻译之外,李全安也活跃在各高校的讲台上。有时是分享《文学翻译275问》中的翻译技巧和重点,有时是分享《左宗棠》创作背后的故事。尽管年事已高,但他仍如学生时期那般,对世界和未知充满好奇和热情。

71岁那年,李全安写了一篇文章《我什么时候老》,文中写道:"老与不老,既决定于老人的养生之道,也决定于他的心态,也许我80岁仍能站(当然是坐着)上大学的讲台,在台球城里传出更多佳话,在爬格子的队伍里仍然有我这个白发苍苍的老者,我会一直这样做,直到我说:'我老了。'"

曹先捷

老骥追光阴，奋蹄勇争先

执笔人——夏克军　姚雅馨

曹先捷

历史长河，滚滚向前，个人命运在这样磅礴的浪涛中总显得十分渺小。曹先捷从一名"旧社会过来的知识分子"到一位遍访湘西、亲历湘西人民新时代的随军记者，到浏阳县城一名"把头发白在教育岗位上"的朴实教师，再到一位老骥伏枥、发奋立言的出版社编辑，他走过的82年人生路，有山河破碎、身世浮沉雨打萍，有风华正茂、激扬文字访湘西，亦有怅惘前途、路修远以多艰，更有老当益壮、而今迈步从头越。何以做到宠辱偕忘，毁誉不惊，一心眼前案头事，不闻窗外风雨声？答曰：朝亦是，晚亦是，颠沛流离亦是。

"旧社会过来的知识分子"，
成了湘西土家族苗族自治州的 001 号记者

曹先捷在自己的入党志愿书中自陈："我是一个从旧社会过来的知识分子。"1928年4月1日，曹先捷出生于河南省信阳市固始县，在家族"承、先、启、后、继、往、开、来"的字辈中为"先"字辈，取捷足先登之意，便有了"曹先捷"这个名字。

曹先捷出生时局势动荡，家中生活并不顺遂。早在三年前，他的父亲曹鼎三（曹父姓名为家中特例，因其出生时头顶有三个发旋而得名，并未按照字辈取名）前往浙江的长兴煤矿做了会计科簿记员，维持家中生计。几年后，曹鼎三陆续将家人迁去浙江，一家人始得团聚。生活虽仍然清贫，好在温饱尚足。

随着抗战爆发，长兴沦陷。日军占据长兴煤矿，矿场老板无奈将其关停，员工全体失业，大批人无家可归，只好留在矿场内勉强度日。万幸的是，矿场没有断供水电，他们不至于流落街头。曹鼎三没有了工作，战争又切断了与老家的联系，曹先捷一家的日子日渐艰难。曹鼎三是家中独子，从小养得娇气，劫难来临，便委顿下来。年幼的曹先捷不得不早早承担起家中诸多事务，甚至包括不少本应由父亲做的事。曹先捷吃苦耐劳、独立自主的性格可能就是从那时起养成的。起初，不到十岁的曹先捷还能每日牵着五岁的二弟曹先擢在外拾煤砟子、捡废铁卖几个钱糊口，时间长了，可拾的东西少了，生活难以为继，二弟被送往桐庐县一所难童教养院。曹先捷小小年纪便经受了兄弟离散的痛苦。

曹先捷记忆中的童年并不总是艰辛和贫困的，于他而言，精神的富足反而更令其切切在心。与两位可谓"传奇"的爷爷相处的经历，如鸿爪雪泥，既点缀了儿时回忆，也对他此后数十年的为人处世、待人接物产生了巨大影响。

曹先捷的亲爷爷生性热爱自由、不受拘束，常年在外游历，没钱时靠打工、代写书信和对联挣些盘缠，钱挣得差不多再去下一个地方，最远曾到过俄罗斯，极为潇洒。这样特殊的经历使他见多识广，眼界开阔。抗日战争时期，他工作的上海杨浦纱厂被日军炸毁，失业的他索性到了浙江儿子家。儿子家虽有固定居所，但亦不宽敞，年幼的曹先捷便被安排与这位素未谋面的爷爷睡同一张小床。短短一个月，爷爷教他唱京戏，与他谈古说今，聊沿途见闻，曹先捷得以从爷爷的讲述中遍访名山大川、了解各地风土人情。一个月后，爷爷再次潇洒离去，此后杳无音信。这段经历被曹先捷珍藏于脑海，对他影响甚深。

另一位爷爷是曹先捷亲爷爷的六堂弟，曹先捷称其为六爷。六爷是个传统文人，四书五经烂熟于心，但小时候从未接触过数学，甚至连阿拉伯数字都是在染坊里学的。就是以这样的基础，六爷发奋钻研数学，20世纪三四十年代成为安徽大学的数学教授。亲友对其经历感到不可思议，问他是如何做到的，他答："朝亦是，晚亦是，颠沛流离亦是。"这句话被年幼的曹先捷记下并践行终生，同样也成了他教育儿女的家训。

曹先捷少年时勤学好问、刻苦认真，不到12岁便考取浙西一中。该中学位于距离长兴煤矿300里的天目山中，路途遥远，且途中有日军的封锁线。但求学心切的曹先捷不曾退缩。

1944年，曹先捷猝然失去了母亲。同年，长兴煤矿彻底倒闭，父亲患上肺病，全家只好先迁回原籍河南固始县。曹先捷在动荡中继续求学，考上了安徽六中，并且位列新生录取名单第一位。1947年，曹先捷考入南京政治大学新闻系，向着自己文字工作者的职业梦想跨进了一步，他心里还希冀着以后能考入清华大学。但就在这年7月，解放战争形势发生重大变化。当时，地下党组织成员靳彦俊由中原局组织部委派到合肥开展地下工作，在此期间通过曹先捷的高中学弟黄岗将曹先捷发展为参与地下工作的进步学生。在对时局的不断讨论中，曹先捷的理想信念和革命信心日益坚定，毅然接受了为党争取青年学生的工作任务。一年时间，他在南京政治大学孝陵卫分校参与开展了"反军训、反训导、反迁校"的学生运动，并冒着极大风险，通过谈话和传播进步书刊的方式发展了五名学生。1948年9月，靳彦俊接到上级指示，将华东地区一部分同志调回武汉，另一部分送往解放区中原大学学习，曹先捷便在前往中原大学之列。

中原大学以培养中原解放区各项建设人才为办学宗旨，修业期限从四个月到一年不等。学生学习期满考试合格后，便可经介绍正式加入解放区的各项对口专业工作。曹先捷仅用五个月便顺利完成学业，成为中原大学文工团团员，随军一路南下经武汉再至湖南，任长沙市军管会文教接管处干部，并加入中国新民主主义青年团。

1949年10月，21岁的曹先捷，以《新湖南报》编辑部001号记者的身份深入湘西土家族苗族自治州（以下简称湘西），报道湘西剿匪、农村土改和合作化运动等一系列事件。首席记者的身份既是组织对曹先捷能力与胆魄的肯定，亦被他个人视为值得骄傲的荣光。五年时间，他随着解放军战士几乎走遍了湘西的每一寸土地。采访途中充满危险，有时甚至会碰上土匪放冷枪。湘西工作的五年深深刻在了曹先捷的记忆里，以至于2003年当他见到在湖南大学建筑与规划学院任教的长子曹麻茹拍摄的花垣县白岩村苗族民居时，一眼便认出那是自己1953年随军剿匪吃住了半个月的地方。

曹先捷回忆自己的这段工作经历时说："我的工作情绪还一向比较饱满，工作中注意逐步扩大报道面，并在一定程度上贯彻着'在群众工作的基础上进行报道'的工作方针"，"两年来，陆续报道了一些贯彻民族区域自治和国家工业化给少数民族带来的好处"。曹先捷撰写的通讯报道，内容广博，务实求真，文风生动活泼，引人入胜，充满了对湘西人民重获新生的喜悦和对未来的希冀。在《湘西苗族人民的新时代》这篇通讯中，为使读者更加深刻地感受苗族人民在中华人民共和国成立前受到的压迫，曹先捷从湘黔边境悲壮的乾嘉苗民起义切入，娓娓道来，顺着时间线讲述国民党反动派对苗族人民的迫害，还穿插当地顺口溜，如"十万谷子九万田，年年没有米过年""育儿是老蒋的（指抽壮丁），有牛是队长的（指土匪抢劫）"等，形象地展现当地人民生活之困苦与受压迫之深。随后笔锋一转，细细讲述湘西如何在中国共产党的领导下加入民族大解放的浪潮，改善了政治、经济、文化、生活等各方面的状况，实现了民族大团结。因为曹先捷撰写的通讯稿质量高、数量多，1954年4月，中南人民文学艺术出版社便以《湘西苗族人民的新时代》为题，为曹先捷出版了个人通讯集。

湘西的这段工作经历或可以看作曹先捷青年时期最为浓墨重彩的一笔，不仅仅是因为他在与湘西人民的相处和对湘西这片土地的深刻体察中实现了个人价值，以文字工作者的身份为祖国和民族的解放贡献了自己的力量，更是因为有了这段经历，他才收获了幸福的爱情与美满的家庭。在深入采访的过程中，年轻的曹先捷结识了一群同样年轻的苗族青年男女，其中便有在湘西土家族苗族自治州人民医院当护士的麻友三，她被曹先捷发展成为《新湖南报》的特

《湘西苗族人民的新时代》（中南人民文学艺术出版社1954年版）封面

曹先捷与妻子麻友三

约记者。两年后，这对苗汉青年牵手缔结百年之好，从此相濡以沫，相伴一生。两人长子曹麻茹的名字便是取自苗语，意为"善美"，饱含着这对年轻夫妻的殷切期望。

只是，一家人谁都没有料想到，他们随后的20年人生即将迎来重大转折。

把头发白在教育岗位上

1958年，曹先捷因为表现出色，被调到湖南省教育厅主办的《湖南教育》杂志社工作。但不久后，其高中时曾加入国民党学生组织的经历影响了他的职业轨迹。1960年，曹先捷先后被下放到零陵县阳明山国营农林垦殖场和涟源县桥头河公社，进行劳动锻炼和生产救灾。教育厅将下放的干部分为两批：一批支援钢铁，一批支援农业。曹先捷属于支援农业之列。下放劳动期间，由于工作强度极大，食物又相对匮乏（每月仅有19斤口粮），曹先捷承受着精神与肉体的双重挑战，且因为时常需要在雨天出工，他一度患上肺结核、肝炎和水肿。结束两年的下放劳动后，曹先捷被调去浏阳三中担任语文教员。

语文教员是曹先捷从未设想过的职业角色。当时，家人不在身边，且身上的疾病未愈，曹先捷独自一人在一个并不熟悉的地方，从事一份并不熟悉的工作，难免感到苦闷。但是在真正成为一名语文教员后，他在感受到教师之苦的同时，很快也感受到了教师之乐。仅仅工作一年后，他就很自豪地宣布："我要把头发白在为祖国培养社会主义接班人的光荣的教育工作岗位上。"这一坚持，便是20年。哪怕1982年返回长沙，担任湖南教育出版社编辑，曹先捷仍履行了自己当年的诺言。由他作为责任编辑出版的图书，无论是《陶行知全集》还是《世界著名学府》丛书，都为中国的教育事业作出了斐然的贡献。

对于如何成为一名"教好学生"的老师，此前只从事过记者和编辑工作的曹先捷是充满困惑与迷茫的。他不仅要尽快转变自己的职业思维，将钻研教授学生的方式方法摆在工作首位，还要在短时间内补足自己的知识缺漏，如一些汉语拼音和语法的正确用法，以及部分此前没有接触过的文言文等。曹先捷虽是半路出家，缺乏教学经验，而且学生们在学习语文过程中产生的问题又迭见杂出，亟待解决，但是他总安慰自己："只要肯多花功夫，笨媳妇也有可能绣出像样的花。"

曹先捷以这种干一行爱一行的心态迎难而上，采取了各种办法来提升自己的教学效果。如针对学生病句和错别字较多的情况，他一方面在课堂上加强词语的音形义教学和造句练习，另一方面还将学生们的高频错别字整理出来，在辅导刊上开辟"文章病院"栏目，加强他们的改错练习。在曹先捷采用这些教学方法一个学期后，全班47名学生写作文有34人没有出现错别字。与此同时，曹先捷也努力提升自己的教学能力。利用寒暑假和课余时间，他自学了《现代汉语》《现代汉语语法》《古汉语概述》《汉语拼音方案》，快速掌握了汉语拼音和汉语语法。虽然疾病消耗了曹先捷许多精力，但新的工作让他迸发出了旺盛的生命力。

前路如夜雨迷雾，曹先捷举一盏微弱油灯蹒跚前行，不免被裹挟入风雨之中。1969年，曹先捷再度因学生时期的经历被下放，在浏阳古港公社小港大队依靠干农活挣工分维持生计，日子过得十分清苦，但好在能与家人团聚。14岁的长子曹麻茹同父亲一起干农活，年幼的女儿曹晓晓在小港小学上学,妻子麻友三则在古港卫生院任护士,有一些微薄工资可补贴家用。曹先捷下放的小山村距离镇上极远,没法搭乘公共交通工具前往,煮饭所需的木柴更是要到几十公里外的深山中自行砍伐并扛回家中,往返便需要一整天,本就文弱的他常常尚未到家就已体力不支。年幼的女儿担心父亲,便和邻居家的孩子一起走数里地去接他。为了不使女儿担心,曹先捷硬是在体力透支的情况下,将一担担木柴挑回家。此外,村中还缺医少药,曹先捷不得不自学中药图谱。他利用下工后的时间认真钻研,不久后竟小有所成,家人或邻居生病时都可以稍解燃眉之急。

生活过得艰辛,曹先捷对儿女的教育却从未松懈。性格随和的曹先捷对儿女从不训斥打骂,而是言传身教。或许因为在教师岗位上积累了一定的经验,所以他在教育儿女时显得游刃有余。在曹晓晓幼年,曹先捷就将家中为数不多的英文童话书逐字逐句读给她听。女儿年纪尚小,并不识字,所以需要重复读很多遍,曹先捷也不急不恼。所以曹晓晓还没上小学便可以用英语整段背诵《木偶奇遇记》等童话。小山村书籍稀少,仅有的《毛泽东选集》和《毛主席诗词》也成了曹先捷的教材,他在自学的同时,带着女儿一同阅读。没多久,识字不多的孩子竟可以把毛泽东所有的诗词都背诵下来。

1974年,曹先捷终于获得平反。那个当年走遍湘西意气风发的青年如今已经眼尾生出皱纹,手中布满老茧。他又回到浏阳的高中,继续做一名人民教师,从46岁到54岁,这一干又是8年,真真正正实现了自己"把头发白在为祖国培养社会主义接班人的光荣的教育工作岗位上"的誓言。

不过,重新回到教师岗位的曹先捷从语文教员变成了英语教员。1962年,与曹先捷一同调到浏阳三中的还有一位外贸部的老翻译,英语水平很高，但因其难懂的浙江口音，教学效果不尽如人意。一次，曹先捷到这位浙江老乡的宿舍串门，随手翻了翻他的英文书并读出声来，老先生惊喜地发现曹先捷有熟练识读英语的能力，便向学校建议让他改教英语。曹先捷的语文课教得好，学生们的成绩都在稳步提升，一时半会儿不能放下手头的教学任务，于是学校便让他在主教语文的同时还兼教英语。

后来，曹先捷被调到浏阳高坪中学任教，新学校的领导索性不再让他当语文教员，而是改教英语。1978年，曹先捷重新调回浏阳三中，依然做英语教员。在调离浏阳时，他曾经的学生谭仲池送给他一块镜匾，上书"鬓随粉笔白，心逐山花红"，或可视为曹先捷20年教师生涯的总结。

追赶时间的《陶行知全集》

最是人间留不住，朱颜辞镜花辞树。曾经那个提着一盏微弱油灯的青年，穿过风雨，穿过黑暗，一路跌跌跄跄走过20年光阴，抬头间惊觉远方天光微亮，朝霞已至。1982年，曹先捷终于回到自己梦想的编辑岗位。也许是《湖南教育》杂志的编辑经历和长期的教师经历起了作用，曹先捷被安排到了湖南教育出版社，职业轨迹依然未离"教育"二字。

进入出版社，曹先捷有一种紧迫感，他拼命工作，希望能把之前耽误的时间都补回来。他接手的第一个重要任务就是编辑《陶行知全集》这个大项目，曹先捷面临两个难题：

其一，湖南教育出版社决定启动这个项目时，陶行知尚未完全平反，部分研究内容仍未解禁。尽管1981年10月18日《光明日报》

刊登的邓颖超在纪念陶行知先生九十诞辰大会上的讲话，赞扬"陶行知先生是半殖民地半封建的旧中国爱国知识分子由教育救国走上民族民主革命道路的一个典范"，也是"中国共产党的一位亲密战友"，长期套在陶行知身上的枷锁释放出松动的信号，但是此前紧张与谨慎的氛围仍然需要一定的时间才能被渐渐冲淡。所以湖南教育出版社做这个项目是冒着极大的风险的，曹先捷接下这个项目也是需要勇气的。

其二，将陶行知的生前作品以全集的形式出版，此前未有先例。20世纪80年代只有一些陶行知的选集、文集刊行面世。1946年，延安各界追悼陶行知筹备委员会虽曾倡议出版陶行知全集，但最终受条件所限没能开展。所以湖南教育出版社的《陶行知全集》是一个开创性的项目，很多工作需要从零做起。

面对眼前的难题，曹先捷所能倚恃者有二。一为社领导的鼎力支持。1982年，李冰封任湖南教育出版社社长，因听闻华中师范学院董宝良先生带领学生共同编纂了陶行知的纪念文集，于是亲自前往华中师范学院教育科学研究所（以下简称教科所），拜访科研处处长邓宗琦，商议《陶行知全集》的出版事务，并表示"只要把书编出来，出版社就是赔钱也要出版"。这使教科所的老师们受到极大鼓舞，承接了编辑全集的大量工作。二为曹先捷自己内心迸发出的强大精神力量。他虽近暮年仍夙兴夜寐，数次前往武汉，统筹全集编纂事宜。曹先捷有言："马齿虽增马犹健，风雨跋涉四十年。而今有幸奔四化，奋蹄千里勇争先。"他要在有限的生命里追赶光阴，竭尽全力促成这部巨著的问世。

曹先捷与教科所首先要解决的是体例问题。陶行知一生著作卷帙浩繁，种类庞杂，体例选择的正确与否关系着是否能在清晰展现陶行知一生思想与成就的同时，保证其篇目的完整与全备。当时整个项目组只有董宝良手下刚本科毕业的周洪宇是历史专业出身，稍微熟悉总集的体例。周洪宇在翻阅了《马克思恩格斯全集》《列宁全集》《鲁迅全集》后，认为只有采取"分类编年体"的形式才可以达到上述要求。这个建议得到了曹先捷和项目组的一致认可。但总集编纂之事牵涉甚广，难免会有看法相异之人，其中便有陶行知的亲传弟子戴自俺和儿子陶晓光。

1983年11月，董宝良带着喻本伐、周洪宇，与曹先捷一起参加了江苏和安徽两个陶行知研究协会联合在南京举行的学术研讨会，旨在对《陶行知全集》编纂过程中出现的分歧作最终决断。会上，戴自俺力主陶行知自编著作《斋夫自由谈》不能拆开编入各卷，董宝良则坚持采取"分类编年体"。双方僵持不下，而喻本伐、周洪宇因为年纪尚轻，完全插不上话。作为责编的曹先捷一锤定音："不按编年体，湖南教育出版社就不出版了！"这才终止了争执，《陶行知全集》的体例终于敲定了下来。

陶行知遗著共2376篇，合计368万字，全集将其中601篇分编为第一至三卷，所选篇目重点体现陶行知一生由书生到教育家，再到民主革命家兼教育家的三个重要历史阶段；又按照文体将陶氏的669首诗歌编为第四卷，806封书信编为第五卷；最后剩下的遗著，包括自编大众课本、儿童读物、英文著述和大众歌曲合编为第六卷。如此，既可保证各卷文体分明、脉络清晰，也能使得每本书厚度大致相同，体现一种平衡的编纂美学。

确定好体例和结构，全集进入具体编纂阶段。每卷内具体篇目的搜寻和实际编纂工作由教科所的师生负责，而全集的版式设计和细节的确定则少不了曹先捷亲自操刀。他之前在浏阳高中担任教员时，用排笔字编排的教案严谨齐整，教学挂图亦能做得张张精美，严谨的细节追求和良好的审美品位在全集的版式设计上也起了大作用。曹先捷认为版式应该体现陶行知平凡、朴素、广博与宽厚的风格，因而整体设计和细节把握都围绕这一风格定位展开。如全集各卷封面所选择的陶行知半身像，再现了其"捧着一颗心来，不带半根草去"的形象；封面上陶行知的签名手迹，则可看作他"行以求知"哲学思想的表达。在全集的出版过程中，曹先捷表现出了极强的调度水平和统筹能力，无论是各卷的编排体例还是版式设计，他都会在定稿前发往教科所，让编纂者们誊正定稿，力求出版社发稿时，编纂者、出版社和印刷厂三家协同配合，最大程度提升效率。

追求速度绝不代表不重质量，相反，曹先捷可谓是一个"细节控"，这一特点从他对待一封仅有11行的书信的态度中便可了解一二。该封信原收录于1981年安徽人民出版社《行知书信集》中，题为《关于周恩来、邓颖超先生来校参观的招待费用由我付》，该题为皖版编辑自行拟定。曹先捷认为这个标题并没有严格扣住信件原文内容，因原文中并未提及"周恩来、邓颖超先生"。曹先捷反复斟酌，将题目改为《招待客人费用由我负担，学校经费不宜动用一文》，在点明原信件主要内容的同时，还清晰地体现陶行知清廉正直的作风。另外，这篇短短的书信还被曹先捷改了三处：其一为"昨天请客一切费用连酒菜、饭茶、滑竿、船钱都开在我的暂记账上……"一句，曹先捷在"昨天请客一切费用"后加上了逗号；其二则是落款，皖版为"行知　九月廿五日"，但曹先捷认为应力求还原信件原貌，所以将"行知"二字改为了陶行知名字的合写体；其三，曹先捷增添了信件出处"原件存夏英岚处"，使读者有源可溯、有据可查。曹先捷务实求真、严谨审慎的工作风格由此可见一斑。也正因为如此，教科所所长杨葆焜称赞曹先捷"是全力以赴一心扑在全集编辑工作上的一个主角，他工作认真负责，对每篇文字，无不字斟句酌，力求无误；对每幅插画，精心挑选和编排；对每个表格仔细核对。六本巨著，各个方面都倾注了他的心血，他是全集出版的有功之臣"。

1985年，湖南教育出版社《陶行知全集》六卷本在众人的努力之下顺利问世，这无疑是出版界和教育界的一件大事。该全集一经出版便入选香港"中国书展"参展书，该展览宣传资料中介绍这部全集是"陶行知一生'为中国教育寻觅曙光'留下的先行者的脚印"。陶行知的学生张劲夫亦在《人民日报》发表文章以庆贺全集的出版："我读到了华中师大教科所邀请了一些专家、学者编辑，湖南教育出版社出版的《陶行知全集》，重温先生的遗著，一个勇于革新、勇于创造、损己利人、乐育青年……立志要'使中华放大光明于世界'的一代巨人的高大形象又矗立在我的面前。我认为，这部全集的出版是我国近年出版界的一件大事，值得祝贺。"《中国日报》、日本《中国研究月报》、《东方杂志》等刊物也相继发表专文评介《陶行知全集》。1985年9月5日，出于对曹先捷贡献的肯定，陶行知研究理事会推选他为大会理事，次年《陶行知全集》被评为"1986年全国优秀畅销书"。

湘教版《陶行知全集》的出版意义重大，它首次做到了将陶行知存世著作毕力旁搜，所收篇目之巨、文体之全前所未有，全集之本位意义在于"创造教育的一部活生生的教材"。尽管受时代、技术所限，这套全集难免有错漏之处，但它的出版极大地激发了后续其他出版社对《陶行知全集》重新订正出版的热情，四川教育出版社、东南大学出版社、江苏教育出版社之后均陆续刊行了各自的版本，不同版本之间各有优劣，但不变的是，湘教版《陶行知全集》是后续版本无法绕开的一座高峰和必得借鉴的范本。

架起中外高校沟通桥梁的《世界著名学府》丛书

在《陶行知全集》进入收尾阶段时，曹先捷有了一个大胆的想法：做一套鲜有人敢尝试的关乎中国高校教育发展和中外教育交流的丛书。受传统儒家思想深刻影响的曹先捷，一生都将儒家所追求的"立德、立功、立言"作为自己的人生目标。他认为，"立功"和"立德"或许太过困难，普通人难以企及，但是"立言"却是每个人都可以尝试的，"立言"即著书。也正因为如此，曹先捷十分喜欢编有分量的大部头书，这于他而言是一种心底抱负和梦想的具象化。

促使曹先捷策划《世界著名学府》丛书的原因或可归结为三方面：一是友人赠书，启发思路。曹先捷曾收到一本《诺贝尔奖金获得者传》，这部作品第一卷介绍的1901—1920年诺贝尔物理学奖获得者中，有24位分别出身于剑桥大学、莱顿大学、巴黎大学、柏林大学、海德堡大学、慕尼黑大学等享誉世界的名校。曹先捷敏锐地想到了一个选题机会："那些为人类文明作出卓越贡献的科学大师，应该为之立传；那些为人类研究学术、培育英才有功的著名学府，不也值得为之出书吗？"于是他有了一些初步构想。二是时代风气，顺应潮流。在改革开放的时代背景下，我国各行各业都急缺人才，尤缺高科技领域所需要的高精尖人才。因此，国家自1978年起，不到十年间向全世界100多个国家和地区派遣了20多万名留学生，学习国外先进的科学技术和管理经验，他们学成之后成为我国现代化建设的中坚力量。出版行业承担着社会价值引导与传播的重任，曹先捷认为应该有一套丛书启发和引导当时尚在考虑出国和择校的学子们。三是先贤启蒙，竞进教育。早在曹先捷负责《陶行知全集》的编辑工作时，陶行知的教育理论便为《世界著名学府》丛书策划灵感的迸发埋下伏笔。全集中收录了陶行知1925年所撰写的《〈新教育评论〉创刊缘起》，其中一句"如果是现代世界的一个国家，那末他的教育，便不能不顺应着时代和世界的教育趋势，而随伴着竞进"，给予了曹先捷极大启发。《世界著名学府》丛书如果能够出版，将推动我国教育与现代世界教育共同发展。

曹先捷将整个设想写成了报告，上报社领导。对于这套丛书是否能够获得批准，他依然存在着顾虑。因为这套丛书虽然能产生巨大的社会效益，但丛书的内容、体量也意味着极大的投入，经济效益尚未可知。当时的社长李冰封对这个选题大力支持，他在为湖南教育出版社进行定位和确定发展思路时，将国内的传统教育思想、理论，国外的教育理论和典型大学的教育经验都纳入了出版社的出版范围，他也希望编辑能把眼光放开一点、放远一点。《世界著名学府》丛书这个选题的出现恰合时宜，这不仅是曹先捷个人理想与责任担当的体现，也符合当时出版社的长远发展规划。

得到领导的肯定后，曹先捷便放心大胆地着手具体工作。20世纪80年代，中国互联网还不发达，曹先捷作为一名年近六旬的老编辑只能在浩如烟海的纸质书籍和报刊中孜孜不倦地搜寻，勤勤恳恳地翻检。他先仔细浏览了能收集到的所有版本的教育史志、教育年鉴、校史校刊，并将当时最新版本的《世界大学一览》《美国大学和学院》等资料作为参考，从中梳理出1000年来世界大学的发展史以及今后的发展趋势，统计出全世界范围内近9000所大学和学院的名单。

数量如此庞大的高校名单中，究竟什么样的学校才值得选入丛书呢？曹先捷定下了核心原则：既体现"世界"之广，又切合"著名学府"之实。入选的学府既要有发达国家，也应有发展中国家的高校，应兼顾传统名校和后起之秀。同时，这些入选高校最重要的标准，是在治学、育才和管理上均有卓著成就，不断革新求进，在全世界或局部地区有较大影响。丛书旨在"探学府变通之理，究大学成功之道，促教育振兴之业"。根据上述原则、宗旨和标准，曹先捷选出了62所高校，其中欧洲29所、美洲16所、亚洲13所、非洲3所、大洋洲1所。每册书均以校名命名，字数控制在10万字左右。

有了目标院校，接下来面临的最大难题便是该找谁约稿、以什么样的方式约稿。1983年，曹先捷应邀去长春参加中国比较教育研究会第四次学术年会，他从参会的教育史和教育科学研究所中物色到了一批作者，但数量远远不够。于是，曹先捷数次前往北京，将选择的范围集中在外交界、留学界和新闻界人士之中。当时通信尚不发达，想要通过托人一个一个问的方式找到理想的作者，简直如大海捞针，这令曹先捷十分焦急和苦恼。也是机缘巧合，一天，曹先捷路过南河沿街口时偶然发现一幢挂着"欧美同学会"牌子的四合院，脑子里顿时有了破题之法。他大胆走进院内，向接待人员说明了自己的来意，他的诚恳与急切打动了接待人员，于是获赠一册《欧美同学会同学录》。曹先捷感激异常，说："我终于找到了联络图！"回到长沙后，他立即按图索骥，给相关人员寄去约稿信，征求图片和资料。

为确保各册图书内容版块统一和用图美观，曹先捷对书稿的标准作了详细规定。对于文字内容，曹先捷强调需要介绍著名学府的历史与现状、传统与变革、院系与学科、成就与影响、人物与风尚、大事与珍闻，特别是它们当时革新求进的势头。他认为内容绝不能照搬照译外国出版的学府志，而必须根据中国的需要和中国读者的兴趣，将之打上中国出版的印记。因此，我国知名学者的留学日记、书简和回忆录等留学史话也被纳入收录之列。为确保图书的趣味性和整体性，他还对每册的画页作了设定：每册开辟画页8—16面，载录大概60幅图片。图片需兼顾人物、文物、景物，早期、中期、近期，反映出学府的概况及特点。

在等待回信的日子里，曹先捷很焦虑，尽管他已经"尽人事"，但这套丛书承载着他对中国教育的理想，"听天命"的结果令他忧心。

很快，当时已经在国内各高校成为中流砥柱的众多留学界人士对曹先捷寄去的约稿信作出了令人鼓舞的回应。中国科学院化工冶金所所长陈家镛、外交学院教授裘克安、河北大学教授刘文修、河南大学教授孟宪德等，分别回信允诺为丛书承撰各自早年留学的学府志。北京外国语学院东欧语系的八位学者，包下了东欧国家八所学府的全部撰稿任务。中国社会科学院贺麟教授为丛书提供了自己在20世纪20年代留学时所写的《哈佛日记》。当时的全国人大常委会副委员长严济慈、作家萧乾、中国寄生虫病研究所名誉所长毛守白、复旦大学研究生院院长杨福家、南开大学教授杨生茂、中山大学教授黄植尧等，都慷慨寄来当年负笈海外的留学、治学回忆录。还有许多留学人士或为丛书推荐作者，或提供相关资料，都以实际行动表达对《世界著名学府》丛书的支持。

一套涵盖世界范围学府的丛书，不可能在国内找到全部作者，于是曹先捷大胆将目光投向国外。从1984年7月起，他陆续给我国驻46个国家大使馆去信，请求推荐大使馆官员、留学人员和驻外记者担当丛书作者。三年时间里，通过这条渠道，他又确定了29部学府志的作者，占丛书全部选题的半数。接连的成功极大地提升了曹先捷的信心。他想，既然将目光投向海外，何不干脆请入选学府的校长或知名学者为该册图书作序？1984年9月18日，他试着寄信至剑桥大学东亚科学史图书馆馆长李约瑟博士处，请他为《剑桥大学》一册撰序，并且随信附上《陶行知全集》的副产品《陶行知一生》样书一本，书中收有李约瑟夫人陶露西1943年写的《育才学校》一文。两个月后，他惊喜地收到李约瑟博士的回信与写好的序言，信中表达了对中国即将出版《世界著名学府》丛书之事的赞赏和喜悦。

初试成功后，曹先捷趁热打铁，又陆续向外国学界人士、外籍华裔作者发出撰稿和作序邀请。在这个过程中，他的英文特长发挥了重要作用，但出于其严谨与审慎的行事作风，为确保措辞准确、得体，他的案头仍常年摆放着一本英汉辞典。三年内，曹先捷收到24篇序言和文章，其中包括英国学术院院士、牛津大学圣凯瑟琳学院创建院长布洛克和英国驻中国大使伊文思分别为《牛津大学》一册撰写的两篇序言，物理学家杨振宁提供的《读书教学四十年》，埃及前总统穆巴拉克1983年3月19日在埃及爱资哈尔大学千年校庆大典上发表的讲话《当今最进步的伊斯兰大学》等稿件。

为保证出书效率，曹先捷常常在同一时期开展多本图书的文稿处理工作。他对内容细节的考量几乎到了字斟句酌的程度。比如，收到的稿件中有哈佛大学校训的拉丁文、英译文及中译文，其中英译文为"Let Plato be your friend, and Aristotle, but more let your friend be truth"，与之对照的中译文为"让柏拉图和亚里士多德成为你的朋友，但更要使你的朋友成为真理"。曹先捷认为中译文不太妥当，经过查阅和揣摩，将之改作"与柏拉图为友，与亚里士多德为友，更要与真理为友"，希望达到信达雅的效果。但曹先捷还不放心，又致信翻译家裘克安，向其说明事由，请教该句翻译是否妥帖。裘克安回信将该句修改为"以柏拉图为友，以亚里士多德为友，但更应以真理为友"。如此，该校训的中译文最终确定下来。曹先捷就是这样始终保持"处理书稿，有疑必问；没有把握，请教高明"的原则，绝不将模糊的、不能确定的疑点留在书中，留给读者。

曹先捷原计划在1986—1990年"七五"期间将丛书全部出版，但因其中牵涉作者及学校甚广，需要的时间远比计划的要长。1988年，已经60岁的曹先捷虽然办理了离休，但因心系手中工作，于是仍然坚持离而不休。另外，随着陶行知研究的深入推进和相关佚文的再度搜集，1989年上海陶行知纪念馆提供的55本记事本中包含有陶行知1936—1946年人生最后10年的日记一部，其中展现了陶行知参加抗日救亡运动，出访欧美亚非26个国家和地区，宣传中国抗战，争取国际援助，以及创办育才学校和社会大学，投身爱国民主运动等多项重要经历，可谓是陶行知为中国及中国的教育事业奋斗到生命最后一刻的真实记录。于是，《陶行知全集》增补工作启动，曹先捷再度承担起后两卷的责任编辑工作，在前六卷之后增补该日记成第七卷，另外还将1985年后搜寻到的各类佚文494篇合编为第八卷，并对此前全集中的讹误错漏进行了订正，至此完成了《陶行知全集》八卷本的全部出版工作。而出于诸多原因，《世界著名学府》丛书更是直到1996年才全部出版完成，合计62册。

《世界著名学府》丛书的成功出版是八方支援、全球合力的结果，正如曹先捷所说："《世界著名学府》丛书是我国书林中的一株新苗。这株新苗从无到有、从小到大，全仗海内外园丁们用不同肤色的手合力培育而成。"这套丛书的出版不仅是出版界的一项盛举，也是中国教育现代化进程和中外文化交流的重要见证。

《陶行知全集》（湖南教育出版社1985年版）书影

《世界著名学府》丛书中的《北京大学》书影

《世界著名学府》丛书一经出版，便被各省市图书馆和全国高校订购，普通读者中有考虑出国留学者亦会根据个人兴趣和专业方向选购相关分册以作参考。这套丛书引起了各大媒体和社会各界人士的注意。《读书》杂志称："从事文化出版工作，也如其他一切需要创造性的学术文化工作一样，要在自出机杼，别具手眼，最忌逐队随人，一轰而起，步人后尘……《世界著名学府》丛书，就显示了编者的创意和迥异他人的旨趣，引得众多的读者爱不忍释……要回答世界的挑战，广泛借鉴择取他国已有之成功经验，促进中外教育的交流，加快教育改革的步伐，提高国民的素质与能力，是刻不容缓的课题。从这方面来看，《世界著名学府》丛书的出版，实在是及时而必要的。"时任中国出版工作者协会副主席、文物出版社总编辑王仿子信中云："现在开放，外出求学的多了，其中也有不少盲目性。有一套书，对于外出求学，或在国内办教育，都很必要。"香港读者徐忠亦特意来信："编辑出版这套丛书，对于当前中国的教育和建设是十分需要的。"而国外也对丛书的出版表现出了极大的兴趣，阿根廷《内地呼声报》、澳大利亚《悉尼大学新闻》、德国《新德意志报》等都刊登了相关消息。

　　作家萧乾将为湖南出版事业作出巨大贡献的锺叔河、杨德豫、李全安和曹先捷并称为"长沙出版界四骑士"。或许就曹先捷作为编辑的出书履历而言，数量和种类并不及其他几位丰富，但是从出版书籍的社会意义、翔实内容和其本人的出版精神、工作态度而言，却是绝对名副其实的。萧乾在文章中说："从这套书最能看到编辑的能动性。任何工作都可以马马虎虎对付，但任何工作如果用心用力，都能做出比那工作本身更大的成绩来。这套丛书的主编实际上已走出了编辑室，踏入对外友协的工作领域了。"

曹先捷曾说，不妨将《世界著名学府》丛书"看作中外学界人士在我国书林中共栽的一棵常青树"。而他，如同一名勤勤恳恳的护林员日夜操劳、不惧艰辛，终使这棵"常青树"茁壮成长、枝繁叶茂。在那个通信不发达的年代，从机缘巧合下在北京路过的四合院到饱含期许寄出的上百封约稿信，曹先捷以其国际视野和责任担当，架起了一座沟通中国高等学府和海外名校的桥梁。《世界著名学府》丛书无愧于曹先捷先生"能够对我国的教育改革、对建设有中国特色的社会主义现代化教育提供借鉴"的期许，无愧于"促进中外互派留学研究人员、扩大学术交流和教育协作传播信息"进程的高远愿景，展现了曹先捷先生的伟大教育情怀。

一滴流向大海的水珠

曹先捷曾在1985年的入党志愿书中作诗："一滴水珠，只有流进大海，才不致干涸；一粒种子，只有落在大地，才发芽生枝。"这既是他对中国共产党的告白，也是他一生经历的写照。

曹先捷给自己有两句总结："埋头本职工作，不问全社大事；事无巨细必躬亲，挤掉学习和娱乐。"言语之中虽有自嘲调侃，但对于一位编辑来说，这样的性格特点或许反而可以视作优点。几乎所有与其共事过的同事都会提及，曹先捷在工作时是绝对不会开小差的，除了看稿子几乎不会去做任何其他多余的事情，埋头案前，一低头一抬头间便是一天过去了。他信奉"勤能补拙"四字，也是这样贯彻在工作中的。

曹先捷另一个突出特点是审慎严谨。除了对手中文稿各处细节字斟句酌，他对经手书稿的导向问题也保持着高度敏感。1989年11

月，曹先捷在编发《耶鲁大学》书稿时，撤除了"附录"中华中师范大学校长张开源的《雅礼协会——连接中美教育交流的一座友谊桥梁》一文。因为发稿时，美国反华势力正大肆造谣污蔑我国，所以曹先捷出于慎重考虑删除了这篇文章。之后他向张开源细心解释了具体缘由，张开源也大方表示谅解，但笑曹先捷"胆子太小"。对于这样的调侃，曹先捷只回答："我宁可当'胆小鬼'，也不去当'冒失鬼'。"

曹先捷将工作和生活划分得泾渭分明，工作时心无旁骛、埋头桌案，日常中则兴趣广泛、多姿多彩。他在工作之余不仅喜爱阅读英文小说，还会弹奏钢琴、风琴、电子琴，另外他也喜爱游泳、打太极和打乒乓球，甚至因乒乓球打得不错，还做过很久的中学乒乓球队陪练。除此之外，曹先捷最大的爱好是唱歌，20世纪30年代到60年代的国内外歌曲，他大部分都能演唱全曲，全家人受其感染，很多曲目也都能跟着一起哼唱。曹先捷晚年身体状况不佳，尤其因脑出血做了手术后对很多事情都难以有迅速的反应，但是只要旁边有人起个调，他仍然能立刻在电子琴上弹奏出一整首歌曲，对音乐的痴迷与敏感让从医多年的女儿曹晓晓都感到不可思议。

2010年1月6日，曹先捷病逝。那个"从旧社会过来的知识分子"，那个意气风发、勇敢无畏的"001号记者"，那个青丝变华发的县城教师，那个俯身案头、夙兴夜寐的编辑，缓缓地走过82年人生，像一滴水珠，流向远方，汇入大海。

李冰封

"出版湘军"的"接棒人"

执笔人——杨宁 石元刚

李冰封

　　于光远盛赞李冰封为"文化人中的官员，官员中的文化人"。李冰封的一生，多重身份交织，他不仅是革命者和管理者，还是一位杰出的出版家和文化人。李冰封不足弱冠即投身革命，久历风霜而初心未改。在湖南人民出版社，他以开阔的眼界，创出了品牌；负责组建湖南教育出版社，他带领27名员工艰苦创业，取得社会效益与经济效益双丰收；主政湖南出版事业，他为湖南出版界撑起了一片广阔的天空，让一代出版人得以挥洒他们的想象力和创造力，赢得了"洛阳纸贵潇湘书"的赞誉，成就了出版湘军的美名，在中国出版史上书写了绚丽的华章。

热情拥抱新世界

李冰封的父亲李志翔自青年时期就追寻工业强国之路,是我国近代最早的造船专家之一。李志翔曾就读于福州海军飞潜学校,毕业后曾在江南造船所、福州海军学校、吴淞商船专科学校、福建省私立勤工初级工业职业学校等单位任职。抗日战争全面爆发后随学校前往湖南、贵州等地,1941年左右到重庆商船专科学校任教,之后在交通大学(重庆)任教,抗战胜利后回到上海,任职于上海交通大学和吴淞商船专科学校。中华人民共和国成立以后,在武汉交通学院(今武汉理工大学)造船系任教授。李冰封的母亲在教会学校念过书,有朴素的人道主义思想。受父母亲的影响,李冰封一生都在追求自由民主,关心普通民众的生活。

1928年9月,李冰封出生于闽江之畔的福州,他的父亲此时在福州海军学校充任轮机教官,薪资收入足以支撑全家的生活。李冰封五岁上小学,九岁时因全面抗战爆发随母亲回到乡下继续上学至11岁毕业。战乱的环境和艰苦的生活没有让李冰封放弃求学,他抱着"工业救国"的理想,进入福建省私立勤工初级工业职业学校五年制机械科学习。1941年福州沦陷,学校随即迁到福建省三明市的将乐县。

1942年春天,13岁的李冰封参加了中国共产党的外围组织,在心中埋下了一颗革命的种子。李冰封从小爱好文学,对延安和鲁迅艺术文学院充满了向往,萌生了前往解放区的想法。1946年8月,李冰封考入上海光华大学(今华东师范大学)中文系。在光华大学,李冰封和许多有志青年经常秘密阅读《论联合政府》《共产党宣言》等进步书籍,接触了革命理论,对"民主、自由、独立、富强、统一的新中国"无比向往。李冰封和其他学生在当年冬季参加了"一二·三〇"(抗暴)

运动，1947年参加了反饥饿反内战的"五二〇"学生运动。在学校期间，李冰封结识了与自己志同道合的好友邹明等人，他们受鲁迅先生文艺救国思想的影响，计划创办文艺性刊物《方生》。但在学生运动之后，当局四处抓人，李冰封等人当即决定直接到解放区，投身实实在在的革命。李冰封的夫人廖世英回忆："他有革命的热情，虽然当时没有入党，但是已经信仰共产主义，愿为中国的革命和解放出力，和几位大学同学，冒着生命危险到了北方。"她还说，当时几个同学没有钱，东拼西凑，甚至卖掉了身上穿的衣物。李冰封晚年也回忆说："我就向往着它，带着一个圣洁、崇高的理想，义无反顾、不计死生地走向它。"

1947年8月，即将迎来19岁生日的李冰封和一众上海的大学生放弃学业，放弃优渥的生活，经塘沽和北平，到达冀察热辽解放区，投身革命。李冰封最开始在冀察热辽联合大学工作，参加解放区的土改，并跟随东北人民解放军行动。1948年7月至12月，李冰封担任《群众日报》记者，从事宣传工作，并被评为先进工作者。他抱着对革命、自由和民主的热情，在《文学战线》上发表了《我们就这样走进自由的天地》。1949年1月，李冰封从群众日报社离开，随军到北平，担任《北平解放报》记者。此后，百万人民解放军渡过长江，秋风扫落叶般横扫国民党军。在这样的背景下，李冰封又于1949年5月下旬随中国人民解放军第四野战军南下。8月，他们一行到达长沙，接管了国民党报纸，投入《新湖南报》的创办工作中。

直到1957年，除中间两年在中央党校学习外，李冰封一直在《新湖南报》工作。报社负责人李锐后来评价他，"爱好文学，能诗善文"，所以当时安排他为报社编文艺副刊《湘江》，后任报社编委委员。李冰封在办报过程中逐渐形成了自己的编辑出版思想。他认为副刊有三大好处：一是便于经常进行思想政治教育，同不好的思想作斗争；二是

1949年，李冰封（后排左）在《新湖南报》工作留影

宣传方式更加灵活多样，为人民群众喜闻乐见，而且办副刊是中国报刊的优良传统；三是能更广泛地传播文化知识。此外，他还认为副刊有六个方面的任务：一是配合本省党的中心工作和各项工作，支持各种好的思想倾向，并同不好的思想倾向作斗争；二是紧密地结合实际生活，进行一些经常性的思想教育；三是经常性地开展教育人民正确接受我国文化遗产的宣传；四是介绍有关湖南的历史、文化知识；五是反映和指导群众多彩的文化生活；六是发表一些来自群众的短小精悍的文学作品。李冰封将《湘江》的风格概括为"十六字方针"：联系实际，面向湖南，短小精悍，百花齐放。他认为，副刊必须面向广大人民群众，不能把读者的面弄得很窄，内容也要雅俗共赏。工作期间，李冰封也结识了胡遐之、朱正、锺叔河、彭燕郊等人。

李冰封青年时期的革命经历和新闻出版历程，是一段激情燃烧的岁月，他以饱满的热情拥抱新世界。李锐曾评价他："在战争环境中办报，烽火斗争，艰难生活，最能锻炼人，培养人的德识才干。"在风华正茂的年纪，李冰封毅然投身革命，在革命烽烟中锤炼自己。中华人民共和国成立后，他又以极大的热情投入建设中，采访民情，上传下达。即使在艰难曲折的岁月里久历风霜，他也始终没有放弃理想，他说："中国知识分子的韧性和对理想的追求，无论在顺境逆境中，还是在进退宠辱之间，始终表现出一种顽强的中国人文精神，一种道义的使命感始终萦绕于怀。"在下放南县时，他用自己的才情和智慧去记录去创作，积累了"万事通"的财富。

打开眼界创牌子

1978年以后，中国进入改革开放新时期，过去错划的右派被改正，李冰封也于1979年3月得到彻底平反，在知天命的年纪，在沉寂了21年后，迎来了人生的转机，进入他和湖南出版的辉煌十年。

1978年3月2日，湖南省出版事业管理局(以下简称出版局)成立，胡真担任第一任党组书记、局长，下辖湖南人民出版社、湖南省新闻图片社、湖南省新华书店和湖南省新华印刷一厂、二厂等。新成立的出版局人才匮乏，局长胡真四处"招兵买马"，访求人才。此时，李冰封尚在湘北的南县一所中学教书，胡真写信并派人去征求他的意见，问他是否愿意到出版局工作。得到肯定答复后，他一家被接回长沙。

李冰封被发现，同时被发现的还有朱正和锺叔河。李冰封与朱正早年是《新湖南报》的同事，正是因为这一段缘分，他非常了解朱正的能力，便向胡真推荐了朱正，朱正又向胡真极力推荐了锺叔河，就这样，湖南一下子引入了三位杰出的出版家。还有杨坚、杨德豫等二三十人，跟三人有相似经历，也被胡真调入出版系统工作，他们构成了湖南出版的骨干力量，为出版事业作出了巨大贡献。

1979年2月，李冰封被任命为湖南人民出版社副社长。20多年前，他曾在湖南人民出版社及其前身——湖南通俗读物出版社兼任编审委员，如今可算是前缘再续。作为出版社的领导，他身先士卒抓选题、出好书。上任当年的6月，李冰封与时任湖南人民出版社鲁迅研究编辑室主任朱正去北京组织稿件，考察了人民文学出版社的鲁迅著作编辑室，计划出一套鲁迅研究图书和《鲁迅研究文丛》。1979—1986年，湖南人民出版社陆续出版了30多种鲁迅研究著作和文丛，极大地扩大了湖南在研究和出版鲁迅作品方面的影响力。这次组稿期间，由胡真牵线，两人还去拜访了著名湘籍作家丁玲女士，为《丁玲文集》在湖南出版作了铺垫。

李冰封常说："对国外的思想文化动态，如果一无所知，那还奢谈

李冰封（右）与唐荫荪

什么与国际接轨？"立足于这样的认知，李冰封策划或批准了一系列有影响力的图书选题。

1981年起，《世界文学名著(缩写本)丛书》在湖南人民出版社陆续出版，丛书挑选了世界文学名著中部头较大而又比较好缩写的作品进行翻译，做到了短小精悍、价格低廉。李冰封不仅拍板了这套丛书选题，爱好文学的他还亲自操刀，以"严冬"之名，翻译了英国小说家查尔斯·狄更斯原著的《大卫·科波菲尔》，于1982年9月出版。丛书按每年12种的速度陆续推出，计划五年内出齐60种，实际仅出版了35种，但仍产生了很大的影响力，孙荫棠先生撰文称这套丛书是"普及世界文学名著的尝试""历史和生活画卷的剪辑"。那么这套丛书为何没有出完呢？原来在它之前，国内只有一两家出版社翻译出版过世界文学名著，这套丛书陆续推出并产生良好的市场反响后，全国各地的出版社闻风而动，迅速模仿，有的不满足于出版缩写本，而是直接翻译出版原著。在此情形下，湖南人民出版社主动调整，停止了缩写本的出版。1990年以后，湖南文艺出版社接续了这一工程，推出《世界文学名著丛书》。

1982年初，"七月派"著名诗人、湘潭大学教授彭燕郊倡议策划出版一套外国诗歌名作译丛，经社长黎维新介绍，李冰封与彭燕郊见面讨论了丛书的出版构想，确定丛书收辑标准为五四运动以来外国主要名诗人和中国名译者的作品，丛书定名为《诗苑译林》。其实李冰封与彭燕郊早已相识，两人是福建老乡，李冰封在少年时期曾读过彭燕郊的新诗，1950年左右两人结识，并保持了近60年的友谊。因此，在讨论出版《诗苑译林》一事上，两人一拍即合。李冰封建议彭燕郊与当时译文读物编辑室（以下简称译文室）的主任夏敬文及两位台柱——杨德豫和唐荫荪合作。李冰封全程参与了译文室拟定丛书书目的讨论，

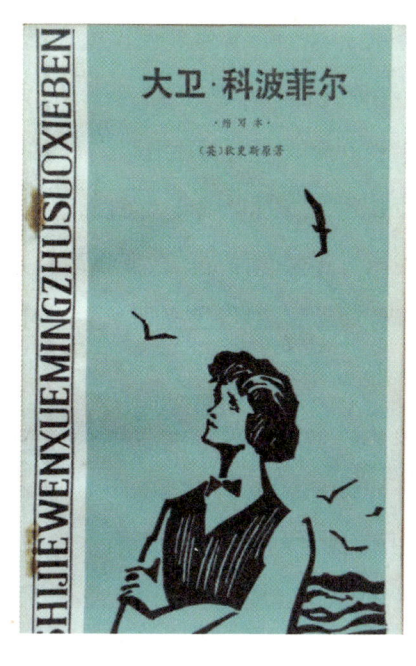

《大卫·科波菲尔》封面和封底

并将讨论情况向社长黎维新作了汇报。他向译文室建议，委托彭燕郊外出组织稿件，并派唐荫荪陪同。《诗苑译林》从1983年开始由湖南人民出版社陆续出版，1990年后转由湖南文艺出版社出版，到1992年停止。《诗苑译林》自出版以来受到广大读者和专家、学者的欢迎，当时与《散文译丛》一起被誉为"我国近年来翻译界的两支奇葩"。2011年，湖南文艺出版社推出新版《诗苑译林》，继续擦亮湖南文艺出版这张名片。

80年代，湖南人民出版社出版了三本"灰皮书"，分别是苏联的鲍里斯·巴扎诺夫的《我曾是斯大林的秘书》、亚历山大·阿德勒等五位法国共产党员所著的《苏联和我们》、匈牙利的格·萨穆利的《社会主义经济制度的最初模式》。"灰皮书"是指《现代外国政治学术著作选译丛书》，1980年由人民出版社国际政治编辑室等单位策划，以介绍现代世界各国推行社会主义的状况和西方马克思主义的各个流派为主旨。国家出版局于1981年1月在京西宾馆主持召开了丛书的出版座谈会，首批计划出书95种，会议最后一天让与会各省出版社负责人自报愿意出版哪些书。李冰封代表湖南人民出版社到会，自报了上述三本。他在回忆中写道："当时湖南人民出版社所出的这三本书，反响都很好，其中《我曾是斯大林的秘书》印刷了59300册。现在看来，这些书对中国改革开放都起了很好的参考、启发、引导的作用。"接受了三本"灰皮书"的编辑出版工作，是李冰封一生引以为豪的大事，更让他感到欣喜的是，一个开放的、与世界接轨的时代已经到来。

李冰封的视野和思维从来没有被烦琐、具体的编辑工作困住，他的思考、筹划一直着眼于湖南人民出版社的长远发展。在社三年，李冰封提出了"创牌子"的口号，提倡打开眼界、解放思想、百家争鸣。他关心读者的需求，重视调查研究，要求编辑每年到地方上做两次实地调研。同时，他也在研究发行渠道，探索如何把图书更好更快更准确地送到需要它的读者手中。李冰封认为，在"立足本地，面向全国"的方针指导下，湖南人民出版社出书大有成效，但部分出版人只重视出版高精尖的图书，忽略了通俗读物的出版，而且某些图书的出版质量不高，影响力也有限。他思索着出版应如何正确看待经济效益这个问题，认为出版工作应该通过图书来教育人民，积累科学文化知识，丰富人民的精神生活，即出版工作要坚持以社会效益为主；出版社盈利要出于正道，出版高品质的图书才是出版社的第一追求。

筚路蓝缕的开创者

1979年5月，科技编辑室从湖南人民出版社分离，组建湖南科学技术出版社，这是湖南设立专业出版社和进入专业出版领域的起始。此后的1980年到1985年间，湖南美术出版社、湖南少年儿童出版社、湖南教育出版社、岳麓书社和湖南文艺出版社等专业出版社相继组建。

专业出版社在湖南和全国各地的兴起，源于1979年12月国家出版局在长沙召开的全国出版工作座谈会。地方出版社长期囿于"地方化、通俗化、群众化"的出版方针，每年的选题计划和内容局限性很大，出版的大多是初级、中级读物，学术著作很少，图书种类和数量也严重不足，无法满足人民群众日益增长的阅读需求和为改革开放提供智力支持的要求。因此，湖南出版界大胆提出"立足本省，面向全国，争取更多的图书进入国际市场"的口号，主张突破原有方针，组建专业出版社。湖南的主张得到了中央的支持，"立足本地，面向全国"被确立为全国地方出版的方针，并于1983年6月写进了中共中央、国务院《关于加强出版工作的决定》。新的出版方针解除了地方出版单位的束缚，湖南的出版社也得以吸引众多优秀作者到湖南出书。

1981年11月，出版局安排李冰封负责湖南教育出版社的组建工作。"筚路蓝缕，以启山林"，只有真正经历过的人才能体会"创业维艰"四个字背后的酸甜苦辣。

1982年3月20日，湖南教育出版社正式成立，李冰封被任命为社长兼总编辑。建社之初，李冰封就提出"以出版初等、中等教育读物为主，以出版教育理论和其他有关学术著作为重点，兼顾高等教育、成人教育读物和有关工具书出版"的思路，非常精准地为社里的发展作了定位。这个思路，在湖南教育出版社得到了长期遵循。

刚建立的湖南教育出版社可以用"四缺"来概括：缺人、缺钱、缺地、缺书。全社员工仅27人，其中编辑八人，以湖南人民出版社文教编辑室编辑人员为主要班底，编辑力量严重不足。李冰封只能一人当两人用，同时抓紧招聘新编辑，吸纳一些刚毕业的大学生和研究生，充实编辑队伍。到1985年末，全社已有职工65人，其中编辑38人，设有理论、高等教育、中等教育、初等教育、成人教育五个编辑室和几个业务、行政科室，人员大大充实。1982—1983年湖南进行首次职称评定时，湖南教育出版社仅有李冰封一人被评定为高级职称，到1987年、1988年进行第二次职称评定时，全社有彭润琪、曹先捷、曾卓、易地、廖世英、曹典谟、龚曼群、洪长春和张哲九人晋升副编审，湖南教育出版社的图书编辑质量在这几年内也大幅提升。

作为一家新成立的出版社，必须迅速立住站稳。李冰封提出了多出书、快出书、出好书的要求。他带领编辑人员铆足了劲，编辑出版了《课程辅导》《疑难解析》等适合广大中小学生需要、发行量很大的教辅读物，成立当年出书品种就达到188种。他们在注重产品质量的基础上，走薄利多销的路线，获得了不俗的市场回馈，加上实行各种开源节流措施，总算走出了创业初期的艰难困境。

成立之初的湖南教育出版社还是在湖南人民出版社的三楼办公，不久搬到五楼会议室，用木板隔出一间间房权作办公室。但是出版社要发展，就必须扩大人才队伍特别是编辑队伍。老编辑还好说，原有地方可以接着用、接着住，但是新人怎么办？李冰封和其他班子成员都认为继续窝在"老东家"终究不是长远之计，于是重新租了一个场地作为办公室。到1996年，发展了十余年的湖南教育出版社已经有了比较雄厚的经济实力，遂出资在韶山路建了一栋办公楼、两栋员工宿舍，工作和生活条件大为改善。

李冰封认为，如果一家地方教育出版社仅仅致力于出版中小学教材教辅，就无法全面体现教育出版的社会价值，应该把视野扩展到整个教育领域。湖南教育出版社将国内的传统教育思想理论、国外的教育理论和典型大学的教育经验都纳入了出版范围，他希望编辑也能把眼光放开一点、放长远一点。这样的期望给编辑们注入了动力，成立不到两年，《陶行知全集》推出，为社里赢得了诸多赞誉，更促进了国内对陶行知及其教育思想的研究。

《陶行知全集》能够在湖南教育出版社出版，也得益于李冰封的过人胆识和敏锐眼光。当时，陶行知虽然得到平反，但陶行知研究还是很少有人敢公开涉足的领域，也就是说，虽然解禁了，但还没有"破冰"。在1981年10月举行的纪念陶行知先生诞辰九十周年大会上，邓颖超作了发言："陶行知先生是半殖民地半封建的旧中国爱国知识分子由教育救国走上民族民主革命道路的一个典范。"会后，华中师范学院（今华中师范大学）高等教育研究会集体编辑了《陶行知先生诞辰九十周年纪念专辑》，这本纪念专辑引起了李冰封的极大兴趣。1982年夏天，刚任社长三个月的李冰封专程前往华中师范学院，跟时任科研处处长、后任副校长的邓宗琦了解情况，邓宗琦将他介绍到教育科学研究所。李冰封找到教育科学研究所的杨葆焜教授，和他商讨编辑出版《陶行知全集》的有关事宜。针对研究所对全集前途的担忧，李冰封明确表示"只要把书编出来，出版社就是赔钱也要出版"，这给研究所的老师们吃了一颗定心丸，更为全集的编辑出版工作作出了有力的保证。研究所争取到了学校层面的支持，组建了编辑委员会，由李冰封担任全集的编辑委员。李冰封安排曹先捷担任责编和编辑委员，具体负责全集的出版工作。在李冰封的支持下，曹先捷全力投入，1983年底即完成了第一卷的编辑工作，1984年1月正式出版发行。至1985年第六卷出版，全集按计划完成，1992年新增第七卷、第八卷作为续编补遗。从1982年6月开始策划到1992年10月八卷本湘版《陶行知全集》全部出齐，经历了整整10年。《陶行知全集》获1986年全国优秀畅销书奖、1988年全国第一届优秀教育图书特别奖、1994年第一届国家图书奖。

《陶行知全集》的编辑出版也锻炼和培养了它的责任编辑——曹先捷，其间曹先捷萌生了出版一套世界著名学府丛书的想法，旨在介绍全球著名大学在学术研究和培育英才方面的经验和贡献，以推动我国教育朝着现代世界教育前进。曹先捷将这个想法写成选题报告提交给李冰封，得到了李冰封的认可。在他的支持下，曹先捷一边编辑《陶行知全集》，一边为《世界著名学府》丛书组织稿件。《世界著名学府》丛书历时十余年，共出版62卷，选介世界著名学府62所，遍及世界五大洲，其中欧洲29所、美洲16所、亚洲13所、非洲3所、大洋洲1所，浓缩了世界高等教育上千年的发展历史，再现了世界著名学府的卓越与辉煌，展现了高等教育改革与发展的前景。丛书不仅可作为留学生出国留学的指南，也是我国首次出版的世界大学发展史和比较教育研究的系列读物，为加速我国教育面向世界、面向未来的历史进程，为我国教育改革与发展，提供了一份厚重的可资借鉴的研究资料。

李冰封在湖南教育出版社担任社长和总编辑仅两年多时间，但为社发展打下了坚实的基础。其间，组织了适应教育事业发展的各类读物的出版，编辑出版了大量配合中小学教育的教辅教材，包括《农村文化课堂丛书》《英语有声读物丛书》《中学生课外读物丛书》等，受到青少年和教师的欢迎；重点策划和出版了诸多教育理论著作，包括中国著名教育家的传记著作和国外教育理论著作，例如《陶行知全集》、《世界著名学府》丛书、《徐特立教育思想讲座》、《杨昌济文集》和苏霍姆林斯基教育理论系列读物等；工具书、面向高等教育和成人教育的图书也开始布局。

我们是修路工和铺路的石子

1983年5月，李冰封调任中共湖南省委宣传部副部长，分管出版和文艺。1984年1月，因工作和业务需要，李冰封兼任出版局党组书记、局长，成为湖南出版事业的管理者。

李冰封离休时这样总结自己在局长任上的工作成绩：一是出版了一大批海内外公认的好书。这些好书有些是他参与规划的，有些是在他业务思想指导下出版的。二是全系统产值从接任时的3.3亿元增加到离任时的9亿元。三是解决了出版局机关和各出版社住房严重不足和办公室不足的问题，完成了湖南省新华印刷三厂的扩建和新华书店赤岗冲储运仓库的建设。四是注意各类编辑和管理人才的吸收、培养和成长。

为治散治滥和解决出书难买书难问题，李冰封提出"多出好书，快出好书，尽快地把好书送到需要它的读者手中"的指导思想，同时

1986年5月,李冰封(中)视察建设中的湖南省新华书店赤岗冲储运仓库

李冰封(左)与彭燕郊(中)、黎维新(右)

作出"推进出版改革、倡导出版工程、规范出版管理、加大技术改造、建设发行网点"等部署，有力地提升了湖南出版的数量和质量。这一时期，湖南出版了《三湘英烈传》《丁玲文集》《曾国藩全集》《船山全书》《魏源全集》《左宗棠全集》《莫里哀喜剧全集》《中国现代教育家传》《周作人作品集》《散文译丛》《骆驼丛书》《凤凰丛书》《面向现代化丛书》与《世界著名学府》丛书等一系列著名的全集和丛书，还出版了《东方文学作品选》《迎接新的技术革命》等众多影响力巨大的单本图书，《革命先辈的故事丛书》《延安文艺丛书》《生活之路丛书》等书籍也陆续完成了出版。数百种图书在中南地区及全国的评奖活动中获奖，这些图书走出湖南、走向全国，甚至在国际上也产生了重要影响，实现了立足湖南，面向全国，走向世界。1985年12月，在香港举办的中国书展上，出版局所属六家出版社送展的图书共1217种，均为1978年以后出版的新书，展品数量在全国各省（区、市）中仅次于上海，位居第二。湘版图书在港澳地区引发热烈反响，为湖南赢得了"洛阳纸贵潇湘书"的美誉。

从1984年起，湖南年出书数量始终保持在1000种以上，1986年以后年新出图书突破1000种，印数突破3亿册，印张保持在10亿印张以上，年发行销售书刊3亿册以上，销售额从1亿多元增长到3亿多元，全系统产值从李冰封接任时的3.3亿元增加到离任时的9亿元。20世纪80年代，出版局和各出版社的办公空间和职工住房无不紧张，三代同屋的情况比比皆是。为了解决这一问题，出版局出钱征地，在河西望月湖附近为湖南人民出版社盖了一栋办公楼和四栋宿舍，其他出版社也相继开始筹划建设用地。1986年，新华书店袁家岭发行大楼和赤岗冲储运仓库相继落成，解决了当时新华书店图书销售和仓储面积不足的问题。袁家岭发行大楼位于五一大道与韶山路交会处，是当

洛阳纸贵潇湘书

时全国营业面积最大的书店，吸引了余秋雨、易中天、赵忠祥等众多名家来此签售新书，至今仍然是众多长沙人的文化记忆。湖南省新华印刷三厂从1985年开始扩建，1988年底扩建完成，建立了全新的印刷生产线，建成当时最先进的激光照排系统，缩短了排版和出版周期，图书印制质量和效率得到了极大的提升，解决了湖南排字生产能力不足的问题。

李冰封特别爱惜人才，给予人才最大的尊重，放开手脚让他们去闯、去干。他不以学历论英雄，曾给予主动应聘的邹蕴璋一个面试机会并最终录取，李冰封欣赏的是她的才能和胆识。李冰封还注重培养人才，1985年3月，成立了湖南省出版工作者协会，由协会邀请专家学者作学术报告，组织图书发行读书班，开展出版理论研究和学术交流，以期不断提升编辑的综合素养。在李冰封的支持下，湖南出版界各路人才各显其能，多有所成，为湖南赢得了"出版湘军"的美誉。著名作家、翻译家萧乾专门撰文，盛赞编辑《走向世界丛书》的锺叔河、《诗苑译林》的杨德豫、《散文译丛》的李全安和《世界著名学府》丛书的曹先捷四人为"长沙出版界四骑士"，他们的学养和严谨敬业的精神与他们编辑出版的图书一样，享誉全国。

李冰封还千方百计开拓作者资源，吸引重磅作者来湘出书。李冰封常说："一个出版工作者，如果不能与文化人交朋友，就算不上一个合格的出版工作者。"当时的湖南出版界吸引了冰心、丁玲、孙犁、杨绛、李锐、于光远、卞之琳、萧乾、朱光潜、沈从文、张天翼、聂绀弩、吴阶平、钱学森等一众名家，他们充满信任地将自己的书稿交由湖南出版。其中最知名的莫过于经济学家于光远出书的故事。1984年10月，中共十二届三中全会通过了《中共中央关于经济体制改革的决定》，于光远撰写了《论我国的经济体制改革》，希望尽快出版。李冰封为了能够留住这位重磅作者，也为了这本书能尽快面世，提供各方面的支持，使湖南人民出版社仅用11天就出书了。于光远十分惊讶，为此专门撰文盛赞湖南出版界"创造了一个新纪录，一个奇迹"，并希望"出版业成为湖南的一个王牌产业"。李冰封与于光远两人也因此结识，后续又合作出版了多部图书。

这些成绩的取得，也离不开李冰封提议组建的出版智囊团、思想库——湖南省出版局审编委员会的贡献。1985年3月4日，在李冰封主持下，出版局成立湖南省出版局审编委员会，局长李冰封担任主任，副局长黎维新、刘孝纯与局顾问胡代炜任副主任，出版社主要代表黄起衰、锺叔河等31人为委员。审编委员会每年召开两次会议，主要讨论选题和编辑工作中遇到的重大问题，包括参与选题计划的论证，对一些重大题材的书稿、一些内容难以把握的书稿和抽选的已出版的图书进行审读，发现问题及时提出建议。省属各出版社也相继成立了社审编委员会。借力审编委员会，出版局与出版社充分合作，引领出版湘军这支劲旅在出版事业中屡建奇功。

李冰封始终强调出版要把社会效益放在首位，并且专门撰文阐述了出版物的社会效益问题。1988年6月7日，在湖南省有关部门代表国家新闻出版局和中国出版工作者协会向老出版工作者颁发荣誉证书的大会上，李冰封作了题为"我们是修路工和铺路的石子"的主旨讲话，强调作为出版工作者，既要做人类走向进步、走向文明、走向富裕的修路工，又要做铺设道路的石子。他认为，这个行业要求出版工作者做默默无闻的工作，作自我牺牲，从事这个行业要有"为他人作嫁衣裳"的精神。他重视出版的理论建设，鼓励湖南出版界开展出版学科的学术理论研究，提倡遵循"百家争鸣，百花齐放"的方针，鼓励理论研究联系出版工作实际，解决实际问题。他在离任之际，还担忧着出版行业的现状和未来，担忧出版行业"滑坡"，有价值、质量高的图书印数少，学术著作、大型丛书出版困难等问题。他希望出版界解决业务队伍中的"断层"问题，培养和提拔一些年轻的"后备军"。

李冰封离休前浓墨重彩的一笔，是策划出版了《社会主义初级阶段理论探索丛书》。1987年10月25日至11月1日，中国共产党第十三次全国代表大会在北京召开，提出了"社会主义初级阶段"理论，在党内外、国内外都引起了非常积极的反响。12月，中共中央办公厅成立了社会主义初级阶段理论研究联络小组。之后，李冰封与黎澍、李锐、于光远、曾彦修等商议出版一整套关于社会主义初级阶段理论探索的丛书，于光远迅速与联络小组的同志电话沟通。联络小组两次在中南海约见李冰封等人，交流双方的想法。之后，从中央的社会主义初级阶段理论研究联络小组，到湖南省新闻出版局和湖南人民出版社，到国内理论界的专家，都将这套丛书的出版工作当成头等大事来抓。1988年2月，湖南省新闻出版局和湖南人民出版社在北京举办了丛书第一批作者座谈约稿会，参会的部级干部和著名学术权威专家就有40多人。湖南人民出版社编辑陈敬做了前期准备工作，湖南省新闻出版局副局长黎维新主持座谈会，李冰封汇报了丛书的编辑要旨、范围和筹备过程，并通报了工作计划：丛书初定约60种，1988年推出两批，每批10种；第一批推出时将在北京举行新闻发布会，第二、第三批作者约稿会适时在有关城市召开；对于在北京和在外地的一些专家学者，未及邀请参加座谈会的，由湖南人民出版社奉函约稿；由时任湖南人民出版社社长兼总编辑黄治正和经济读物编辑室主任吴辛负责联系和编发工作。会上，不少专家直接报上了图书选题。随后，在武汉、广州和上海先后召开了三次组稿座谈会。会后，李冰封以湖南省新闻出版局的名义向中共湖南省委和省委宣传部作了汇报。李冰封等人提

光荣在党50年，李冰封与夫人廖世英一起留影

出，第一辑入选的必须都是论述最重要问题的、质量最高和作者知名度高的图书。李冰封对丛书的编辑、装帧、印制、发行工作也极为重视，协调局、社、印刷厂、书店各方通力合作。李冰封和黎维新甚至直接抓发行工作，召集新华书店的负责人开会研究丛书的发行问题。丛书第一辑10本的作者是吴江、于光远和刘世定、龚育之、贾春峰、吴稼祥、曾彦修和张光璐、廖盖隆、冯兰瑞和江渭渔、王元化、田森，第一辑于1988年10月问世，首印12000套，很快销售一空，在理论界和广大读者中反响热烈。

问及李冰封工作中的事迹，他的夫人廖世英回答得最多的一句是"对不起，这个我不知道"。带着一丝好奇，在采访临近结束时，我们询问原因，她解释道："他的想法，从来不告诉我。"她说自己也是一个"埋头苦干，不管别人"的老编辑，而且直言："我还有一个顾忌，我是他的夫人，我不希望别人说我沾他的光。所以他的事情我不管，我只做好自己的事情。"知识分子清正脱俗和务实担当的特质在李冰封夫妇身上体现得十分充分。

壮心未与年俱老

李冰封是中国作家协会会员，数十年间笔耕不辍，离休后更是专注于文学创作，进入了作品高产期，分别在1994年、1998年和2005年出版了三本散文随笔集。廖世英说："冰封从小就喜欢阅读，喜爱文学，爱好写诗，在14岁时就有诗歌发表。"1994年，他在写给友人的信中说："现在每天看看书，有时也写些小文章，倒也怡然自得。对于许多使人看了感到恼火、心烦的事，基本上不去看，也不去想，使自己'眼不见，心不烦'，因为想也是白想，着急也是空着急。"

《李冰封散文随笔初集》和《李冰封散文随笔续集》书影

《李冰封散文随笔三集·华胥梦醒》展开封面

1989年8月,李冰封从领导岗位上退下来,接着办理了离休手续。他并未消沉,接连发表了《从红色革命到绿色革命——记姜亚勋等同志和"老战士林场"》《关于厕所文化》《关于剽窃》《对一种潜在危险的断想》《论编辑个人承包制不可推广》《孙子的书包重八公斤》等数十篇文章,主题涉及生态保护、公共卫生、义务教育改革、学术道德建设等各个方面,不少内容至今仍具有参考价值。廖世英说:"他离休后,喜欢写文章,喜欢出版。他是中国作协会员,他写的文章中起到很大作用的,就是三篇。第一篇是《关于厕所文化》,在日本考察时受到的启发,几十年前就提出来了;第二篇被广泛登载的文章是《孙子的书包重八公斤》,意思是要给学生减负;第三篇文章是《背犁》,是他在南县劳动的体验。还有就是联系我自己了,我是学画的,65岁离休以后开始学习,前15年学习,2008年以后开始参展,我所有画展上的字都是他写的,直到他去世前的第四天都还在给我写字。"夫妻二人一个喜好文学,一个爱好画画,从革命年代一路相濡以沫走到了新时代。

文学作品最忌讳主题虚无、内容空泛、言之无物,李冰封的作品恰恰相反,他的每一篇文章,都有清晰明确的主题,所有的排兵布阵都朝向这个目标,或横冲直撞,或迂回包抄,或无声袭击,所以他的文章很有力量感,给人以启迪。李锐在《李冰封散文随笔初集》序言中评价:"他的文章,言之有物,读后总要引起一些思索,注重文采,却又并不做作,我很喜欢这种风格。"于光远对此也非常认同,认为"李冰封在写作时是带着浓厚感情的"。周艾从在《思索——读李冰封散文随笔》中写道:"中国知识分子对真理的探索追求,对理想的执着,其承受磨难的强度与韧性,可谓世间少有……我们苦难深重的国土,以及多少代人饱受外敌侵凌的屈辱,赋予了中国知识分子一种神圣、沉重、苍凉的使命感。"

李冰封在《李冰封散文随笔续集》的后记中写道："我将年届七十。屈原在《离骚》中写道：'吾令羲和弭节兮，望崦嵫而勿迫。'……只能充分利用这剩下的不长的生命之路，努力写些有益于中国，有益于世道人心的文章，以求无愧于我心，无愧于鞭策、鼓励着我的前辈和朋友们。这也就是我出版这本《续集》时的心情。"在这之后，他又读书、笔耕20余年。2021年7月10日凌晨，李冰封去世，享年93岁。对于一个信奉唯物主义的革命战士来说，身后名也许不那么重要，重要的是，在湖南出版史乃至整个中国出版史上，要留下自己这一代人来过的印记。李冰封做到了，他带领出版湘军走过的那一程，留下了一大批好书，留下了创新和务实兼容的精神气质，留下了开阔包容的文化气度。

杨德豫

怀抱浓荫的骄杨

执笔人——**耿会芬**

杨德豫

　　杨德豫一生都没有离开过诗书的陪伴。30岁之前,他像一株骄杨,在诗书的沃土中恣意生长;30岁之后,在任何处境中,他内心始终怀抱着诗意的浓荫。到湖南人民出版社工作后,杨德豫成了《诗苑译林》的第一代编辑。这个曾经深刻影响过中国当代新诗发展的出版品牌,"有如大漠甘泉,汩汩流入荒芜的心田,造就了一片灵魂可以永远诗意栖息的绿洲"。

　　如今,《诗苑译林》的出版还在坚持,这条诗意的河流依然在流淌。每每说起杨德豫这个名字,湖南几代出版人都满心敬重。

从个性学生到部队青年

1928年，戊辰龙年，中华大地上风雨飘摇。中华民国成立才10余年，军阀混战，而南方的星星之火，还未形成燎原之势。

这一年12月，杨德豫在北平出生。相比于那个时代的绝大多数小孩，他的幼年是幸福的。父亲是史学、文字学和金石学大家——清华大学中文系教授杨树达先生。杨树达早年入读时务学堂，曾留学日本，有着深厚的传统文化修养和开阔的眼界。

杨德豫很小的时候，父亲就很重视把他的兴趣向诗歌引导，教他念《诗歌易读》《唐诗易读》《唐诗三百首》等。杨德豫在北平师范大学第二附小上二、三年级时，父亲开始教他学《论语》，一卷一卷讲解给儿子听，让他把20卷从头到尾学完了。八九岁的男孩子正是淘气的时候，哪能坐得住学古文呢？但在父亲的严格要求下，杨德豫还是把《论语》学了下来。

1937年5月，杨德豫的祖父在长沙病重，杨树达从清华大学请假回长沙照顾父亲。7月，卢沟桥事变爆发，平津相继陷落。杨树达写信叫家人都回到长沙。不久，北大、清华、南开迁至长沙，组成长沙临时大学，于1937年8月成立，1938年4月西迁昆明，成为西南联合大学。杨树达因父亲病情严重，决定留在湖南照顾父亲，接受了湖南大学的聘书。因此，一家人没有随清华西迁，而是在湖南辰溪住了七年，直到抗战胜利。

随着日军开始进攻湖南，为了安全，杨家从辰溪县城搬到乡下一个叫龙头垴的地方。那一年，杨德豫上五年级。

1940年，杨德豫高小毕业。因为他从小体弱多病，杨树达不放心让他到沅陵上美国教会办的雅礼中学，而辰溪当时没有中学，杨树达就请湖南大学中文系的学生教儿子初中课程。大学生们白天要上课，下午没课或者星期日的时候，杨德豫就到湖大宿舍找他的"小老师"们。杨德豫80多岁的时候还记得几位"小老师"的名字，其中，教他英文的是吴金庠。

杨德豫说，吴金庠有一个很严格的办法，就是叫他背书。吴金庠先把课文翻译成中文给他讲一遍，然后每篇课文都要他背下来。一套三册的初中英文课本，杨德豫在他的带领下背完了两册。背课文的好处很大，因为熟能生巧，课文背熟了，就很自然地知道英文该怎么说。语言学习，有入才会有出。无数次地流畅背诵纯正的英文段落和篇目，自己写起来自然也就正确。就这样，没有读过初中的杨德豫在背书中打下了扎实的英文基础。

英文学好了，国文也没有落下。1938年在宁乡的时候，杨德豫的小学课本全部是白话文。课本无法满足杨树达对儿子的国文要求，他买了一本民国初年出版的文言文语文课本，一课一课地教儿子。杨德豫的文言文基础就是在那时候打下的。1940年到1942年，杨树达请他的一个当时在湖南大学中文系任助教的女学生教儿子国文。杨德豫跟她学了《古文辞类纂》，大量地背诵经典古文篇目。那时候，杨德豫对中国古典诗词很感兴趣，即使父亲不教，他自己也会主动找这方面的书看。杨德豫记得，父亲有一个老朋友叫高步瀛，曾经是教育部的一个司长。高步瀛是桐城派文学家，编了《唐宋文举要》《唐宋诗举要》《两汉文举要》等书。他送了杨树达一套《唐宋诗举要》，杨德豫经常把这套书从父亲的书架上拿下来看。

在学习中，杨德豫强烈的个性已经显现出来。对自己热爱的东西，他会主动努力学习，孜孜不倦。整个少年时代，杨德豫对古文和英文一直保持着浓厚的兴趣。同时，他也爱看五四以来的白话文作品，鲁迅、巴金、郁达夫、沈从文的小说，曹禺的戏剧，冰心的散文他都爱读，特别是白话新诗，杨德豫不但爱读，还学着写。

1942年，没有正式上过初中的杨德豫以同等学力考上了湖南大学自办的云麓中学。高中三年间，他的国文、历史、英文成绩都名列前茅。

"少而好学，如日出之阳。"一个人的少年时代极其关键，因为在这个阶段，一个人心智的成长与开阔，跟身体的成长是同步的。人在少年时代有强烈的内驱力，主动追求到的读书和精神世界，一旦真正拥有过，就会牢牢地长在身上，伴随一生。

1945年，杨德豫遵循父亲的意愿，报考了湖南大学历史系，但他只读了一年。1946年夏天，杨德豫又报考了清华大学和中央大学。考清华大学的时候，他因为在考场上借墨盒被认为是"作弊"，试卷作废，清华大学没考上。一个月后他考上了中央大学外文系。

1946年，杨德豫到南京读书。杨树达很舍不得自己精心培养的儿子，可他怎么拦得住这位个性十足的18岁少年！临别的时候，父亲送了儿子很远，一直送到灵官渡才分别。杨德豫没想到的是，这一别，竟是父子永诀。此后整整10年，杨德豫都没有回过家。再次踏上归途，已是奔丧。

在中央大学外文系学习的杨德豫，因为学的是自己喜欢的专业，一改"顽劣"的面貌，规规矩矩地上课，认认真真地完成各项作业。中央大学外文系的教学水平很高，学生笔记、摘要、学习心得都要用英文写，这让杨德豫的英文水平有了很大的提升。

解放战争期间，学生运动轰轰烈烈。思想激进的杨德豫，自然成了学生运动中的积极分子。他在南京中央大学其实只读了半年多的时间。1947年夏天，杨德豫到上海外祖父和二舅家过暑假，正好清华、北大到上海招生。想起一年前被误认为"作弊"而落榜清华的经历，他决定再考一次清华，证明自己。这一次，他直接考上了清华二年级，成了清华外文系的学生。

杨德豫在前20年的人生里，像一棵钻天的骄杨，在绝大多数同龄人无法企及的优越环境中，尽情地吸取中西方文化的滋养，遵从着自己的心意生长。"骄"这个字，用在别人身上，大多带有批评的意味，可是用在杨德豫身上，却正好描述了他的个人特质：受过精心教育，才气胆量过人，相貌清朗俊美。这样的特质让杨德豫比其他人更追求自我，更大胆激进。对于普通人追求的东西，如名和利，他可以看得很淡；对于自己认定的事情，他会在内心定下远远高于"普通"的标准，力拒平庸。但也是这骄人的资质，让杨德豫30岁之后的人生，较普通人而言，遭受了更残酷的打击和消磨。

1949年1月底，北平和平解放。中国人民解放军第48军准备南下，干部紧缺，尤其需要知识分子的加入。动员之下，21岁的杨德豫报名参军。他给自己改了个名字——江声。此后，他一直使用"江声"这个名字，直到1980年才正式恢复本名。在部队里，杨德豫因为文化程度高，成了"笔杆子"。他学习了一些关于采访、通讯和办党报的知识，被分配到142师宣传科，4月24日开始南下。

1950年，新华书店和出版社还没有分家，出版社是新华书店的编辑部，中南新华书店出版《老苏区通讯选集》，第一篇《回到井冈山》就是杨德豫和几个人合写的。1949年4月到1950年6月，142师驻扎在江西吉安。师里的小报是《战斗报》，杨德豫是编辑主力。1950年7月初，48军统一办报纸，把杨德豫从师里调到军部。48军的军报是《奋进报》，报社分成军事组、政治组、教育组、文化组，一张报纸四个版，一个组负责一个版，杨德豫是教育组的组长。因为只是一个排级干部，所以，虽然他分工管一个组，但还只是个见习编辑。

1957年的"大鸣大放",由中央发起,各个地方"鸣放"都很热烈。外面的风声也吹进了部队里。由杨德豫发起,报社的好几位同事联名写了一篇文章,要求"鸣放"。不久,广州军区开了一场报刊座谈会,有二十几个人参加,杨德豫被安排第二个发言。他的发言非常大胆,他批评了广州军区领导的压制,表达了报社的诉求。

6月8日《人民日报》上发表社论《这是为什么?》,吹响了反右派斗争的号角。很快,杨德豫就被划成了右派分子,成了被批判的对象,被遣送到湖南大通湖农场劳动。

诗书境界从未丢

1958年6月,杨德豫来到洞庭湖畔的大通湖农场劳动。那一年,他30岁。人生的前30年里,他几乎是以诗书为伴,做的都是跟文字打交道的事情。从到达农场那天起,他干的全是体力活,在这里整整劳动了20年。在这20年间,他大多数时间在生产队第一线,跟农民同吃同住同劳动,有两年半是"摘帽子"以后调去农场宣传部办小报,还有四年是在农场子弟学校教书。

对于这20年的经历,杨德豫很少向人提及。在为数不多的当时跟他有交往的人眼中,那个时候的他,内向、寡言,几乎不怎么跟人打交道,一有时间就默默地看书学习。

肖克勤在《怀念杨德豫先生》一文中,回忆了杨德豫在农场艰苦的环境下坚持学习的场景:

初次见到先生是在1969年元月(彼时,杨德豫已经在农场劳动了11年),我们二分场各队冬修任务是疏通河坝至老河口那段河道。

杨德豫写给翻译家飞白的信

他是四队职工，我在一队接受再教育，为了提高效率，我们两队劳力都共同吃住于二队。晚上就同在二队的大会议室（其实就是一间大一号的茅屋）摊个地铺，只求把身子放倒就可以了。那场合的吵闹，可想而知。大声的叫喊、小青年的追打，夹杂着劣质的烟草味。却有一个中年人的地铺就摊在正中间，正心无旁骛地看一张《光明日报》。有人告诉我，那个看报的人就是"右派分子"江声，他是著名的翻译家。室内是一只大约二十五瓦的灯泡吊在中央，我想，先生把地铺摊在房中间，取的就是多一点灯光。从天黑到大约晚上十点，有三个小时左右，所有土胡子（当时农场职工自命的称呼）打闹过了，房内逐渐归于平静，工地负责人宣布熄灯睡觉。先生把报纸翻来覆去，好像把每个字都读了一遍，也才倒头睡觉。

此次冬修进行了十天左右，每天晚上，他都是如此。让我十分惊异的是，先生大隐隐于市、闹中取静的功夫和定力，没有十年八载乃至是童子功的修炼是很难达到的。

....

那年月，我们尚无固定工作，又比他小了十多岁，面对渺茫的未来，都放弃了学习。先生的学习劲头又从何而来呢？这个问题我一直藏于心底，一天工休时间，我和老白（白景高）在一起抽喇叭筒，便问老白。老白说，他呀，那是与生俱来的爱好，不让他看书，那会要他的命！

肖克勤回忆，他曾亲眼见过先生一次简直可以奉为经典的学习场景：

1975年的夏天特别热，一天晚上，我实在热得在房子里待不住，就拿把扇子到操场纳凉，远远看见操场对面的先生房子有灯光，但门没关。心想蚊子成阵，他为什么不关门呢？就跑去看个究竟。还没进门，先被吓了一跳。只见先生像一尊佛，坐在蚊帐内，专心致志在看书。手中蒲扇不停地舞动，但仍然汗流如洗！赤膊上的汗水在屁股下的竹席上积了好大一摊。当时我几乎什么话也没有说，只示意他小心脱水，他指指蚊帐内一个大茶缸，我才放心离开。热天把两脚插在水桶以防蚊虫是先生一到农场就自创的专利。

很多见过杨德豫的人都说，他是个孤僻的人。沉重的政治包袱，压抑的人生遭遇，蹉跎的劳改岁月，让曾经心高气傲、意气风发的杨德豫变得内向而寡言。可是，那颗在诗书中浸润的心，那棵长期在深厚的文化土壤中生长的生命之树，怎么会如表面一样冷漠孤绝？

曾任大通湖农场中学校长的陈守凡与杨德豫共事多年。杨德豫当时教语文课和英语课。陈守凡记得，除了上课和辅导学生，杨德豫很少跟其他人交流，总是把自己关在六七平方米的宿舍里搞翻译。为了不被打扰，有时他把房门从外面锁上，自己从窗户爬进去，给外人以家里没人的假象。

在每月工资只有六至九元的艰苦条件下，杨德豫忍着辘辘饥肠，从牙缝里省下钱，托在长沙的亲友订阅当时国内唯一公开发行的英文报纸《中国日报》。大通湖畔风雨飘摇，结束一天繁重的体力劳动后，杨德豫急不可耐地点亮煤油灯（肖克勤记得，他每月领到工资后第一件事就是到镇上买煤油和鸡蛋——他只会煮鸡蛋改善生活），在阅读中"宽解这郁结的愁肠，驱除白昼的思虑"。文字和想象，载着这个尘土满面的书生穿越漫漫黑暗，超脱无边孤寂，自由飞翔在诗书的天地之中。

天赋和勤奋使得杨德豫成为大通湖农场最著名也最受尊敬的右派

分子。在农场中学，他是语文教师的"活字典"，同事有什么不懂的就问他，他不用查字典就能解释得清清楚楚，还举出恰当的例子，让人一下子就能明白。肖克勤回忆说，他教高中语文的时候，因为当时学校没有图书馆，要找点资料或解决疑难问题，只有到河坝街上的新华书店去碰运气。而杨德豫，简直是一个"行走的两脚书柜"。只要不是闲聊，尽可以刨根问底地提问求教，杨德豫会极有耐心地跟肖克勤讨论，直到肖克勤满意为止。杨德豫的阅读面极广，更有极好的记性，他有时能准确地说出某一则资料出自哪本书的哪一页。当时学校组织老师批《水浒传》，可图书馆已经被砸，书店也没有《水浒传》卖，大家都不知道怎么批。杨德豫就绘声绘色地把《水浒传》讲给大家听。他不仅记得书中的人物和情节，还能把书中的诗词背出来，评价起各个人物也头头是道，让人听得如醉如痴，心下叹服。

吴长华讲过一个故事，记录了一个生动的画面：20世纪70年代的一个夏日傍晚，农场放映电影《南征北战》，大家都很兴奋。可放映机临时出了毛病，电影没看成，一群人只好悻悻地往回走。吴长华突然缠着杨德豫，让他口述一部看过的电影。见是自己的忘年交提出来的要求，又有全体青年"粉丝"的附和，为安慰大家有几分失落的心，杨德豫答应讲一部自己看过的苏联电影《彼得大帝》。于是大家就在路旁草地上席地而坐，杨德豫开始娓娓讲述。此时离他在广州观看这部电影应该已经过去了十几年，但他对电影情节的记忆无比清晰。生动的语言配以对听者的情绪调动，丝丝入扣的细节配以适当的肢体语言，在杨德豫口中，竟然像放映电影一样，故事一波三折地徐徐展开。电影故事戛然而止时，那些听故事的人还久久没有回过神来。

那时候的杨德豫，生命里有泾渭分明的两岸：当下的此岸，是严酷的生存环境，是无尽的体力劳动；而书报中的彼岸，是他人不可踏入的幽美之境，是他灵魂漫游的无尽远方。从彼岸汲取的泉水和养分，能抚慰此岸的内心和身体，让他在大通湖20年的岁月里，内心的芳草地依然繁茂丰饶、茵茵如许。

有境界的"译诗圣手"

杨德豫一生都没有离开过诗书的陪伴。对诗书的热爱，早在少年时代就已经深深地刻进了他的骨子里。命运多舛，人生路途上有烈日也有风雨，诗书始终能给他一片精神的荫凉地，即便是在最艰辛的岁月里，他也始终守护着内心那片绿色的浓荫。

关于自己的翻译经历，杨德豫是这样说的：

我曾就读于中央大学和清华大学的外国文学系，似乎可算科班出身；但1949年2月离校参加工作以后，有九年多的时间都是用非所学，从事的业务工作与外国文学毫不沾边。"魑魅搏人应见惯，总输他，覆雨翻云手"，随后就是洞庭湖畔20年的劳改，比苏武在贝加尔湖畔劳改的时间还长一年。其间"此可记也"的经历有：开除干籍，月工资六元至九元，工伤致残，感染血吸虫病，亲人反噬，爱侣抛离，几次与死神迎面相逢却又失之交臂，如此种种，堪称奇遇。嗣后星沉路转，"迁者追回流者还"，1979年乃能就业于一家省级出版社的译文编辑室，在旷废了30年之后总算是"归队""学用一致"了；但八小时以内的业务都是审校别人的译稿，至于自己的翻译，纵然是应国家级出版社之约而译的，也被视为个人的"私活"，只能利用零零碎碎的业余时间。1992年离休后，好像时间全归自己支配了，但就在这一年发现了颇为麻烦的心脏病，住院疗养达一年多；1994年10月把最后一部译作向出版社交稿以后，就遵医嘱辍笔，除了对几种旧译断断续续作一些修改外，不再从事新的译述。

这是杨德豫的谦逊之语。其实，他的翻译实践，早在部队工作的时候就已经开始了。1956年初，周恩来总理作了一次关于知识分子的报告。时代的风潮吹到了部队，杨德豫学外国文学，也尝试过翻译一些外国诗，他有了转业到地方去搞外国文学的想法。

对于外国诗歌，杨德豫是敏锐的。1957年，他在广州一家旧书店翻到一本英文版的《朗费罗诗选》，他立刻想到，1957年正好是朗费罗诞生150周年，世界文坛很可能会纪念这位文化名人。后来，果然如杨德豫所想，人民文学出版社在1957年出版了朗费罗的长诗翻译本。1958年初，一部署名为"江声"的《朗费罗诗选》和彭斯诗歌译稿寄到了人民文学出版社。"江声"便是杨德豫的笔名。此时杨德豫虽已被划为右派，但还能以党员的身份参加会议，照常工作。1958年4月，人民文学出版社给"江声"回信，同意出版他翻译的《朗费罗诗选》，《彭斯诗选》则出版他和王佐良合译的版本。另外，人民文学出版社还约他翻译一位澳大利亚诗人的诗选。

在那一刻，诗歌翻译出版似乎给杨德豫打开了希望之门，让他看到了门外遥远的光彩。1959年10月，《朗费罗诗选》在人民文学出版社出版，译者署名为"杨德豫"。

在当代诗歌翻译领域，杨德豫是一位公认的优秀翻译家。他在英语格律诗的翻译上不断地进行尝试与探索，将诗歌翻译与诗歌研究结合起来，在实践中形成了自己独到的风格和见解。1998年，杨德豫翻译的《华兹华斯抒情诗选》获得了第一届鲁迅文学奖文学翻译奖。

曾任人民文学出版社总编辑的著名翻译家屠岸说："在现当代英诗

屠岸与杨德豫（右）在交谈

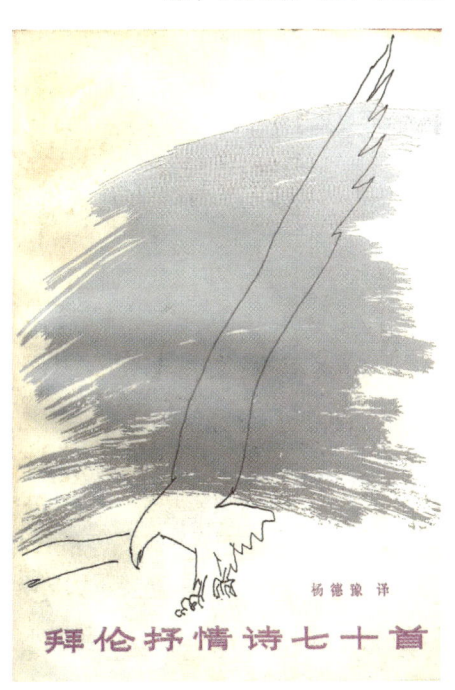

杨德豫翻译的《拜伦抒情诗七十首》

汉译的翻译家中，他（杨德豫）首屈一指。""对杨德豫，我是不吝惜称赞的词语的，因为他值。他翻译的量不多，面不广，但精益求精。他是译诗天才，也可称为译诗圣手。"杨德豫翻译的《拜伦抒情诗七十首》被诗人、翻译家卞之琳誉为"标志着我国译诗艺术的成熟"。

在译诗这件事上，杨德豫对自己的要求非常高。在他看来，译诗一事，虽然辛苦，却是一个高度审美的过程。他说："以格律体译格律体，译诗在节奏和韵式两方面都严格追步原诗，诚然并非轻而易举，诚然要付出艰辛的劳动，但也决不是什么'带着脚镣跳舞'。对一个熟练的格律体译者而言，必要的法度或规矩决不会像脚镣那样妨碍他的舞步，相反，只会帮助他跳得更从容，更潇洒，更飘逸，更轻盈。"

诗是语言的艺术。杨德豫在语言上极其讲究，他的用词用字，是艰苦地探寻"美"的过程。他决不肯蹈常袭故，沿用陈词滥调。正如屠岸所称赞的，他"把汉字汉文像手中的泥团那样，按照自己的意志，根据原文要求，用来塑造文学形象，能达到这样的程度，实在不易"。

《诗苑译林》的编辑

1978年12月，杨德豫被调到湖南人民出版社工作。这一年，湖南人民出版社成立了译文读物编辑室（以下简称译文室），出书的重点是优秀外国文学作品的中文译本。除了外国长短篇小说、散文、传记文学、戏剧等门类以外，译文室在1980年和1981年也陆续出版了一些外国诗歌作品。1982年初，著名诗人彭燕郊建议译文室出版一套外国诗歌名作的中译本丛书，并提出了关于这套丛书内容的设想。出版社领导和译文室都欣然同意了彭教授的建议。丛书定名为《诗苑译林》。

在这期间，杨德豫因为患肺气肿住进了疗养院。1982年10月他出院以后，就接手了《诗苑译林》的编辑任务。著名作家萧乾在名为《长沙出版界四骑士》的文章中，对四个人和四套书大加赞赏，分别为：锺叔河和《走向世界丛书》、杨德豫和《诗苑译林》、李全安和《散文译丛》、曹先捷和《世界著名学府》丛书。因为《诗苑译林》，杨德豫在出版界的地位牢牢地奠定了。

《诗苑译林》这片外国诗歌的蓁蓁树林，这片充满了清新之风的诗意绿洲，与两个名字紧密相连：杨德豫、彭燕郊。杨德豫在《彭燕郊教授与〈诗苑译林〉》一文中谦虚地表示："这套丛书的具体编辑业务，虽然是由我和译文室的同事们负责处理的，但彭燕郊教授实际上是这套丛书的'精神领袖'或'社外主编'，业绩斐然，功不可没。《诗苑译林》丛书的广大读者，以及更广大的外国诗歌爱好者，都会对彭燕郊教授怀着历久不渝的敬意和谢意。"

时任湖南人民出版社社长的黎维新曾说，杨德豫虽不是名义上的丛书主编，但在工作中始终起着核心骨干的作用。除精心编校译稿之外，他凭借自己在国内翻译界和学术界的广泛人脉，策划了部分诗歌选题并组织稿件。更为关键的是，杨德豫全面负责审稿工作，对译文质量严格把关，不仅保证了丛书整体质量，还对整个译文室起到业务指导的作用。译文室主任夏敬文退休后，杨德豫承担的责任更多。

刚毕业的管筱明来到译文室，亲眼看到杨德豫工作时的场景："湖南人民出版社当时办公条件不好，夏天特别热的时候，他关起门来光着膀子编稿，长期吃食堂，一干好多年。"无论是做翻译，还是当编辑，杨德豫都极其谦虚严谨。对待译文，他总是精益求精。他虚心听取别人意见，书出版以后仍然不厌其烦地改，以待重印时修订完善。管筱明记得，有次看到杨德豫在编辑《雪莱诗选》，当时还是个年轻小伙子的他直率地指出其中的问题，杨德豫非常高兴，马上记下来，改版时就改正了。

令管筱明印象深刻的还有一点，就是杨德豫虽然中英文功底深厚，但依然勤于查字典，厚厚的《英汉词典》被他翻毛边了。杨德豫的严谨深深影响了年轻的管筱明。多年后，管筱明担任出版社的行政领导，他说："我到办公室看编辑认真与否，就看他字典，字典翻得多，从案头方面说肯定是好编辑。"

杨德豫是老翻译家周煦良先生译作《西罗普郡少年》的责任编辑。杨德豫在编辑过程中，发现周煦良的译诗里有两处可能有错，就给他写信商榷。这封信，杨德豫没有署自己的名字，而是以"湖南人民出版社译文读物编辑室"的名义，盖了公章寄出去的。周煦良当时并不知道写信人是谁，就回信说："编辑同志，您指出了我的差错，的确是错了，没想到你们出版社还有这么好的编辑，这不但是我的幸运，还是Housman（霍思曼，《西罗普郡少年》作者）的幸运。"改后的译文果然更臻于完美。《西罗普郡少年》出版的时候，周煦良先生正在上海市华东医院住院，他拿到这本书时非常高兴，说这是他毕生的心血。一个好编辑，以高度的专业水平，了却了一位翻译家一生的心愿。

《诗苑译林》是五四以来我国第一套大型外国诗歌中译本丛书，从1983年开始推出第一本，到1992年停止，10年间共出版外国诗集51种，在读书界享有崇高的威望，并于1991年获首届全国优秀外国文学图书二等奖。《诗苑译林》的内容包括：（一）译诗名家的专集，如戴望舒、梁宗岱、徐志摩、朱湘、孙用、施蛰存等人的译诗集；（二）国别诗选，如《英国诗选》《苏格兰诗选》《法国七人诗选》《俄国诗选》《苏联抒情诗选》《印度古诗选》《日本古典俳句选》等；（三）杰出诗人的诗歌选集或代表作，如弥尔顿、布莱克、司各特、拜伦、雪莱、霍思曼、雨果、普希金、莱蒙托夫、谢甫琴柯、屠格涅夫、涅克拉索夫、勃洛克、叶赛宁、叶夫图申科、狄金森、聂鲁达、哈亚姆、泰戈尔、纪伯伦等人的诗作；（四）现当代外国诗选，如《英国现代诗选》《法国现代诗选》《请向内心走去：德语国家现代诗选》《北欧现代诗选》《西班牙现代诗选》《美国现代六诗人选集》《美国当代诗选》《日本当代诗选》等。

参与丛书的翻译名家，除已出版译诗集的各位名家之外，还包括冰心、卞之琳、罗念生、郑振铎、金克木、沈宝基、周煦良、王佐良、赵瑞蕻、杨苡、查良铮（穆旦）、杨德豫、绿原、屠岸、江枫、林林、方平、袁可嘉、郑敏、魏荒弩、陈敬容、北岛、王央乐、吕同六、罗洛、申奥、邹绛等。这些书名和人名组成的辉煌阵容，在今天是难以想象的。

《诗苑译林》自出版以来受到了广大读者的热烈欢迎，也受到了专家、学者、诗人、翻译家们的普遍重视和高度赞许，产生了重要的影响，在很大程度上构成了中国当代新诗的诗学源头之一，成为一代中国诗人学习写作的必读书，为当代新诗的发展方向提供了极为关键的参照。丛书中有一些书初版以后曾多次重印，有的重印达十次以上，如《拜伦抒情诗七十首》《雪莱诗选》《普希金抒情诗选》累计印数都高达数十万册，成为风行一时的畅销书。有读者评论这套书："有如大漠甘泉，汩汩流入荒芜的心田，造就了一片灵魂可以永远诗意栖息的绿洲。"

北岛在回忆文章中曾说，这套丛书"有一套很严格的选稿与译校制度。首先要和主持《诗苑译林》丛书的彭燕郊先生协商，提出选题计划，再由懂外文的资深编辑对译本做出评估，提出修改建议，并最后把关"。正是严谨的编选态度与审稿原则，使得这套丛书在出版后得到广泛的赞誉，被冠以"世界诗库"的美名。著名作家施蛰存在给杨德豫的信中说："五四运动以后，译诗出版物最少，《诗苑译林》出到现

《诗苑译林》书影

《诗苑译林》中的《西罗普郡少年》书影

《诗苑译林》中的《英国维多利亚时代诗选》书影

《诗苑译林》中的《戴望舒译诗集》书影

《诗苑译林》中的《拜伦抒情诗七十首》书影（杨德豫翻译）

在，发表译诗的数量，已超过了1919至1979年所出译诗的总和。"

因为《诗苑译林》，中国读者认识了庞德意象派的明快与简单，又被引入艾略特"荒原"的迷宫，开始了诗意生活的幻想。作家、翻译家萧乾曾说："我特别喜欢湖南人民出版社的那套《诗苑译林》丛书，像普希金、拜伦、雪莱的诗和屠格涅夫的散文诗，一套真被我爱上了的书，我可以读上许多遍。"

2011年底，新版《诗苑译林》丛书出版工作启动，杨德豫先生非常支持新版的出版工作，他不但提出了非常好的纲领性的策划建议，还亲自动手重新修订一些译诗版本。即便在病床上，他也常常和编辑电话探讨、书信交流。

见过晚年的杨德豫先生的人，无不称赞、感慨先生气质端庄、清雅、宁静，目光清澈淡然，笑容如秋阳般和煦，宛若一首待写的诗。

湖南文艺出版社2012年版《拜伦诗选》的责任编辑徐小芳回忆说，2011年，计划重新启动《诗苑译林》的编辑傅伊去杨德豫先生家中拜访。那时他的身体状况已经很不好了，腰上还绑着支撑的钢板，坐一会儿就要躺下来休息。尽管这样，他还惦记着《诗苑译林》，惦记着译稿。得知《诗苑译林》要重新启动，他把凝结着自己心血的《拜伦诗选》以极低的条件（几乎是免费）授权给湖南文艺出版社使用。徐小芳记得，书稿在编校过程中，有一个词"幽美"被校对统一改成了"优美"，杨德豫先生看到校样后，先是打了个电话过来，很激动地批评，说这个改动破坏了诗歌语言的意境。几天后，他又特意写了一封信过来，详细地告知在哪种词典的哪一页第几条有此种用法，这个词尽管现在用得不多，却是合乎规范的现代汉语用法。

2012年4月7日，杨德豫给湖南文艺出版社时任社长刘清华和时任党委书记胡勃写了一封信，说明了自己的身体情况。他说："我决定不做手术，不做放疗和化疗，我在服用提高免疫力的药，也不过是为了延缓一些时间。因为今年我有六本书（外研社一本，时代文艺两本，吉林人民一本，湖南文艺两本）要出版，我一定要在生前看到这六本书的出版，可以说是我生命最后的回光返照，也可以说是我献给人世的告别礼物。见到这几本新书出版以后，我就可以含笑瞑目了。"

在这封信中，杨德豫平静地表达了自己如何看待生死："我不敢吹牛说我'视死如归'，但我已84岁，一身是病，活得很苦，对死亡确实并不害怕。从确诊为癌症直到现在，心态始终平和稳定，并没有精神紧张或情绪低落，'惊慌'和'恐惧'更是一点影子也没有，好像癌症对我的心情毫无触动似的，连我自己也感到奇怪：莫非我的心灵已变得麻木了？"

不，这颗丰饶的心灵，并没有变得麻木。因为杨德豫先生的精神境界，已经超越了个人的得失与悲欢。他写下的诗句，比写字的手更为不朽。杨德豫已经把个人的生命，寄托在更高、更久远的价值之上。

傅伊在怀念杨德豫先生的文章中写下："接到杨德豫先生最后一个电话，按下通话键，耳边传来急促、略微高亢的声音，'傅伊同志，我是杨德豫。我接到你的信了，很感动……'他说他目前健康状况很糟糕，剩下的时间不多了，虽然医生和女儿鼓励他，但他心里很清楚自己的身体状况。他反复地道歉，因为他在再版工作中帮不了我们。"

彼时，杨德豫已经离休20年了，他为什么会在电话里"反复地道歉"？也许，《诗苑译林》那片诗意的绿洲，在他心中是难以割舍的生命事业。

2013年1月14日，武汉，医院对陷入昏迷的杨德豫实施第一轮抢救，他苏醒过来的第一句话是对女儿说的："小煜，我爱你！我永远爱你和妈妈！"1月23日，杨德豫先生去世。这棵曾经撑起诗意浓荫的骄杨，在冬日寒风中飘落了最后一片叶子。

洪长春

战士无畏拓新章

执笔人——张洵　胡楚意

洪长春

　　洪长春的一生，是身为战士的一生。

　　在中国人民解放军队伍中，他虽不是上阵杀敌的勇士，但以笔为枪已显斗志高扬、无惧无畏的风采；在出版社，他已不是早年的军人身份，可恪尽职守、无私奉献却是他不曾稍忘的内心律令。时代的洪流滚滚，汹涌向前，洪长春也曾是其中一颗微不足道的沙砾，沉寂多年。但当重新获得大显身手的机会时，他又能成为一名所向无敌的战士，冲锋陷阵立下新功。

军人本色作风硬

晨光熹微，伴随着清脆的铃声，一辆自行车缓缓驶至湖南教育出版社楼下。来人五十几岁的年纪，鼻梁上架着一副眼镜，一身中山装显得精神干练，明明常年伏案工作，下车时身板依旧挺拔如松。

时针还未抵达八点，不过，提前一刻钟上班是洪长春的习惯。身为总编辑的他不仅自己守时，对其他人也有同样的要求。迟到的人难免要挨批评，久而久之，不少人都对洪长春心生敬畏。在大家的心里，总编辑成了"严肃"的代名词。

严肃背后的缘由可是说来话长。这位"出版湘军"的代表人物原来是个地道的东北汉子。1929年，正值春风吹化松花江冰面的时节，洪长春出生在辽宁沈阳市郊。洪家以务农为生，拥有一定田产，生活算得上安逸。年幼的洪长春因此拥有识字看书的机会，常常抱着书入迷，一看就是一整天。见他如此爱书，祖父做主将他送进学校，让他走上了一条与父辈截然不同的道路。

此时，日寇的铁蹄已踏进中国东北。伴随着伪满洲国的建立，日本的精神侵略渗透到教育的方方面面。被迫学了六年日语的洪长春始终没有忘记自己是中国人。在学校里，在大街上，他见过太多日本人对中国人的迫害，也看到许多在困境中坚守的中国人，这些让他在心里埋下一颗小小的种子——"少年强则国强"。在艰难的日子里，他能做到的唯有埋头苦读。

抗日战争的胜利让洪长春倍感欢欣鼓舞，也令他更加坚定读书报国的信念。然而，国民党坚持独裁统治，时局纷乱，自小热爱文学的他在心中燃起了"新闻救国"的理想，于1947年考入私立辽东学院新闻系。

洪长春在军中的留影

上大学的机会来之不易，洪长春却在不久后做出了一个令所有人震惊的决定——退学。彼时，沈阳等大城市虽仍属于国民党统治区域，但深谋远虑的共产党人已在东北农村占据先机。接受共产党先进思想的洗礼后，洪长春毅然离开家乡，不顾危险奔向辽北解放区，这成为他养成军人作风的起点。

报名参军当日，洪长春就被分到一六二师的《尖兵》报社，当起了油印员。年轻气盛的他迫不及待地想要上手，趁着其他人被叫去接电话的工夫，偷偷拿起铁笔在蜡纸上刻了一会儿。谁知这铁笔根本不听他使唤，刻出来的字歪歪扭扭。见他闯了祸，编辑老徐语重心长地说道："你是来革命的，不是来闹着玩的。军队里要守规矩、讲纪律，比在学校严得多。你跟着大伙儿好好学，好好干，以后咱们的编报重任可是要交给你的。"洪长春牢牢记下了这段话。在铁笔、钢板和废蜡纸堆中，他逐渐磨炼出编辑所需的耐心与细心；在日复一日的军队生活中，他从热血少年迅速成长为铁血战士。

亲手印出来的报纸散发着淡淡油墨香，望着上面整齐排列的方块字，洪长春不由对写文登报心生向往。机会很快降临到他的身上，由于老徐岗位变动，他成为《尖兵》报社的编辑兼记者。洪长春相当珍惜这来之不易的机遇，在辽沈战役和平津战役中奔赴一线采访写作，屡屡立功。

中华人民共和国成立后，洪长春随大军南下至郴州，他与湖南就此结缘。一间宽不盈丈、阴暗潮湿的斗室既是洪长春与战友韩笑的宿舍，也是他们编写《部队通讯》的场地。在这里，他第一次读到韩笑的诗歌——《我们走过窗前》。对文学的热爱让两人一见如故，成为无话不谈的好友。即便后来两人天各一方，也未尝割断这份珍贵的情谊。而后，洪长春被调往湖南省军区《部队生活》报社。因为刻苦上进、能力突出，他很快就独当一面，被任命为编辑组长，在剿匪斗争中再度立功。

1952年5月，洪长春来到广州军区工作。在《战士报》报社，他得以进一步施展自己的才华，参与了全国人民对解放军的慰问、苏联最高苏维埃主席团主席伏罗希洛夫访华、解放军建军30周年等重大活动的报道，写过上千篇新闻、通讯和评论，并于1955年受到中南军区通令嘉奖，同年被授予上尉军衔。其间，洪长春也常写点诗歌散文陶冶情操。周末若是无事，他就会去也已调到广州的韩笑家拜访。两人往往是坐在桌前喝点小酒，拿出各自的新作交流；有时还乘着酒兴，当场作诗，一唱一和，好不快活。在《信仰与自信的赞歌》中，洪长春如是回忆这段美好的经历：

他（指韩笑）从1953年到广州，便开始了创作的多产期。我们都住在东山，从我住的梅花村到他住的乐明园，相距不远，直到1957年，大半周末我都是在他家度过的。每次去他家，他都必定把一些未定稿拿给我看，我成了他的诗的第一读者。

这一时期，洪长春的部分文学作品中亦可见浓厚的军旅色彩，如他以笔名"洪原"发表在《广州日报》上的《老根据地人的规矩》一文，便体现了解放军"不拿群众一针一线"的优良作风。

遗憾的是，这样充实且安定的日子很快被反右斗争打破，洪长春失去军籍，作为新闻战士的10年就此结束。这段军旅生涯却在洪长春的人生中打下了极深的烙印，他一丝不苟、高效负责的军人作风，也在日后的工作中展现得淋漓尽致。

1978年12月，洪长春得到在湖南人民出版社当编辑的机会。入职短短三个月，他便独立完成《论西周封建》的发稿任务。此后，在一人承担《今日长沙》组稿采编任务的同时，洪长春还协助日本讲谈社进行《中国的旅行》中《洞庭湖之滨的湖南省》一文的采写工作，并趁此机会拿笔记录了湖南的大好风光，以笔名"洪周"于《湘江文艺》《旅伴》《人民画报》《湖南画报》等杂志上发表游记或导览文章。文章旁征博引，体现了洪长春深厚的文学积淀。

因态度严谨、办事干练，洪长春复职不到一年便成为文教编辑室的负责人。三年内，经他组织制定的选题达120种，各种教学参考用书印行达5000万册。此时，全国出版业百废待兴，湖南开始组建一批专业性出版社。在此背景下，湖南教育出版社（以下简称教育社）于1982年3月正式成立。洪长春及其团队已积累了丰富的教育图书出版经验，遂成为教育社早期的骨干力量。

初建的教育社条件相当艰苦，起初员工还是在湖南人民出版社的三楼办公，后来搬到五楼会议室，用木板隔出一间间办公室，与其他出版社挤在一起。身为领导的洪长春也和其他编辑共用办公室，但他不在意，心里只装着一件事：把工作干好。

教育社成立之初，就收到来自四面八方的投稿，《朗读学》即其中之一，洪长春与同事马如俊担任此书的责任编辑。在附记中，作者张颂这样描述编辑们对于《朗读学》出版的帮助：

在本书出版之际，我首先想到的是湖南教育出版社的同志们。我同他们素不相识，但当我不揣冒昧，贸然把书稿寄给他们之后，不久就收到了他们热情鼓励的长信和精心审阅后的原稿。态度之诚恳，意见之周详，真是出乎意料，使我十分感动。在反复修改过程中，在与编辑部书信往来中，我又多次得到不少启发和有见地的指教。因此，我要向湖南教育出版社的同志们表示由衷的谢意！

洪长春与同事们在这份书稿上的用心也换来了高校师生的好评。《朗读学》先后获得广播电影电视部优秀教材一等奖、1987年全国高等学校优秀教材奖等奖项。1984年,教育社实行机构改革,由于能力出众,洪长春先后以副总编辑、总编辑的身份主持全社的编辑工作。

身为总编辑,洪长春不仅依旧保持严于律己的军人作风,对其他编辑的要求也相当严格。为使编辑们有制可依,他参与组织制定规章制度,严格执行各项规定。在终审时,洪长春总会仔细阅读之前的审稿意见,倘若发现不妥便会当即指出;如果发现编校差错率超过规定标准,就会按制度对编辑进行罚款。有的编辑曾被罚"巨款",遗憾之余加紧提升自己的编校技能;而从未出错的编辑多年后重提此事,面上都洋溢着自豪的笑容。应当说,这些举措对于刚刚恢复生机的教育界有极大帮助。教育社在编校过程中将差错降至最低,为师生学习提供范本,有绳愆纠谬之功。

制度虽然严格,坚持执行下来,编辑却从中受益良多。为了鼓励工作效率高的编辑,洪长春建立岗位责任制,超额完成任务的编辑可获得更多的奖金。在此基础上,他进一步对编辑们提出了目标管理,即每人每年提一个最能体现自己水平的选题,编发一本自己最满意的书稿,到书店参加一次售书活动,联系一所学校或一个读者群。这些举措为编辑指明了提升路径,也大大激发了大家的工作热情。

对社里的利益,洪长春看得很重,制定了一整套关于经费审批的规定。几年下来,教育社从未发生多领稿费、多报费用等问题。他自己也以身示范,出差时曾主动向编辑李章书提出合住一间房,以节约经费,可见律己之严。

"不以规矩,不能成方圆",严格的背后是洪长春对教育社的责任心和对员工的关爱。他重视编辑队伍建设,为保持队伍的水准不怕得罪人。曾有一名退休的政府干部到教育社求职，洪长春一口拒绝："我们要的是老师，不是行政干部。"在用人方面，他却又能不拘一格用人所长。对于社里编龄不长但从前都是做文字工作的老同志，洪长春给予他们充分的信任，让他们发挥自身特长，负责各自的选题及书稿的审核。在育人方面，他采取的是因人施策的办法。中青年编辑基础薄弱，洪长春便鼓励他们继续深造，并在征得社党委会的同意后，针对这一群体积极开展培训，由他主讲的课程或讲座总是受到大家的欢迎。对于新人，洪长春则常安排他们去学校教课，以了解师生需求，积累实践经验。后辈若有什么问题，洪长春也总是不厌其烦地解答。有年轻编辑曾好奇他在《战士报》的写作经历，他大方地与他们分享自己的心得——写东西不能光写主干，还得留心细节，就好比人平时走在路上，不一定会去观察两旁的树木，可这些细节在写作时必须体现出来，文章才会更加丰满。可以说，洪长春无论在用才还是育才方面都倾注了十分的心血。

洪长春曾言："好的编辑除了要具备优秀的编校能力，也要有组织能力，即组稿能力；还要有好的表达能力，和作者谈话或者参加出版座谈会时要会表达，人家才会把选题给你。"每年能否提出好的选题是他衡量一名编辑是否优秀的重要标准。高标准促进了高质量书籍的诞生。在洪长春担任副总编辑、总编辑期间，教育社推出的不少书籍有口皆碑，上百种图书打入国际市场，在万象更新的时代产生了良好反响。

稳中不改创新志

稳健、严谨、踏实是洪长春的特有风格，同时，他也有锐意进取、敢为人先的一面，这首先体现在他组织、策划的重大选题和参与组稿的文集、丛书上。

虽然就任于地方出版社，但洪长春策划选题绝不限于一省一地，而是敢于选择涉及范围更加广阔、时代意义更为深远的选题。为了制订出一个比较满意的选题计划，一年之中他往往有两三个月都在外奔忙，通过打通联络网、拓宽作者群，及时获取来自全国各地的、新鲜的选题线索。《中国现代教育家传》就是这样诞生的。20世纪80年代，教育出版业如一块荒芜已久的田地，亟待人们重新耕种。《人民日报》等报社的记者和编辑便向洪长春提出出版一部集结中国现代优秀教育家事迹的书籍的想法。洪长春深知，当下正缺乏这样一部既能为现代教育改革提供参考，又可为教师传道授业带来启发的开拓性书籍。于是，他当场拍板，争分夺秒地乘飞机前往北京与编委协商展开工作。1986—1988年，教育社一共出版了八卷传记集，收录了中国近现代123位著名教育家的传记。此套书内容全面且丰富，不仅为蔡元培、晏阳初等大教育家立传，也为陈独秀、胡适、钱伟长、贺绿汀等给中国教育事业作出贡献的革命家、文学家、科学家、音乐家立传。这套书既介绍了各位教育家教学的思想、理念和经验，又突出了他们良好的师德师风，为教师教书育人提供了榜样，在当时的教育界、知识界发挥了积极作用。

《中国现代教育家传》面世后，《人民日报》刊文称赞此书"让教育家的业绩常垂青史"，《光明日报》则连续转载了书中的《胡适传》，《文汇报》和香港《文汇报》等多家媒体也作出报道。此书开学术风气之先，影响甚至扩展到了海外，日本共同社发专电进行报道，强调这是"中国大陆首次为胡适、陈独秀立传"。

敢于创新的魄力让更多人注意到洪长春和他所在的教育社，也为他提供更多大展身手的机会，国家教委有关部门便委托教育社编辑出版《中国教育年鉴》。这套书涉及近半个世纪全国各地教育发展与改革，且其中地方教育一册的编纂属首创之举，并无先例可以参考。明知时间紧、难度大，洪长春依旧欣然接下这一开创性任务。此后，他与同事们齐心协力，组织了中央教科所及全国各省、区、市教委参与的写作队伍和发行网，并从社里抽调骨干力量组成编校队伍，以保证此书的权威性。

辛勤的耕耘换来收获的果实，《中国现代教育家传》在全国首届优秀教育图书评奖中斩获大奖，《中国教育年鉴》则在中南地区第四次优秀教育读物评比中位列甲等，可见教育界、出版界对于这样一批具有开创意义的书籍的欢迎。

在力求创新的同时，洪长春也立足实际关注教辅读物，多次组织编辑进行社会调查。由于广泛听取师生建议，及时对图书内容升级换代，教育社推出的教育读物在市面上大受欢迎，树立了良好的口碑。比如《小学生词语学习手册》一书抓住了当时部分小学缺乏字典的痛点，1986年10月首次印刷的数量就达到了112万册，此后又经数次重印，在当时的小学里基本上是人手一册。

忙于工作的洪长春虽不再提笔写作，但他对文学的热爱始终未变，时常在家中朗诵诗歌，也十分重视青少年儿童文学教育方面的选题。为此，他还曾策划出版过一套"亏本书"。一次，洪长春到河南开会，恰好与曾经的战友、诗人韩笑同住一屋。两人本就是因诗歌结缘，聊天的话题也自然与此相关。这时书店里的诗歌报刊和诗集虽然不少，读者却极难读到具有中国民族特色的新体诗。然而，这类诗集并非出版社关注的热门选题，韩笑因此感叹诗集创作出版之难。对于选题策划，洪长春素来有一套自己的认知。在他眼中，出书不是为了赶时髦，

洪长春参加全国书展

而是要考虑身上肩负的社会责任和图书的社会效益。想到市面上正缺乏丰富青少年美育体验的作品，他决心出版一套通过展现山水之美，引导青少年领略祖国美丽、了解祖国变化的山水诗集。两人商定以"山河恋诗丛"为丛书名。作为五四以来首次集中出版山水新诗的丛书，《山河恋诗丛》收录了大批具有民族特色的诗作，极大地促进了山水新诗的创作。尽管它带来的经济效益远不如当时教育社的其他产品，但正如洪长春在谈及选题策划经验时所说的那样，没有满足少数人的需求，没有实现社会效益，出版社同样没有尽到责任。敢于"逆流而上"，填补青少年美育建设的空白，也是需要胆识和勇气的。

身为全社编辑工作的负责人，洪长春在编制选题计划上真正做到了群策群力。"高、精、新"就是他确定选题的标准，只要符合这三项标准，无论是老编辑还是新编辑提出的选题，都会得到他的大力支持。1987年，儿童文学作家、"神笔马良"之父洪汛涛举办了全国少年儿童"金凤凰"写作大赛。比赛关注度高，作品质量上乘，参与的出版社都争着想要拿到出版权。编辑扈世伟认为这是一个不错的选题，就将此事汇报给洪长春。洪长春当机立断，鼓励他去争取获奖作品集的专有出版权。听闻此事的洪汛涛也非常爽快，直言："要在你们那儿出版的话，比赛奖品、奖金由你们出。"有了总编辑的大力推动，扈世伟顺利组织了大赛的评奖授奖会，《中国孩子写的童话——金凤凰》得以在教育社出版。忆及往昔，扈世伟感慨："洪总编这个人啊，只要他认为选题有价值，不管有什么困难他都会全力支持。"

化学专业毕业的青年编辑姚莎莎素来对人文社科类图书感兴趣，她有感于改革开放如火如荼、年轻学者十分活跃的盛景，提出了《博士论丛》这一选题。洪长春也并未因为她年纪尚轻、理科出身就认为她无法胜任《博士论丛》的责任编辑，反而让她大胆地放手去做，给予各项经费的支持。姚莎莎得以前往北京联系上中国社会科学院哲学研究所研究员叶秀山。一批来自中国社会科学院、北京大学、中国人民大学、中国政法大学等顶尖研究机构和高校的学者组成了编委会，他们精选优秀博士论文编辑成国内第一套博士丛书。该书兼具首创意义和极高的学术价值，被视为20世纪80年代最重要的学术丛书之一，其作者后来多成为20世纪90年代、21世纪初人文社科领域的学术带头人，影响极为深远。洪长春对年轻后辈的信任与鼓舞如春风化雨，极大地激发了他们的创造激情，促使他们提出一个又一个颇具创新性和前瞻性的选题，为教育社的发展增添了源源不断的活力。

除了带领同事们发掘新选题，洪长春还将目光投向港台和海外，这与他早年在广州工作的经历密不可分。当年，他曾与数位广州军区的战友建立起宝贵的情谊，但后来与他们失去了联系。改革开放后，为了弥补过去的遗憾，战友间的交往变得十分密切。据洪长春的儿子洪声回忆，当年家中有不少从广东来的客人，父亲还不时去广东出差，联络工作。

作为中国的"南大门"，广东北连内陆，南临南海，优越的地理环境使广东成为改革开放的前沿阵地。在与广东朋友的交往中，洪长春时时被他们开阔的思维和全新的见识感染，内心对新事物的兴趣、对创新的热情被激发出来。这在日常生活中也时有体现。当年，方便面在普通人眼里还是个稀罕物，洪家人却很早就品尝到了进口的日清方便面，家里的陈设也不乏一些新奇的舶来品。在工作中，洪长春也总能提出不落俗套的想法。

在与昔日战友、广东教育出版社总编辑汤中光的交往中，洪长春意识到可以引进一些港台与海外的优秀教育读物，供青少年开阔眼界。当时，国家新闻出版署外事司专员龙文善正热心于促成内地（大陆）

与港台、海外出版社的合作，在三方的共同努力下，湖南教育出版社与广东教育出版社联合编辑出版了从台湾地区引进的《科学寻根丛书》、联合国教科文组织编写的《亚洲合作丛书》等书籍。

这种联合出版模式是洪长春的又一创新。早在1979年，复职不久担任湖南人民出版社文教编辑室负责人的洪长春就提出中南五省（区）协作出版，开各省合作出版教育读物之先河。他提出五省（区）"一起组稿，互相执行"的新型编辑出版模式，即一套大型丛书，在同一时间由五家出版社各自负责其中一部分的编校工作，最后在五省（区）一同发行。这一提议得到汤中光的呼应。经过洪长春、汤中光等人的组织和推动，1980年，湖南人民出版社与河南、湖北、广东、广西的人民出版社联合出版了《关于中小学教学法》，共计12册。由于五家出版社都有所在省份的发行权，丛书发行范围得以扩大，总发行量逾800万册。其中由湖南负责编印的《小学语文教学法》就发行了102万册，《小学数学教学法》发行了96万册，一定程度上缓解了教师用书的"书荒"问题，为中小学教师的教学提供了实实在在的帮助。

1983年起，中南五省（区）教育（人民）出版社联合编辑出版了《中学课程辅导》这一套大型丛书。该书共计23册，总发行量接近3000万册，仅是湖南教育出版社编印的《初中物理、化学疑难解析》就发行了158万册，在教育界和出版界均产生了良好的影响。1987年，中南五省（区）又协作出版了由洪长春提议编写的《自能作文序列》丛书。此书同样大获成功，其中多本被中小学校选作教材使用。

中南五省（区）联合出版模式既节约了人力物力，避免了重复出书，又发挥了集团优势，拓宽了发行范围，增加了各社收益，真正做到了取长补短，合作共赢。

举办中南五省（区）教育出版社协作会议同样是联合出版模式中

的重要一环。五省（区）轮流作为主办方，每年举办一场协作会议，各社派负责人和部分编辑参加。会上大家交流面临的教育出版形势和先进的出版思想与经验，会议期间还举办图书展览和优秀图书评比，以期达到相互促进、共同发展的目的。这些活动，也进一步激发了编辑们编好书的热情。光是1987年，湖南教育出版社在中南五省（区）优秀教育读物评比中的获奖图书就达到35种。

发展到后来，社际之间的这种交流已不仅限于中南五省（区）之间，而是扩展到全国各地的教育出版社，黑龙江、吉林、辽宁、新疆、西藏、甘肃、云南等地的教育出版社都纷纷前来参加每年举办的协作会议。社际交流的内容还扩展到日常的工作中，一家出版社出了好书就会引来其他出版社学习，大家互相切磋互相启发，思路更加开阔，选题内容也更加深入，编辑们的思维和感觉在这样的碰撞中也变得越来越开阔和敏锐。全国教育出版社协作联合局面的形成大大激发了教育出版的活力，推动了教育出版的整体发展。洪长春还将这种协作出版模式延伸至香港地区，与香港文化教育出版社建立起协作出版关系。在此基础之上，湖南、广东、香港三地的教育出版机构联合出版发行了《港台中学生之窗》系列丛书。

联合出版模式的成功也让洪长春在全国30余家教育出版社中取得了较高的声望。1985年，在中南五省（区）于长沙召开的第十四次协作会议上，洪长春倡议筹建全国教育出版研究会，获得一致赞同。该会成立后，洪长春被推选为常务理事。

由洪长春等老一代教育出版人组织筹办的中南五省（区）教育出版社协作会议几经变化，如今已发展成为包括新成员海南出版社在内的中南六省（区）教育出版社工作会议。洪长春所倡导的协同发展、互利互助的精神在一届又一届的工作会议中、在一代又一代教育出版人的实践中得以延续。

此等创举并非凭空而来，洪长春之所以能拥有一双识别好选题的慧眼、一颗充满创新意识的大脑，还与他这些年一直坚持学习密不可分。由于早年退学，他认为自己基础比较薄弱，要策划出好选题，抓得住好方法，就只有通过学习炼就一双火眼金睛。洪长春长期订阅的一份杂志是《新华月报》。工作之余，他总会坐在办公桌前认真将杂志读完，从中了解国家政治、经济、文化、科技方面的最新动向，掌握学术发展的前沿动态。除了读书，洪长春还强调要广见闻。无论是各地高校、科研机构，还是外省的优秀出版社，他都会找机会去参观交流，增长见识。决策时的驾轻就熟展现出来的正是洪长春"读万卷书，行万里路"的深厚积淀，"稳中不改创新志"则是对他工作风格的最佳概括。

严厉背后是温情

提起洪总编，除了他敢作敢为、开拓进取的风格，同事们脑海中更多浮现出的还是他正颜厉色、不苟言笑的形象。在大家的记忆里，洪长春对工作质量的要求非常严格，批评下属时，常常整个走廊上都回荡着他的声音，这副威严的模样极易让不了解他的人产生误会。

其实，这些都只是表象，不能代表洪长春的内心。他提出的中南五省（区）协作出版等开创性想法之所以能够成为现实，正是因为全社上下团结一心、通力合作。这份凝聚力的形成，与他以温情待人的一面密不可分。

洪长春严厉，但并不摆领导架子，有些同事还亲切地称呼他为"老洪"。"老洪"对待工作专注认真，在生活中却有几分随和。初到教育社时，他一度有些好酒，有时放一小瓶在抽屉里，休息时偷偷抿两口解馋。

其他编辑去"老洪"办公室,闻到酒香便会笑道:"老洪,你又偷喝酒了!"他总是脸一红,而后表情严肃地岔开话题:"找我什么事?"下班后,洪长春更是仿佛变了个人似的,成了一位蔼然可亲的长者,与同事寒暄时话语中必定满是关怀。更何况,洪长春从不在批评过后戴着"有色眼镜"看一个人,他对员工总是一视同仁,处处为大家未来的发展着想。当年教育社评第一批副编审职称的时候,洪长春没有报名,但每一个参评同事所写的申报材料,他都会过目,帮着修改,甚至直接协助填写。参加评审会议时,洪长春帮每一名同事积极争取。对于年轻有才的编辑,洪长春也总是多有鼓励,支持他们竞争上岗。1984年,毕业不过两年半的编辑姚莎莎成功竞聘上高等教育编辑室副主任,洪长春相当认可投票结果,爽快批准。

粗放爽直的做派之下,洪长春有一颗细致的心。最初,有规定不许给社内编辑发放额外的编辑费,编辑们每月只有50多元的死工资。为了提升大家的收入,洪长春专门设置了编辑奖金,分为三、四、五元三个等级。这数额在今天听起来微不足道,可在许多人月生活费才七八元、猪肉不过一元一斤的年代,这笔钱足以让编辑们过得更宽裕些。发放奖金时,洪长春严格遵循公平分配、人人有份的原则,不看个人资历深浅、等级高低,轮流发给每一位编辑。若是这个月有人多得了一点,下个月就少拿些钱,反之亦然。

这种温暖的细节不胜枚举。对待在养育孩子和工作之间疲于奔命的女性员工,洪长春也能够将心比心,理解她们的艰辛。据曾经的数学编辑孟实华回忆,当年规定的产假只有70多天,洪长春考虑到哺乳期员工的不易,就将产假延长至三四个月。孟实华休产假期间,社里给员工发了橘子,洪长春亲自给她送到家里。事情已经过去30多年,再度提及此事时,孟实华仍然能回忆起当时内心受到的触动:"他一个

50多岁的人，骑那么久单车就为了送几斤橘子，我真的十分感动。"休完产假上班后，孟实华每天中午要回家给孩子喂奶，路上来回得一个多小时。了解到她的情况，洪长春很是体谅，特意准许她在家中办公。这种做法在当时应当是很超前的。

　　洪长春对任何人都满怀善意。在编印《中国现代教育家传》时，由于时间紧迫，洪长春与几位同事一同赴邵阳印刷厂进行现场校对。其间，印刷厂的一名员工不慎犯错，按规定必须扣薪水。那时印刷工的收入不高，养家糊口的压力不小，洪长春便为这名员工求情，让他得以免受处罚。

　　"图难于其易，为大于其细。"细微之处能见一个人真实的品行。教育社老员工至今记得洪长春那句"我们不求锦上添花，只求雪中送炭"。员工一切平顺时，洪长春是严格甚至严厉的，而在工作瓶颈处，在生活艰难时，洪长春是温暖的、充满人情味的。

战斗至生命最后一刻

　　作为文学青年，年轻时的洪长春不仅是位优秀的新闻工作者，还曾有往职业作家方向发展的潜质。从军期间，他发表在《羊城晚报》上的《妯娌》和发表在《长江文艺》上的《风沙夜》曾引起新文艺出版社的注意，两度来信约稿。只可惜随后开展的反右派斗争击碎了洪长春的作家梦想，1958年5月，洪长春被迫脱下穿了10年的军装。1960年，他得以摘去右派帽子，但再也不能回到从前的岗位上。在人生最好的年华，洪长春不得不待业在家。

　　困境之中，洪长春并未任岁月蹉跎，也未抛下对文学的热爱。失去工作的他仍坚持读书看报和写作，陆续在《长沙日报》《湖南文学》

等报刊上发表了《向太阳》《看孩子学走路》《一朵玫瑰》等杂文和小说。"三年困难时期"过后，长沙的学生人数大大增加，已有的公办学校无法满足学生入学的需求，长沙因此新设了近20所民办中学，一时教师队伍出现缺口。待业已久的洪长春看到了重获工作的希望，于是前往位于长沙南区的民办民建中学求职。他深厚的知识涵养和出色的口头表达能力为他争取到一个代课机会。上语文课时，洪长春总是神采飞扬，说起故事来更是绘声绘色。此后，洪长春又发挥自身特长，为长沙市工商局职工业余学校大专班讲授写作知识。这段教师经历虽然短暂，却让后来成为教育社总编辑的洪长春认识到，要想做好教育读物，还是需要到课堂亲身体验一番，才能真正了解师生们的需求。

1968年，洪长春离开教师岗位，成为长沙市煤球厂的临时工。未曾料到的是，这段动荡不安的岁月竟然持续了10年。此后的数年中，洪长春都与文字工作无缘，而是成了长沙市南区向阳整流器厂的一名供销员。直到1979年，洪长春才彻底得到平反，工作也得以重新步入正轨。在他过世之后，战友骆之恬这样描述他人生的最后十几年："这些年呵！为了追回逝去的年华，你不知疲倦地工作。一年到头，你总是风风火火，行色匆匆。你既是总编辑，也是辛勤的蜜蜂，为渴求知识的读者采集芬芳的蜜……"

从事编辑出版的这些年，洪长春一直处在一种高强度、快节奏的工作状态中，仿佛还是当年那名战士，永远都不会倒下。"一个战士胸前的红花何以永开不败？只因为它栽在人民心中，它为人民而开。"年逾50的他未曾忘却自己亲手写下的诗句，他要追回从前荒废的岁月，在有限的时间里更好地为人民服务。

1988年的秋天，临近花甲之年的洪长春离开了他所热爱的湖南教育出版社，由新闻出版署派往千里之外的朝鲜，担任中文专家组组长，负责协助朝鲜外文综合出版社工作。在平壤的700多个日夜里，他夙兴夜寐，不辞劳苦，以高度的政治责任感校阅了《金日成著作集》36卷、37卷，《金正日著作集》第一集，金正日所著的《论歌剧艺术》《电影艺术论》，朝鲜前外务部长崔德新的回忆录以及期刊《今日朝鲜》等书稿。许多时候，洪长春为处理好一份急稿牺牲睡眠时间，连夜加班。针对书稿中有时存在的翻译质量不佳的问题，他必先对书稿加以润色，再添上眉批提醒译者。在校阅之余，他会与其他专家一起，主动为朝鲜翻译人员办讲座，进行个别辅导。在中国驻朝使馆的支持下，洪长春等人还播放电影和录像带，以增进朝鲜翻译人员对中国的了解，更好地完成翻译工作。

洪长春勤勉敬业、友好协作的精神也获得朝方的肯定和赞赏。1991年3月14日，遵照金日成主席签署的朝鲜中央人民委员会政令，时任朝鲜国家副主席李钟玉向洪长春授予了朝鲜民主主义人民共和国二级友谊勋章。在授勋之后与洪长春谈话的过程中，李钟玉称赞道："……你来到朝鲜已是花甲之年，两年来，你不顾年高，工作一直兢兢业业，同我国同志团结合作，胜利地完成了金日成著作的中文版和其他中文书刊的出版任务。大家对于你对朝鲜人民的深厚感情，对于你工作认真负责的精神都很敬佩。祝你健康，继续为朝中人民的友好作出贡献。"

带着勋章、鲜花和掌声，洪长春重新踏上祖国大地。"老骥伏枥，志在千里；烈士暮年，壮心不已。"人们看到的是一位老当益壮的出版界前辈，却不知道，早在1968年，洪长春已被确诊患有风湿性心脏病，而他从未前往医院接受持续性治疗。

终于，长期的劳累引发了旧疾。回国不久，洪长春便住进了中国人民解放军第163医院。1991年7月27日，他的病情突然恶化。经多方抢救无效，与世长辞。即便是在去世前的那天晚上，洪长春还在与家人谈论国际形势、水灾以及未来的工作计划。纵使疾病缠身，他的心里始终想着国家、人民和事业。

听闻洪长春猝然离世的消息，他从前的同事都惊痛万分。与洪长春同为出版人的杨德豫、黎维新等人纷纷撰写诗文，沉痛悼念这位全心全意为人民服务的共产党员、拼搏一生耗尽心力的出版界战士。

忆及父亲，洪长春的儿子洪声在朋友圈中写下这样一句话："我们的将来是一道谜，谜底藏在我们的过去。"时过境迁，世事变幻，沧海桑田，出版业有了翻天覆地的变化，可这位老出版人留下的财富始终不朽。这波澜起伏、成就斐然的一生，正适合用洪长春的同事彭润琪为他所写的挽联概括——

十载从军倚马，二十载冲风履霜，又十载尽瘁书城，身行万里，人道是：久历艰危成硬汉！

几番领异标新，再几番钩深致远，更几番驰心异域，谊贯诸邻，吾叹曰：敢除陈陋是良才！

黄起衰

无私忘我的出版界"老黄牛"

执笔人——**贺娅**

黄起衰

　　在车上，在会议室的短暂休息时间里，在别人酣睡的深夜里，他的生命在消耗着，一分一厘地消耗着，消耗在一张张的稿纸上，一本本的新书中，一行行的红笔字中。不为自己，不为家人，不为权欲，不为私利，而是为了他人，为了作者，为了素不相识的陌生人……选择无名无利的编辑职业，黄起衰用自己58个年头的生命，替别人裁下一件又一件的嫁衣。

1929年9月，黄起衰出生于湖南长沙县北乡谭家冲，父亲是一位教书先生，他从苏轼赞誉韩愈"文起八代之衰"这句话取义，为儿子取名"起衰"，这个颇不一般的名字寄托了父亲对儿子的厚望。自此，一个"文"字贯穿了黄起衰的人生，无论是少年时进行文学写作，还是青年时从事文艺创作，抑或后来成为一名文艺编辑，"文艺"与他始终紧密地联系在一起，成为他人生中最为重要的一部分。

抗日战争时期，长沙沦陷，黄起衰流亡湘西，考入战时中学——湖南省立第十一中学（今岳阳市第一中学），在极其困难的情况下坚持完成了中学学业。黄起衰没有辜负父亲的殷殷期望，在中学时代，他的文学才华得以展露，经常在报刊上发表散文、随笔和评论作品，开始走上文学之路。因社会动荡，家境贫寒，中学毕业后，他没有继续深造，而是进入社会自谋生计，做过小学教员、印刷厂校对。1950年1月，黄起衰考入长沙市大众报社，成为一名以文谋生的专职记者。

1950年，这个经历过动乱、战争，一直以来颠沛流离的21岁青年，读了毛主席的《在延安文艺座谈会上的讲话》，对"文艺是为什么人服务以及如何服务"两个问题有了清晰的认识，作为文艺工作者的他如同找到了一盏指路明灯，前行的方向被照亮。他怀着一腔热情，决心深入火热的战争前线，成为"笔墨劲旅"中的一员。1950年6月，他毅然报名参军去了东北，在部队文工团从事创作。作为文工团战士，他曾三次奔赴抗美援朝前线，参加文艺宣传工作，在枪林弹雨中、在饥寒交迫中，体验战士们的生活，发掘先进人物和典型事迹，为创作收集素材。那些惊心动魄的经历和场景，化作了黄起衰笔下一个个生动而朴实的故事、一首首激励人心的诗歌、一篇篇富有见地的评论、一部部真实反映部队生活的话剧剧本。他用真挚感人的作品向在战火中抛头颅、洒热血的中国人民志愿军致敬，为中朝人民的深厚友谊写下了壮美的诗篇。而这名在血与火的战场上亲眼见证生与死的较量的年轻文工团战士，也在战火中得到淬炼磨砺，迅速成长。

倾心耕耘一片新天地

1954年，25岁的黄起衰转业回家乡工作，虽然他在转业建设军人登记表上填写的是"志愿从事文艺创作"，但报到时他发现自己被分配到了湖南人民出版社。从文艺创作到文艺编辑，虽同为文艺服务，但是角色分工却截然不同，文艺编辑是为文艺创作者服务的，隐身其后，是为他人作嫁衣者。志愿成为专职文艺创作者的他，在命运的指针指向另一个方向时，或许在一瞬间心底也曾有过一丝无声的叹息，但他还是坦然接受了组织的安排。这正是战士的本色——甘愿做颗永不生锈的螺丝钉，党指向哪里，他就在哪里战斗、立功。从此，他在出版的园地里躬身耕耘，直至生命最后一刻。

黄起衰在20世纪60年代初期就加入了中国作家协会，是"文化大革命"前湖南仅有的九名中国作家协会会员之一。凭着他早露的文学才华和对事业孜孜不倦的追求，不难想象，如果他一直坚持从事文学创作，也许会取得令人瞩目的成就，但是，黄起衰实现了从"文艺创作者"到"文艺编辑"的无缝衔接与完美融合。成为文艺编辑后，出色的文学才华与写作能力，赋予他对优秀作品敏锐的感知力与识别力。他敏锐把握文艺发展大趋势，广交作者朋友，密切关注作者的创作动态，善于发掘优质选题、组织优质书稿。

长期的编辑工作锻炼了黄起衰的眼力和笔力，在他看来，有时眼力比笔力更重要。1962—1964年，当时还是工人、业余作者的肖育轩陆续在《湖南文学》《人民文学》发表了《刘兰》《迎冰曲》《风火录》等几篇短篇小说，黄起衰阅读了他的作品，敏锐地意识到这个人将是文坛一颗冉冉升起的新星。于是，黄起衰约请肖育轩来到湖南人民出版社，洽谈短篇小说集的出版事宜。第一次来到出版社的肖育轩一想到要见到这位大诗人、大编辑，有些忐忑不安。一见面，黄起衰递过来一支香烟，肖育轩一看，大编辑抽的竟然是连自己这个穷工人都看不上的"火炬牌"香烟，一时间有点不知所措。当他听到出版社要跟自己约短篇小说集，更是有些惶恐。黄起衰微笑着对他说："你不久就会出一个集子的，只要这样勤奋地写下去。"这话对一名在文学道路上摸索前行的新人而言，是莫大的肯定，更是极大的鼓舞。谈话结束后，黄起衰让肖育轩留下吃饭，随后默默地走了出去。回来的时候，他一只手提着竹篮子，里面装着从食堂打来的饭菜，一只手端着特意跑大老远打来的酒。就是这样一顿凉饭凉菜和入口有点涩的白酒，让肖育轩感受到了编辑对作者的真诚，从此两人建立了长达20多年的深厚情谊。1978年5月，湖南人民出版社出版了肖育轩的短篇小说集《迎冰曲》，收录了其1962年以来发表的12篇作品。

有一次，黄起衰在报刊上看到秦牧的一篇文章《三十年的笔迹和足印》，提及自己花三年时间创作了一部反映华侨生活的长篇小说《愤怒的海》，却因"文化大革命"而未能出版且有部分书稿遗失。获知这一情况，黄起衰果断决定跟踪约稿，他登门拜访，与作者书信往来多次。他的一片热忱感动了秦牧。秦牧翻找出残留的书稿，并查找和搜集那些在动乱中散失但曾在报刊上发表的内容，终于使整部书稿"失而复得"。秦牧将书稿交给黄起衰，请他担任责任编辑。小说于1982

年出版，大获好评。秦牧感慨地说："我把这部书稿交给湖南出版并无别的理由，唯一的原因，就是他们首先向我约稿。我感谢那些目光锐利、注意作者们各种动向的编辑。"

编辑是一份艰苦的职业，唯有身在其中，才知其累。审稿是编辑一项十分重要的职责，黄起衰曾在《审稿与把关》一文中谈到了"怎样审稿把关"，这是他对编辑工作经验的总结，也是他知行合一的证明：

编辑审稿，要求对书稿的政治内容和学术、艺术质量作出基本的评价。编辑不仅是书稿的第一个读者，而且是书稿的第一个评论者。

要正确地评价一部书稿，首先要求编辑细心地阅读原稿，要逐字逐句地、逐章逐段地进行分析、研究。编辑看稿不能像平常读者那样一目十行地随便翻一翻，或者消遣似的大致浏览一遍，那样审稿是审不出什么名堂来的，一定要认真细致地阅读。有些重要书稿，看一遍还不行，要看两遍、三遍，真正把书稿看懂了，看明白了，才能对它的好坏作出判断，才能提出中肯的意见，作出妥善的处理。

成为文艺编辑后，越来越繁重的审稿、编发工作，使得黄起衰无暇创作，但他无怨无悔，把所有精力都用在发现好的选题、组织好的书稿、出版好的作品上。他像一支红烛尽情燃烧，照亮别人；像一团火焰，温暖了无数的作者。无数个夜里，他办公室的灯光一直亮着，他弯着背埋头于文山书海，一页一页、一篇一篇、一本一本地细致审读修改，把心血和智慧都倾注在编发的书稿中。虽然在编辑工作之余，他偶尔会写些诗、散文和文艺评论，但始终不曾有时间和精力重新捡起文学创作的梦想。文学界少了一颗璀璨的明星，而出版界多了一位老黄牛一样的耕耘者。

黄起衰曾在一次与朋友的交谈中说："我在部队经受了锻炼，认识到做人要有自我牺牲精神。做编辑工作，有苦有乐。当看到自己编的一本好书，在社会上产生了好影响，起到了作用，有说不出的高兴；看到一些年轻的作者在出版社编辑的帮助下，茁壮地成长起来，有说不出的欣慰。"

不平凡岁月里的坚持

1969年初，湖南省文化界一批有才华的知识分子被下放到郴州汝城县农村劳动，黄起衰就是其中一个。他到了汝城县马桥公社一个偏僻的生产队，住在半山腰的一个村子里。高度近视、身体瘦弱又患有哮喘的他，在一间黑黢黢的屋子里开始了那段特殊岁月里孤寂的生活，同大部分下放的人一样，远离亲人、朋友，正常的生活突然被按下了暂停键。

既来之则安之，黄起衰有一种异于常人的淡然。哪怕生活的苦已经如滔天巨浪般袭来，他仍泰然处之。可能是曾经的军旅生涯赋予了他不一样的坚韧品质——没有什么苦难可以压倒生命，活着就要竭尽全力，无论如何都要坚持下去。

到了农村的黄起衰依旧不改纯朴忠厚的本色，他为贫困的村民掏钱买药，帮村里读不起书的孩子交学费，给村子里少衣穿的人送去衣服，出钱请人将漂在小溪里无人认领的死婴掩埋……在那样艰难的日子里，他仍尽己所能去帮助身边更困难的人。他的无私换来了村民对他的爱护。村民们知道他身体不好，就不让他干重活；知道他生活不

湖南省出版局局长胡真（右二）、副局长胡代炜（右一）与黎维新（后排右一）、黄起衰（左一）欢送丁玲夫妇回京

1962年湖南人民出版社团支部合影（前排右一为黄起衰）

便，就经常给他送菜、送柴；路上相遇，村民们熟络地跟他打着招呼，好像他原本就属于这里。在那个贫瘠的山村里，在那个被阴霾笼罩的年代，人与人之间的温情和良善一直在传递。

黄起衰是省城来的大编辑、"笔杆子"的消息在公社传开后，他的"专长"被充分发挥起来。不管是做会议记录、填写各种报表材料，还是写汇报材料、写典型材料、写讲话稿，他从不推辞，都是微笑着应承下来。这些日常劳动之外的任务，让他更加忙碌了，他不得不背着行李，辗转在大队、公社、县里之间，过起"游击队"般的生活。但他依然是默默的、不引人注意的。

肖育轩和郭垂辉是工人，他们最先被调至郴州地革委宣传组工作。宣传组组长赵凤林是一位军队干部，非常爱惜人才。黄起衰等从省城被下放到郴州地区的这批人大多是文弱书生，经受不起繁重的体力劳动，肖育轩和郭垂辉二人商量，得想办法尽力保护他们，改善他们的处境。两人于是向赵凤林推荐黄起衰（曾任湖南人民出版社文艺组组长）、张永如（曾任《湖南文学》编辑）、任光椿（曾任《湖南文学》小说散文组组长）。赵凤林甘冒重用"臭老九"的风险，向郴州地革委有关领导积极争取。宣传组竟然破天荒地起用了他们，当时黄起衰、张永如甚至连党员都不是。人生海海，几位编辑大概都没有想到，自己曾经倾力相助的业余工人作者，有一天会变成困境中伸向自己的一双双温暖的手。

进入郴州地革委宣传组的黄起衰住进了早已废弃的老食堂里一间用木板隔开的破旧房子里。知道黄起衰能写，其他几个部门也将五花八门的材料一沓一沓往他手里送，报告、典型材料、发言、要寄发的稿件，什么类型的都有，他依然从不推辞，也不抱怨，只是默默地接过来。他常常早上夹着一沓材料去办公室上班，下班了又夹着一沓材料回宿舍。无数个深夜，他宿舍里昏黄而微弱的灯光还亮着，一支又一支的自制卷烟点燃了又熄灭了，那一屋子浓浓的烟味陪伴他度过了一个又一个冥思苦想的夜晚。他以老实、正派、无私的品格和兢兢业业的实干赢得了领导和同志们的信任和尊敬。"真是一头老黄牛！"凡是和他接触过的人都这么评价他。

在那个特殊的年代，许多作家和作品都遭到无情的批评，老作家们被剥夺了自由写作的权利，许多原本对文学创作满怀激情和抱负的业余作者也感到无比苦闷和彷徨。黄起衰、任光椿和张永如等本来就是业余作者的良师益友，他们的到来为郴州的业余作者带来了希望。肖育轩、古华、袁柏霖、肖伯崇、李绿森、苏家澍、唐春健、薛豪卓、陈第雄、罗宪敏、李日贤、欧阳戈平、郭英忠、龚笃清等爱好写作的人经常上门找黄起衰，或请他看作品，或跟他谈作品构想，或向他倾诉创作上的苦恼。谈及当时文艺界的凋敝景象，黄起衰总是给他们打气，鼓励他们保持信心，坚持创作。他说，困难是暂时的，文学艺术作为上层建筑的一部分，有它不可替代的重要位置，文艺的春天一定会再来临的。他就是这样将希望传递给身边的人。

1972年，湖南人民出版社恢复正常运行，黄起衰调回长沙继续做图书编辑。在经受了厄运之后，他仍然没有改变心中的信仰，没有放弃选定的道路。那些超越政治的人与人之间的真诚、善意，更使他坚信人性仍在、希望仍在。1974年，他在黎维新、陈迪的介绍下，加入中国共产党，成为一名共产党员。

正是在黄起衰等人的鼓励、支持和指导下，郴州地区的业余文学作者的力量得以保存和发展。粉碎"四人帮"之后，他们将这段当过知青、下过乡或下到工厂一线的特殊经历作为写作素材，为中国的文坛贡献了一篇篇佳作。不少新人崭露头角，成为20世纪80年代"文学湘军"的重要成员，有的甚至成为全国知名作家，获得首届茅盾文学奖的《芙蓉镇》的作者古华就是其中的代表。

"文学湘军"的幕后推手

1979年12月，全国出版工作座谈会在长沙召开，提出了地方出版改革的新思路。此后，"出版湘军"沿着"立足本地，面向全国"这条道路，在改革开放的时代大背景下，迎来了自己的春天。

伴随着出版业的复苏，文艺界也迎来了繁荣发展的新时期，在时任湖南省出版局局长胡真的主持下，湖南出版事业的发展方向得以明晰，湖南出版从此走在全国前列，文学界也呈现百花齐放、生机勃勃的崭新气象。20世纪80年代的"文学湘军"享誉中国文坛，这既得益于良好的大环境，也与湖南出版的开阔思路密切相关，还离不开一批"幕后推手"，他们是最了解湖南文学创作状况的人，也是"文学湘军"最亲密的朋友。他们就是黄起衰这样的文艺编辑。20世纪80年代湖南文艺的繁荣，他们是背后的大功臣。

黄起衰回到湖南人民出版社工作后，历任文艺编辑部主任、副社长、社长兼总编辑。1985年10月，湖南文艺出版社（以下简称文艺社）成立，黄起衰任文艺社社长兼总编辑。30余年的出版生涯，让黄起衰精通选题、组稿、编辑加工、印制工艺、发行等各环节的业务。湖南出版文艺类选题计划，大都是由他参与或主持制订的，年出版文艺类图书百余种，经他复审、终审的在半数以上。他还提出或组织实施了一批具有较强学术性的重点骨干工程，如《延安文艺丛书》《中国当代文学评论丛书》《中国当代文学评论选》《芙蓉丛书》《中国古典文学欣赏丛书》《比较文学丛书》《当代杂文选粹》等，有计划地组织出版了萧三、田汉、叶紫、欧阳予倩、张天翼、丁玲、周立波、蒋牧良、康濯、杨沫、沈从文、白薇、贺绿汀等湘籍著名作家、艺术家的作品选集或专集，显示了他非同一般的文学造诣和眼光。

优秀的出版人都是有强烈的文化积累意识和担当勇气的，黄起衰亦如此，《延安文艺丛书》及一批湘籍作家作品的出版即是一例。《延安文艺丛书》共16卷，1984年5月启动，到1986年5月全部出齐，这对于当时已实行独自核算、自负盈亏的地方出版社而言，是需要气魄的。由一家地方出版社出版这样一套皇皇巨制，在当时引起了全国性的轰动。集中出版湘籍老作家作品，在"文化大革命"结束不久、有的作家在政治上还没有定论的当时，也是要冒一定的政治风险的。1985年，丁玲自筹经费创办了《中国》文学杂志，对这本旨在团结中青年作家以培养年轻作家的刊物，已是湖南文艺出版社社长的黄起衰全力支持，甚至不惜赔本与《中国》杂志社签订印刷协议，承担印制事宜，直至《中国》停刊。

不薄名人爱新人，培养新秀不遗余力。从湖南人民出版社文艺编辑部主任到湖南文艺出版社的社长兼总编辑，黄起衰团结维护了一批著名作家，培育了一大批中青年作者：20世纪50年代跃身文坛的农民作家刘勇、谢璞曾感受过他的深切关怀；60年代走上创作之路的古华、肖育轩等人曾得到过他的真诚帮助；70年代末和80年代初蜚声文坛的任光椿、谭谈、李自由等人的长篇凝聚着他的心血；崭露头角的青年作家韩少功、蔡测海、徐晓鹤、叶之黄、聂鑫森等都曾得到过他的亲切关怀。

黄起衰像对待亲人一般，向文学道路上艰难跋涉的青年伸出温暖的手。1961年，黄起衰风尘仆仆地走进军营，第一次和《武陵山下》的作者张行见面。当时三年困难时期刚结束，人们都还在饥饿线上挣扎着，张行请黄起衰吃了一顿清水煮菠菜。在简陋的小屋里围坐在一个煤炉旁，用一口小铁锅烧开水涮着只有盐味的菠菜，两人大口大口吃着，兴致勃勃地讨论着书稿的修改。黄起衰当时是湖南人民出版社文艺组组长，并不是张行作品的责编，只是为了提高《武陵山下》的书稿质量，他专程从长沙赶去北京通县征求老作家蒋牧良的意见，又带着蒋牧良的意见从北京赶到湘南转述给作者。这种为了青年作者的成长而长途跋涉、不辞辛劳的感人事例，在他身上经常发生。在那个困难的年代，张行因为长期创作累病了，到长沙修改书稿时，黄起衰和妻子不顾自家捉襟见肘的境况，买了鸡和天麻用小铝锅炖好，端到招待所逼着张行吃完。其间，黄起衰一次又一次去部队帮助张行请创作假，利用周末跑图书馆和资料室帮他查找资料、核实细节、审阅书稿、提出修改意见。正是在他的指导和帮助下，这部反映湘西剿匪斗争的长篇小说在花费六年时间经过八次大的修改之后，终于顺利出版了，前后共印刷50多万册。

《走向世界文学》投稿时并不被看好，因为作者是刚毕业不久的大学生，在学术界还寂寂无闻。黄起衰并没有因此忽视这本书稿，他认真审读完，发现书稿体现了比较文学研究的新成果，题材新颖，观点可取，于是，他和编辑一道帮助年轻的作者想点子、出主意，进一步完善书稿，使该书得以顺利出版，并在国内外引起强烈反响。《人民日报》在一篇关于人才的短论中对此大加赞扬，称"湖南出版界这种大胆起用优秀青年作家的做法有胆识、有魄力"。

黎维新（左）、张行（中）与黄起衰（右）合影

黄起衰淡然的外表下是他真挚、炽热的心，是他饱含诗情、热爱事业的灵魂。他用真诚、仁厚、热心和专业赢得了作者的尊重和信赖，赢得了同行的钦佩和赞许。正是他独到的眼光、独有的情怀与过人的胆识，引来一批有影响力的文学书稿花落湖南，当时湖南文艺界乃至全国文艺界说起他都赞叹不已。作为出版社的"掌舵人"，面对全国的改革趋势，他对上争取湖南出版局领导支持，对下与出版社编辑紧紧拧成一股绳，勇于尝试，敢于突破，精准判断，推出了一大批好书，为湖南文艺出版社的长远发展打下了坚实基础，为湖南的出版事业作出了重要贡献。

春蚕到死丝方尽

年轻时的黄起衰，一头浓密的头发，高高瘦瘦的，直挺的背，经常穿着一套蓝布中山装，衣服穿在身上宽宽大大的，显得有些不合身，但神采奕奕。他性格温和沉静，与人打交道时总是面带笑容。即便担任了出版社的领导，在人员众多的场合，在众人高谈阔论的会议室，也总让人难以感觉到他的存在。他默默地坐在那儿，同意就点点头，不同意就不吱声，发言也言简意赅。当了社领导，也未见他对衣着更讲究，反而是忙碌起来更加不修边幅，那套蓝布中山装仿佛长在了身上一般。天气寒冷时，他戴着一顶已经变形的旧棉帽，脸颊两侧都凹进去了，颧骨高高耸起，嘴唇也凸了出来，耳朵大大的，显得尤为打眼。1984年12月，黄起衰去北京参加中国作家协会第四次代表大会，报到那天，与作家黄济人在宾馆门口相遇。黄济人向同行的四川代表团成员王群生介绍这是黄社长，黄起衰着急上街办事，简单地打了个招呼就匆匆离去。王群生望着黄起衰的背影，愕然地问黄济人：

"这是你在农村插队时的公社社长么……"

《湖南日报》原记者谭涛峰"文化大革命"期间在安仁县革委宣传部工作,曾和黄起衰共事过,他清楚地记得这位博学踏实的读书人,"平易近人,埋头苦干,不怕辛苦,不知疲倦,是不图名利的老黄牛",他记得黄起衰曾诚恳地对他说:"小谭,世上的事除了事业,都不必太认真。"

黄起衰就是这样一个将个人生活简化到极致、对工作和事业爱到极致的人。

改革开放后,"立足本地,面向全国"的出版方针充分激发了湖南出版人积蓄了十几年的能量,大家都一心想多出版优质的作品,多为文化饥渴的读者们提供优质的精神食粮。黄起衰自1982年担任分管文艺板块的副社长之后,变得更加忙碌,除了审稿、编发稿、组稿、规划文艺板块的选题以外,还承担了行政管理工作和其他社会工作。他对工作总是一丝不苟,像个旋转的陀螺一样停不下来。1984年,他接任湖南人民出版社社长,大到出版社的发展规划需要他拿主意,小到社里每一笔钱的支出都等着向他汇报。基于高度的责任感和政治意识形成的严谨的工作作风,使得他处理各类事务都细致周全,事无巨细他都亲自过问。因此,每天上班时间,他办公室的门口总是有一拨又一拨等着向他汇报的人,有时甚至排起了长队。听完汇报,他一如既往地同意就点点头,不同意就不吱声。一件一件事情了解、解决后,他才放下心来。处理这些繁杂的事务性工作已经让他疲累不堪,他仍然坚持编发稿和审稿。

李冰封在《回忆与断想》一文中,高度肯定了黄起衰的敬业精神和职业道德。1984年,李冰封和黄起衰作为湖南代表一起前往哈尔滨参加全国地方出版工作会议,二人同住一间房,当时黄起衰的身体状况已经非常糟糕，一爬楼就气喘得厉害，上二楼都只能乘电梯。但是，每天凌晨四点，黄起衰就已坐在窗前看稿，会议间隙也在审读书稿，几乎天天如此。李冰封忍不住劝他："你不要这样透支生命嘛！"黄起衰淡然一笑："习惯了，要这样做，才好过些。"李冰封不禁感叹，像黄起衰这样工作起来就忘了自己的编辑很少见了。据查，1980年，黄起衰复审书稿700万字，编发书稿30万字；1981年，复审书稿350万字，编发书稿150万字；1984年担任湖南人民出版社社长兼总编辑后，利用晚上和节假日复审书稿1000万字……

成年累月的超负荷工作，使黄起衰积劳成疾，患上胆囊炎、胃溃疡、颈椎骨质增生、肺气肿、脑水肿、心衰等多种疾病。颈椎疼得抬不起头来，他也不肯去住院，而是用土法子将颈项托吊在家中的门框上，另一头垂着砖块，然后在门框下摆张桌子照常审稿。后来，他干脆请医院做了一个牵引器，挂在门框上，早晚进行牵引治疗，就为不耽误工作。每况愈下的身体让他更有了一种紧迫感，工作更加拼命，很多书稿审读不是在下班后的深夜，就是在会议的间隙，甚至是在医院的病床上完成的。他的辛劳与勤勉，对他孱弱的身体是一种极大的伤害。这副经历了无数个日夜劳作的坚韧之躯，并非钢铁之躯，认识他的人都劝他多注意身体："老黄呀，你这样会要彻底病垮、累垮的呀！"他却轻轻笑着宽慰别人："不必担心，没那么严重。"一次肺心病发作严重，组织上为了逼他休息，把他办公室的门锁上，不让他工作，他竟然偷偷翻窗户进去把书稿拿出来。首届全国图书展览在北京举行时，恰逢他胆囊炎发作，为了不错过这次具有重要意义的图书展会，他强忍着疼痛参加。组织上和同事们一再动员他疗养，他总是婉言拒绝，直至实在无力支撑了才住院治疗，稍微好转又把病房当成了工作室。这种拼命一般的工作热情究竟从

1982年10月，被评为湖南省劳动模范的黄起衷在省委礼堂作工作经验交流

1986年，黄起衷（后排左二）参加首届全国图书展览

何而来？黄起衰有自己的解释："我是年过五十的人了，如果一年能编几本好书，再干十年八年，就可以为我们的国家积累一点文化，为党和人民作点贡献，日子就没有白过。"

长期的透支一点点将黄起衰的生命抽空。最后几年，他消瘦得厉害。宿舍到办公室正常步行只需七分钟，可这短短的距离对黄起衰而言，却犹如天堑般难以跨越，他让自己十几岁的孩子推着自行车送他到单位，再搀扶他上楼，那喘息声、走走停停的脚步声，让同事们听得揪心。

1987年12月下旬，黄起衰心痛严重，全身水肿，还带着氧气袋去参加了一个会议，并作了题为《发挥编辑队伍中青年骨干的力量》的发言。逝世前的十几天，他还倚靠在病床上，以惊人的毅力审读完一部长篇小说，写了好几页纸的审稿意见；他主持召开了支委会，并为湖南文艺出版社的全体同志写了一份元旦祝词。1988年1月2日，黄起衰出院，在家中和文艺社的几位负责人谈了新一年的规划和编辑队伍骨干工程设想。1988年1月3日，黄起衰因病情恶化再次被送到医院，社里的几位同事去探视他时，他手腕上输着液，鼻腔中输着氧，仍惦记着社里的事情，一件一件交代。弥留之际，他放不下的仍是工作。

黄起衰，这头出版界的"老黄牛"，这位被出版业同人、作者尊称为"衰公"的出版人，用自己短暂的一生，诠释了什么叫忘我、什么叫奉献、什么叫无私。

老编辑杨治凡记得，黄起衰外出开会总舍不得坐小车，但有一年冬天他去邵阳的印刷二厂看一部急稿校样，完成时已近年关，黄起衰派了一辆车去邵阳将他接回。汽车半夜到达单位时，他看见黄起衰站在风雪中，咳嗽着，在等候他……

黄斌，黄起衰的儿子，《湖南文学》原主编。1988年父亲去世那一年他入职《湖南文学》，从事文学刊物编辑已有36个年头，如今也到了快退休的年龄。他说，父亲是个内敛的人，重感情，只做不说，一辈子扑在工作上，回到家里也是工作，家中大小事情都是母亲在张罗。

在黄斌的记忆中，父亲脸上总是平静如水，很少看得出情绪的变化。但也有例外，那是父亲在郴州工作时，为了方便照顾健康状况不佳的父亲，母亲带着他和两个姐姐一起到了郴州，一家人住在地革委的院子里。有一天，父亲回家时左右手各拎着一个大西瓜，左脚大脚趾鲜血直流。原来，父亲听说刚上小学的大姐在学校获了奖，很开心，买了两个大西瓜回家庆祝，不小心在半路上摔了一跤，左脚大脚趾盖被掀开了一半，父亲顾不上疼痛，仍兴高采烈地往家赶。原来，父亲对家庭、对孩子的爱是深藏在心里的。

黄斌上中学时，有一年，临近过年，从不操心家事的父亲破天荒地给儿子买了一件白色的确良衬衫，那时全国人民都流行穿军装，正在青春期的男孩拥有这样一件与众不同的白衬衣，足可以跟伙伴们显摆一番了。大年三十那天，黄斌穿着这件白衬衫约上同学出去玩了一个通宵，第二天才回家。一进门，父亲铁青着脸，什么也没有说，打了他一巴掌，让他把白衬衫脱下来。在父亲的心中，的确良衬衣这样的好衣服，应该只在一些隆重的场合穿。这是他记忆中父亲唯一一次生气。

黄斌说，父亲一生坎坷，经历了多次政治运动，尽管他为人处世一贯厚道、小心谨慎，对待工作全心全意，与同辈人相比，恢复工作要早一些，生活上遭受的冲击要小一些，身体上受到的折磨要少一些，然而作为知识分子、出版工作者，他精神上的痛苦并未因此减轻，他的苦闷无处诉说，只能存留在自己心底，这种精神上的沉重，这种看不见的痛，才愈加让人难过。

这是一个儿子对父亲的理解。黄起衰内敛、包容、勤奋、坚韧，在湖南出版史上留下了显著的业绩和隐性的精神财富，在黄斌和很多熟悉他的同事、作者心中留下的却是疼惜。

骆之恬

半生戎马半生歌

执笔人——刘思危　周倩倩

骆之恬

　　1978年10月，全国少儿读物出版工作座谈会在庐山召开，作为本次座谈会上规划的重点图书，《革命先辈的故事》丛书首开先河地聚集了湖南、湖北、江西和陕西四省协作出版，发行300多万册，获得广泛好评，这在新中国出版史上实属创举。《革命先辈的故事》的诞生离不开从军队中走出来的社长骆之恬。

　　1949年初秋，刚满17岁的骆之恬，满怀对火热军营生活的渴望，志愿加入中国人民解放军，30余年的军旅生涯，功勋累累。当他脱下戎装，开启编辑生涯时已年近五旬、两鬓微霜。在军营的那段激情燃烧的岁月丰富了他的人生，也反哺了他的选题策划素材。骆之恬任湖南少年儿童出版社（以下简称"湘少社"）社长兼总编辑期间，正是全国出版事业狂飙突进的年代，文艺界、出版界各种思潮迭起，呼吸着思想解放空气的编辑群体，充满热情地投入到少儿读物的开发和出版中，骆之恬头脑清醒，旗帜鲜明，清楚地认识到培养少年儿童健康成长是一项伟大的奠基工程，少儿读物应注重爱国主义和革命传统教育读物的出版以及挖掘符合新时代精神风貌的文学作品。他对中外儿童读物的发展特别是编辑的创新意识保持密切关注和深度思考。除了牵头发起《革命先辈的故事》丛书，他还率领中国少年儿童图书出版代表团出访日本，首次在国内引进出版黑柳彻子百万畅销代表作《窗边的小豆豆》。他广交张海迪、艾青、华罗庚、陈伯吹等名家，培育新人新作，组织编辑调查、研讨儿童文学走向，研究如何开辟新的儿童文学途径。天山大漠，戎马半生，携笔砺剑，敢为人先。骆之恬自比"小草"，历尽时代洪流中的跌宕起伏，永葆一颗纯真的童心，以军人的坚韧底色为孩子们搭建起丰盈的童年世界。

半生戎马，劫后余生

1932年5月，骆之恬出生于吉林省吉林市，幼时在北方求学。16岁时，籍贯湖南江华的他跟随母亲回到南方。1949年9月，骆之恬在长沙志愿加入中国人民解放军，戎马生涯就此揭幕，历任十二兵团军政干校学员，湖南省军区文工团副分队长、文艺助理员、创作员。

1954年，22岁的骆之恬随湖南省军区文工团赴广西边海防慰问演出，被边防官兵在艰苦生活中的战斗精神深深感染。他开始学着写诗。在海边的礁石上、在高山的哨所里，骆之恬直抒胸臆，一发不可收。这些作品经由《湖南文学》的冯放，传到正在湖南师范学院（今湖南师范大学）任教的"七月派"著名诗人彭燕郊手中。骆之恬忐忑不安，既期待初试啼声的作品得到高人肯定，又担心入不了这位大诗人的法眼。

出人意料的是，彭先生很快回信了，并且写了足足三页。这份厚爱，在之后20多年中不断激励着骆之恬。信中，彭先生鼓励骆之恬：诗写得有激情，生活气息也浓，不足之处则是表象化，缺少变化。"诗人要有自己的气质，要有自己的发现和创造。"

彭先生甚至邀约骆之恬在秋高气爽的时候一同游玩岳麓山，拾级而上，赏红叶、谈诗歌。

在彭燕郊的推荐下，骆之恬第一次发表了一首诗作。自己的作品第一次变成铅字，给了初出茅庐的骆之恬莫大的鼓励。此后，他一发不可收，公开发表的诗作达数百首，并著有诗集《美丽的木塔花》、散文集《绿珍珠》和报告文学《白雪之歌——花明楼纪事》等，其中《儿童诗二首》在1990年荣获陈伯吹儿童文学奖。

1955年初，彭燕郊跨过湘江，到河东的一家剧院做学术报告。散

身穿戎装的骆之恬

会之后，两人得见。骆之恬回忆："那天春雨连绵，我们打着雨伞，踏着泥泞的道路，闲谈着向湘江边轮渡码头走去。"

彭燕郊那时30多岁，高大清秀，说话带着福建口音。虽然眼前这位亦师亦友的前辈丝毫没有著名诗人的架子，但骆之恬却显得很拘谨。那次见面，骆之恬记下了彭先生的教诲——"诗人就是战士"。他相信"战士"的心是相通的，"战士"的灵魂是独立而自由的。

不久后，"反胡风运动"开始。一日，报纸上竟以整版篇幅赫然刊出报道——《揪出了胡风分子彭燕郊》，骆之恬目瞪口呆。更让人始料未及的是，因曾与彭先生有过几次来往，骆之恬受到牵连。

1961年，骆之恬从湖南省军区文艺创作办公室调到新疆生产建设兵团，任兵团农七师报社编辑组长、师政治部创作组长，从事宣传、创作工作。

1966年，骆之恬被关进了"牛棚"。1969年，骆之恬全家被下放至农场（一三三团）。无论身心遭遇何种折磨，骆之恬依旧不改初心，1972年、1973年、1974年连续三年荣立三等功，经受住了严峻的历史考验。1978年，党的十一届三中全会拨乱反正，他获得新生，心情舒畅，干劲百倍，一心想把耽误的时间补回来。1979年3月，骆之恬结束了近20年的边疆苦旅，调回长沙，先后出任湖南人民出版社少儿读物编辑室编辑、副主任，湘少社文艺编辑室主任、社长兼总编辑，直至1992年10月离休。

回湘之后，骆之恬时常追忆往昔，给年轻同事们讲述新疆老兵的故事。提及老战友、老同事，每每说到动情之处，骆之恬总是泪水涟涟，听者无不动容。

1981年的一天，时任湘潭大学教授的彭燕郊从湘潭赶到长沙，与湖南人民出版社译文读物编辑室的同志商量大型丛书《诗苑译林》的出版事宜，历尽沧桑的两人得以再度碰面。

彼时，彭燕郊已年逾花甲，而骆之恬也年近五旬。令骆之恬吃惊的是，彭燕郊除了眼角多出的几道鱼尾纹，仍是旧时模样。甫一见面，两人的双手便紧紧相握，庆贺这时隔26载的重逢。"命运之舟"终于穿过漫长而艰难的幽暗海域，靠了岸，回了家。

彭先生对逆境中的事只字未提，也看不出有任何怨尤的情绪，更没有愤怒发泄，似乎往日种种从来不曾发生。如此温和而坚定，也许正是苦难中开出的美丽花朵吧。

"真对不起啊，因为我的事让你受连累了。"

"一切都过去了，只有一件事很遗憾，我们还没有去岳麓山看红叶呢！"

"记得，记得，如今去观赏红叶，一定会更有兴致。"

想远的，干大的，务实的

1984年5月，骆之恬被任命为湘少社社长兼总编辑。彼时，他五十有二。作为第二任社长，骆老将自己定义为一个"接茬""过渡"式的角色，"我只希望在任期内，能为今后继任的同志创造一个好的工作环境和条件，而不要因为我的失误，给工作造成不应有的损失"。

亲历过洪流的人，往往会不自觉地将自己置身于大历史的坐标系中，由此激发出强烈的历史使命感与社会责任感。在骆之恬眼中，改革开放以来，少儿出版事业呈现出前所未有的蓬勃生机，也孕育出一大批优质作品，但由于种种原因，平庸甚至粗劣的读物亦不在少数。他深知，引领少年儿童健康成长是一项伟大的奠基工程，绝不能掉以轻心。

上任伊始，骆之恬提出了"想远的,干大的,务实的"的整体工作思路，

骆之恬在办公室伏案工作

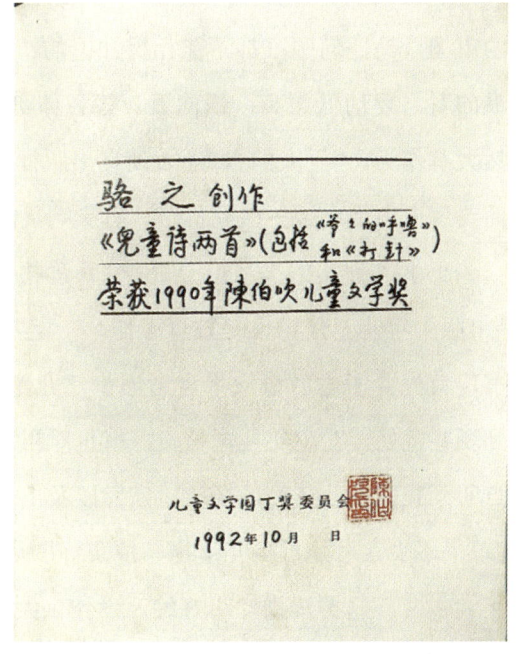

骆之恬的获奖证明

为湘少社的每一位成员划出了标准，明确了要求，锚定了目标。

所谓"想远的"，就是思想上要有远大目标，时刻不忘历史责任感。骆之恬说，每当听到少先队员唱着"我们是共产主义接班人"，他就会不由自主地想到自己从事的工作，"是呀，我们成天忙着出书，不就是为了培养共产主义接班人吗？共产主义事业是千秋大业，从事少年儿童读物出版的我们，得想远一点才行"。

从少儿读物覆盖面来说，城市和农村差别很大。少儿读物出版不光要想到城市，更要想到农村，为农村的少年儿童出好书，并把书发行到农村去；同时，伴随着科学技术的飞速发展，少儿读物应当引导少年儿童面向世界、面向未来，这也需要我们想得远一些。

"干大的"则有三层含义。其一，少儿读物出版工作是一项巨大的奠基工程，也是一项基础工程。这个大工程十分艰难，但也无限光荣。其二，我们服务几亿少年儿童，这是一个巨大的数字，更是一个巨大的市场，是任何国家都不能相提并论的。其三，则是出书范围大且广。纵向看，婴幼低中高；横向看，德智体美劳。这三点决定了湘少社必然大有作为。"干大的"，还表现在出版社不要光做"短平快"的产品，而要集中力量出版一些有价值、有影响、能传之后世的好书。

至于"务实的"，这一点对少儿读物出版非常重要。叶圣陶说过："出版少年儿童读物也是教育工作，一定要认真去做。无论出版哪一本书，首先要考虑教育效果，考虑少年儿童是否爱看，能否接受，会得到哪些益处。对少年儿童负责，就是对祖国负责。"这段意味深长的话，点明了我国少儿读物的性质、宗旨以及出书目的。

"不少人可能对少儿读物有种误解，认为少儿读物无非是小猫小狗、字大本薄，这类读物好写好编，没什么大学问。"骆之恬非常不赞同这一类片面、偏激的观点，"实际上，编写一本好的少儿读物是很难的。

每种少儿读物，都有不同年龄层次的小读者对象，不同门类的书还有各自不同的要求。年龄段越低越难，内容越浅越难，越是通俗，要求越高。可见编写和出版少儿读物，都是大有学问的。"因此，他要求湘少社所有编辑强化务实精神，从大处着眼，从小处着手，精心设计，精心编写，精心出版。

在"想远的，干大的，务实的"工作思路的指导下，湘少社先后出版了《革命先辈的故事》丛书、《中小学法制教育读本》、《寄小读者》丛书、《林格伦童话系列》等精品图书，获奖40余种（次）。其中《赵一曼》《长胡子的娃娃》获得全国优秀少儿图书奖，《灯伢儿》《鹤与龟》获全国第二届连环画优秀绘画奖，《十二生肖系列童话》获第一届国家图书奖提名奖，《严文井童话》获第二届全国书籍装帧艺术展览二等奖，《小蛋壳历险记》获第一届全国幼儿图书奖优秀读物奖，《唐老鸭全球探险记》获第二届全国图书"金钥匙"奖。

同时，骆之恬也深知优秀作者才是出版社的核心竞争力，在他的任期内，致力于打造出一支专业、敬业、有情怀、有格局的作者队伍。一方面，骆之恬广纳名家，和陈伯吹、张海迪等知名作家都有密切联系，并多次赴京探寻重要作家资源，为湘少社启动并完成了多个重大项目。另一方面，骆之恬大力扶植新人，如策划《六月》丛书，培养了邬朝祝、李少白、鲁之洛、罗丹在内的多位优秀作者。在他看来，身为编辑，一项十分重要的工作就是和作者交朋友，不是泛泛之交，也非"职来职往"，而是要用心、交心，唯有如此，才能真正激发作者的创作热情，才能在写与编的过程中擦出思想火花。

骆之恬双管齐下的举措，极大地扩充并夯实了湘少社的作者队伍，也保证了优秀作品的持续输出。即使放在40年后的今天，"想远的，干大的，务实的"的工作思路依然掷地有声、提纲挈领，具有极高的实践意义和指导价值。作为一辈子与文字、与书籍、与读者打交道的出版人，骆之恬的全局思维和前瞻视野，的确令人钦佩。

不断打破原有观念

1985年8月19日，一场前所未有的选题报告会在湘少社拉开帷幕。围绕1986年全年选题，有人红了脸、有人出了汗、有人扯开了嗓门……端坐会场中央的骆之恬眯着眼笑了，他要的就是这种热火朝天的业务氛围、这种打破常规的机制创新。

往年的选题流程，一般是由各编辑室自定选题，随后报社委会审选。如此惯常流程中，编辑们大多时候是各自为战，闷头干活。经过充分的考察调研，骆之恬在湘少社首倡选题报告会，一改过往自下而上的选题模式，将选题这件关乎产品质量和方向的大事情，摆到了桌面之上。所有编辑都要在大会上报告并论述自己的选题，这不仅是选"题"，更成为湘少社选"人"的重要平台。报告会允许提问题、允许答辩，充分发扬民主精神，形成集思广益的氛围，然后针对这些问题，由社里集中"会诊"，目的就是让湘少社的选题能体现出对路、适用、优质的特点。

据曾参与过这场选题报告会的老同志回忆，会议分两个阶段。

第一阶段：报告。27名新老编辑用五天时间，在大会上报告了各自的选题。报告中，应讲明所列选题遵循的指导思想、出书意图、书名、作者、内容、字数、读者对象、特色、学术价值和艺术价值、是否为重点书、预计发稿时间等。随后，由编辑室主任报告，除讲明本人拟定的选题之外，还需阐述本室1986年选题的总体设想，哪些选题是当前与长远结合配套的；哪些选题是要列为重点和树立品牌的；哪些选题是骨干工程需要全社通力协作的。同时，还要充分分析完成选题的有利条件和困难。

按照上述要求，在每个编辑室完成报告后，进入评论环节，能补充的补充，该肯定的肯定，有毛病的挑毛病，需要答辩的进行答辩。

"这样的会，有点学术研讨的味道，不同意见可能会有争论，那就用自己的材料说话。互相启发，发言踊跃，民主空气浓，气氛十分活跃！"骆之恬对于这一次的尝试十分满意，认为达到了预期效果。据统计，这次选题报告会共提出21种丛书、套书选题，77种单本书选题。

第二阶段：梳理。大会之后自然是小会，骆之恬召集各编辑室主任开了一场选题筛选会，将选题一个个"过筛"。原则是：第一，把重点选题定下来；第二，把当前有把握出的图书选题定下来。

当时，采用这样的选题报告会来制定选题，较之前的做法迈进了四大步：一是出书的指导思想进一步明确；二是重点选题突出；三是竞争的信心增强；四是每个编辑要出什么书，大家心中有数。

"对我们来说，组织选题报告会是一种尝试，也是工作方法的改变和突破。"每一次创新都意味着风险，弄不好，可能就是好心办坏事，时间精力都花费了，效果不行，还得回到老路上。起初，骆之恬也不无担心，"我们担心这样的会开起来枯燥乏味，事实恰好相反，绝大多数同志不甘落后，认真做了准备。大家齐心了，积极性起来了，点子就多了，事情也就好办了！"

往年的年度选题，各编辑室之间往往互不沟通，个人的视野与信息有限，无法在更高的站位上看问题。选题报告会一开，原先的部门壁垒被打破，每个人从不同的角度把自己掌握的信息和盘托出，这种多渠道、多侧面、多维度的信息互通，有效打破了边界。编辑们站得高了、看得远了，自然能分辨什么书该出、什么书不该出，甚至还

1984年，骆之恬（左二）及同事采访数学家华罗庚

骆之恬（后排右）、王勉思（后排中）与作家丁玲（前排右）在一起

能在一定程度上预见行业的发展趋势。

大会搭台，唱戏的还得是编辑们。选题报告会成了对所有与会编辑的一次能力检阅，也成了出版社领导识人、用人的重要途径。会后，不少同志都有同样的感受："这次可是动真格的，是骡子是马，都得拉出来遛遛，再打马虎眼可不行了。"

选题报告会因创新所取得的成效，骆之恬是乐见其成的。以往，新编辑对制订选题计划的重要性认识不足，而老编辑手有存稿，内心不慌，对制订选题计划也不那么重视。然而，这一场选题报告会开下来，无论是初来乍到的新手，还是经验丰富的老手、熟手，都不敢有一丝一毫的怠慢。新编辑更是上了一堂具体、生动的业务课，开始理解"出版社工作千头万绪，首要工作是抓好选题"这句话的深意。

时至今日，由骆之恬首倡的年度选题报告会，依然为湘少社所沿用，每年的年度选题报告会依然呈现一番热火朝天的民主讨论景象，成为影响来年整体选题质量的风向标。

在出版人才培养方面，无论是对新人还是对老将，骆之恬都十分强调学习与严谨的工作作风。1984年来湘少社工作的何农荣正式上班不久，一天下班走出办公室，发现新上任的骆社长还在忙碌，准备去打一声招呼就走，骆之恬却热情地问她上班习不习惯、有什么困难。刚走出高校门，又能来当编辑的年轻人，正是热情高涨、踌躇满志，骆之恬语重心长地说："当编辑应有'三力一精神'，'三力'即眼力、毅力和笔力，'一精神'即牺牲精神。"何农荣将这段话记在刚领到的笔记本里，作为一辈子编辑工作的座右铭。当年的笔迹至今依然清晰。

对年轻人他既放手也注意传帮带。头一两次组稿让老编辑带年轻人去名作者家组稿、去书店宣传，后来就直接放手，让他们独立去组稿、去跑发行。这样的方式可以让年轻人迅速成长，取得不错的成绩。那时有"一二九"之说，即"一个月休息，两个月学习，九个月工作"。骆之恬和青年编辑一起听专家讲课，一起与作者讨论作品，一起参与作品修改。据湘少社原教材编辑室主任徐烈军回忆，骆之恬注重培养编辑的策划能力，他组织推行编辑读书活动，鼓励大家有想法、有闯劲，"第一次读书活动还上了央视呢！"

对书稿的编辑加工，骆之恬要求一字一句甚至一个标点都不能马虎，从征订单到选题报告都要认真对待。同时还要求编辑自己动手写文章、搞创作。由此，一众中青年编辑中不仅涌现出众多编审、副编审，还成长出众多作家、画家，众多社长和出版行政管理者。这种可喜的局面，除了他们自身的努力，与骆之恬大力提倡的勇于实践、投入专注的作风密不可分。

除此之外，骆之恬还多维度更新、改革湘少社原有的管理运行机制，如在1985年初制订和实行了《编辑人员岗位责任制（试行稿）》，1987年又补充制订了选题管理办法、稿费管理办法等，建立完整的"五个一"编辑业务档案，即一份审稿意见、一份选题申报表、一份修改稿、一份退修信、一份征订单。使编辑工作逐步走向制度化、规范化。

为适应出版社从生产型向生产经营型转变，在不超载、不扩编的前提下，骆之恬又主动调整了社内的组织结构，在内部设立了编辑部和经销部，使图书生产与销售有机结合，提高了出版社活力。

"骆老是有工作激情、有创新精神的人。"聊起昔日恩师，湖南出版投资控股集团原总经理、曾任湘少社社长的张天明记忆犹新，"他十分注重销售，提出为了推动销量，长销书一年要有一个新招！"在发行重点图书时，骆之恬会根据市场情况，不断调整营销策略，以达成目标，"不断创新，不断打破原有观念，这就是我们的骆老"。

2012年，湘少社成立30周年之际，骆之恬抚今追昔，甚感欣慰。在他看来，湘少社几十年间之所以旧貌换新颜，是因为做好了"五坚"：一、坚定宗旨，恪守诚信；二、坚守阵地，注重传承；三、坚拒平庸，改革创新；四、坚忍不拔，精益求精；五、坚持不懈，与时俱进。这"五坚"，展现了湘少社的风格和勇于担当、不辱使命的奋斗精神。

独具匠心开先河

1978年，百业待兴。是年10月，全国少儿读物出版工作座谈会在庐山召开，据统计，当时全国有两亿儿童，但享有全国声誉的儿童文学作家仅20人，少儿读物编辑不过200人，每年出版的少儿读物只有约200种，而且公式化、成人化、形式化、概念化内容充斥其中，中国孩子面临严重"书荒"。

作为本次座谈会上规划的28套重点图书之一，《革命先辈的故事》丛书被提上日程。本套丛书开先河地聚集了湖南、湖北、江西和陕西四省协作出版，这在新中国出版历史上实属创举，却也是情势所迫。骆之恬回忆，如果这套丛书不采取四省协作的新办法，而由一个省独立负责组稿、创作、编辑，也许要一二十年才能完成。

首先，责任重。让新一代了解老一辈无产阶级革命家的丰功伟绩，是历史交予少儿读物出版人的重大责任。其次，时间紧。在世的革命先辈大多年事已高，如果不能抓紧时间采访、搜集、整理，再过些时日，也许他们很难再以"第一人称"的方式，回顾那些激情燃烧的岁月。

参与此次联动的四个省份，都有光荣的革命传统、伟大的革命功绩。湖南作为牵头省份，骆之恬责无旁贷。丛书的编辑出版前后耗时八个年头，其间召开了五次大型协作会议，他参与了四次，从长沙到延安，从武汉到景德镇。而他的身份，也从湖南少儿读物编辑、编辑室主任直到一社之长。这套丛书，不仅见证了骆之恬的少儿读物编辑生涯，也体现了他全心服务读者、匠心研磨产品的职业精神。

第一次协作会议于1978年12月中旬在长沙召开，主要是为丛书定调，也明确了第一批选题和分工。至1979年5月，湖南率先出版《毛泽东求学的故事》，发行20万册。随后，其他三省陆续跟进出书。

第二次协作会议移师延安。此时，共出书26种，发行90余万册，缓解了少儿读物"书荒"，也产生了一定的社会影响。与此同时，编写过程中的困难也被第一次摆上了台面：对象难定，作者难找，故事难写，图书难卖。据骆之恬回忆，当时有人想打退堂鼓，撂挑子不干了，"他们说，写这样的书，采访两三年，修改四五遍，小书费大劲，终审难过关"。

《革命先辈的故事》丛书作为传记文学，描写对象是英雄人物，如何兼顾真实性与文学性？在骆之恬看来，历史事实是根基，不可动摇，所以要求时代背景、历史事件、人物经历必须是真实的，"以真见情，以真见长"。但它又属于文学作品，作者需要运用各种文学手法展现历史、人物，在制定选题和写作内容时，必须考虑它的教育效果和文学特点，既不要写成史料性传记，使小读者感到枯燥难读，又不能像一般文学作品，脱离史实去虚构情节。

另一个横亘在骆之恬编写过程中的难题是，革命前辈必须是"完人"吗？革命前辈可以犯错或失败吗？"我们认为，金无足赤，人无完人。先辈的成长，他们的才智，也是在斗争实践中逐步提高、成熟起来的。"

所以，整套丛书绝不企图"神化"革命前辈，而是着力还原、正确展现个人在历史中的作用与抉择。"如果说写了挫折和失败,是表现先辈们不屈不挠的革命精神,使小读者懂得胜利来之不易;那么写先辈们的缺点、错误和他们怎样正确对待这些缺点和错误,使小读者从中获得教益,就应该是可以写的。许多作者也在创作实践中,较好地处理和解决了这个问题。"

1982年,有了前三年的创作实践打底,以骆之恬为首的编辑团队提出,丛书的写作,应根据不同的人物、素材和作者本人的写作习惯,提倡表现手法、体裁形式、艺术风格的多样化。可以是第三人称的叙述,也欢迎第一人称的还原;可以将镜头拉长至先辈的一生,也可以是某个人生片段和截面;可以聚焦重大事件、激烈战斗,也可以是平凡中见伟大的场景与细节……

所有这些,都必须符合少年儿童的理解能力和阅读兴趣,突破固有题材的模式化输出,在艺术风格和行文手法上不断探索和创新。由于编辑与作者的共同努力,这套丛书的写作突破了单纯写小故事的框框,甩掉了矫揉造作的"娃娃腔",使得传记文学创作有了一些新风格。

经过数十名编辑、近200位作者和众多出版、发行人员的共同努力,历时八年,《革命先辈的故事》丛书终于编撰完成,规划80种,实际完成81种;近600万字的鸿篇巨制,总印数为3897830册……其中,湘少社编辑出版30种,每年平均印数8万余册。骆之恬在统筹规划之余,亲自编辑的《白马将军》《骆驼之歌》《彭总在中南海》均获得优秀少儿读物奖。

丛书在小读者群体中大受欢迎。据湖南省少儿图书馆20世纪80年代中期提供的材料显示,《毛泽东求学的故事》《我的一家》《白马将军》等图书借阅率高,很少在馆内停留,经常在小读者中传阅。

丛书在其他年龄段的读者中也产生了共鸣。骆之恬清楚记得,江苏省一位罹患癌症的农村教师写信给湘少社，说他从这套丛书中得到了鼓舞和力量，要以先辈为榜样，学习他们生命不息、战斗不止的精神，同病魔做斗争，"把青春和生命奉献给农村教育事业"。

这也让骆之恬再一次审视这份平凡工作的不凡价值，尽管只是案头的写作与编辑，却借由书籍这种媒介，将温暖与鼓励传递到了天涯海角的读者心中，帮助他们重燃生命的热情。也许，这就是出版人最大的快乐。

丛书中的《刀光闪闪》一书出版之后，作者先后收到60多封表扬信。书中主人公周建屏的女儿周采花在信中说："我读《刀光闪闪》，一天一夜没休息，一连看了几遍，丛书中了解到父亲生前的革命活动，这太珍贵了。多少年来，我一直到处打听父亲生前的情况，可知道的还没有这本书上写的这么全面、详细。你下的功夫真不少，我应当向你表示万分的感谢。"

对此套丛书，骆之恬倾注了前所未有的心血，他在编写过程中不断思考，反复推敲，坚持以历史唯物主义和辩证唯物主义为基础，解放思想，实事求是，最终收获了职业生涯中的重大成长，经受住了思想与业务的双重考验。骆之恬坦言，回顾丛书的出版历程，欣慰之余也有遗憾。比如，尽管丛书记录了数十位革命先辈的光辉事迹，但当时在世的一些老一辈革命家未能入选。又比如，没有来得及续写、加工、精雕细刻、广为推荐等。

除了《革命先辈的故事》丛书，由骆之恬策划或责编的图书还包括《窗边的小姑娘》《十二生肖系列童话》《将军从这里起步》《世界民间故事精粹》《晒龙袍的六月六》《风雨征程：林伯渠的故事》等，均收获了不俗的市场反响。

值得一提的是，尽管彼时获取资讯的手段极为有限，但骆之恬

骆之恬（右一）和同事张光华（中）、李致远（左一）与军旅作者合影

1986年，骆之恬作为团长率领中国少年儿童图书出版代表团出访日本

十分关注海外出版事业动态。20世纪四五十年代，日本出版的儿童文学书以译作为主，到了60年代，日本儿童文学创作逐渐繁荣。这一时期，日本也涌现出一批水平颇高的作品，最受欢迎的当数纪传体小说，《窗边的小姑娘》正是个中翘楚。1981年，黑柳彻子的代表作《窗边的小姑娘》横空出世，不仅在日本国内，且在全球范围内都引发极大反响。两年之后的1983年，中国三家出版社先后引进《窗边的小姑娘》，其中，湘少社率先在国内出版此书，由朱濂翻译，骆之恬则亲自担任了此书的责编，书的印数超过13万册。

1986年11月，应中日文化交流协会的邀请，中国少年儿童图书出版代表团访问日本，团长正是骆之恬。此次访日，包括骆之恬在内的中国少儿出版人得到日方热烈欢迎，他们先后拜访了十几家日本主流出版社，并参加了特别举办的儿童图书出版座谈会和欢迎酒会，与日本同行进行了广泛深入的交流。

《窗边的小姑娘》引进出版后，黑柳彻子在国内受到关注。此书后来改名为《窗边的小豆豆》，一跃成为影响20世纪的儿童文学杰作，入选九年制义务教育小学语文课本，中文简体版发行1100万册，连续10年名列开卷全国畅销书排行榜。

可以说，骆之恬在遴选作者与作品时都独具慧眼。究其原因，正是他善于站在小读者的角度看待问题，用实际行动诠释了什么才是"小朋友的大朋友"。

不拘一格用人才

"骆老是一位诗人！"聊起骆之恬，同事们都有一个共同的印象，他爱诗，更有诗人的气质、诗人的情怀。他不仅自己热衷写诗，还鼓励年轻人创作。1984年,张海迪在韶山创作,在骆之恬的鼓励下,年轻编辑张天明写了一首诗《我们都是同龄人》送给了张海迪,让大家印象深刻。

"可以说,骆老是改变我人生方向的人。"张天明满怀感激,"当时出版业扩张,我大学毕业后在出版局待了三年,经常自己写写诗歌,王老(指王勉思)、骆老非常欣赏我,邀请我去湘少社当编辑,他们诚恳的态度、对人才的赏识,极大地鼓励了我。"

骆之恬是湘少社不少骨干编辑的伯乐,1986年,徐烈军被骆之恬从益阳文联调到社里。"也就是从那时起,我成了一名编辑。骆老带着我和其他新编辑一起组稿,把任溶溶、陈伯吹等一批大家介绍给我们,丝毫不在意将自己的资源与后辈分享。"

骆之恬生性乐观豁达,言语生动诙谐,是个十足的"段子手",他经常给大家讲故事。在他的身上,丝毫不见社长的架子,尽管在工作中他对大家要求十分严格,但在生活中他又是那样平易近人。湘少社原文艺室主任陈大兴记得很清楚,当时他俩在同一个办公室,骆之恬睡觉爱打呼噜,怕影响同事休息,他很少午休。1982年,年轻编辑刘杰英刚进社即接到重要的出版任务,出差期间,他的家人患病,心细如发的骆之恬特意安排人去他家中探望,这让初入职场的新人感受到了来自集体的温暖。刘杰英后来出任湘少社副社长,忆起往事,他依然觉得"真的非常暖心"。

可以说,一个团队的气质,就是这个团队领导者的气质。骆之恬朴实无华的作风,孕育出了极佳的和谐团结的社风,湘少社是名副其实的"大家庭",全社人员不仅拥有共识,更有一股子携手并肩、攻坚克难的底气与韧劲。

1988年7月,骆之恬从社长兼总编辑的岗位上卸任,顿觉一身轻松，感慨总算完成了过渡任务，也"守住了阵地"。

骆之恬作为湘少社元老之一，带领全社成员上下求索、筚路蓝缕，走过了湘少社从初生到立身的那段艰难历程，最终摸索出了一条符合自身特色的发展路子——聚集了好作者、出版了好书籍、锻炼了好队伍，也为湘少社之后数年的高速度、高质量、高效能发展奠定了坚实基础。

2019年，骆之恬离世，昔日战友尚弓先生悲恸不已，写下挽联——

戈壁骆驼，抗烈日狂飙，穿沙暴雷霆。行旅迢递，行行复行行。老气咻咻，峰载鼎沉，铜铃叮当，蹄步劳顿。尽瘁竭力薿功名，默默奉献，矻矻终毕生。恸啊！斯人匆去太虚，泪眼迷蒙，驼铃幽喑。

洞庭鸿雁，衔亲眷哀思，寄友侪萦念。翩飞寥廓，翩翩复翩翩。咏赞嘤嘤，明德高贤，诗文琳琅，琴心剑胆。重友仗义胜金兰，耿耿衷肠，昭昭向大千。哀哉！英魂倏向青冥，亮节永垂，鹤唳尘寰。

从军旅中走出的骆之恬，有着坚韧的底色，峥嵘岁月，戎马半生，任历史的风雨冲刷洗礼。烈火中默默淬炼，艰苦中大胆开拓。君不见河边草，冬时枯死春满道。在出版的百花园中，骆之恬亦如小草一般，总能在阳光下迸发出最顽强的生命力，平凡质朴，向下扎根，向上生长——小草悄悄染绿了整片山野，给孩子们编织着最初的梦。

黄治正

好书的"守门人"

执笔人——曹晓彤

黄治正

黄治正的一生，是做好书的一生。做好书如同打磨一块玉，一蹴而就不可求，更多的时候需要的是工艺上的"如琢如磨"和时间上的"万水千山"。黄治正就是以这样的细致严谨对待每一个选题、每一部书稿，经他编辑加工过的稿子，几乎都是零差错。他将一腔心血倾注到好书"守门人"的事业，并将其作为一生的功课。

视严谨如生命

1932年，黄治正出生于湖南省永州市江华瑶族自治县，1949年11月进入中共江华县委干训班学习，同年12月进入中共码市区委会工作。1950年12月，黄治正在中共江华县委会担任研究员，1952年6月至1954年12月在中共衡阳地委机关报报社工作，历任编辑和副总编辑。1955年，黄治正考入中国人民大学新闻系出版专业，带薪求学。因为之前在家乡做过三年的机关报编辑，长时间同文字打交道的经历，让他对于出版工作并不陌生，甚至还很向往。1959年大学毕业后，黄治正加入湖南人民出版社政治理论编辑组（后"组"改称"室"），成为一名图书编辑。当时，27岁的他还很年轻，加入的却是人民社最老牌的编辑部，这是令人钦羡的机遇，他很珍惜。日后的实践也证明，对于这个年轻人和"老政理"来说，这是一件相互成就的事。

20世纪80年代，整个社会仍面临"书荒"，对图书的需求十分旺盛。"立足本地，面向全国"这一口号的提出，解除了地方出版的束缚，湖南出版迎来了井喷式发展的机遇。湖南人民出版社就是借着这样一股大势，推出了一大批传世经典，也造就了一大批灿若星辰的出版名家。

在这样的背景下，在湖南人民出版社政治理论编辑室（以下简称"政理室"）扎根多年的黄治正，逐渐成长为部门骨干。1979年10月，黄治正担任政理室第一副主任，主持全面工作；1984年7月起，担任政理室主任，后兼湖南省出版局审编委员。1987年4月，黄治正成为湖南人民出版社临时领导小组成员，行政职务仍然是政理室主任，协助领导小组管理编辑工作。1988年8月，黄治正担任湖南人民出版社社长兼总编辑。

黄治正(后排左三)与同事们在一起

作为"师父"的黄治正给人留下的印象是不苟言笑的，甚至有些距离感。在政理室，有幸见到他笑容的编辑不多，就连他自己带出来的徒弟，记住的也多是师父的"冷脸"。黄治正的爱徒，曾在湖南人民出版社工作、后调入中山大学出版社的谭广洪回忆："黄老师大多时候都是瞪着个眼睛耷拉着脸，一天到晚兢兢业业地工作，不苟言笑，但是笑起来特别灿烂。"如同父亲在孩子们的心中总是冷峻如山，黄治正的得意门生，毕业便在湖南人民出版社工作，后任湖南出版投资控股集团党委委员、中南出版传媒集团常务副总经理的彭兆平用"严父型的领导"来形容黄治正："黄老师对怎么做师父是有章法的，待人严格而又宽容，勇于创新又十分严谨，治学治家、做人做事都极为认真。"

律己足以服人，身先足以率人。黄治正对自己的要求是严格到近乎苛刻的。编辑是连接作者与读者的桥梁。早年的黄治正在《湘南农民报》编辑部工作时曾担任来信组组长，负责处理与读者之间的往来信件。作为编辑的黄治正，将读者的反馈看得很重，在回信之事上的要求也格外严。当时湖南人民出版社有一个传统，新编辑入行先从最基础的编务做起，其中包括处理读者、作者的来信和来稿，登记，拆阅，再回复。黄治正要求新编辑收到信件后分门别类地仔细存放，回信时遣词造句要十分注意客气委婉、字迹工整，不能有一丝潦草，否则就要重写。

黄治正对案头工作也很严格，编辑们在看稿时写下的汉字、数字、校对符号都要一笔是一笔，一画是一画，不能连笔，更不能草书，就是对一般人极易忽视的小小逗号也不放过。这份严谨融入黄治正的生命，从工作延续到生活中。黄老的小女儿，湖南师范大学旅游学院院长黄艺农教授回忆父亲时说："每当我在外地，就算是回复爸爸的家信，字迹也不可以潦草。如果有特殊原因要写得快，还必须得写报告，向爸爸说明是什么原因。他收到我的信，如果发现有不规范的地方，就会把它改过来，然后他给我回信的时候，又会把我的信和他的信一起寄过来。父亲的严格要求，使我们受益终身。"曾有作者和黄治正一同改稿，发现一处标点符号用错了，作者说这是某名人的句子，黄治正说："我不管他是什么名人的句子，这标点符号是错的，就是错的！不能因为他是名人，就要承认他是对的。"短短数言，体现了黄治正严谨认真的治学态度，坚持真理的勇气和骨气。

黄治正对工作极具奉献精神，如老黄牛般在出版的园地里耕耘一生，从不抱怨，也从不放弃。对于黄治正而言，工作和生活的边界是模糊的，或者并不存在什么边界。他留给家人最深的印象也烙着工作的印记，女儿黄艺农记忆中的父亲，不管是工作日还是周末，总是在工作："我永远忘不了他的背影，他留给我的似乎总是背影。那时我们全家住在单位后面的宿舍楼，以前的电灯悬挂在房顶的正中间，用手牵着线可以来回拉动。夜里，父亲为了不影响我们休息，总是将灯悄悄地拉到他桌子的上方，将灯光调得很暗，也不知道他看不看得清。他喜欢盘着腿坐着，书桌对着窗，桌上堆着怎么也看不完的稿子，烟头落满一地。"

印刻在女儿心中的背影，也是属于那个时代湖南出版人的背影。当时和黄治正同办公室的老编辑邓潭洲，为人温和宽仁，在工作时也喜欢抽烟，办公桌中间的抽屉几乎变成了一个大型的烟灰缸，细细的烟灰落了厚厚的一层。两位老编辑虽然抽的是2角9分钱一盒的龙山烟，但眼睛里面全是光彩，全是满足。

做书要"心忧天下"，更要"敢为人先"

黄治正是地道的湖南人，他的编辑风格亦特别"湖南"——颇具胆识、敢担风险、求真开拓、勇于创新。湖南人民出版社老同事何新波在《犀利笔触谱华章——记湖南省荣誉出版专家黄治正》一文中谈到，20世纪五六十年代，黄治正就是以这样的风格出版了一大批具有社会效益的马克思主义普及读物。当时湖南人民出版社在全国享有"擅长出版通俗读物"的盛誉，其中就包含了黄治正的贡献。

他主持编辑了《实践是检验真理的唯一标准》《怀念老一辈无产阶级革命家丛书》《社会主义初级阶段理论探索丛书》《新学科丛书》《外国经济现代化丛书》《创建共和国的功臣》《论系统工程》《新编汉语词典》等社会效益和经济效益显著的图书。1963年，黄治正审读了经济学家邓克生的《生产力和生产关系（通俗讲话）》，认为生产关系的改变一定要适合生产力发展水平的阐述很有教育意义，极力主张出版。在当时的背景下，有人好心提醒他现在出这种书容易引起误解，劝他慎重一点为好。黄治正听闻毅然回答："发展生产力是马克思主义，怕什么误解不误解！"

黄治正性格刚正，说话直接，这种直率的性格难免得罪人。但他的"直接"是建立在一种学术的、文化的、对工作有益的、纯粹的标准之上，没有过多个人荣辱的思考，只遵从自己的内心去发表意见，推进工作。黄治正坚守的是他内心认为正确的东西，这种"直接"的勇气给了他精神上的自由和人格充分舒展的空间。

改革开放后，在解放思想、实事求是的思想指引下，黄治正根据形势的变化，率先策划和主编了一系列内容新颖的高质量的图书。其中有些图书受到多方面的阻力和压力，正是有黄治正的勇气和坚守，才得以问世。广西艺术学院黄海澄教授所著的《系统论 控制论 信息论美学原理》一书，某出版社因担心"出格"不敢采用，黄治正审读之后评价道："在政治上毫无出格之处。在学术上倒是'出格'了，不过出的是守旧之格，独辟了美学研究的一条蹊径。"他立即赶往南宁与作者商谈，又以最快的速度将其出版，图书出版后接连获得湖南省级奖项三项，又被南京大学收入《当代必览》。1990年1月20日，黄海澄在给黄治正的信中说道："顺告吾兄，弟因三论美学原理及另外的论著共约110万字而获'国家级有突出贡献的中青年专家'称号和'全国优秀教师'称号。此中，除弟'三更灯火五更鸡'，白发已满头等原因之外，吾兄扶持之力当在首功。"

黄治正还极善于在来信之中发现优秀书稿，南京工程兵学院徐纪敏教授写作《科学美学思想史》时，还只是一个毫无名气的刚毕业的研究生，而黄治正凭着对社会潮流脉动十分敏锐的前瞻性眼光，决定出版，将其列入重点选题并亲自担任责编，该书出版后荣获1987年国家级大奖"中国图书奖"。20世纪80年代起，仅由黄治正担任责编的图书，就获得国家级大奖一项，以及省（部）级奖、全国通俗政治理论读物奖、解放军总参谋部政治部理论研究优秀成果奖、全国优秀畅销书奖等20多项。

对作者只管尽责重德

对作者尽责重德，绝不以权谋私，是黄治正的原则，也是他在作者心中的口碑。能否出书，总体来说取决于书稿的质量，但作者的知名度往往影响着出书之后的效益。如此标准，常使得很多初出茅庐的青年作者望而却步。黄治正秉持一个标准，即以书稿的价值作为最终取舍的标准。他尽心竭力支持作者，尤其是青年作者，重视盈利，但绝不将它看得过重。有些优秀的"自来稿"，即使作者是无名小辈，他也会心甘情愿花上几倍的时间去培养、扶持。

1984年冬，既没有"后台"，在出版界又没有熟人的青年作者徐纪敏，抱着碰碰运气的态度，向湖南人民出版社寄出了自己的处女作《科学学纲要》。当时，科学学是兴起不久的一门边缘学科，国际上对科学学的研究仍处于探索阶段。在我国，钱学森等人虽早在20世纪50年代便热心倡导科学学的研究，然而其真正起步却是近几年的事。黄治正看了这部自来稿，十分欣喜，专程赶到南京看望他，并到他兼职任教的南京大学召开多次座谈会，听取学生们对"科学学"这门课的反映，还特地去拜访了南京大学教务处的领导，询问这门课的教学效果。徐纪敏在《我的严师益友黄治正》一文中曾回忆起这段过往："当时南京正值隆冬季节。老黄下榻的招待所条件比较差，室内没有暖气。窗外大雪纷飞，寒风从窗户、门缝直往屋里灌。治正同志身体一直不好，到了南京就感冒咳嗽。可是为了进一步推敲书稿的体例安排、内在逻辑，他白天围着被子，坐在床上认真地思索；晚上和我一直长谈到深夜，一起反复切磋琢磨，从大的纲目，一直到细小的标点符号，都不放过。黄治正真正把编书和育人这两件事紧密地结合在一起，他对稿对人都严格要求……可以毫不夸张地说，治正同志是我开始走上学术生涯以来的第一位严师益友。"

徐纪敏不负黄治正的厚意，给自己的理论著作定下要求：尽可能做到具有科学性、真理性、彻底性。《科学学纲要》恰好体现了这些要求。该书于1986年1月出版后引起了专家和广大读者的重视，青年读者赞赏它是"提高科学文化素质的好教材"。《中国社会科学》等杂志先后发表评论，认定该书是"我国第一部系统的科学学著作，对广大读者（尤其是大学生们）突破各自的专业界限，鸟瞰科学发展的图景具有积极作用，为我国建立科学学这门新学科迈出了可喜的一步"。《科学学纲要》在1986年全国书展上获得好评，随后又被上海振兴中华读书会列为推荐书目之一。解放军总参谋部和工程兵工程学院把它评为优秀教材。

徐纪敏说自己准备写一本《科学美学》，黄治正对此非常赞同，而且还把这件事一直放在心上。1985年9月，湖南省美学学会要召开年会，黄治正多次写信邀请徐纪敏来长沙参加这一美学界的盛会。会议期间，黄治正介绍他认识了很多美学界知名人士，通过和这些专家教授的讨论，徐纪敏在学术上获益良多，对于他写好《科学美学思想史》和《科学美学》这两部新著启发很大。

《谭嗣同思想研究》一书源自作者徐义君在大学四年级撰写的论文。徐义君回忆："那时书稿只有三万多字，我凭着一股锐气，将稿子寄给湖南人民出版社。一个月之后，收到该社落款为政治理论编辑室的回信，来信对我这个22岁的青年大学生给予热情的鼓励，同时具体而详尽地对书稿提了修改意见。"此后多年，徐义君一直与这位不知其名的"编辑先生"保持着书信往来。他先后四次为书稿提出修改意见，并鼓励徐义君将字数拓展到16万字。书稿最终于1981年2月正式出版。"这位长期不告知姓名的编辑同志，没有因为作者的年轻和书稿的稚嫩而疏漠之，也没有因为作者后来成为普通工人而歧视之。在近二十年的时间里，我真切地感受到这位不知名的编辑，浑身燃烧着仁厚光明的火焰，像保护神那样护卫着我们青年人。直到要对书稿做最后审定之时，我才知道他的姓名——黄治正。"

黄治正内心十分骄傲，但面对作者，他总是谦逊的。1981年，在给与李泽厚、朱光潜等同为中国当代"五大美学家"之一的蔡仪先生的信中，他字迹端正，措辞谦逊而又真诚恳切："蔡老，十分感谢您能于百忙之中给我复示。大作《新美学》以及《美学原理》，既已约定交社会科学出版社出版，这自然很好。倘有变通的可能，仍请蔡老给我们以关怀。当然，如该社坚持原议，我则不敢夺人之美，而只好乞赐其他大作。"年近80岁的蔡仪被黄治正对美学研究锲而不舍的关注和热情打动，写信回复："武生同志从厦门回来时，带来了你的传言，知道你关心我们'美学丛书'的事，我们也表敬意，愿意同你社长期合作，出好这套书……你在本月中来京时，请你一定告诉我，我当去看你。如果方便的话，也欢迎你到我家来，恐道路不熟，另附地图。"

关于写作，法国作家玛格丽特·杜拉斯在《私人文学史》中谈道："每一本书都是作者对自己的一次'谋杀'，一个作家要么在每一行都付出一点生命，要么他就别写。"写书并非易事，黄治正遇到过很多因写书而生出家庭矛盾的作者，他善解人意，尽力在书稿上帮作者合理调配时间，以便作者协调处理各种矛盾。黄治正与徐纪敏交往颇深，从1984年至1987年，整整三年，给他一人寄去的书信就达103封，几乎每十天就有一封，若以每封信500字计算，总字数已经超过了五万字。当黄治正了解到他和妻子有矛盾时，叮嘱他不能一心扑在学问上，要兼顾家庭，还以自己如何处理家庭与工作关系的实例来劝导。徐纪敏回忆道："每当听到他的这些话语，我就觉得他不只是一个出版社的编辑，更是我的知心朋友和循循善诱的兄长。"

黄治正习惯隐于作者之后，总是自律谦让、淡泊名利。1987年到1988年，黄治正与一批学者合撰图书《美学纲要》，大家公推他为主编之一，因为从选题策划到提纲拟定、从内容安排到观点确立，他都充分发表了意见。书稿完成后，黄治正提出自己不挂名，理由是：我未动笔写一个字。其他学者说："你做的工作完全够格，莫推辞了！"但最终他还是辞去了主编头衔，稿费也分文未沾。

1986年的一天，湖南师范大学孙秉莹教授来到黄治正家，一进门便高兴地说："我昨天收到了《欧洲近代史学史》的稿费，给你送稿费来了！"说着把装有厚厚一沓钞票的信封放在桌上。黄治正很疑惑："这

湖南人民出版社

蔡老：

十分感谢您能于百忙中给我以赐示！

关于《新美学》加以及《美学原理》，我早到的是社会科学出版社出版，但目前还没有回音。而可能，仍请蔡老给我以争取。如此出该社坚持原议，我对不敢拳人之美，而只好老即奉还大作了。

多年来，我写汉南籍出版社一种美学专著，却是志同志的美学论丛。我的专注能够坚持他物议的美学条例，奉请签作总的大力支持。再者，我单已与蒋孔阳先生联系过及。写特请他代你。误如回京，面与蒋先生一走成妥了。

顺颂

安好！

蔡仪 敬上
1981.11.10

黄治正同志：

上次接到来信后，因多时手里工作较忙，把信压几天，以致你的信三月多又复未复，非常抱歉。你路上好已平安回到了家里，现在想已习惯了吧。用封附上诸文选目一份，和黄芝老同志在我议时的谈一致。总是否武汉时您听说过上海文艺出版社要出批萃美学论丛稿一册，在好次後上我代到他长，想您你们也不会有什么意见吧。

传版奉印中常事略，请你一式是他我成至再看你。如果方你好就，也欢迎你到到武汉来，恐远较北京，便是美国。

谨此奉复 侨致

敬礼！

蔡仪
干月四日

黄治正与蔡仪的往来书信

351

1997年，黄治正（前排左五）参加湖南省新闻出版局首届跨世纪人才选拔评议工作会

是你的稿费，为什么送给我？"孙教授着急地说："怎么能说是我一个人的？你几次带病改稿，我还拜托你重新写了一章的内容。你付出的心血大大超过了编辑应该做的工作，稿费当然有你一份。"黄治正耐心地和他讲述了编辑的职责和没有作者就没有编辑的道理，委婉拒收。老教授有些生气："你不收下，让我于心何忍，请不要叫我为难了！"说着抽身快步离去。黄治正抓着那个信封，一直追到马路边的人行横道上，拉住孙教授的手恳切地说："孙老先生，您的好意我心领了，我有个两全其美的办法——你回到府上找一本大作，亲自署上你的大名送给我，以示我们的友谊长存，好不好？"老教授闻言无可奈何，只得充满感激地点了点头，与他紧紧握手告别。

类似这种与作者交往的逸事还有很多。曾有一位作者为感谢黄治正的知遇之恩，从岳阳远道而来，登门拜访，提了两条鲜鱼作为礼物。当时正值酷暑，天气炎热，黄治正又刚好外出，黄老的夫人没多想，将鱼收下，赶紧请人进屋坐。后来黄治正得知，大发脾气，坚决要求把鱼退给作者。夫人不理解："这么热的天，岳阳到这里也要几个小时，那返回去又要几个小时，人家提着两条鱼来来去去，非要在路上臭了不可。"黄治正说："就算臭了，也要给人家还回去，大不了重买两条！不拿作者一分，是做编辑的本分。"

做青年人的严师益友

黄治正是一个爱才之人。对编辑事业尽职尽责，求贤若渴。他把"编书"和"育人"两件大事紧密结合在一起，十分注重青年编辑的成长，对优秀人才的培养更是倾注心血。但凡来到政理室的新编辑，黄治正都会要求他们开拓视野，在学术上有所作为，鼓励编辑们走学者型编辑的道路。在编辑业务上，黄治正懂得根据不同年轻人的实际情况，因材施教，并以自己的实操经验启迪大家。彭兆平回忆起恩师黄治正时如是说："黄老师会给我们仔细地讲解编辑的基本知识，如开本、版式、校对符号的使用等。他不依赖于社里组织新编辑培训，自己手把手地教新编辑怎么写退稿信，让我们看他改好的稿件，思考为什么要这么改，怎么改能更好。我们从中学到了很多，也就是这样一步步成长起来。"

他不仅在业务上培养新人，还在思想上引导青年人树立正确的信仰。据谭广洪回忆："有一天，我们加班到深夜，黄老师把我叫住，认认真真地和我谈入党的问题。他问我：'小谭，你考虑入党吗？'我点了点头。他接着说：'入党，必须有坚定的信仰，如果你没有坚定的信仰，就不要轻易入党。'后来我才知道，一个曾遭受过那么大磨难的长辈，还能对党葆有如此坚定的忠诚，是多么令人钦佩。"

黄治正对于青年人的培养，是建立在信任和尊重的基础上的，注重激发年轻人的潜能，支持鼓励青年编辑独立报选题，只要提出的选题好，就不遗余力地支持。放心放手让他们独立做书、外出出差、拜访作者。当时，20岁出头的新编辑就能有机会去北京出差，到诸如钱学森、蔡仪、于光远等名家的家中，同他们洽谈书稿。彭兆平回忆："黄老师让我们觉得，做编辑是幸福的，出版的疆域是很宽的。他对年轻编辑要求很严，但也肯放手，这份信任让我们获得很多的历练机会。"放手并不等于放任，黄治正始终把握着一种恰到好处的分寸，他敢放手让新人独立报选题，独立担任责编，但对他们编辑的每一本书稿，他又都会逐字逐句复审，发现问题马上将他们叫到自己桌前，指出问题所在，教他们如何处理。年轻编辑得到他严格而用心的培养指点，迅速成长。

1997年，黄治正（中间一排右三）参加湖南省美学学会代表大会

黄治正不仅敢给年轻人"压担子"、善于给年轻人"开方子"，而且一旦出了问题，他也会第一时间站出来给年轻人遮风挡雨。1986年，彭兆平担任责任编辑的一本四万余字的政治类小册子被查出四处差错，"当时，省里打电话到局领导那里，局领导打电话到社里，我既愧疚又害怕，躲在办公室里掉眼泪。我觉得我这辈子编辑工作可能就做到头了。不想，我却无意中听到黄老师在走廊上对局领导说：'是我的责任，是我的责任！小彭是新编辑，不知道编政治读物要注意什么，是我没有交代清楚。这个事情不怪她，要怪我！'我本来在等待着一场疾言厉色的责骂，却万万想不到是这样一种情形。如今回忆起来，他藏在严苛外表下的温厚，是那么深"。

1992年底，当时还是一名青年编辑的何新波刚任社长助理，想为社里的图书发行多做点事，却未想正月初七去成都出差时遭遇车祸，导致骨裂，门牙全部撞落，被迫在成都一家骨科医院的病床上躺了50多天。在何新波回到长沙休养期间，黄治正曾多次前来看望他，关心他，这份对青年人无微不至的温情，让他此生铭记。黄治正就是这样一个既严肃又随和的人。他在工作中严肃，脾气还有些急躁，但在生活当中，其实又很随和，心地还特别善良，特别是对比较弱势的人，十分同情关照。当时，湖南人民出版社的办公地址还在河西，住在单位宿舍的黄治正每年大年三十，都会专程接守传达室的吴三爹到自己家来吃团年饭。单位同事的家人得了尿毒症，黄治正知道后不仅自己捐款，还和妻子一起发动大家捐款，共募集到善款几千元，解了他们燃眉之急。

较真的人大多有一颗赤子之心。其实，生活中的黄治正是一个可爱的人，只是这份可爱隐藏在他严肃的外表下。有一次，黄治正带领社里的青年编辑到外地参加美学研讨会，刚巧黄夫人出差此地，也来旁听。当主持人说与会人员挨个发言讨论的时候，黄夫人吓了一跳，不知如何是好。看到妻子慌慌忙忙的样子,黄治正凑到她耳边悄悄地说:"一会儿你就和主持人讲,我不能'发言'了,因为我嗓子'发炎'啦!"或许正是平日很少看到黄治正如此逗趣的一面,同行的一众小辈听到,都忍不住笑出声来。

黄治正不仅甘为青年人铺就成才之路,更用自己深厚的学识修养带领青年人勇敢追梦。作为美学家的黄治正经常利用休息时间带着青年学者、编辑,甚至是工人们举办美学沙龙。这些沙龙没有任何功利色彩,也没有任何既定的章程,但就是借着这样的契机,他将很多生命中原本没有任何交集的人汇聚在一起。在这样一个以美为名的港湾中,青年人畅谈的话题大多与生活无关,而与理想、人生、哲学有关。他们的思想与灵魂短暂脱离了原本的地域、身份,被放飞到看得见星星的高度,哪怕重回平淡如水的生活,也会记得这种飞翔的滋味。

做人,做事,做学问

黄治正常说,做编辑不能只会编别人的书,自己也要能写书。只有做一个领域的专家,才能和作者平等对话。因此,他除了编书,还长期利用业余时间从事美学、哲学领域的研究,取得了令人瞩目的成果。

改革开放伊始,黄治正意识到科学的春天已经来临,很有必要也很有可能改变"美丑颠倒"的状况,于是把研究主要集中到美学领域上来。当时,探究科学与美学关系的论文凤毛麟角,他以超前的眼光提倡科学与美学的研究,努力创建"科学美学"这一新兴学科,撰写了《人怎样才美》《美学新命题纲要》等著作,并发表了多篇论文。其中《人怎样才美》一书印行六次,达30余万册。著名美学家蔡仪、洪毅然都认为此书"有不少新探索""在通俗普及的形式中保持了严肃的理论特色"。1989年，湖南电视台还拍片专题报道了黄治正的美学研究成果。

在学术研究领域，黄治正担任过湖南省美学学会理事长、湖南省湖湘文化交流协会顾问、华东师范大学中国古文化研究中心特级研究员，出版了《审美要论》《人怎样才美》《图书编辑学》等著作，发表哲学、美学、编辑学论文和书评百余篇，其中《论情感思维》一文被《光明日报》《新华文摘》《文艺理论研究》以及美、法、日三国新闻出版物报道或转载。《人怎样才美》被《纽约时报》专文推介，并于莫斯科、法兰克福、贝尔格莱德国际图书博览会和中国香港书展展出。

黄治正的代表作之一《图书编辑学》被学界认为是"系统深入的图书编辑工作规律的探讨，可谓一家之言"（1997年6月27日《光明日报》），"是一部开拓图书高质量境界的学术专著"（1999年8月24日《新闻出版报》），被湖南师范大学等多所高校定为有关专业课程参考书。另一部代表作《审美要论》也被学界认为是"一部充满新的活力的美学专著"（1995年12月7日《光明日报》），"是美的规律的深层次探讨"（《理论与创作》1995年第4期），同样被多所高校列为课程参考书。

除此之外，湖湘文化美学也是黄治正美学研究的重要组成部分。他认为，作为中华优秀传统文化组成部分的湖湘文化，之所以具有显著的特色和强大的生命力，如湘绣、湘瓷、浏阳花炮等之所以能够进入世界文化之林并大放异彩，很重要的原因是具有丰富的审美属性。黄治正曾以具有高度艺术性的文字描述了浏阳花炮燃放时带给人的审美感受："雷鸣鸟语送春归，万紫千红宇宙开。天地古今融作我，甚于蓬岛梦中来。"为此，他在20世纪80年代初期与美学家杨安仑教授共同筹办着重研究湖湘文化美学问题的《美学研究与应用》丛刊，虽

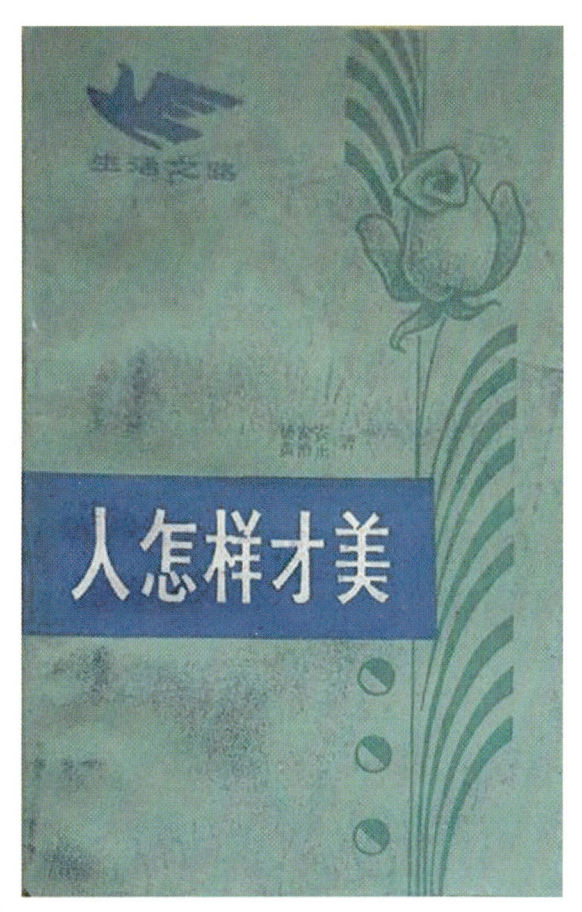

《人怎样才美》书影

只出版了第一辑，但他依然研学不辍。

1987年，黄治正获得中华人民共和国新闻出版署和中国出版工作者协会颁发的"为社会主义出版事业作出了积极贡献"荣誉证书，1993年4月光荣退休，2001年获"首届湖南省荣誉出版专家"称号。编辑工作占据了黄治正一生中绝大多数的时间，直到退休之后，他才有时间将自己想写的书写完。女儿黄艺农回忆，父亲离世之前年事已高，身体不好，71岁生病之前，他每天都要在书桌前坐几个小时，哪怕就为了写一些小诗。黄治正一直想为自己的家乡写一本"不太严肃"的小书，和学术无关，和政治更无关，只关乎一些回忆中的山山水水。只可惜已经写了开头，因为病重最终没能完稿。这对于做了一辈子编辑的黄治正而言，不得不说是一种遗憾。

这是一位严谨到严苛、真挚到较真的老编辑。曾有人因为他的疾言厉色而害怕他，但最终会懂得他、怀念他、感激他。在实力雄厚的出版湘军中，有一批在书山学海里创造了光辉业绩的专家学者。黄治正，就是此中一员。他在数十年的编辑和学术生涯中，走过了艰辛的历程，用犀利的生活笔触，谱写了求真、尽责、创新的华章，展现了出版湘军的风采，彰显了一名老共产党员的可贵品格。

梁绍辉

湖南古籍出版的开路先锋

执笔人——李业鹏 丁利

梁绍辉

从偏远乡村走出来的梁绍辉，求学、从军、工作，一路走来，始终葆有一颗奋发向上、勤恳务实之心。在出版社任职期间，他作为主要人员牵头筹建岳麓书社，牵头组建湖南省古籍整理出版规划小组，兼任小组办公室主任，和专家学者一道研究制订《湖南省古籍整理出版规划》，分别组建《船山全书》《曾国藩全集》《左宗棠全集》《魏源全集》等编辑委员会。为了湖南古籍出版从零起好步，梁绍辉全身心投入其中，以忘我的姿态摸索着古籍出版的发展道路，为岳麓书社的初期发展打下了坚实的基础，使其成立两年就赢得"南有岳麓，北有齐鲁"的赞誉。在湖南出版人的记忆中，"梁绍辉"注定是个不能忘记的名字。

求学、从军、工作，永葆上进之心

梁绍辉，原名梁震南，于1933年农历四月十七日出生在湖南省涟源县三甲乡白溪村。这里是连片山区，重峦叠嶂、人迹罕至，山上遍布竹木森林，只在山谷两侧一些向阳的地方才有少量适合耕种的田地。所有的山水田地都是几个陈姓地主家的。分散在山坡上的几户居民，都是这几家地主的佃户，他们既要种田，又要为东家看守山林，好在每家地主都提供住处，算是解决了住的问题。

自梁绍辉的祖父开始，梁家就租种地主陈树屏的一处田地。这处田地较为贫瘠，收成并不好，如果遇上干旱、水涝，收成更加难以维持生计，一家人的生活极其艰难。

梁绍辉有三个哥哥、三个姐姐，他是家中最小的孩子。梁绍辉出生的时候，父亲已年过半百，母亲也45岁了。晚年得子，对于穷苦人家来说，并不算喜事，何况梁家孩子多，这更是苦上加难。母亲为了抚养梁绍辉这个满崽（方言，最小的儿子），很是不易，为了节省点口粮，自己常常饿着肚子。值得欣慰的是，母亲陪伴了梁绍辉成长成才，也见证了他成家立业。

梁绍辉八岁上学。就在这一年，家里两个哥哥独立门户，16岁的三哥和梁绍辉跟着父母亲，大家庭缩小为四口之家。本来，梁绍辉是没有机会读书的。当时父亲身体不好，已经丧失了劳动能力，一切田间事务，全靠并未成年的三哥负担。按理说，在这种情况下，梁绍辉去打短工帮补穷困的家，才是正经事。但三哥并不这么认为，他看得更长远，吵着闹着一定让梁绍辉去读书，甚至到了如果不让弟弟读书，他就赌气不做工的地步。正是在三哥的大力支持下，梁绍辉一口气读完了初小。抗日战争时期，局势紧张，学校停办，梁绍辉因此失学了一年。后来学校复课，三哥又要梁绍辉去读高小，才读了一年，学校又因种种情况难以为继，不得不停止办学。停学后，梁绍辉在家一边帮助三哥做工，一边自学。又过了一年，三哥又非要梁绍辉去考初中，父亲极力反对，周围没有一个人不泼冷水，但三哥越发坚定地支持梁绍辉去考学。梁绍辉怀着不安的心情去报考当时的新化县立中学，没想到竟然考取了。三哥比梁绍辉还高兴，他四处借钱，又挑着行李，步行一百多里，亲自送梁绍辉入学。在县中读了一个学期后，梁绍辉得知学费、伙食费都是借来的，一想到因为自己上学让家里背负债务，就愧疚难安，第二学期怎么也不肯去了。为此，三哥向梁绍辉大发脾气，他们兄弟之间仅因这件事吵过架。

这次失学后的第二年，即1949年，中国人民解放军大举南下。同年8月，长沙和平解放。尽管梁绍辉的家乡还盘踞着国民党军队，但解放军进驻长沙等地的消息已能通过多种渠道传进来。中共发动地下党组织力量，动员有文化的青年去参军。梁绍辉曾求学过的学校校长也姓梁，他是一名中共地下党员，消息比较灵通，在得知长沙和平解放后，就动员梁绍辉去长沙考军校。

当时长沙有两所学校同时招生，一所是湖南革命大学，另一所是中国人民解放军中南军政大学（以下简称"军大"）湖南分校。梁绍辉跟着一个年龄比自己大得多的同乡，偷越国民党军队的封锁线抵达长沙并报考了军大。当时的梁绍辉并不懂什么是革命，一个16岁的小青年，在考取了名字如此响亮的军大后，其喜悦之情根本无法用言语形容。家人、朋友也无不为他高兴，三哥就更不用说了。梁绍辉去长沙报到的那天，三哥又挑着行李送了几十里路，他站在一个高坡上，挥手跟弟弟作别。他一直站到梁绍辉走到他看不见的地方才离开。

1949年9月，梁绍辉进入军大湖南分校学习。分校总部设在长沙，梁绍辉报到后，被分配到南岳总队（即第二总队），入驻位于衡山南麓的岳云中学。军大，是梁绍辉得以继续读书学习的地方，更是他革命征程的起点。在这里，他接触到很多之前闻所未闻的革命道理，有了很多的第一次：第一次接触马克思主义，第一次知道人类社会的发展历史，第一次知道中国共产党领导中国人民进行革命这样一篇无比威武雄壮的文章。梁绍辉感到很新鲜、很奇特，也感到中国共产党领导的革命的目的和自己、和家庭、和周围一些人的利益、希望很是一致。因此，梁绍辉渐渐地把寻找个人出路的思想与"革命"二字自然地融合起来，他的身心都发生了翻天覆地的变化。

1950年5月，中国人民解放军炮兵第一师到了衡阳，部队急需有文化的人才，几位军队干部跑到军大要了二十几个人，其中就包括梁绍辉。就这样，梁绍辉作为军大第一批学生提前毕业。他们从南岳出发，坐火车一直北上，历时将近半月，到达黑龙江佳木斯。到师部后，梁绍辉被分配在第二十六团宣传队。由于二十六团当时驻扎富锦，他又继续北上到富锦。富锦位于黑龙江东北部，几近中苏边界了。梁绍辉有半年多的军大生活经验，所以在部队并不感到陌生。特别是在宣传队，周围的战士多半是差不多年纪的知识分子，因而梁绍辉没多少异样的感觉。

到富锦后不久，朝鲜战争爆发。1950年9月，梁绍辉所在的部队奉命向丹东方向开进，在行军过程中集训了一个多月。值得一提的是，二十六团五连指导员是麻扶摇，他经常做战前动员，还将战士们发自内心的誓言记录下来，经过修改补充，写成了一份诗歌形式的决心书，即《中国人民志愿军战歌》歌词。

不久，梁绍辉随军第一批跨过鸭绿江，投入抗美援朝战争。梁绍辉在以宣传队为主体组成的战勤工作队，主要从事运输、宣传等工作，上前线的机会很少。然而，战火纷飞的战场，对任何一个年轻人而言，都是特殊的锻炼。在朝鲜，梁绍辉目睹侵略者的暴行，亲眼看到朝鲜人民蒙受的深重灾难，对敌人的恨和对人民的爱填满了这个年轻人的心胸。在朝鲜的日日夜夜，他不知道什么叫害怕，也不知道什么叫疲劳，甚至来不及考虑今后会怎么样，唯一的想法是如何完成自己的任务，哪怕是一项很小的工作任务。战场确实是一个特殊的大学堂，在这里，能够学到平时难以学到的东西，能够体验到不平常的生活。梁绍辉有一个大号日记本，他把自己在战场的经历都一一记上了，只可惜这个珍贵的日记本后来丢失了。

1951年底，梁绍辉所在部队从朝鲜铁原附近出发，步行千余里，返回长春更换装备。由于是第一批回国的志愿军部队，他们受到了长春市各界的热烈欢迎。祖国的温暖、人民的关切、激动人心的场面，都深深地印刻在梁绍辉的脑海里。

在长春，梁绍辉到了连队当观测员，他参加了集训练兵活动，准备第二次赴朝。但梁绍辉没能适应北方冬天的气候，得了肺炎，一病就是几个月，因此在部队二次入朝的前夕，他和一些年老体弱及患病的同志被留了下来，离开了志愿军部队。在抗美援朝战争中的这段经历，让梁绍辉树立了"一不怕死、二不怕苦"的革命精神，此后无论从事何种工作，这种精神他都一以贯之。

1952年4月，梁绍辉因病退伍，回家乡从事教育工作，并于1955年加入中国共产党。他先后在涟源县第一区龙门完小、白溪学校等学校任教员、教导主任、校长和党支部书记。

梁绍辉没有满足于安稳的生活而裹足不前，他不断汲取新的知识，并在组织的支持和同事们的鼓励下，于1957年9月考入湖南师范学院中国语文系专科。在大学里，梁绍辉抓住来之不易的机会刻苦学习，

梁绍辉 1959 年 7 月毕业于湖南师范学院

晚年的梁绍辉与夫人李家福合影

同时积极参与学生活动，开始当班长，不久兼任年级学生党支部书记。在大学学习的两年时间里，梁绍辉不仅增长了学识，还收获了美好的爱情，同学李家福成了他一生的挚爱伴侣。

1959年7月毕业后，梁绍辉和李家福被分配到黔阳地区干部文化学校。梁绍辉先是当教员，之后负责语文教研组、学校教育科的工作，在党内一直任支部组织委员。干部文化学校的培训对象是公社书记以上、县委书记以下的党员干部，学制三年。因学员均是县、区、公社的领导骨干，所以一搞运动学校就要停课，教职员工全数下县、下乡搞学习。正因为如此，梁绍辉在干部学校受到的锻炼也比较多、比较全面，加之他对自己的要求比较严格，所以工作开展得也比较顺利。在这里，梁绍辉度过了九个春秋，大儿子梁奕、小儿子梁洁先后于1963年、1967年出生，四口之家幸福美满。

1968年开始，梁绍辉经历了学习班集中学习、下放等。1969年10月，梁绍辉被调到中共黔阳地委写材料，逐步升为办公室副主任、主任。他的主要任务是负责机关文秘工作，和地委领导朝夕相处，虽然工作很忙、很紧张，但受益颇多，得到了充分锻炼，分析问题的能力提高了，阅历也随之加深。梁绍辉对机关工作比较适应，有种拼命三郎的精神，经常工作到深夜两三点，有时甚至通宵达旦，颇得领导和同事的好评。

1975年2月，梁绍辉由黔阳地委办公室主任调任黔阳地区文化局局长，开始独当一面，主持一个方面的工作。这对于他来说是一项新的工作和挑战。这项工作和地委办公室的工作比较起来大不一样，之前只负责承办，现在却要主管了。同时，文化工作面广、线长、点多，情况复杂，远非机关文秘工作可比，所以要从头学习。文化工作就业务来讲，无非文学艺术，与他所学的专业相关，是一个很好的理论与实践相结合的机会，梁绍辉对做好这个工作满怀信心。这一干就是五年，直到1980年。

无论在什么地方、什么岗位，梁绍辉都能以饱满的热情投入工作，兢兢业业，勤勤恳恳，干一行、爱一行、专一行、精一行。"岁月不居，时节如流。五十之年，忽焉已至。"梁绍辉曾在一份自传性质的材料中，回顾自己前半生读书、从军、工作、再读书、再工作的曲折经历："我由一个穷苦人家的孩子，成长为一个能担负些责任的国家干部，全是党的培养和教育。没有共产党，没有新中国，就没有我上述的全部历史。"

创建岳麓书社，为湖南古籍出版开路架桥

1980年，47岁的梁绍辉调到出版社工作。他与出版的缘分，还源于任黔阳文化局局长时创办的名叫《雪峰》的文学杂志。梁绍辉亲自任主编，创刊号封面改了再改，力求尽善尽美，很是用心。他还题写了几句诗，陆续在上面发了几篇文章。因此，当梁绍辉面临湖南省文联和湖南省出版局两个地方可以选择时，他义无反顾地选择了后者。

梁绍辉是1980年底到湖南省出版局报到的，组织调他来的意图很明确，就是为了筹办湖南的古籍出版社。1981年1月，梁绍辉开始担任湖南人民出版社副社长，分管两个编辑室，其中一个是历史编辑室，内设古籍组。随即，他开始作为主要人员牵头创办湖南古籍出版社——岳麓书社。

20世纪80年代之前，我国的古籍专业出版主要是由中华书局、上海古籍出版社（原中华书局上海编辑所，1978年初改名）承担，加上人民文学出版社古典文学编辑室担负的中国古典文学作品和文学理论作品的整理出版工作，基本就是"两家半"的古籍专业出版格局。1979年，乘着改革开放的东风，个别省市创办了专业古籍出版社，譬如1979年

初山东成立了齐鲁书社,但古籍出版的业态变化还不明显。

恰逢其时,在梁绍辉调入湖南人民出版社半年之后,即1981年5月、7月间,陈云同志先后两次对古籍整理的问题提出重要意见。9月,中共中央书记处讨论了古籍整理工作,根据陈云同志的讲话精神,下达《关于整理我国古籍的指示》,明确指出"整理古籍,把祖国宝贵的文化遗产继承下来,是一项十分重要的、关系到子孙后代的工作","整理古籍是一件大事,得搞上百年"。12月,国务院下发《关于恢复古籍整理出版规划小组的通知》。1982年初,国务院古籍整理出版规划小组恢复工作,召开了全国古籍整理出版规划会议,制定了《古籍整理出版规划(1982—1990)》,一系列的指示、通知,促使古籍出版业态发生重大转变。

因为形势的需要,岳麓书社的筹建与湖南省古籍整理出版规划小组的组建几乎是同步进行的,于是梁绍辉一个人肩挑两副担子,诸事繁杂,其中不易和辛劳可想而知。在物色可能调入出版社做编辑的人选的同时,他花费了很多的精力,在省内各高校和研究单位走访了解有关专家、学者的队伍状况,很快提出了一个60人左右的名单,不仅包括知名专家、学者,而且凡是对古籍研究较深、对地方文献了解较多的人员,几乎悉数被列入。第一位审查这份名单的是知名学者杨伯峻。他看后高兴地对梁绍辉说:"很好,该来的都来了,湖南的古籍整理肯定有希望!"就在此时,原任上海市委常委的车文仪调任湖南省委宣传部副部长,分管新闻出版和文化艺术等方面的工作。这位新四军的"老资格"政治工作者,对古籍整理有着格外浓厚的兴趣。在车文仪的热心支持下,筹备工作进展十分顺利。湖南省出版局于1981年11月报请湖南省委宣传部、湖南省编制委员会和国家出版局,在湖南人民出版社原历史编辑室古籍组的基础上,成立一家以古籍整理出版为主的专业出版社,即岳麓书社。

从零起步的湖南古籍出版社的筹建工作，没有经验可循，没有范式可依，梁绍辉必须全身心投入其中。面对千头万绪，人是第一位的，梁绍辉的首要工作就是健全机构、配好人员。当年的老同事梅季坤不无幽默地回忆道："老梁那时候是四处出击，遍地撒网，他很善于'抓人'！"例如梁绍辉那段时间几乎天天去找潘运告，动员他加入岳麓书社。潘运告当时是湖南人民出版社《美育》杂志的主编，毕业于武汉大学中文系，很喜欢中国的古典文学，一度被梁绍辉劝说得心动了。但《美育》杂志的工作一时离不开潘运告，他未能第一时间加入新成立的岳麓书社。不过缘分不怕晚，几年之后，潘运告还是毅然去了岳麓书社，后来还担任了岳麓书社第三任社长。经过梁绍辉的一番"抓人"，新组建的岳麓书社在人员构成方面，编辑有杨坚、喻岳衡、梅季坤、李润英、刘柯、邹学明，1982年下半年又先后引进了唐浩明、熊治祁、文正义；石冰玉负责编务工作，崔桂清搞行政后勤。其中杨坚和喻岳衡是老编辑，学识、为人又很好，在各方面都起着模范带头作用，梁绍辉很信赖和倚重两人。正是在梁绍辉的团结引领下，无论是带头领路的老知识分子，还是紧随其后的年轻人，工作热情都很高，干劲很大，仿佛人人都有一股使不完的劲。

接下来是落实办公地点。新成立的岳麓书社仍在湖南省出版局大楼内办公，那是一栋"L"形楼，一楼大门内的墙上写着"认真做好出版工作"几个大字。岳麓书社位于三楼西头，在同一层的还有湖南人民出版社和湖南省出版局的几个科室。后来，岳麓书社的办公场地不够用，梁绍辉又在附近的新华社湖南通讯处租了一间房，将几面书柜并排摆在中间，就隔成了一前一后两间办公室，喻岳衡和唐浩明曾于此处办公。为方便《船山全书》核对底本、查找资料，梁绍辉还曾向湖南省图书馆借屋一间，杨坚就曾多年驻馆办公。

岳麓书社是白手起家，一无所有，建社伊始，举步维艰，梁绍辉带领全社职工开启了艰苦的创业历程。岳麓书社从"母社"湖南人民出版社分家后，主要分得了喻岳衡担任责编的《古文观止》注释本和杨坚担任责编的《郭嵩焘日记》的出版发行权。划归的两部书，《郭嵩焘日记》是肯定赔钱的，《古文观止》还在付印过程中。因为无法支锅，局领导决定由岳麓书社的"母社"拨给开办费两万元，另拨图书资料费五万元。当时岳麓书社人员不多，两万元如果用作生活开支，可以应付一段时间，但出版社需要进行生产运作，两万元远远不够。天无绝人之路，正当梁绍辉为钱发愁，一时又不知从何处筹钱的时候，《古文观止》的征订单汇集起来了，首次订数竟高达19万套。因为这是上下两册的大部头，估计利润至少会有30万元。梁绍辉悬着的心总算放下来了，手中有钱，心里不慌，一切活动都有了基础，而这个基础全是由《古文观止》提供的。今天的岳麓书社人，仍尊称这位为岳麓书社打下头场粮食的老出版人喻岳衡为"喻公"，这本《古文观止》至今依然畅销。

1982年1月21日，国家出版局下达关于同意成立岳麓书社的批文。2月1日，湖南省出版局党组决定由梁绍辉任岳麓书社副社长兼副总编辑，主持全社工作，赵端才任岳麓书社副社长。5月，中共岳麓书社支部委员会成立，梁绍辉任支部书记。

与此同时，中共湖南省委下发《关于成立湖南省古籍整理出版规划小组的通知》。小组以车文仪为组长，胡代炜及有关厅局主要负责同志为副组长，姜书阁、羊春秋、马积高等为成员。在岳麓书社设立湖南省古籍整理出版规划小组办公室作为小组的办事机构，负责组织联络，承担出版任务，梁绍辉兼办公室主任。各种相关会议和学术活动，自然都是由梁绍辉负责组织协调，他犹如一枚响箭，呼啸往来于纷繁事务之中。

经过悉心筹备，湖南省古籍整理出版规划会议在湖南省委蓉园宾馆召开，会上宣布成立湖南省古籍整理出版规划小组及岳麓书社。出席会议的有本省各院校古籍专家、学者、社会科学学术团体代表、省直属有关厅局的负责人，还有从北京、上海来的专家，也有地市的代表，约200人。梁绍辉代表岳麓书社提交了《湖南整理出版古籍初步计划》和《湖南历代著作家一百六十名人录》两份材料供大会参考，通过两天的分组讨论，最终制订了《湖南省古籍整理出版规划（初稿）》，分文学、语言、历史、哲学、综合参考五大部分，提出了《1982—1985年整理出版书目》，确定了湖南省古籍整理出版"六大全集"及众多散集的计划。六大全集为《王船山全集》《魏源全集》《曾国藩全集》《左宗棠全集》《王闿运全集》《王先谦全集》，既具有全国性意义，又富有鲜明的地方特色。会议决定，用五年左右的时间先出齐前四集，以《王船山全集》为出版重点。其他散集则根据情况，陆续整理出版。之后岳麓书社积极申报，使前四集均列入国务院批准的《古籍整理出版规划（1982—1990）》。

会议一结束，梁绍辉就组织展开一系列紧锣密鼓的活动。首先是资料版本的收集。为此梁绍辉连续组织召开了几次专门会议。会议通常由车文仪主持，有时省委领导也会亲临会场。通常到会的是教育厅厅长、文化局局长、湘潭大学和湖南师范学院（今湖南师范大学）校长等。梁绍辉在《一段难以忘却的记忆》一文中提到，有次会议上，文化局局长提出图书馆工作有困难，教育厅厅长王向天当即质疑："图书馆、博物馆不都归文化局管么？只要局领导下了决心，哪有什么办不到？"同时当场表态："各高校的有关资料，限期自行清理，力争早日将清理结果反馈给规划小组办公室，同时资料封存，等待调用。"因为王向天的态度坚决，得到车文仪的当众表扬，给顺利开展相关工作起

1982年国家出版局正式批准同意成立岳麓书社

《湖南省古籍整理出版规划（初稿）》和《湖南古籍整理参考资料》封面及目录

了示范带头作用。

其次是落实整理班子。为保证《王船山全集》这个重点项目的质量，确定该全集由省古籍整理出版规划小组办公室直接组织实施。省委办公厅下发了《关于成立王船山全集编委会的通知》，编委会以当时的湖南省委宣传部部长屈正中为主任，车文仪、姜书阁、李楚凡、吴立民为副主任，羊春秋、马积高、宋祚胤、雷敢、颜克述、杨坚、王兴国、陈远宁为委员。当时认定编辑人员中年龄最大的杨坚最有实力，于是明确杨坚为该全集责编。编委会下设办公室，杨坚为办公室主任，王兴国为副主任。所谓办公室，实际上是一个编辑班子，但不是岳麓书社一家的班子，而是规划小组办公室下设的班子，其人员配备为岳麓书社三人、省社科院两人、省图书馆一人。办公室的工作分为两部分：王兴国主外，负责搜集版本，访求佚文；杨坚主内，负责编订全书，付印出版。其他各全集，通过协商，明确《曾国藩全集》由湘潭大学负责，湘潭大学可自行组织办事班子，由羊春秋、彭靖牵头，岳麓书社派唐浩明进行联系。《左宗棠全集》由湖南省社会科学院负责，该院副院长杨慎之主其事，岳麓书社派文正义联系。《魏源全集》属于全国高校古籍整理重点项目，由湖南师范学院和湖南省社科院共同承担，湖南师范学院副院长林增平主其事，岳麓书社先派梅季坤联系，后来梁绍辉自己跑得多一些。分工既已明确，要求立即开展工作，并明确提出，年底召开会议，各单位汇报工作进度，讨论有关未尽事宜。

对各全集的工作，无论是计划制订，还是人员组织，梁绍辉都自始至终认真参与研究，提出意见，并不断督促检查，帮助解决问题。为了加快《王船山全集》的整理出版进度，更为了保证学术和编校质量，梁绍辉想方设法挖来了几位古文功底深厚的外编参与其中。有一位名叫边仲仁的老派学人，当时已经60多岁，退休在家。梁绍辉打探到他懂古籍，就把他从湘乡请到长沙来，安排办公室，跟大家一起看稿，协助杨坚编校王夫之的著作。

1982年底，一个大雪纷飞的日子，湖南省古籍整理出版规划小组在蓉园宾馆召开第二次会议，听取各编委会的工作汇报，进一步讨论、修订规划。晚上，参会人员集体去省政府礼堂看戏，湘潭大学颜克述误上了其他单位的车，梁绍辉着急，在大街上冒雪寻找了好几个小时。回来时，羊春秋、马积高正在以颜克述丢失为题戏编剧本，编到第四幕时，人已找回，于是以"归寓"为第五幕，戏终幕落，众人大笑而去。这段有趣的小插曲，可谓学林一段佳话。

1983年3月，湖南省古籍整理出版规划小组再次召开会议，专门听取《王船山全集》编委会的工作汇报，具体讨论全书名称、体例和有关编辑工作的原则及技术问题，并正式确定书名为《船山全书》。按照车文仪的设想，要通过这次会议来推动其他全集的工作进展，同时"解剖麻雀"，对其他各集作技术指导。一开始梁绍辉还觉得会议内容不多，但车文仪说会议开迟了，就起不到指导工作的作用了。事后梁绍辉对此佩服不已。这是梁绍辉具体组织的最后一次大型会议，也是湖南省古籍整理出版规划小组的最后一次活动。

1983年10月，最初分得的两份"家产"之一、由杨坚担任责编、被戏称为"赔钱货"的《郭嵩焘日记》四册出齐，布面精装，十分典雅，这是岳麓书社建社后出版的第一部地方古籍，受到了学术界的普遍关注和欢迎。这部新中国成立后屡有出版之议而未果的著作，从整理校勘到最终出版，历时四载，为岳麓书社后来的古籍整理积累了重要的经验。

在梁绍辉的主持下，岳麓书社很快初具规模，出版的图书产生了广泛的社会效应，成立仅仅两年就赢得了"南有岳麓，北有齐鲁"的赞誉。

岳麓书社从无到有，从两万元开办费起家到账上盈余20多万元，从初创的一穷二白到迅速发展繁荣，梁绍辉带领全社职工创业的历程实则艰辛，而它并非个例，实际上是那一时期同类出版社创建发展的缩影。

从1982年到1985年，短短四年时间，全国各地相继成立的专业古籍出版社就有：湖南的岳麓书社、四川的巴蜀书社、河南的中州古籍出版社、江苏的江苏古籍出版社（今凤凰出版社）、浙江的浙江古籍出版社、安徽的黄山书社、天津的天津古籍出版社、陕西的三秦出版社、吉林的吉林文史出版社。这些专业古籍出版社的成立，壮大了古籍专业出版队伍，增强了国家古籍出版的实力。专业古籍出版社在全国各地生根、开花、结果，彻底改变了古籍专业出版只限于京、沪两地的局面。

一代人做一代人的事，梁绍辉作为主要人员牵头筹建了岳麓书社，牵头组建了湖南省古籍整理出版规划小组，和专家学者一道研究制订了《湖南省古籍整理出版规划》，还分别组建了《船山全书》《曾国藩全集》《左宗棠全集》《魏源全集》等编辑委员会，组织协调各方顺利开展工作。他逢山开路，遇水搭桥，可谓湖南古籍出版的开路先锋。1984年5月，梁绍辉被调回湖南人民出版社担任副社长。16册的《船山全书》，31册的《曾国藩全集》，15册的《左宗棠全集》，20册的《魏源全集》，还有2024年上半年出版的38册的《王闿运全集》，已经启动、正在整理的《王先谦全集》，无疑皆肇始于梁绍辉这位"先锋官"。在湖南出版史，尤其是岳麓书社的历史上，创建岳麓书社虽不是某一个人的功劳，但历史的功劳簿上会永远为梁绍辉记上一笔，在湖南出版人的记忆中，"梁绍辉"注定是个不能忘记的名字。

是好社长，更是"梁好人"

抓重点事，用合适人，善于选择合适的人去做适合的事，这是梁绍辉作为社领导的用人之道，更是初创阶段的岳麓书社一把手所必须具备的本领。

整理出版古籍和编辑出版其他通俗读物不一样，必须有大量的文献资料以资考校。为此，梁绍辉充分利用"母社"资助的五万元图书资料费，派编辑梅季坤北上北京，南下广州，东去上海，前前后后花了几个月时间，跑旧书市场、古旧书店，四处搜购图书资料。因为是要供编辑工作用的，所以以实用的文史哲类图书为主。选派梅季坤去做这件事，是因为梁绍辉知道，梅季坤社会经验丰富，擅长与人打交道，很适合去做这种频繁与人接洽商谈的工作。岳麓书社所有的线装书，除了肖伯科无偿捐赠和省出版局资料室划拨的外，多数是梅季坤在很短时间内从全国各地搜罗抢购来的，这也证明了梁绍辉知人善任的一面。如今，岳麓书社五楼的湖湘文化出版物展示馆内，辟有恒温恒湿的专室，妥善珍藏着这些40多年前的文化资产。

加上陆续从其他渠道购买的书籍，当时的图书资料费实际开支在10万元以上。为方便工作，梁绍辉还为每位编辑配备《十三经注疏》（包括《索引》）一套、《辞海》一部。本来也想人手一册《康熙字典》《中华字典》，但因为市场无货，未能如愿。在此期间，梁绍辉还安排投入了相当的力量搜集湖南地方古籍书目，了解书籍的收藏情况，这方面湖南省图书馆的刘志盛出力颇多。通过对湖南历代作家及其作品的全面调查，编印了《湖南古籍整理参考资料》，其所列著作家达158人，著述430余种，为岳麓书社开拓新天地奠定了书目文献基础。

梁绍辉认为，古籍出版社的编辑一定要加强对传统经典的学习，他不仅鼓励大家自学，还经常请来相关专家学者给大家上课。唐浩明回忆："1982年10月，我到岳麓书社报到的第一天，正好赶上湖南师范学院的易学研究专家宋祚胤给编辑讲《周易》。梁社长对我说：'报到的事，不急着办，你先听专家讲课吧。古籍社的编辑，尤其要重视学习，编古人的书，要先学好古代的经典和传统文化。'梁社长带个笔记本也全程一起听，还不时记笔记。"

梁绍辉对于青年人才特别重视。李润英去中山大学历史系进修，刘柯到教育部和东北师范大学古籍所合办的古籍整理讲习班进修，他都予以大力支持。梁绍辉曾专门给李润英写过几封信，鼓励她专心在校学习，不要有后顾之忧，家里如有困难就提，还说古籍整理出版工作大有可为。梁绍辉发现唐浩明是好苗子，为了督促他进步，就主动申请做他的入党介绍人。熊治祁是湘潭大学古代文学研究生毕业，师从羊春秋。熊治祁回忆说："我那时刚毕业，敢想，根据自己所学专业，想策划一套'韵文三百首系列'图书，但毕竟年轻，有点不敢做。我跟梁社长汇报后，他很支持，鼓励我大胆去做。他还建议我去当面拜访作者，这样才有诚意，才能拿到大学者的好书稿。"在梁绍辉的鼓励和支持下，熊治祁先后到上海登门拜访唐诗研究大家马茂元，赴苏州拜访清诗研究大家钱仲联，成功约到两位大学者的书稿。钱仲联选注《清词三百首》于1985年5月出版，首印五万册，获得全国畅销书奖。马茂元、赵昌平选注的《唐诗三百首新编》于1985年7月出版，首印20万册。熊治祁调到湖南人民出版社后，《韵文三百首系列》由王德亚接手，出齐了11册，该系列名家荟萃，名作荟萃，形成了岳麓书社很有特色的一个品牌。

据当年的多位老同事回忆，梁绍辉不仅是一位好社长，更是大家众口一词的"梁好人"。他是一个特别朴实、真诚的人，对工作不计报酬，埋头苦干，待人非常和善、热心，并且十分健谈。无论是谈论工作，还是私下闲聊，他都是和风细雨式的，没什么官架子，从没见他发过脾气，因此大家都愿意跟他多交流。

20世纪80年代初的长沙，家家户户都靠烧蜂窝煤烧水做饭。考虑到杨坚身体瘦弱，为了让他无后顾之忧，梁绍辉找来一辆板车，喊上青年编辑熊治祁，熊在前拉车，梁在后推车，两人合力将500斤蜂窝煤送到杨坚在织机街的家中。梁绍辉关心职工到什么程度，有一件小事可证。岳麓书社的蜂窝煤都靠着办公室的一面墙堆放，熊治祁的办公桌正好就在煤堆前，一不小心就把衣服后背蹭黑了。梁绍辉发现后，不动声色地找来一沓废弃的报纸，一张张细心铺展在煤堆上，有了这层保护，熊治祁的衣服就再也不会搞脏了。这件小事，熊治祁至今记得清清楚楚。

1984年7月进入湖南人民出版社的彭兆平，在《琐碎而温暖的回忆》一文中，回忆了有关梁绍辉的两件事：

参加工作的第二年，人民社和文艺社的员工宿舍搬到了望月湖小区，我们几名年轻编辑每两人一套住进望月湖最早落成的一栋房子——3片20栋。那时的望月湖，水电供应都还不正常，平时还好办，吃饭在局食堂解决，洗澡到新华印刷一厂澡堂。到周末就不好办了，没有煤气灶，做不成饭，周围也找不到可以吃饭的小店——即使有这样的小店，以我们那时每月49.5元的工资，也不敢进去的。人民社当时分管行政后勤的社长是梁绍辉，他把我们几名年轻人召到一起，询问生活上有什么困难。我们提出了周末吃饭问题，希望给我们解决煤气户口，如果不能，就给我们每套房子配一个电热壶和电锅。梁社长爽朗地说："现在长沙市解决一个煤气户口比解决一套房子都困难，但是我们会抓

梁绍辉在岳麓书社湖湘文化出版物展示馆留影

1984年，梁绍辉（右二）和时任湖南人民出版社社长黄起衰（右三）参加交流会

紧时间争取；如果争取不来，就给你们发电热壶和电锅！"其实，我们当初提出这样的要求自己心里都觉得过分，但是梁社长一点都没有计较。就是这件事，让我在湖南人民出版社找到了家的感觉。

1996年我从人民社调到少儿社担任副社长。当时我刚满32岁，又获得了一些荣誉，一时颇有点春风得意的感觉。一天遇到了梁绍辉和李家福夫妇，梁绍辉是我刚参加工作时的老领导，他不客气地对我说："你现在升职凭的是你是模范、是先进，而不是凭的学识。一定要在学识上下功夫，否则你就会像从长沙到韶山的火车一样，成为一列'政治快车'！"这话乍一听还真不入耳，但是让我心里一热，因为我知道那是真话，是实在话，是心里话，是为我好的话，一个人一辈子能总有人这样对他说话，是要在心里庆幸的。

1986年5月，梁绍辉在担任湖南人民出版社副社长两年后，调入湖南省社会科学院工作。在出版社工作的五年多时间，特别是其中在岳麓书社的两年多，是梁绍辉一生中特别重要的一段历程。人生的前47年，他和出版社没有任何关系。进入出版社，后又进入湖南省社会科学院，他和图书结缘并打了半辈子交道，再也没有分开。

潜心著书立说，研究传承湖湘文化

1986年5月，梁绍辉调入湖南省社会科学院哲学研究所工作，先后担任副研究员、研究员，潜心从事湖湘文化和中国思想史方面的研究。当时哲学所的所长是王兴国，梁绍辉对其表示，自己不当官，要一门心思读书著书搞学问。王兴国为人格局很大，多方帮助梁绍辉，例如在著名中国思想史研究专家匡亚明主编的《中国思想家评传丛书》(共201种,陆续由南京大学出版社出版)中,王兴国自己撰写了《贾谊评传》,推荐梁绍辉承担《周敦颐评传》的写作。

身份转变为社科院学者之后,梁绍辉展现笔才的机会终于来了,在搞研究、写论文、著书方面迎来了大爆发时期。1994年离休后,梁绍辉仍然笔耕不辍,牵头成立湖南省濂溪学研究会、湖南省舜文化研究会,分别担任会长、常务副会长,主要从事濂溪学、舜文化及中国远古史的研究和学术活动的组织工作,在传播传承湖湘文化、湖湘舜文化研究和永州市旅游资源开发等方面,都作出了突出贡献。其主要学术著作有《太极图说通书义解》《周敦颐评传》《曾国藩评传》,长篇历史小说《齐桓称霸》《秦晋恩仇》《中原问鼎》,历史读物《历代帝王百人传》《权力塔尖里的斗争》,古籍整理有《周敦颐集》《彭玉麟集》《乾隆长沙府志》等,还参与编纂了《虞舜大典》,涉及历史、文学、哲学、政治诸多领域,而最深刻、最有创见的当数对周敦颐和曾国藩的研究。梁绍辉所著《周敦颐评传》和《曾国藩评传》,分别于1994年、1999年由南京大学出版社出版,均被纳入《中国思想家评传丛书》,而一人有两书被收入这套著名丛书者,亦不多见。

北宋哲学家周敦颐的著作言简意深,他一生著述不多,代表作是《太极图说》和《通书》,前者仅有249字,后者也只2832字。然而,这简短的著作,却蕴含着一个博大精深的哲学思想体系。梁绍辉为了写好《周敦颐评传》,曾做过两项较大的准备工作。一是深入研读周敦颐原著,因此著成《太极图说通书义解》一书先期出版;二是做了较多的调查研究工作,曾赴湖南道县、江西九江及江浙一带做实地考察。

在《周敦颐评传》的《后记》中,梁绍辉写道:"只能说已经用完了我手中的全部材料,说出了迄今为止我对周敦颐研究的全部所得。"

梁绍辉在书中对周敦颐生活时代的特点、周敦颐的生平事略及其著作,做了甚为翔实的考证和评介。特别是对周敦颐的思想渊源和思想体系,诸如宇宙论、伦理道德观、修养论、社会思想,以及他与北宋诸学派的关系、他的学术思想的历史地位及影响做出了全面系统的探究,而这一切又都是在对众多不同观点的评述中展开的。此书使读者不仅得知周敦颐的思想体系,而且了解人们研究周敦颐的许多学术见解。梁绍辉著作的探究,最可贵之处在于,对周敦颐哲学思想提出了能够自圆其说的一系列创见,做出了一个全新的总体评价。他能够在尊重周敦颐原著和原意上狠下功夫,力求以唯物辩证法为指导进行实事求是的考辨、分析和论证,而不主观臆测,不人云亦云,不依靠二三手资料,更不做由概念到概念的一般性推理。《周敦颐评传》可以说是一部数百年来周敦颐学术研究的总结性著作,也是研究周敦颐哲学思想颇具新意的著作。

梁绍辉不仅著书立说,还牵头成立了湖南省濂溪学研究会,并长期担任会长,开创了独树一帜的"中国濂溪学"。梁绍辉对濂溪学的贡献,一是全面阐述了周敦颐的光辉人生、理学精粹、宇宙哲学模式、人生哲学和人格魅力,使永州、道县成为与国内外学者交流理学、国学的示范教育、研究基地。二是重点阐述了周敦颐"立人、立德、立功"的三不朽精神和"出淤泥而不染"的廉政爱民思想,道县濂溪故里也成为新时期廉政爱民的教育示范基地,扬名于世。三是与国内外的学者、同人相互切磋,发扬《易经》太极、阴阳、五行八卦的辩证思维与经济运作模式,开拓了濂溪经济哲学新的发展前景。他在这些方面的贡献是极具价值和十分珍贵的。

《曾国藩评传》是梁绍辉又一得意之作。之所以得意,不仅在于其酣畅淋漓的语言风格、敏锐深刻的思维特点、周密严谨的治学作风和高度概括的表达能力，比较全面地揭示了曾国藩的生平和学问，更在于其通过研究曾国藩的思想言行，揭示了古今社会活动中隐藏在人心深处、事件背后各种具有规律性的深层次动因和契机，反映了梁绍辉对社会、人生的哲学思考和深沉厚实的学术功力。

梁绍辉一针见血地指出："曾国藩不仅是中国近代史上关键时刻的关键人物，而且是复杂历史阶段的复杂人物。"并将其概括为一句话："从小处看，他是圣人；从大处看，他是小人。"所谓小处，指的是修身齐家的个人家事私事；而所谓大处，则是关系国家民族存亡、人民生活安定、人类社会发展等治国平天下的大事。对于曾国藩这个历史人物的评价，梁绍辉主张一分为二，坚持是其所当是，而非其所当非，既总结其个人事业成功中可资借鉴的积极一面，也应该引导人们去认识他残忍等消极的一面，使人们对曾国藩个人及这段中国历史有一个比较全面的了解和清醒的认识。

2022年12月31日，梁绍辉去世，他的老朋友、老同事、湖南省社会科学院原院长朱有志写下挽联：

业绍马列承先贤，通今博古评国藩，殊论高矣；
德辉友朋惠后彦，善政精文述智库，惊悉仙哉！

高山仰止，哲人往矣。为人、为政、为学，梁绍辉均为后辈楷模，此联高度概括了他光辉的一生、不朽的贡献，也借以代表我们对他的无尽哀思和无比怀念。

刘孝纯

命运不惧日日新

执笔人——**杨春丽**

刘孝纯

在人们的印象中，他是一位受人尊敬的出版行业行政管理者，鲜有人知他转型出版的机缘。从农家学子到名校高才生，从尖端学科带头人到图书编辑，从编辑室主任到出版局业务领导，命运三次演变，人生三种精彩。而他自己却说："我相信人有命运之说，通常情况下，命运就是时代选择与机遇把握相结合的表象。命运绝非固有、静态不变，而是随机、动态的演变。我的命运演变就可以作为上述说法的例证。"

科学之光与编辑之火

洞庭湖滨、沅江之畔一个俗称小河咀的村庄，景致优美，出生于此的刘孝纯家境贫困，祖祖辈辈没一个人喝过墨水，父母终日躬身种地，给儿子起名"孝纯"，只希冀独生子孝悌纯良。一家人起初借住在孤苦伶仃的亲戚家，后又搬至隔壁村枫树咀。此地被河汊包围，三面环水，五户人家，十六七口人。刘家在一处茅屋落脚，屋两旁都是坟山，阴森森的，屋后一两百米处才有人家，其间树木遮挡，互不相见。年幼的孝纯对新环境感到新奇，并不知何为害怕，常常惹事闯祸，因此没少挨母亲的责罚。茅屋里的生活十分窘迫，有时两三天无米下锅，只得去摘毛桃吃，吃了常常闹肚子，疼痛难耐。见此情形，并不宽裕的邻居会把仅有的口粮匀一点给他们应急。互帮互助的淳朴乡风，给刘孝纯童年的苦日子涂上了一抹暖色。

刘孝纯五岁那年，母亲将他关进学堂，希望能收住一颗顽皮的心。这一招竟效果奇好，他变得安静专注起来，成绩拔尖。读书的年代风云变幻，入学不足一年，日本侵占家乡周边邻县，学校停办，他只能转入私塾，后又两次转学。日本投降后学校复课，不料家中遭遇火灾，财物尽毁，再也无力支付学费，就这样断断续续、磕磕绊绊只读了小学一二五七册，加上一年多的私塾，刘孝纯便辍学回家，当了农民。

湖区是血吸虫病重疫区，刘孝纯自小被感染，肚大个矮、面黄肌瘦。坚强的母亲四处求医，甚至挑砖搬瓦做小工，为儿子挣医药费。然而这儿时染上的顽疾，伴随了他一生。

待到1949年他病情好转，时代也发生了巨变，新中国成立了，穷孩子又有了读书机会。思想开明的母亲与老实巴交的父亲商议，不管多么困难，还是要送儿去念书。刘孝纯去县城完小插班五年二期，寄宿在外祖父母家，饿着肚子上课是常有的事。好不容易读完高小，升学的问题再次摆在眼前。慢慢长成的少年，已经爱上书本，一心求学改变命运。幸运的是，此时国家开始试行助学金制度，他依靠助学金，得以在沅江县初级中学读完初中，1954年考入长沙市第五中学，享受乙等助学金。1957年高考，沅江发生特大洪水，赴考之路风急雨骤，水流湍急，母亲坚持在风雨中来回护送，让他安心。刘孝纯亦不负期望，考入北京地质学院（今中国地质大学），享受甲等助学金。不通文墨、教子严厉且有爱的母亲，很骄傲儿子靠着勤奋努力和助学金，一步步从偏僻的乡村走出来，从县城到省城，再走到了京城有名的大学。

在跟儿女谈及求学经历时，刘孝纯常常感慨道："我能把书读下来，多亏你们奶奶关键时刻的魄力，搭帮国家的助学金。而我如果意志不坚定，也应该早就放弃了。这算是我命运的第一次演变吧。"

1961年，国家实施第二个五年计划，急需建设人才，特别是开发矿产资源的岩石矿物鉴定人才。刘孝纯就读的岩石矿物专业，提前一年毕业。全班28名学生，基本上每个省市能分配一人。毕业分配可填报两个志愿，刘孝纯响应支援边疆建设的号召，不假思索就填了新疆、黑龙江，但最终被挑选分配去了位于上海市的中国科学院硅酸盐研究所。大儿子出生时，刘孝纯正埋头于晶体生长研究，顺口就给儿起乳名"晶晶"。到儿子两个月大时，他接到母亲病危的电报，匆匆回乡，才见了儿子第一面。他陪母亲度过了生命中最后的时光。

20世纪60年代，云母这种绝缘体材料对国家而言是一种特殊战略物资，资源稀缺且质量低。为此，国家集中科研力量，力图在最短时间内合成人工云母，组织批量生产，以满足国防工业之特需。这一攻关在1965年取得了以铂金丝电阻炉为发体的熔体晶种法合成氟金云母单晶的实验成果。虽是初步成果，国家仍决定立即进行中间试验。周恩来总理亲自批准，从国库调拨40公斤铂金作为试验材料，同时拨付100万元科研经费。课题组除本身15名人员外，还调集建材部、北京建材所，以及津、辽、川等地18名人员加入，全力攻关，可见国家之重视。

为加强力量，1966年5月，上海硅酸盐研究所调派刘孝纯参与"合成云母中间试验"组，协助项目负责人工作。国家需要则义无反顾，刘孝纯就这样中途进入了这个重大项目。不久，"文化大革命"爆发，项目负责人受到冲击，被调离岗位。刘孝纯接过了项目组担子。在那个特殊年代，他与众多知识分子一样，也被划入"修正主义教育路线培养出来的旧知识分子"之列，好在仍是业务方面负责人。虽然外面的运动轰轰烈烈，但他带领一帮人，没有"停止科研闹革命"，而是继续"促生产"，极为艰难地做试验，并取得了关键性突破，人工合成出优质大面积10×10平方厘米的云母，比预计的先进很多。之后又进行批量生产的推广实验，完成台产量及成功率也都在实验水平之上。这项成果从无到有、从小到大、从少到多，在当时系国内首创、国际领先。

时隔13年后的1979年，国家科委评定该成果为国家发明二等奖，合成云母课题组荣获小组集体奖，是当年唯一的二等奖（一等奖空缺）。消息传至湖南，已转行至出版业的刘孝纯激动难抑。他虽是中途参与研究，又没能走到最后，但他的贡献和作用仍得到充分肯定，被列为主要研究人员之一。

在上海的14年，刘孝纯先后参与了钛酸钡晶体生长、溶剂法生长红宝石、溶剂法激光工作物质用钇铁石榴石、合成云母、锗酸铋晶体生长五项研究。他执笔的研究论文《$BaTO_3$蝶形双晶生长的研究》在全国晶体生长学术讨论会上宣读，得到好评，被大会推荐投《物理学报》发表。由于报告提出了与国外有关学者不同的观点，有独到见解，1979年上海硅酸盐研究所为庆祝建所20周年汇编的《无机材料研究》选登了该报告摘要。

更为重要的是，在这14年的训练里，刘孝纯不仅形成了极其细致严谨的工作作风，具备了相当的理论水平和研究实践经验，还练就了掌握学科动态、预判某一学科的发展趋势和研究方向的能力；不仅能独立研究，还能带领一个项目组团队作战，从一名普通科技工作者，成长为一位成熟的科研骨干，一位项目负责人、科研带头人。

然而，事业上顺风顺水的刘孝纯，一直被夫妻两地分居的问题困扰。在老家因家庭出身问题失去了工作的妻子既要照顾长辈，又要养育三个儿女，十分艰辛。刘孝纯爱事业，也十分牵挂家人。妻子调入上海难度极大，刘孝纯调回湖南则相对容易一些。长沙矿冶研究院是由上海迁来的，院里很多人想调回去，先后有十几人想与刘孝纯对调，都因不符合条件被上海方否决，而长沙方又坚持要用这个名额解决一人调进上海。这事卡壳很久，甚至在上海市科技组"挂了号"。然而，机会来得有些突然。这时湖南人民出版社一位美术编辑正申请调沪，符合条件。恰好上海市科技组与文教组在同一层楼办公，无意中聊起，于是"拉郎配"。此时，刘孝纯的档案已被长沙矿冶研究院取走，上海方面就建议他与出版社的同志对调。

这是一个意外出现的岔路口。立志一生以科研安身立命的刘孝纯，本希望到矿冶研究院，继续追逐科学梦，压根没想到命运之手扳了道，人生会驶向新的远方。他想到多次奔波联系接收单位未果，有一回把大儿子放在联系单位门口，差点丢了；想到辛劳一生的母亲45岁就离开人世，自己未能床前尽孝；想到自己虽在精神上回报了家人，却未能给他们更多的陪伴……人的每次选择并非都能完全如愿吧，他考量再三后，决定放弃"非常热爱、即将出大成果的科学研究工作"。

那一刻，他内心滑过百般的遗憾与不舍，之后便深藏心底，罕有提及。直到很多年后，一次与笔者闲聊，他不无感慨地说，以当年的势头和冲劲，应该可以登临更高的科学殿堂。

要与上海说再见了。他能带走的，是科研生涯磨砺而成的职业烙印——严谨，投入，理性，预判。而这些也伴随了他一生。

命运发生了第二次演变，即将切换到的第二段职业，是那"从未做过、十分陌生、不知如何做起的编辑出版工作"。

两次做梦都没想到

1975年6月，刘孝纯跨进出版大门，被分配到湖南人民出版社科技图书编辑组。年近40的他，从此一头扎进23年的出版岁月。

当时湖南人民出版社的办公条件十分简陋，科技组七个人挤在一间不足20平方米的办公室里，作者来了也无处落座。生活上，社里十几号单身或"半边户"挤住在办公院子东侧一幢三层红砖楼，小楼东西朝向，早晚当阳，暑热冬寒，大家戏称它"向阳楼"。底楼是书库，二、三楼是职工宿舍兼招待所，总共十来间房，每间多时五六人，少则三四人。刘孝纯被安排在四人间，与汨罗农民作家甘征文、省社科院副处长李羽立同住，隔壁住着临湘县教委两位老师和《芙蓉镇》作者古华，有时《武陵山下》的作者张行或其他作者也会来暂住，与编辑们一起改稿子。除了去办公室上班和回乡探亲，刘孝纯平日哪都不去，下班就回宿舍。或与同住的作者们天南地北、海阔天空地聊天，或为找上门来的职工子弟辅导数理化。他有学问，人又温和有耐心，孩子们都乐意亲近他。再有点空余时间，他便安安静静地待在屋里，借着不亮的灯读书、改稿。空间虽逼仄，但小环境很宽松，这让他倍感舒心，也十分珍惜。后来为方便家属探亲，社里特腾出一间房让他单住。

刘孝纯编辑的第一部书稿是湖南大学杜海清教授的《陶瓷釉彩》，是由科技组安排给他的。他虽没直接从事过陶瓷釉彩工作，但对化学成分、配料组成、配比分量、烧制工艺和温度调控等知识，还是有所了解。书出版后反响不错，再版时被有关院校作为陶瓷专业博士生的必修教材。之后又陆续编辑《石煤的综合利用》《沸腾锅炉》《农业机械挂图》《铆工技术》等，也都是听从安排、符合"三化"要求的出版物。此外，但凡省里召开农业学大寨、工业学大庆及全省科技大会、机械化大会，社里都派他去。

刘孝纯初入出版行业的这两三年，各省市的地方出版仍然围绕20世纪50年代确定的"地方化、通俗化、群众化"的"三化"方针展开，只能出版服务本地工农兵的普及性通俗化读物，作者资源、读者对象、发行范围只限于本省，不能出学术性、多层次、中高级读物，不能出古籍，不能出译著。时间一长，地方出版被缚住了手脚，发展空间受到限制。而此时，知识经济时代和经济全球化浪潮正扑面而来，国家开始转向"以经济建设为中心"，改革开放已拉开序幕，图书出版业也亟待走出萧条凋零的"书荒"季节，迎接百花齐放的春天。变革，成了当务之急。

也正是这两三年，湖南出版人敏锐地感受到时代脉搏的跳动，率先思变。1978年8月，湖南省出版局第一任局长胡真撰文，提出湖南出版要"立足本省，面向全国，争取更多的图书进入国际市场"。1979年12月，国家出版局在长沙召开全国出版工作座谈会，会议围绕新时期的地方出版方针进行了热烈讨论，最终确立以"立足本地，面向全国"为新的全国地方出版方针，并将其写进中共中央、国务院《关于加强出版工作的决定》。湖南出版人对这一深具历史意义的出版方针的确立，起到了引领推动作用。这次重大的思想解放，极大地释放了地方出版的激情活力，绝大多数省的出版机构由一家综合性出版社迅速扩充到数家专业性出版社。地方出版如山间溪流奔涌而出，汇入波澜宏阔的大江大海之中。全国出版蓬勃发展，万象更新。

变革，已经开始。还是这两三年，惯于思考、勤于尝试的刘孝纯，是较早透过现状看本质、意欲走出困局并付诸实践的少数先行者之一。他认识到"以往出版的图书，大多是写给工农兵阅读的应知应会普及性小本子，少有中高级知识分子作者，特别是专家学者写给教育工作者和科技工作者、特别是给在读大学生的高新科技知识读物和学术专著"，必须"坚决跳出'三化'方针的狭窄天地，走新的路子"，实现"出版领域、作者身份、读者对象这三种转换"，才能"使地方出版事业繁荣昌盛起来"。

他那股子搞科研的钻研劲又冒出来了。1977年初，他开始这一探索和实践，向社后勤组要来一辆破旧自行车，一有空就往大学跑。校园里，常常可见一位瘦弱的中年人，蹬着叮当响的自行车穿梭来往，满头是汗，一脸的期待。他跑去教务处了解各校课程设置、优势学科、发展规划，然后登门拜访教授专家们。他几乎遍访了湖南在全国知名的教授和科学家，以专业回应专业，以真诚换取真诚，与专家们一见如故，有许多共同话题，赢得了他们的信任。有的热情接待，有的当场赐稿，有的为他热心推荐自己熟悉的作者。刘孝纯满载而归。

耕耘必有收获。一群高端作者汇集于后来成立的湖南科学技术出版社（简称科技社），一批高质量的专著陆续出版：中国科学院长沙大地构造研究所编图组编的《地洼学说：大地构造图编制方法》，王淀佐著的《浮选溶液化学》，侯振挺著的《Q过程的唯一性准则》，王永久等著的《引力理论和引力效应》，孙本旺编著的《伽罗华理论》，汪浩等译的《模糊集在系统分析中的应用》，况蕙孙等编著的《计算物理引论》，张启人编著的《微计算机》，杨向群著的《可列马尔科夫过程构造论》，等等。

1979年5月，刘孝纯随科技组转入新成立的科技社，几个月后，被任命为工业编辑室主任。编辑室里，聚集了名校毕业的理科生，个个蓄势待发，想干出一番业绩。刘孝纯根据每位编辑的专业特长及对某一学科领域的了解，设定以编辑个人牵头，主攻某一出书方向，以"新而实用、广而成套、专而精深、好而出奇"这"四大特点"作为编辑室出书思路，目的是挖掘个人潜能，出版好书，造就名编辑。

武汉大学物理系毕业的周翰宗主攻"管理科学与计算机"，他编辑的《计算机》系列第一本《电子计算机软件操作系统》，是科技社第一本计算机类图书。当时只有少数几家中央出版社关注计算机类图书。书店首批征订数仅300册，加上作者自销的，总共不过800册。周翰宗担心印数太少会亏本不能下厂开印，心里没底，跑去问刘孝纯，刘孝纯毫不犹豫地说："立即开印！"并即刻陪同周翰宗去出版科，说服王修礼科长"要抢时间，耽误不得"，马上开付印单。书出版后反响极大，被清华、北大等多所院校作为教材，当年重印五次，印数达五万多册。科技社由此成为全国最早出版计算机图书的出版社之一，一时有出版计算机图书"北有清华大学出版社，南有湖南科技出版社"之说。这是"新而实用"的一例。

湖南师范大学化学系毕业的罗盛祖主攻"化学与化工"，他预测化工行业将从主要生产农药化肥转变到主要生产精细化工产品，提出了他转行后的第一个选题。他担心无人理解，会通不过选题论证，又想到室主任刘孝纯也来自科研院，不乏创新意识，心里又抱有希望。果然，刘孝纯很支持这一选题，鼓励他"投石问路"。这本书最初书名是《化工小产品生产法》，罗盛祖建议将"产品"一词改为"商品"，作者很不理解，极力反对，两人争执不下，去找刘孝纯。刘孝纯说："老罗，你的思想很超前嘛，有商品意识了，正符合现在发展商品经济的提法，我赞成改书名。"一字之差，含义大不同。这套书扩展到十多集，书面世后，其他科技社才有同类书跟上来。该套书发行了108万册，被评为全国优秀畅销书，大大提升了科技社的地位，使之享有"北有化工（化工出版社），南有湘科（湖南科技社）"之名。后来，罗盛祖成为理科图书编辑室副主任、享受政府特殊津贴的专家。这是"好而出奇"的一例。

湖南大学数学系毕业的胡海清主攻"数学和应用数学"，他编辑的《Q过程的唯一性准则》《可列马尔科夫过程构造论》《马尔可夫过程的Q矩阵问题》等几十种数学与应用书中，有十多种获大奖。这类书规模之大，效果之好，在当时实属少见。他之后成为理论编辑室主任。这是"专而精深"的一例。

为扩大影响，连接新作者，刘孝纯竭力主张创办《科学探索》刊物。他在创刊理由中这样表述："为适应现代科学技术发展整体化趋势，促进各学科在新的理论和实践基础上的结合，相互渗透，协同发展，试图扶植一部分全国中青年科学工作者，他们成名后将成为我们的作者，带动出版更多的科学专著。"这份季刊由著名科学家钱伟长任顾问，并撰写发刊词，编委会由马世骏、刘健康、刘叔仪、孙本旺等30余位知名教授和中青年学者组成，阵容强大。刊物重点刊登综合学科和边缘学科研究新成果，发表有创见、有发展前景的中青年科学工作者的理论文章，其高端办刊宗旨与学术风格，受到国内外专家学者高度关注，得到了科技界好评。该刊虽只办了四年，但影响至今。刊物第一、二任主编、编委及一批中青年作者，日后都成了院士和著名科学家。

这些图书、期刊虽学科不同，领域迥异，却如杂花生树，各有精彩。而刘孝纯的思路与做法，也颇具示范作用。社里其他编辑室联动发力，一批令人耳目一新的科技图书获得全国或中南地区各类图书奖，双效显著，科技社很快在业内享有响当当的名号。

八年一线岗位，刘孝纯经手编辑的图书有28种，字数约800万，复审签字的书稿四五十部。其中《断裂分析与韧性测试研究》《热力学与化学热力学》《陶瓷釉彩》《实用真空技术》达到国内先进水平，《矿山岩体力学概论》《高碱度烧结矿文集》在理论上达到国际水平。书稿涉及数学、物理学、化学、力学、地质、冶金、机械及电子技术等十几门学科和专业。他认为："现代科技发展的特点，是各类学科互相渗透，协同作用。作为科技图书编辑，仅掌握一两门专业知识仍然不够，需要更广博的知识，才能胜任多学科、多专业图书的编辑加工。否则就难以开拓选题，加工好书稿。"

在刘孝纯看来，"编辑是一门学问，又是一门工艺。懂得这门学问，掌握这门工艺，必须继续不懈地努力学习与实践"，"出版入门并不难，但精通却不容易"。

党的十一届三中全会后，"尊重知识，尊重人才"成为整个社会的共识，出版社一群人成为落实政策的最早受益者。按政策有60%的人可晋升工资，刘孝纯优先同事，将自己放在最后。有人就说："刘孝纯这个人真不简单，他先让室里其他人上，自己不上。"其实这类事在他这里已不是头回，以前在科研所就让过一次。他淡然地说："我早就做好了思想准备，增加了当然高兴，不增加也不后悔。"

分房子的时候，出版局指名要分给他，他还第一批分到了液化气灶。住房问题解决了，妻子从沅江调入长沙，夫妻两人终于结束了长达近20年的两地分居生活。

1987年，刘孝纯（后排左二）与湘少社同事一道看望湘籍老革命家帅孟奇、刘英

1984年，刘孝纯（右一）与湖南省出版局全体局领导到韶山看望《鸿雁快快飞》作者张海迪

1982年，全省第一次出版系列专业技术职称评审结果显示，刘孝纯"做梦都没想到"自己会被评为副编审，而他申报的只是编辑中级职称。当年全省评上副编审的有11人，他是其中年纪最轻、资历最浅的，且是唯一的科技图书副编审。他能评上全凭真才实绩，还有那份干货十足的《业务自传》。作为一名默默无闻的编辑，评委中只有柏原社长认得他，党组几位评委只闻其名不识其面，更毋庸说其他评委了。

1983年8月，湖南省委按照"四化"和德才兼备原则，选派文教系统处级干部赴中央党校学习，刘孝纯是六人中唯一的科级干部。结业回长，有人悄悄议论："这次回来肯定是要当副社长的啰。"而他依然低调少语，依然埋头改稿审稿。唯一不同的是，柏原社长已调省委组织部任副部长，庞天相副社长主持出版社工作。倘若庞天相出差，社里工作会暂由刘孝纯代为主持。

更让刘孝纯"做梦都没想到"的是，没担任过副社长、社长职务的自己，居然从室主任的位置上实现了三级跳。1983年12月，湖南省出版局领导班子换届，一纸任命，刘孝纯提任第二届党组成员、副局长，与胡代炜一起分管图书编辑出版、版权和情报资料工作，是六名局领导中年纪最小、资历最浅的。这时期干部选拔采用任人唯贤原则，从普通岗位跨级升任行政领导的，已有先例。

尽管如此，毫无思想准备的刘孝纯仍担心自己心余力绌。胡代炜看出了他的心思，任前谈话时说："孝纯，我会扶你上马，再送你一程的，你担心什么呢？何况李冰封和黎维新都是老编辑、老出版人出身。"一席话说到了刘孝纯的心坎上，激起了他的勇气。胡代炜还到图书资料室，借了十几本社科和文艺理论方面的书给他，要求他读完："你的自然科学知识基本上可以，但社会科学知识欠缺，文艺理论更差，要补上这两方面的知识，才可以全面担负起分管的工作。"事后，胡代炜总有意将他往台前推，放手让他干。

在宣布新领导班子的大会上，台下议论纷纷，"刘孝纯，何许人也？"寂寂无名的编辑室主任，突然间当上了副局长，岂不令人惊奇？时任省委宣传部部长王向天会前接见新老班子成员，问："刘孝纯是谁？"其时刘孝纯就站在他身边，回答"是我"。王向天侧过头来诧异道："原来是你，这么年轻！"

命运真的是很神奇。一位完全凭借档案材料和政治处考察提拔、连顶头上司也认不出他的新任副局长，将怎样开启自己的出版行政管理生涯？

出版管理者的思维与作为

第二届党组上任伊始，即提出"多出书，快出书，尽快把好书送到需要它的读者手中"的方针和"力争在本世纪末把湖南建设成全国重要的出版基地之一"的目标。

上任不足三月，重视调查研究的刘孝纯带领三家出版社编辑赴汨罗、桃江等地调研，之后还去了永顺县、花垣县、保靖县等地，几乎走遍了全省所有县市和部分乡镇。当时龙山县新华书店的书记说："龙山山高路险，远离城市，省局没有人来过，你们是第一批来这里的。"所到之处，刘孝纯约法三章——不惊动当地，不要土特产，吃住在书店或招待所。有回当地超规格接待，他批评了书店负责人，以身体不适为由提早离开。他经常马不停蹄，一天跑几个县，不游山玩水，不览名胜古迹。随行司机感叹道："跟刘局长出差，很随便、很开心，就是太累了。"

刘孝纯在出版局第一期班组长培训班上发言

刘孝纯经历了改革开放后湖南出版的三个发展阶段，一是开创局面、迅速发展阶段；二是治理提高、稳步发展阶段；三是全面进步、飞跃发展阶段。任职15年，作为分管图书出版的副局长，他组织参与并具体主持了湖南"七五""八五""九五"出版发展规划的编制，是发展战略和战略部署的关键决策者之一。他提出的宏观管理思想，在当时堪为前瞻、迄今仍不失启迪意义，是湖南出版发展历程中的铺陈奠基，一直发出清澈的光亮。

"七五"期间，他提出"实施精品名牌战略"，"精选品种，确保质量，讲究特色，力争双效"。在全局选题计划会上提出"千百十"的出书思路和出书目标，即"每年出版新版图书1000种、重点图书100种、骨干工程图书10种"，党组采纳了这一提议，将之作为"八五"时期的出书目标。

"八五"期间，他提出"讲政治、讲大局，上质量、上效益，出精品、出人才，争大奖、争市场，促繁荣、保发展"的出版思路，被局党组确定为"三十字工作方针"。

"九五"时期，他以"方向要正，思路要宽，视野要广，立足要拓，着重创新，注意结构，显示特色，发挥优势，力求高效"为原则，提出实施"123出版工程"，即每年出版新版图书1000种、精品图书200种、精品名牌图书30种。

在三个发展阶段里，湖南出版领域已扩展到古今中外、社会科学、自然科学、文学艺术、科技教育、理论专著、普及读物。有的弘扬中华优秀传统文化，有的传播世界先进文化和技术，有的领科学技术潮流之先。众多具有标志性意义的大型出版工程和精品名牌图书开始规划、出版，除《船山全书》《曾国藩全集》《魏源全集》《左宗棠全集》四大全集外，还有《走向世界丛书》（第一辑）、《诗苑译林》、《散文译丛》、

《骆驼丛书》、《延安文艺丛书》、《齐白石全集》、《陶行知全集》、《第一推动丛书》、《中国针灸荟萃》等；一大批有影响、有价值的图书面世，如《时间简史》《科学的历程》《杂交水稻育种栽培学》《爱因斯坦全集》《论三峡工程》《中国中西医现代研究丛书》《湖南药物志》《湘籍名医典籍精华》《医学临床"三基"训练》《湖南通史》《文史英华》《中国经济通史》《中国军事史图集》等。

湖南出版已经进入新的境界，将"多出好书"作为永恒的主题和最高境界，蔚为可观的精品名牌图书获奖率和市场占有率均居全国前列，湖南跨入出版大省强省的行列，享有"书香万里芙蓉国""洛阳纸贵潇湘书""出版湘军""湖南人能吃辣椒会出书"之美誉，受到国家主管部门的关注和肯定——认为湖南"有很大的实力"，是继北京、上海之后"新的出版基地"。20世纪最大也是唯一一次"中国出版成就展"期间，时任国家主席江泽民在视察湖南展台时说："湖南不简单，出版工作很有特色。"

刘孝纯是湖南出版发展战略和战略部署的重要践行者之一。

他重视精品名牌战略，反复强调"内容创新，形式创新，运作创新""创造新品牌，维护已有品牌"，提出"高品位，小配套，主旋律，多样化""调整结构，注重质量""控制品种，提高质量""建立适应社会主义市场经济的新型出版运作机制""打造品牌书，塑造名牌社"，他亲自起草"关于提高图书编辑质量的十项措施"，提出"局图书编辑质量督查员制度施行条例""局优秀图书评奖条例"。关于图书装帧与整体设计，他要求研究"读者审美心理状态与装帧设计美感技法"，"重视美术编辑的设计成果表彰和培养"。关于人才培养，他提出"出好书，育好人；出精品，出人才；出品牌，出名编辑"，鼓励编辑"发奋学习，不断提高，锻炼成才，充当支柱"。

刘孝纯参与《船山全书》、《曾国藩全集》、《左宗棠全集》、《巴尔扎克全集》、《中国灾害研究丛书》、《科学的历程》、《生物工程》、《世界著名学府》丛书、《中国高等美术学院作品全集》、《寄小读者丛书》、《科学家谈物理》丛书、《20世纪中国文学与区域文化丛书》等几十种图书的资源调查、选题组稿、拜会作者、编委审稿、印刷发行乃至宣传推介，过问具体环节，协调解决各类问题。

当时，湖南人民出版社年轻编辑彭兆平好不容易组到一部《世纪之交的乡土中国》书稿，因为理念超前，在选题论证会上不被理解，未列入计划。彭兆平认定这是个有价值的学术精品选题，不愿放弃，去请教刘孝纯，他很明确地说："这是个好选题，我支持你！"此书出版后赢得良好的社会效益，多次获奖。

湖南文艺出版社编辑部主任朱树诚提出将《曾国藩》长篇小说列选，但社内意见分歧，认为曾国藩这个人物有争议，怕有风险，拖了很久才报到局里，还是有人说要慎重有顾忌，此事惊动了局党组，为避免流失一部好书稿，陈满之局长要求相关局领导都来通读书稿，再作决断。为了论证时更有说服力，刘孝纯又去文艺社里摸情况，知晓社里还筹划了长篇历史小说系列出版计划，当场表态："抓住时机，加速出版。"谨慎却不失眼光的他，决断时干脆利落，选题很快被批准。《曾国藩》成为影响久远的畅销书，朱树诚成为名编辑，作者唐浩明也从名编辑成长为著名作家。

理科出身的刘孝纯，在图书出版宏观管理上有独到之处。他认为"编印发供一条龙，是群管理系统，是有机整体。要宏观管理，总体规划，照顾各方利益"，要"做到正确处理质量与设备、材料、技术和周期的关系"，"精编精印，全面提高"。1984年科技社接到书稿《迎接新的技术革命》，这份书稿是根据胡耀邦指示举办的新技术知识讲座稿。刘孝

1996年，第28届开罗国际图书博览会湖南展台上，刘孝纯（左二）接待中国驻埃及大使杨福昌，并请大使题词

1996年，刘孝纯（左一）陪同国家新闻出版署于友先署长视察湖南张家界市新华书店

纯听完汇报后，立刻召集科技社、印刷厂、物资公司、新华书店以及局有关处室，要求"高速度高质量将书出好"，创下从交稿到出书只用了13天的全国出书"最短周期"纪录，畅销140万册。书出版后，他连夜赴京，参加由中组部、中宣部等举办的座谈会，与庞天相社长一起接受新华社特别采访，全国各大电台、报纸竞相转载新华社长篇通讯。此后在京举办的《延安文艺丛书》《中国农村大写意》《鸿雁快快飞》《走出封闭》《中国革命史话》等一系列重点图书首发式座谈会，都设在人民大会堂、北京饭店、北京国际俱乐部等处，出席人员规格之高，活动规模之大，社会反响之强烈，前所未有。

分管过财务工作的刘孝纯，亦有创新思维。他提议逐年缩小收缴集中资金比例，乃至终止。建议设立出版基金，党组同意他的建议，确定从1988年开始设立20万元出版基金，1989年为30万元，之后根据资金情况逐年增加。这一"终止"、一"设立"的提出和实施，为多出好书提供了实实在在的支持支撑。

1995年，列入"八五"规划十大工程之首的《齐白石全集》的出版遇到了困难，刘孝纯在《我的出版实践》"要事记载"中记述了当时的情景：

湖南美术出版社社长萧沛苍和副社长郭天民向张光华副局长、成云东处长和我汇报出版《齐白石全集》的有关问题：一是组稿难度大；二是编辑难度大；三是资金投入大；四是人美社准备出。基于这种情况，他们提出三个对策：上策，加快出版；中策，延长出版（时间）；下策，放弃出版。听了汇报之后，我发表三点意见：一是加快出版速度，或抢在人美社出版之前，或迫使人美社放弃出版；二是增加编辑力量，抽出郭天民专职全力，配备几个编辑辅助协力；三是资金解决办法为

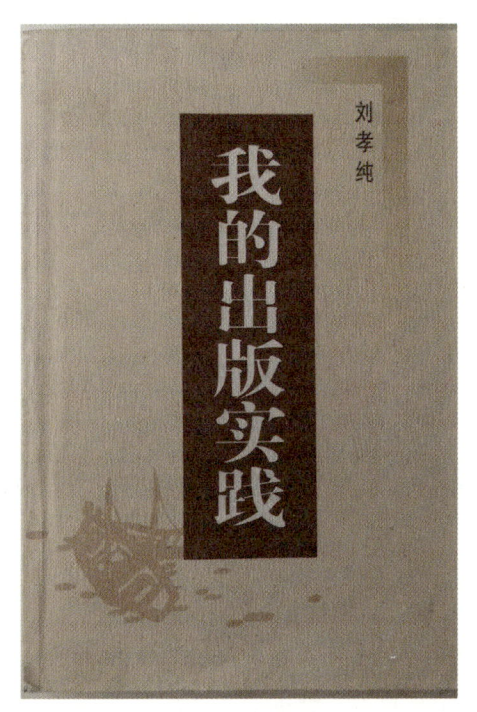

《我的出版实践》书影

出版基金补贴50万元，无息贷款200万元，局系统买书50套。

"三保险"的拍板给美术社鼓了劲、加了油。事实上，美术社没要无息贷款，出版基金只补贴了30万元。《齐白石全集》不仅没亏本，还双效显著，荣获了国家图书奖。刘孝纯在"全集"首发式上激动地说，这是"湖南出版业的又一大成就，湖南出版史的又一座丰碑"。总结抓重点骨干工程的经验时，他如是说："一是高度重视，舍得投入；二是抓全过程，一抓到底。"

值得一提的是，刘孝纯极力促成设立出版界最早的结算机构——湖南省新闻出版局结算中心，并在决策层的会议上提议。当时负责财务管理的"三人组"刘孝纯、贺顺球、彭玻思想超前，商议成立结算中心。而当时这种既能科学调配资金、又能获取可观效益的新生事物，国内只有少数大型企业如中石化、大庆油田等设有类似机构。

他提出"用足用活出版经济政策，繁荣发展湖南出版事业"。想尽办法多次到有关厅局汇报情况，说明理由，争取有关产业优惠政策出台。湖南省财政厅1997年发文《关于继续支持出版企业发展的通知》，湖南出版企业提高税后留利和利润返还的比率，从上交33%的税利中返还23%。所得税和增值税返回可延续至2000年。即使退休令下达后，他最后一次列席党组会议，仍发言发声，念念不忘"出版产业结构调整与资金投放方向制导"。

大到为湖南出版提出产业发展思路，刘孝纯的理念往往能越过现实，有较高远的视角。1989年，他参加了世界华文书展，在回国后的报告中写道："我认为现代出版业有如下十大发展趋势：经营集团化；业务多元化；市场国际化；效益综合化；书品优质化；竞争激烈化；管理科学化；技术现代化；信息快递化；队伍能级化。"这在当时属于

1991年，刘孝纯（左二）陪同上海市市长汪道涵参观湖南省新闻出版局图书版本室

前瞻性的见解。在1998年撰写的《省情分析与发展方略》"我们的路子"中，他再次提出："组建产业集团，走集团化之路……开展多元业务，走多元化之路……进行地域扩张，走国际化之路……实行集约经营，走集约化之路。"这在今天，都已成为现实。

刘孝纯对新技术的挑战意识敏感，有很强的预见性。当激光照排这一新技术刚刚引进时，他就说："当今印刷技术正在发生一场出版史上可以与造纸术、印刷术的发明并称的伟大革命。"他较早提示："迎接两大挑战，适应两大变革。""迎接高新科技的发展对传统出版纸质方式的挑战，迎接市场经济体制的建立对传统出版运作方式的挑战。""应该有超前意识，从现在开始，注意这个趋向，思考这个问题，有条件的出版社还可以做点准备，搞点试验，这样一旦电子图书在我们中国兴起时不至处于被动。可以预料，谁要是先迈出这一步，谁就在未来将占据有利的地位。"

在对外交流和贸易的快速发展的新形势下，他提议尽快成立对外合作处，这一思路很快被党组采纳，对外合作处加挂在局图书出版管理处，并由他分管。他认为想要真正"走向世界"，不但书要走出去，还要"人走出国门与世界出版接轨"，开眼界、长见识。气质沉静的他，聊起海外见闻感受，会兴奋起来、手舞足蹈的，流露出纯真浪漫真性情的一面。

他最大的期盼和梦想便是，湖南出版能"实现大繁荣大发展，引领中国出版书界，立于世界出版书林"。

一生的底气与涵养

1998年，刘孝纯退休了。在分到的新房子里，他巧思设计了一面弧形书墙，突出位置摆放着他编辑过、参与过、见证过的图书。他仍然审读书稿，参加评审会、规划制订会，为编辑培训授课，他说自己"始终关注湖南出版业的繁荣与发展，并为之做一点力所能及的工作，为的是圆梦"。

时任出版局局长刘鸣泰、副局长彭国华找到他，希望他能主持编纂《湖南省志·出版志（1978—2002）》，他一口应承，但提出三个条件：一是不任主编，只任副主编；二是预算经费自己说了算；三是参加编纂的人员由自己定。仅九个月时间，他完成初稿送审。与其他志书相比，时间最短、经费最少、质量较高。就连他为该书撰写的概述，也仅用了一个月就完成了，连省志办都不敢相信这个速度。凡此种种，皆因他用功至勤、对出版用情至深。有科研经历的他习惯留档备查，坚持每日必记、每事必录，日志工整又详细，写满了整整几十本。他的头脑如一个数据库，满是事业的账、产业的数据，甚至不用去查对，他都了然于心。

编纂《出版志》时，他就萌生了编写《湖南图书出版（1949—2009）》之念头，起笔时已年过七旬。他戴起老花镜，自喻乡间上门做工的木匠、裁缝，"砍砍拼拼""裁裁剪剪"，板凳一坐近十年。

时间如水，从眼前缓缓流过，他以史料整理与史实记述的方式，脉络清晰且比较完整地记录了新中国成立以来湖南60年的出版史，洋洋洒洒35万字，是迄今为止较为完整可信的湖南出版史料。

时间亦如镜，他退休后执镜自照，反思自己做过什么，怎样做的，做得如何，整理自己的理论文章、工作讲话、调研述职及要事记载。这既是一份个人日志，也是湖南出版之路的个体记忆。作为分管出版工作多年的老领导，他不用正式书号出版自己的作品，而只是办理了一个内部资料准印号，以《我的出版实践》之名，自费印刷百来册

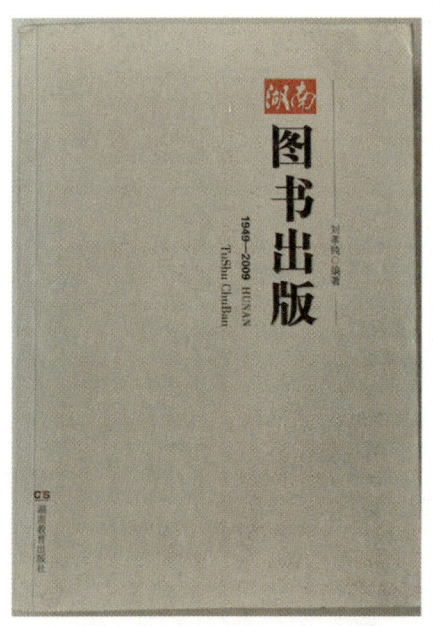

《湖南图书出版（1949—2009）》书影

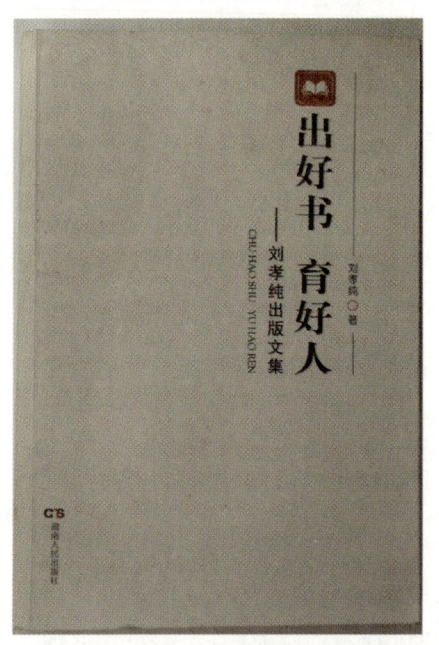

《出好书　育好人——刘孝纯出版文集》书影

分赠同仁。未曾料到,《我的出版实践》以史实的完整性、理念的时代性、观念的前瞻性、分析的逻辑性,收获一致好评,更让人感佩他的做法。

他骨子里终究有一股书生学究气。退休后大部分时间在书房里度过,静静地与书为伴。对出版的至爱与思索,化作十几篇出版理论研究论文,涉及现代出版业发展趋势、出版产业发展方略、出版业在文化中的地位、湖南出版发展动因与轨迹、品牌书与品牌社、选题与计划、编辑绩效评估等。他的心始终都在至爱的出版上,生命不息,探索不止。直到2014年,在同事、老友的一再建议下,他才将论文结集,以《出好书 育好人——刘孝纯出版文集》为书名正式出版。

"孝纯",名如其人,纯良温厚,尊重他人。20世纪80年代,一群刚入职的年轻编辑激情飞扬,商量做一次头脑风暴,刘孝纯看到了贴在大堂的海报,悄悄来到会场,从头至尾听完每一位的发言,整整半天时间没挪身,目光里全是期许和欣赏,那种尊重、关心和宽容带来的温暖一直都在年轻人的心里。他眼中的这群后生,日后都成了湖南出版的精英骨干。

刘孝纯性情谦和,与人打交道特别是与下级谈话,他不讲空话不绕弯,直接明了;他听人汇报,不催促不插话,总是耐心听完。他语气平和,亲和自然如微风,让人感觉不像是局领导,倒像是相交多年的老友。

当生命步入晚境,他病重住院,不愿透露消息,唯恐给人添了麻烦。老部下彭兆平夫妇坚持要去探望他,他早早让儿子把他扶下床,脱去病号服,换上自己的衣衫,端坐在椅子上静静等候。即使重病缠身,也要以庄重整洁的面貌示人。他叮嘱家人,身故后不发消息、不办仪式。一位多年的部下执意相送,家人不好再拦,她则成了唯一目送老领导远去的人。

刘孝纯去世后,儿女们整理他的遗物,没发现一纸奖励证明和荣誉证书。工作多年的他,从未当过模范、评过先进。几十年里,他见荣誉就让、不争不抢。担任出版专业职称高级职称评审委员会(简称高评委)主任的他,评定过50多位编审、300多位副编审,每年召开评审会,职改办负责人和许多评委都劝他参评编审,他却说:"你们劝我参评,如果评上,别人会说我是利用副局长和高评委的身份。何况编审名额有限,我何必占用指标。"他始终未去参评,却没忘记提醒多年未报高级职称的教育社老编辑邹树德准备参评材料,而他自己直到退休,仍然只是一个副编审。一生无荣誉光环的刘孝纯,总希望更多人有光有暖有希望。他的一生,正如湖南美术出版社原社长郑小娟的丈夫姜坤先生为刘孝纯所作画上的题句:"明月皎洁万里辉,不曾私照一家人。"

弘 征

文艺出版界的士大夫

执笔人——吕苗莉

弘征

    漓江出版社核心开创者刘硕良曾赞叹，弘征是"中国文艺出版界的士大夫"。"弘征温文尔雅，说话永远都是轻声细语，湖南人说话像打快板，弘征讲话总是打慢板；弘征很重感情，很尊重人家，而且他这种尊重是发自内心的，一点没有矫情；他自学成才达到了那么高的地位和成就，却从不猖狂，这很难得。"

    中国传媒大学教授李频基于出版研究的专业本位，曾对弘征一生成果描述如下："在弘征的笔墨生涯中，最显他意趣的是他的书法和篆刻；最显他功力的是《诗品》《唐诗三百首》等的今译新析，他的《汉魏六朝诗三百首今译》还入选杨牧之主编的《大中华文库》；最显他编辑工作胆识和思想穿透力的是《于右任诗词集》和《丑陋的中国人》。当然，还有决定出版西蒙娜·波伏娃的《第二性——女人》，在大陆第一个出版龙应台的《野火集》和三毛的散文系列，在1997年彼岸尚未开放来大陆探亲时，即筹划出版《台湾文库》，最先开启两岸文化交流。"这段话精准概括了弘征的文化底色和编辑眼光，其"士大夫"形象愈发纤毫毕现。

无意成"杂家"

弘征，本名杨衡钟，1937年出生于一个旧式读书人家庭，其父年轻时喜欢诗书画印，家中颇有些藏书、古砚、印章。他在《〈艺术与诗〉跋》中回忆道："从小是个'杂童'，养成一种爱看杂书的习惯。深爱有些古人的文集中或游记、或论说、或书简、或传奇……内容与体裁之杂；也喜欢五四后新文学书籍中那种混杂着诗歌、散文、评论……合编的集子。"从最初识字不多，寻有图的《芥子园画谱》之类，进而翻阅《本草纲目》《历代名臣言行录》等，到读高小时，弘征已沉迷于《中国历朝通俗演义》和《石头记》。1953年，16岁的弘征整整半年既没有入学也无工作，贸然来到省城，从春到秋，终日在一条满是旧书铺的小街和省图书馆的阅览室里消磨，贪婪地阅读《东方杂志》《小说月报》等过时刊物、《胡适文存》《曾文正公家书》《右任诗存》等各种文史杂书。忆及这段时光，弘征认为"收益极大，眼界大开，也更促成了对文学的爱好"。在反复阅读《鲁迅全集》的过程中，他开始学写杂文和诗歌。

1954年，就读株洲铁路工厂技工学校期间，弘征在《湖南文艺》上发表了颇受称道的《印刷工人之歌》，此后其诗歌、散文、评论等文艺作品不断，陆续发表在《诗刊》《长江文艺》《中国青年报》《处女地》等报刊上。他的《每当我走上长江大桥》刊出后，引起强烈反响，郭沫若读后亲笔撰文予以评述。当时，弘征毕业分配至沈阳铁路工厂，成了东北文坛上的新星，是20世纪50年代"一手拿锤，一手拿笔"的工人作家。

除了新诗，弘征还创作旧体诗，与一些南社老社员唱和为乐。著名文学评论家萧殷在《浪花·火焰·爱情》序言中指出："从弘征的诗中，可以看出他对中国古典诗歌有较深的素养，这不仅因为他既写新诗也会写旧体诗词，而是说从表现手法上，语言的运用上，音韵的讲求上，都具有中国传统诗歌的特色。"当代诗人公刘补充道，"弘征还继承了自杜甫以来以诗论诗的宝贵传统"，对弘征针砭诗坛、立论精到颇为欣赏。如弘征提倡阳刚之气："登高远瞩驭风云，锦口尤须战士心。不弃笛箫勤击鼓，雷霆毕竟胜轻音。"强调诗人的人民性："雕琢沉吟不计年，晶莹圆滑只堪怜。诗坛代有名篇出，总是人民肺腑言。"

从小涵养的古典文学根底，加上新诗、旧体诗词的创作实践，弘征在古典今译、古籍校点领域累结硕果。"文化大革命"后期，他在到处做"临时工"的境况下，完成《司空图〈诗品〉今译·简析·附例》一书，1984年由宁夏人民出版社出版。该书创造性地以新诗做今译，令作家秦牧赞叹："那相当优美的译笔使我惊奇。老实说，我所认识的新诗人中有这样文笔的并不很多。"此后，漓江出版社策划《今译国学精华》丛书，弘征所著《唐诗三百首今译新析》于1991年首先推出，文化史研究大家周谷城为此书题签："一本青年应当熟读的好诗选。"该书上市后大受欢迎，首印3.7万册，"数月之内即销售一空"，后续多次加印，并以不同版本问世，至今仍被奉为经典上架销售。

因为这两本今译，加上其他研究古籍的论文，1992年，王子野举荐弘征成为第三届国务院古籍整理出版规划小组成员。弘征的外高祖是清代最先编刊《船山遗书》的学者邓湘皋，梁启超誉称其为"湘学复兴之导师"，其后人在古籍整理出版领域薪火相传，也是一段佳话。2008年，邓湘皋诗文著作《南村草堂诗钞》《南村草堂文钞》由弘征校点，于岳麓书社出版。

幼时弘征除了爱看杂书，还爱杂务。他六七岁时喜欢翻绣像小说和《醉墨轩画稿》《芥子园画谱》，用一种薄薄的竹纸覆在上面临摹。

后来偶然翻出印床和刻刀，他偷偷将家里一堆石章磨了又刻，刻了又磨。约莫11岁时，弘征趁父亲喝醉了酒正高兴，刻给父亲看。此时父亲才教给他一些冲刀、切刀的要领，这是弘征刻印从玩到学转变的开始。

1952年下半年，弘征读书、进工厂，沉迷于写诗，时间和经济能力均有限，刻印的爱好暂且搁置。"文化大革命"后期，弘征住所僻静，一些回城的书画家时常到他家，取下一块大门板写字作画。弘征回忆道，"我不会画，字也写得一般，只能喝酒，诌几句歪诗和刻印。刻兴大发起来，有时刻到夜深，到处寻石头和印谱"，"除了应朋友索求之外，又刻了一些印寄给外地的书画家们，他们便以书画回赠。其中有些前辈，如林散之、费新我、黎雄才……所赠的作品至今让人艳羡"。弘征从此再续印缘，在学习、请教、寄赠的过程中，与诸多学者、大家结下深厚情谊。他在多篇文章中，忆及为张天翼、丁玲、吴丈蜀、许麟庐、黄永玉、汪曾祺、三毛等人治印并受到珍视的往事。《钱君匋装帧艺术》一书前言里，弘征写道："个人在与君匋先生相交的十数年中，频繁的书信以及每次过沪候访他时，均必谈书画，谈篆刻，谈封面装帧，并多次欣赏他那四大册封面装帧贴样。"其由艺术探讨，终落脚到编辑工作，弘征对职业的理解和追求可见一斑。钱君匋先生也称："弘征无意作印人，篆刻之票友而已，然其成就，当令泥古不化者汗颜也。弘征工诗，所作有唐人风；于篆刻也，亦求意境之美。"虽说"无意作印人"，弘征却格外珍重这门"手艺"，1985年，他与人合著推出《书画用印选》，后又陆续出版专著《望岳楼印集》《现代作家艺术家印集》。

对于书法，弘征也是如此。他童蒙始习书，自成一番面目，与林散之、赖少其、黎泽泰等书法大家厚交，获赠墨宝甚多。但他并不每日临池，只是偶尔作书，皆是勃然兴起或为了应酬朋友。记者易禹琳曾写下他酒后即兴创作书法的画面："弘征先生醉眼蒙眬，高叫一声'拿酒来'，

弘征印选及印集书影

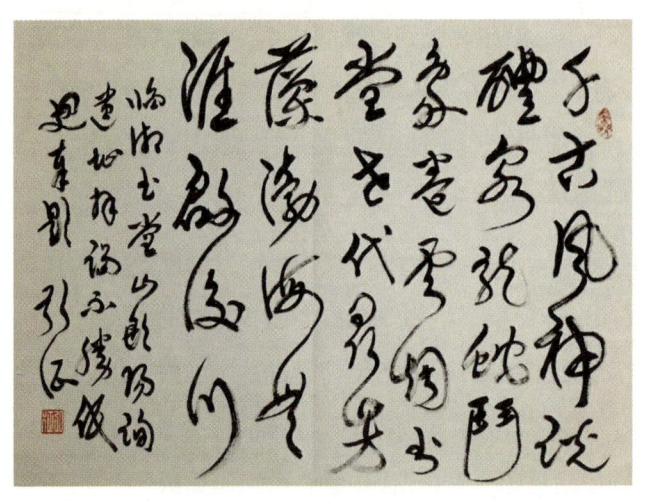

弘征书法

迈开弓箭步,屏气凝神,千钧之力凝于手腕笔尖,少顷,看笔飞墨走,似峡谷中的江水咆哮轰鸣,似山川瀑布飞流直下,转而彩虹间龙飞凤舞,又迅速泻入大江,落于深潭,复归平静。拿酒来!美酒一杯声一曲,先生一个人的舞蹈愈见豪迈奔放,纸上的字越发舒展飘逸。拿起印章,眯眼哈气,再闭着眼按下去,地方竟恰到好处……第二天,再有人对弘征先生谈及昨晚所书之字,弘征先生竟再也记不起来,他惶恐不安:'一钱不值!一钱不值!'"其文人性情,跃然纸上。刘海粟90岁时曾题字赞弘征书法:"乾坤眼底纵,挥洒来神腕。"中央美院教授朱乃正给《弘征书法》作序:"初始无意作书家,更无跻入市利之妄念,只是心所钟爱,情所系之,浸淫其中而乐此不疲,遂有春华秋实之获。"

无意写诗、治印、书道,只是保持纯粹的热爱和谦卑的吐纳,在文学和艺术的道路上,弘征渐成杂家。这是他走向编辑家的第一步。

编辑"不能俯仰随人"

1957年1月,弘征在《芒种》创刊号上发表杂文《何好事之多磨》,受到赞誉。同年5月,他从东北调回湖南,当时《湖南工人报》对他进行专访,广播电台朗诵了他的诗歌新作。第二年,弘征因为这篇杂文被划为右派。此后20年,他没有固定工作,只凭一身铆焊技术到处做临时工。虽然漂泊在底层,生活艰辛,但劳作之余,弘征仍保持文人本色,研读古典诗词、诗论,钻研金石书法。友人聂鑫森回忆:"当年我曾去叩访过他在长沙的'竹壁居',竹编泥糊的墙壁内,空间窄小而晦暗,但书柜、书橱、书桌却一应俱全。"弘征坚忍沉稳的书生形象,令人肃然起敬。

1978年3月，胡真出任湖南省出版局局长。弘征用毛笔给胡真写了一封百余字的信，表达自己希望到湖南人民出版社工作的意愿。当时湖南人民出版社正在筹划《芙蓉》杂志创刊事宜，胡真在信上批示："代炜同志：此人可进《芙蓉》。"因王勉思（当时主管少儿读物的副社长，后为湖南少年儿童出版社社长）此前多次向出版局要求调进弘征，主管编辑业务的胡代炜副局长在胡真批示之后，签字"先进少儿组"。1979年，弘征进入他梦想的出版社工作。《张天翼童话选》即在这一时期编出。弘征回忆："1980年我为编《张天翼童话选》到京拜访张老，他那时已不良于行，但谈锋尚健，我们从文学谈到艺术，才知张老年轻时也刻过印。他的故乡湘乡与新化是隔邻。他嘱我为他刻一方名章，我回湘后刻好寄去，他即钤在《张天翼作品选》等书上赠我。张老辞世后，张夫人沈承宽又惠赠我《张天翼文集》和《张天翼文学评论集》，也没有忘记钤上这方印，使我甚为感动。睹印思人，哲人其萎，当时的情景便浮现眼前。"弘征与作者的交往，既在精神上惺惺相惜，更如友人般重情重义。

弘征因才艺俱佳，深受众多名人大家赞赏，很快成为湖南出版界的名编。李频在《弘征：人与书》编前纪略中写道："胡真经常直接下任务让他去请作家、陪作家，随同出省考察，甚至下令将别社已在编的某名家书稿取来交给他重新处理。"

真正令弘征声名大噪的，是编辑胡耀邦题签的《于右任诗词集》。1984年春，弘征受命编选这本书，当时领导交给他的只是一部辑录者提供的抄本，而辑录者声言没有原本。弘征经初审后，发现其中有明显的舛误，凭直觉可改正的便不下百处。任务紧急，出书日期不能延误，弘征只好一面先校改付排，一面寻觅原本。他在《〈于右任诗词集〉编余札记》中回忆："第一次清样出来后才从北京图书馆找到两种解放前

1982年初夏，弘征（右）陪沈从文先生（左）游张家界

弘征编辑的《于右任诗词集》书影

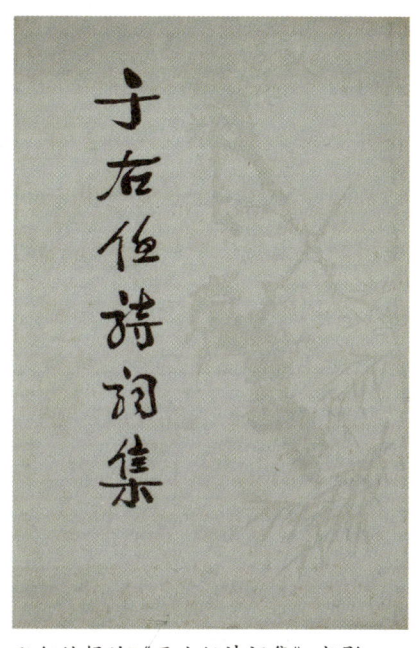

的不同印本，有两种台湾本则是委托一位香港的作家朋友特地从台湾购得转寄来的。"根据这些不同版本，弘征精心校勘，补缺纠误，研究各种史料笺注成书。

同年9月，于右任逝世20周年前夕，《于右任诗词集》由湖南人民出版社出版，引起海内外极大关注。日本共同社称"这是中国大陆第一次出版台湾国民党要人的著作"，香港报纸盛赞其"尊重历史，编选得宜，比台湾出的本子要完备得多"。10月，陕西人民出版社推出《于右任诗词选注》，弘征以专业的眼光，撰文批评该书错误较多（此文后发表在《读书》杂志）。出版家王子野对此事印象深刻："一个好编辑对工作还须认真细致、丝毫不苟……如果不懂旧诗词绝写不出这样的文章；如果虽懂旧诗词，但工作不认真，也写不出这样的文章。"身为编辑，弘征是认真甚至较真的，同行如何看待他并不重要，他在意的是出版好作品。在《编余札记》中，弘征感叹："编辑工作和创作一样，是一种独立性很强的个人的精神劳动。在此过程中，如自觉对某些问题尚无把握，自不妨多向他人请教，但一定要自行抉择，不能俯仰随人。"

1985年10月，湖南文艺出版社成立，弘征被任命为第一副总编辑。他长期关注文坛，思考诗歌、散文、杂文等冷僻文体的出版前景，此前策划或酝酿过诸多文艺选题而未实现，自此开始"现象级"落地。社长黄起衰因长期过度劳累，疾病缠身，身体每况愈下，1987年2月起便由弘征牵头主持全面工作。1988年6月，弘征经民主选举出任社长兼总编辑。这一时期的弘征，更像是一名策划编辑、组稿编辑，为初创的湖南文艺出版社筑巢引凤、独辟蹊径，引领诗歌、散文、杂文的出版风潮，以此奠定湖南文艺出版社的"江湖地位"。

弘征是诗人，自然格外关心诗歌的生存状态。长期以来，"诗歌没有读者"的偏见深入人心，弘征逆流而上，于1983年编选出版《诗海

1986年10月11日，弘征（右）出席湖南文艺出版社成立一周年庆祝会，中为首任社长黄起衰，左为副社长骆正南

采珠》,甫一推出便颇受诗人和读者的喜爱。接着,编选一本以推介青年诗人为目的的《青春诗历》的构想在弘征脑海中形成。1985年,第一本审美性与实用性相结合的《青春诗历》(以下简称《诗历》)由湖南文艺出版社推出,舒婷、北岛、顾城、高洪波等136位诗坛新星亮相,艾青、臧克家欣然题词。《诗历》自问世后风靡一时,受到广大读者尤其是青年读者的追捧,"每种印数都达十几二十万",1987年销量高达28.3万册。弘征在文中提及当年盛况:"有的书店排起了长队,长沙市新华书店在门口设了专柜,长沙诗歌书屋在一个多月内光办理邮购就发行两万多本……有些在当地买不到书的读者纷纷来函,诉说自己想拥有一本《诗历》的急切心情……作为编选者的内心真是深为感动。"考虑到每年遴选100多位诗歌新秀殊为不易,弘征不想勉强凑数做出一个带商业目的的不精的选本,于是决定两年编选一次,间隔的那一年另编一本《友谊与爱情诗历》。当第一本《友谊与爱情诗历》于1986年秋出版时,印行了26万册并很快脱销。

优秀的创意转化为图书后要持续畅销,离不开编辑严选把关。弘征回忆:"每一位作者的来稿都是特函特约的,从来不用别的征稿方式,因而在确定约稿对象之前就得反复掂量……十年的编选工作,也确实费去了不少精力和时间。仅以每人一封约稿信计,就发出了1300封……"《诗历》因编选精良、装帧精美,让不少读者逐年收藏。这份信誉也延续到当时诗坛,青年诗人皆以入选《诗历》露脸为荣。有诗评家同弘征谈起,认为"将来研究中国新诗第三代、第四代诗人时,《诗历》提供了一份比较全面的名单,将是一份不可少的资料"。

在散文出版领域,弘征的杰出贡献是率先向大陆读者介绍三毛的作品。1985年夏天,弘征收到香港作家林真寄来的一包书,内有三毛系列作品,如《撒哈拉的故事》《雨季不再来》《稻草人手记》《哭泣的骆驼》，以及刚在台湾出版的《倾城》和《谈心》。彼时海峡两岸还处于隔绝之中，这是弘征第一次读到三毛的作品，"不禁深深为之感染"，他两个读初中的孩子更是看得如醉如迷。弘征立即联系林真和其他朋友，请他们设法将三毛在台湾出版的所有作品寄来。这年秋天，湖南文艺出版社成立。建社伊始，经济上很困难，思量出什么书颇为不易，弘征深信大陆读者会喜欢三毛，决定立即推出一套三毛散文集。约莫半年之后，从1986年开始，湖南文艺出版社陆续推出三毛散文集八种。1988年冬，弘征收到三毛托人转来的两本台湾出版的新作《我的宝贝》和《闹学记》。弘征迅速编发这两本书，让它们赶在三毛第一次回大陆之前和读者见面。连同之前的八本，湖南文艺出版社共推出三毛10本散文集，是大陆出版她的作品最早和最多的机构。

弘征认为，"艺术从来就不是能用一个框架去定取舍的，散文更是一种最能体现作家个性的文体，每一种风格的好散文都会有它的读者群"。而三毛的散文，在他看来，"像是一条江河滚着浪花而又清澄见底，朴实、热情和具有一种不假涂抹而呈现出来的色彩，使读者和她接近，窥见她心灵的窗口"。基于这种审美和判断，弘征笃定三毛的作品必定会引起读者尤其是青年读者的广泛共鸣。之后三毛在大陆的热度持续攀升，至今仍是散文界的常青树，这足以验证弘征作为文艺编辑眼光之独到。更值得一提的是，弘征与三毛书信来往数载，互相引为知己。

三毛去世后，弘征在悼文中写道："她有时在信中诉说她一个人料理生活又没有雇保姆的劳碌，有时谈她的病情，她在创作中的甘苦，更多的是谈起她对中华传统文化艺术的挚爱，这是我从她的书信里才深深感觉到的……有一次是头天刚写了一封，第二天禁不住又写来一封长信，一点也不做作。"从弘征披露的三毛书简来看，他们谈的内容颇为广泛，尤其是关于字画、金石、古籍、民间艺术等传统文化的交流汪洋恣肆，令人神往。三毛喜欢收藏，热爱一切美的事物和美的创造。她曾特意拍了两张她台北寓所客厅的照片寄给弘征，说"全是旧货布置出来的，请您精神上来我家中坐坐"。直至1991年三毛去世，两人相约多次而未能见面，这令弘征遗憾不已："人生常常有一种体验：相识的不一定相知，相知的可以不相识。每次读她的来信，都使我产生一种如逢旧雨的心情。"三毛辞世后，根据她生前意愿，三毛家属又授权湖南文艺出版社独家出版《三毛散文全编》。两人的"书信之交"是出版界的一段佳话，好作品需要好编辑慧眼识珠，好作家更需要好编辑精神上深入理解并与之高度契合。

除了诗歌、散文，杂文在当时也备受冷落。彼时丛书热、套书热兴起，"大至未来世界，小至花鸟虫鱼都可归入一套套'丛书'，唯独杂文没有人提起"。作为文艺编辑，弘征决心为杂文一争。1984年秋，弘征在第二年的选题计划里，申报了一套《当代杂文丛书》，计划约请10位全国有代表性的杂文作家，每人一本。因此前有杂文类选题流产的经历，弘征格外谨慎，与黄起衰社长一同拜访人民出版社前总编辑、著名杂文家严秀，以期征求意见，取得名家支持，消除阻力。但这套丛书计划当时并未落定。及至1985年湖南文艺出版社成立，弘征邀请严秀、牧惠（《红旗》杂志社文教部主任、杂文家）两位主编来湘商讨，之前一再提出的《当代杂文选粹》（简称《选粹》）丛书才随之启动。

从1985年末《选粹》进入运作，到次年8月第一辑10本出书，1987年出版第二辑10本，1988年再出第三辑10本，可谓神速。因选文精、定价低，每辑一万余套都很快售罄。杂文家章明回忆："以这样的大规模和高速度出版杂文集，在新中国成立以来乃至五四运动以来都是空前的，被舆论界称为中国文坛和出版史上的一次盛举，并因此而促成了中国作家协会主办的首届全国杂文集评奖。1988年4月《选粹》座谈会在京举行，周谷城、林默涵、王子野、吴祖光、邵燕祥、刘心武等诸多文化界知名人士应邀出席。毫无疑问，《选粹》促进了杂文创作和出版的繁荣，后续不断有出版社推出杂文集甚或"杂文丛书"，《中国现代杂文史》《现代杂文辞典》也相继编竣。在弘征看来，"在某种意义上，一部中国杂文史，也就是一部中国思想史"，除了美学欣赏价值外，他更看重杂文针砭时弊的功能。这是一位文艺编辑的锋芒和棱角，也是一位"士大夫"的忧患意识。

编选《当代杂文选粹》的过程中，弘征有了"意外收获"——1986年推出柏杨《丑陋的中国人》、1988年推出龙应台《野火集》。这两部书的影响在当时甚至超过了《选粹》本身，引发了社会广泛讨论。弘征回忆读到柏杨作品时的感受："果然犀利异常，不同凡响，对促进国人正视自己民族的某些弱点确为良药。"也撰文描述接触《野火集》时的震撼："从古迄今，关心现实，忧世忧时是中国文人的优良传统……在今日的台湾，柏杨、李敖都以犀利的杂文为人所瞩目。但从来女作家的笔触多温柔细腻，尤其很少人写尖锐的社会批评。"弘征认为作者"热盼中国人改正自身所存在的缺点"，这和他的出版初衷，以及读者希望阅读这些书的目的是一致的。如今读来，仍能感受到弘征对民族、对国家的赤子之心。

做出版就该敢为人先

杂家弘征博才多艺，在文学与艺术之间游刃有余；编辑家弘征不喜俯仰随人，时时于细微处见精神，选题思路独辟蹊径，在诗歌、散文、杂文领域有拓荒之举。从更高的维度来看，出版家弘征有胆有识，认

2012年，弘征在赴京参加作代会期间拜望原新闻出版署副署长、出版理论家刘杲（左）

为做出版就该敢为人先，为湖南乃至中国出版界提供了难以逾越而又可供借鉴的实践经历和经验。

学者李频提及："弘征之敢为人先，在出版界最先开启两岸文化交流，除了在大陆出版柏杨的《丑陋的中国人》、琼瑶的《潮声》和三毛散文系列之外，特别不应忽略的还有《台湾佳作选粹》。"1987年夏秋之际，台湾当局发布解除戒严令。弘征嗅觉敏锐，预料两岸关系将有重大变化，于是立即规划编选一套介绍台湾文学成就的《台湾文库》，聘请艾青担纲名誉主编。消息传开，台湾文坛轰动一时，港台各大报纸和《人民日报》（海外版）皆有报道。此后《台湾文库》经历一番波折，险些流产。幸好弘征事先每进行一步都跟新闻出版署刘杲副署长、图书司杨牧之司长报告并取得认同，最终《台湾文库》缩小规模，以《台湾佳作选粹》丛书的名义出版。该丛书选入严华、白先勇、林海音、朱西宁等台湾老中青三辈作家不下五百人的作品，散文、新诗、儿童诗、小说、杂文均有涉及。其中李敖的《千秋评论》是弘征广泛搜罗李敖著作后，请牧惠选编的。这套丛书为湖南文艺出版社赢得了大批台湾作家的认可，同时也开启了两岸文化交流风气之先河。李频记载了当时的盛况："入选的作家们均以其作品能和大陆读者见面为荣。回大陆探亲的湘籍作家洛夫、向明等第一站就是来湖南文艺出版社拜访弘征，不少外省籍作家也要绕道来长沙，访问这家曾出版过他们书的名社。"

出版家敢为人先，不仅需要勇气和担当，有时更需要胆识和智慧。1986年9月，弘征在《选粹》第一辑付印之际，收到牧惠寄来的《丑陋的中国人》。"一看书名就被吓住了。"弘征回忆道。严秀、牧惠两位前辈知道出版这本书所要冒的风险，但仍然让他"考虑能否争取在湖南出版"。弘征高度认可此书的思想价值和出版价值，立即投入编辑工作中。2010年，他在《在大陆首家出版柏杨〈丑陋的中国人〉琐忆》

1988年9月,弘征与台湾诗人洛夫(右)在湖南文艺出版社门口合影

中写道:"当时是铅印,湖南算是出书最快的,排版印刷周期至少三个月。为了赶时间以防胎死腹中,我便守在工厂里一边校对一边改样,不到一个月就出了书,很快就风靡全国。各地书店的订单、催书电报如雪片般飞来,加印的书还来不及送仓库,就从车间里打包直接送火车站,到年底已经累计印了90万册。"

学者李频认为:"中国新时期的出版史幸运的是,《丑陋的中国人》在湖南碰上了认识其思想价值且办事细致牢靠的弘征。如果换了另一人,极有可能因运筹无计而徒唤奈何。弘征让后来的出版人仰望的是,既有决定出版《丑陋的中国人》之'胆',也有三人(弘征、严秀、牧惠)共同署名撰写'编后记'之识,更有关键图书事必躬亲之细心周到。"这篇"编后记"不仅在当时促成了选题顺利通过,还对未来之事做出了提前应对。

弘征在回答《中国图书商报》采访时说:"有识才能有胆,无胆无识便是平庸,有胆而无识非出乱子不可。"这是一位经历过"柏杨热"的出版家的智慧和心得。

弘征在主政湖南文艺出版社那些年,提出了"益人心智,开拓创新,广采博收,注重积累"的选题原则。有老编辑感叹:"杨老师主政那几年,如果自己组不到好稿子,杨老师会有稿子交下来,而且保证效益好,个个年终有奖金。"《诗历》系列、三毛散文系列、《当代杂文选粹》丛书、《台湾佳作选粹》丛书、全国首套《当代公共关系学》丛书,包括最先推出的林语堂、梁实秋等"五四"名家散文系列等,都是弘征一手筹划的,均取得了很好的社会效益和经济效益。这不仅印证了弘征的远见卓识和战略姿态,也显示出他在经营管理方面的才能。

他曾忧心图书出版的种种危机:"现在各社都按行政手段划分专业分工……有些规定出教材、教参、课堂作业的社可以毫不费心地利润扶摇直上，而对于一些主要担负文化积累任务的社来说，求温饱已经很难，想集中精力去出好书也不可能了。"也曾多次撰文提出："将'经济效益'和'社会效益'处于对立，常常为平庸的编辑和平庸的作品开了绿灯"，"有名的出版社一要有好书，二要有名编辑"。湖南文艺出版社初创艰难，没有教材，靠一批有品位的文艺图书赢得口碑、打下市场，不仅经济效益在地方文艺出版社中名列前茅，而且在作家、读者中享有盛誉。1989年8月，在太原召开的首届全国文艺出版社社长联谊会上，社长们一致公推弘征为临时会长主持会议，弘征一再推辞也未能推掉。1990年9月，第三届全国书市主办了读者投票活动，湖南文艺出版社与人民文学出版社、生活·读书·新知三联书店、上海文艺出版社等大社、老社并列为十家"读者心目中的最佳出版社"。弘征认为，出版社就是要名利双收，这些辉煌时刻正是他用心经营的成果。

自1985年出任第一副总编辑，到1988年当选社长，1990年秋，在领导岗位上工作五年的弘征再三以届满宜换请辞。退岗的他没有离开湖南文艺出版社，而是继续当一名普通编辑，开启了社领导能上能下的新风。他在多篇文章中透露出当时的心态："本书从最初的试译，已经历了好几年，当时只译了一部分就放下了。去年7月，欣闻不久可望从事务中解脱的纶音，又承漓江出版社刘硕良兄热忱约稿，乃挥汗呵冻，奋力完成。""编辑的职业是组稿、编书。十几年来，虽有五年冗于社务仍未放弃编稿，总编辑应该是出版社的第一编辑，在这点上，我与锺叔河先生持相同的观点。"弘征再次投身文字世界、投入编辑工作的愉悦，历历可见。

弘征的曾祖母是邓湘皋的孙女。他在《杰出的文学家编辑出版家邓湘皋》中述说外高祖的业绩："由于他是学者，知识渊博；是作家，富有才情；是教育家，不敢误人子弟；更使他在编纂中具有卓识和超

弘征编选的当代台湾优秀诗文集书影

1984年起，弘征独创编选的每年一本的新诗日历书影

拔的鉴审能力，在工作中又极为勤奋严谨，因而必然会成为一位杰出的编辑大家。""他所刊刻的书现在已是凤毛麟角，能见到的皆审校精当，印制考究。所以他同时又是一位精于擘画和务实并做出了显著成绩的出版家。"放眼弘征的文艺生涯和毕生业绩，我们似乎能从他的身上看到这位清代编辑家、出版家的影子。

1995年6月25日，弘征致信学者李频，谈及《诗历》停止出版的经过："不意模仿者风气，且多以牟利为目的，致使读者上当，在《中国青年周报》《文汇读书周报》文中曾慨乎言之，现已不禁兴味索然，故在编了11本后已于去年作罢。"《诗历》推介了600多位青年诗人，引领了十余年的诗歌热潮，李频感慨道："弘征主动将其停止出版，内心深处是他血脉中流淌的传统士大夫的'知进退'乎？"

弘征曾写道："回顾自己的编辑生涯，本来乏善可陈；不过因为未尝懈怠，也就不无甘苦。"一句"未尝懈怠，不无甘苦"，诚恳谦逊，道尽出版之路风风雨雨，实乃士大夫风度。

郭天民

戈巴的"文心雕虫"

执笔人——柳刚永　杜作波　唐杰　罗彪

郭天民

他视工作如命，退休后又上岗，一直忙到人生的终场。没有周末，没有节假日，每天都在干活。

为美做出版，用美做好出版。心计手画，为人作嫁，策划装帧，以美弘文。

他给自己取笔名"戈巴"，自谦其出版尤其图书装帧设计生涯，乃"文心雕虫"，且为此乐此不疲。

一位出版人记忆里的郭天民

"落花时节始逢君",回忆起郭天民,湖南美术出版社柳刚永用了这句话。

我认识郭老师很晚。2009年9月我才到湖南美术出版社工作,郭天民老师早已于2000年退休,也不住在院子里了。之前只听说一位老编辑在自己主持的《齐白石全集》首发式上泪流满面,遂记下了郭天民这个名字。

初见郭老师是2010年春末夏初一个午后,在社里411办公室。那个穿牛仔裤、双手插兜、顶着一头花白乱发的人,转过头来看我,双目炯炯:"我是郭天民,叫我老郭就是了。"

于是这般开始与郭老师共事,就是编辑《黄永玉全集》。左汉中老师带我们组稿、做编辑工作,郭老师负责装帧设计,他本来不需要忙活那么多,但他似乎总愿意一起跑跑,看看画,见见人,他喜欢这种工作氛围。

2010年到2012年,我们不时一起出差,郭老师都是自己开车来社里集合,不要司机专程去接。已是古稀老人,这不多见。我负责联系地方、张罗订票、安排住宿,跑上跑下,陪着郭老师、左老师等两三位退而不休的老编辑。或去凤凰拍片子,或下深圳印刷厂调图、打样,往往一待就是一两周。

郭老师没架子,不故作高深,很快我们就熟络起来。人说郭老师不善言谈,其实聊得对路,他蛮健谈,会聊起自己熟悉的同学、朋友、老师或一些老作者,诸如唐小禾、吕霞光等,夸赞他们的才能和有趣的癖好。

他说起"文化大革命"时期他画过很大很大的领袖像,有一栋楼那么大，也说到当时省里组织重要历史人物题材创作，说他只想画彭德怀。他聊起《湖湘文库》编辑团队，温暖的工作氛围，相处多年的老领导、老朋友，互相勉励是"黄昏赶路"，要加快点，不要到时候"打黑框"。2008年冰灾停电，他们还在办公，大家喊冷，领导紧急给每人弄来一件军大衣。说到有趣之处，郭老师往往自己先乐不可支，双手插在牛仔裤兜里，笑得肩膀一耸一耸的，花白的眉毛都要飞起来。

那时编辑《黄永玉全集》，我们常去万荷堂，听黄老一本正经、似笑非笑地给我们讲各种段子，那是阅世阅人后的老辣和淡定。再回看郭老师，真是天真未泯。

郭老师给《黄永玉全集》做总体设计不无周折。起初，他觉得黄老会特别讲究创意，故而设计了灰色异形开本，封面用"手印"（指纹）创意，用黄老的放大指纹为设计元素。我们让黄老按了二十几个自己的指模，黄老一边按一边叹气："事做多了，手箩都磨没啦！"感觉在抓逃犯验指纹一样。

《黄永玉全集》要在黄老90大寿时出版，要喜庆，要庄重，黄老一句"大红袍就挺好的"，郭老师二话没说，很快拿出新的方案。封面选用红、黑、白三色，主色使用典雅厚重的绛红色，书名题字使用黄老自书草体"黄永玉全集"。新方案庄重、典雅、喜庆，黄老认可，皆大欢喜。

郭老师还特意为《黄永玉全集》做了普通精装版、特精装版两种版本。后者有黄老亲笔签名及带编号的收藏证书，书盒镶配精制铜铭牌。印刷厂冲压铜铭牌那晚，我们第二天要回长沙，外出吃完饭散步回来，路过工厂都快十一点了，郭老师还上到五楼去，拿着师傅冲压出来的铜牌，打量色彩、厚薄，摸一摸手感，掂一掂分量。

2013年3月，郭天民在印刷厂设计《黄永玉全集》盒套

《黄永玉全集》特精装版书影　《黄永玉全集》普通精装版书影

2012年8月，我调去了集团与华为合资的数媒公司，为数字化《湖湘文库》项目，我常去打扰郭老师。一次去他办公室，看见他在苹果电脑上做绘画小稿，是在凤凰时我们谈到的彭德怀主题创作，现在他终于动手了：铁石面孔的彭大将军面朝苍天，天上云淡风轻。下次再去，大样打出来了，贴在进门右首的墙上，彭总铁面朝天，天上阴云密布，仿佛霹雳欲来。郭老师遗憾地搓着手："冇空搬空碧湘街的房子，冇地方把它画出来。"他的手指头结实而粗大。

2013年5月左右，听说郭老师身体出了问题，让人忧心，再后来听说郭老师住院了。我回长沙会抽空去医院看看他。一次去时，郭老师跌坐床边，一脸浮肿，还布满红点，但精神不错。他指着自己的脸，自我调侃："当年起个'戈巴'笔名，现在搞得一脸锅巴。"我们聊起他女儿给他找的北京大夫、寻访到的瑞典靶向药，以及这个药吃完三个疗程以后就可以申请免费，等等。他眼里满溢着对女儿的自豪和对生的希望。

2014年4月，郭老师还抽空去社里参加了《齐白石大全集》论证会，那次我也赶上去参加讨论。一个雄心勃勃的20卷计划，我们一时都不记得郭老师已经是病人了。再后来，靶向药失效，病情失控，郭老师缠绵病榻，辗转于湘雅医院与马王堆疗养院等医院，乌云又低低地压过来。2015年5月初，我再去探望，郭老师身体已很虚弱，倚靠在床头；我们又聊到《齐白石大全集》，他眼里泛起泪光："本来以为药有效果，如果能再给我三年时间……"他去世前20多天，我再回长沙，特意带上妻子去医院看望郭老师，"这就是我常常说起的郭老师"。我们跟郭老师合影，他挣扎着要坐起，冲我伸出一只手："来，拉兄弟一把。"说罢热切地望向我，我一手捉着他的手，另一只手抄到他肋下，癌细胞已经触手可及。走前，郭老师拜托，若我回到出版社，记得推动《齐白石大全集》的进度。这事,他拜托了很多人。6月24日,美术社的几位老同事去探视,李小山社长跟他讨论《齐白石大全集》编写事宜,刚谈完事离去,《湖湘文库》老同事又去了,才说了几句话,郭老师就走了,"就看到机器上的那条线直了"。

6月26日上午,我随同事去明阳山,给郭老师送别。一车去,又一车回。路有点颠簸,车外盛夏阳光,车内旧时同事,白头相送,不免伤感。有人细数郭老师的最后一程,慨叹郭老师做书做到死,有点不抵。老同事、老社长萧沛苍老师正坐凛然道:"一个人能一直做自己喜欢的事,这是一种幸福。"

少年不知愁滋味 早岁已知世事艰

1940年10月1日,郭天民出生在长沙北郊的捞刀河畔。前面有三个姐姐,他最小。父母和三个姐姐都体弱多病早逝——没能活到60岁。有时,他会淡然地说起捞刀河,那些游鱼嬉戏泛起的鳞光,风吹过河两岸的风光,传说中关公捞刀的故事和那把逆流而上的神奇的刀。偶尔一次,还说起他父亲在洪山寺一带有幢屋,他去湖北武汉读书后,姐姐也出嫁,时代的沧桑巨变里,他无法再寻到旧日的家园。

他爷爷是个石匠,生有四个儿子,郭天民父亲最小,叫郭象仪,应该是读书人,做中医,就在捞刀河街上坐诊。父亲生性散淡,坐堂看病开方,似乎并不卖药,事后病人随意封个红包。少年郭天民放学归来,喜欢帮父亲拆红包,多是些零钱,有的甚至包着点草纸。父亲不以为意,儿子也习以为常。

作为最小且唯一的儿子,小时候的郭天民是受宠而有些任性的。他不喜欢理发,要给他包子才肯去理发店;刚理好的顺溜的头发,他一定要马上抓乱。郭天民小学是在捞刀河镇上读的,他有自己的喜好,爱上了美术。他会把父亲的针灸图从墙上取下来,换上自己的水彩画人体。他喜欢将灰灰的雕塑图片贴到本子上,进了美术学院后,才知道是世界著名雕塑家的作品。后来在附中毕业升大学时,他第一志愿填的是雕塑专业。

郭天民初中读的是长沙市第六中学,他在学校不多话,参加了美术、物理两个兴趣组,学校的宣传活动像写标语这些他都积极参加。

1957年,郭天民在美术老师郭之声指点下,从长沙考入武汉艺术师范学院(今湖北美术学院)附中,去武汉读书,出湘了。

据他附中和大学的同窗好友唐小禾回忆,在附中求学期间,郭天民依旧不多说话,从不与人争执或说人坏话。他不参与同学间的恶作剧,更不掺和是非,从不做对不起人的事。同学们都喜欢他、信任他,亲切地叫他"三毛"。

在附中时,他担任班级的学习委员,组织各类课外学习活动,如每天晚上自习后,安排同学轮流做模特儿,画素描写生;举办各种展览,如在寒暑假办同学们的作品展览等,甚至发起全国艺术院校附中同年级作品的巡回展。他年纪轻轻就勤勉用功,想做事情。那时他酷爱游泳,常去东湖游泳,也喜欢打打乒乓球。

郭天民很能吃苦,1958年"大跃进"时期,附中学生到鄂西北水利工地搞社会实践,寒冬腊月,住工棚,吃长虫的蚕豆,到冰冷的水中挑石子,毛衣长出虱子跳蚤,他毫不在乎。三年困难时期,同学们都饿得不行了,出去抓青蛙吃,他还反对。

1960年9月,郭天民升入湖北艺术学院美术分部油画专业。他选择了更有现代艺术倾向的第三工作室,他的创作作业都与众不同,有些另类。

他对书籍装帧与设计的爱好和天分也初露胚芽，班上出海报，他会用简单的红、灰两个色做设计，非常大方。他很欣赏当时毛泽东著作的单行本《矛盾论》《实践论》等的封面设计，白底红色块，压上黑字，简约而突出。

他有自己的独立思考，不苟同，不守旧，追求突破，但并不汲汲于成功。在他女儿看来，老照片上那时的父亲站在青春洋溢的同学中间，"满脸都写着无限的抱负"。

1965年8月，郭天民大学毕业，被分配回湖南。他先后在永州市零陵专署文化科、湖南省展览馆工作。在零陵文化馆做群众文化辅导工作，后编辑《工农兵文艺》；此间借调担任过湖南省农村文艺宣传队文化教员，到湖南省文艺干校创作幻灯片；到湖南省军区制作大型历史画；在韶山纪念馆创作历史油画《毛主席在六届六中全会》，到文家市纪念馆创作"毛主席在文家市"系列。

中间他又三次被下放到五七干校劳动改造。他做过各种活计：养过猪，有时一个晚上给十几头母猪接生，末了还要收拾好脐带胞衣，不能让母猪吃了；做过木匠，自己琢磨出要让榫头密合，凿眼时要往里吃一分墨线；刷过油漆，晓得调熟漆掺三分半桐油才刷得开；摘过茶叶，总结出眼在手先才能双手开弓。他动手动脑，总想把活干得更好。

"文化大革命"期间，通过严格的政审，他被选拔到湖南省军区画巨幅毛主席像，从1967年干到1969年。他站在五层乒乓球桌子垒起的高台上画，让战士们把颜料挤在桶子里，一桶一桶拎上去。一天，郭天民一左一右画好两个一米多长的大眼睛后，下台来一看，他吓住了——两只眼睛一上一下，整整错开了一格。幸亏无其他人在场，他赶紧涂改了过来。1971年，他又被借调到韶山陈列馆、文家市纪念馆等单位，画了很多的领袖像。

1972年，他终于从永州调回长沙，到湖南省展览馆工作。有个小小官职，可以独当一面做点事了。他主持、策划了一系列重要的展览，反响很好。此后，他开始利用业余时间为出版社做装帧设计。

郭天民是1966年结婚的，除了他父亲留下的线装老医书和自己的一点画作，几乎家徒四壁。郭天民婚后，工作关系还在永州，他在长沙无房，就一直寄住在妻子娘家。次年长女郭彤出生，郭天民欣喜地给女儿取名"彤"，寓意"红色的希望"；还在女儿枕头上绣上个豁眉大眼的小姑娘。生活才给一点甜，几个月后，他又青年失恃。1968年1月，母亲在长沙去世，他连运母回老家办丧事的钱都没有，还是妻子向学校打报告借的钱。

有了小孩后，他们一家三口就住到妻子工作的小学临建的房子里。那时物资奇缺，虽然有亲戚帮补，可小家庭总是缺这少那。冬天取暖要买蜂窝煤，他每个月都要熬夜去煤站排队。郭天民在这些日常事情上似乎总难跟上趟，常常排一晚上的队，轮到自己，煤已卖完，或者压根那天就不卖煤。在寒夜黑暗中待久了，记忆会特别深刻久长。

儿子出生，郭天民给他取名"煦"，寓意"人生的新温暖"。小家也更局促，妻子的学校看不过去，又给他们加建了一间房。

儿女一天天长大，郭天民的工作也走上了正轨。但是好景不长，儿子突然被检查出重症。当年，郭天民在医院陪护孩子整整七个月。出院时，胡子拉碴，一脸憔悴，熟人惊呼："你像刚从牢里出来！"孩子病得实在厉害，有时郭天民都绝望了，所幸，孩子奇迹般挺过来了。他提起这些，双眼仍含着泪。为感谢主治医生，他画了一张大大的油画送去。至亲早早先后离去，孩子的病痛折磨，乌云长久地笼罩，郭天民年纪轻轻开始白头。

妻子是教师，郭天民忙于工作，所以从没去开过家长会。但他筹划着儿女的人生前途。儿子的病好点了，就送儿子去学美术，尽量让儿子正常读书甚至升学，为此多方奔走。儿子小学毕业，以优秀成绩考入中学，他高兴地带儿子去北京旅游庆祝，坐了近24个小时的绿皮火车。

他的女儿很优秀，考上中央美术学院；赶上时代风波，分配回到长沙，他支持女儿再走出去，回北京，去日本留学。再后来，女儿结婚、回国、生子，进了国内标杆的拍卖公司。他好奇闺女这份工作，还上网去看女儿公司拍卖的同步直播。人生似乎掀过去了沉重的一页。

2000年，他60岁，面临退休，身体健康，兴致勃勃。他带上了外孙，慈爱逾常。然而，病魔悄悄来袭……

病前，他还多次和女儿说，想和她一起出门旅行，说一说他从小到老的事情。可到末了，他也没有与女儿一起去旅行过……

君于书里作生涯　采"矿"于山开新篇

郭天民自己回忆是因为爱书，他才到出版社工作。他的生活一直拮据，爱书，尤其爱买书也是原因。那时儿子的病忙得他焦头烂额、身心俱疲，经济上也捉襟见肘。他将自己多年来画的得意之作都卖了钱，也拼命做封面赚钱。

当时，郭天民已经为湖南各出版社做了不少封面和插图，给编辑和领导留下的印象都很好。1984年，郑小娟刚到湖南美术出版社任社长，立马将郭天民调入出版社，担任副总编辑，负责全部编辑工作和有关编辑室。

"报到那天上午，我走进办公室，分给我的办公桌上堆满了一桌子的书，社长郑小娟告诉我：'这是你的工作样书。'我好像做梦一样，平生第一次不用花钱，就有了这一桌子的书。那天晚上，我翻着这一堆书，直至天亮……"这是一个爱书人最浪漫的回忆！

郭天民转行到湖南美术出版社工作，搞美术专业出版，既有艺术又有文化，他的挚爱——美术与书——都有了，夫复何求。

郭天民从此成为职业美术出版人。他"自编自导自演"策划图书、责编图书、设计图书，一人打通关，"为他人作嫁"。另外，他还承接了大量社内外的装帧设计工作，为别人责编的图书做包装，为作嫁者作嫁，他也做得蛮投入。

郭天民能干事，敢担责，点子多，善于解决问题。他为人厚道实诚，不喜欢虚套，不爱出风头。他喜欢新鲜事物，到老不倦。譬如他去湖南大学苹果电脑班学习，以最年长的学生身份毕业；去学开车，64岁时拿到驾照。

在改革开放的时代潮流下，作为一个敢于拥抱变化的人，他很快就会用自己的方式弄潮出版大时代，让岁月蓄积的力量喷涌而出。

1984年2月，郭天民去深圳参加进口图书博览会，看到日本讲谈社的《世界美术全集》，国外的系列化出书与"一鸭多吃"的出书模式，让他大受启发。他掏数千块钱买了一套该全集，回到长沙，与郑小娟社长及萧沛苍老师商讨，明确形成了《中国高等美术学院作品全集》的选题构想，由郭天民做出整体框架策划和出版计划。

1985年7月18日上午，在韶山滴水洞，湖南美术出版社请来全国九大美术学院的院长、教务长以及相关专家、教授二十多人，济济一堂，共商《中国高等美术学院作品全集》（以下简称《全集》）编辑出版大计。会上郭天民提出《全集》按横、纵双向结构框架；横向按专业结集，编为八大集，内部再按九大美术学院分卷结集，65分卷；纵向按九大

1985年7月18日,《中国高等美术学院作品全集》编委会合影

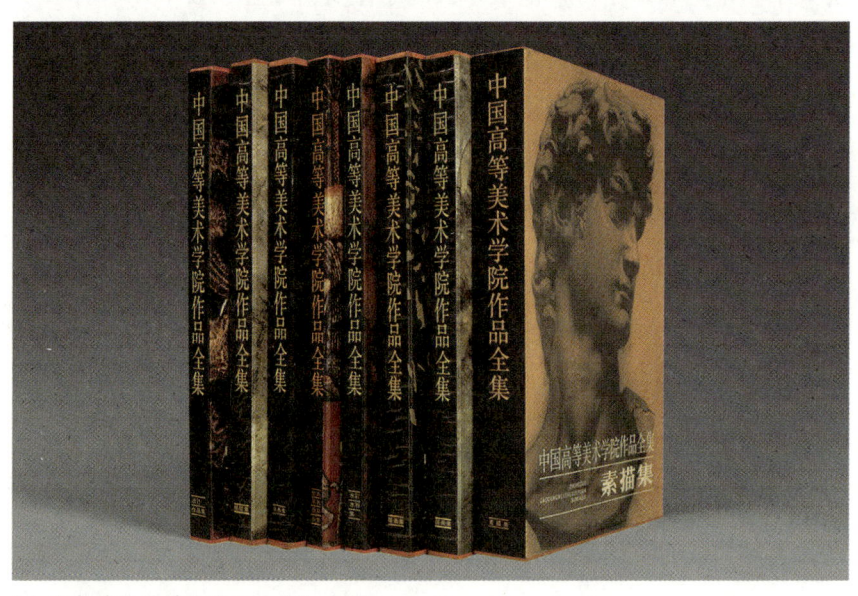

《中国高等美术学院作品全集》书影

美院结集编为九大集。这个计划兼顾了专业要求和教学实际，得到各学院领导的一致赞同。生气勃勃、敢想敢干的湖南出版人，给与会专家留下了深刻的印象。

嗣后，《全集》有序推进，由萧沛苍负责的画册编辑室执行。1986年4月，由郑小娟、郭天民、萧沛苍等核心编辑人员责编的《素描集》率先出版。随后，仅用三年时间就出齐横向按专业结集的八大集65分卷。而按学院结集的计划，在完成《中央工艺美术学院作品集》后终止。

郭天民自己动手给《全集》设计封面，他嫌老宋印刷体不够好看，硬是自己一笔一笔描画，直到感觉舒服为止。在审美上，郭老师从不凑合。《全集》多次获得装帧设计奖，其中的《素描集》和《中央工艺美术学院作品集》选送参加"莱比锡国际书籍艺术博览会"，被德国书籍与文字博物馆收藏。

这套《全集》因选题、结构、内容、装帧、印制等多方面的优秀品质在美术界、出版界受到瞩目，不仅获得的关注度很高，而且市场效益很好、文化影响很大，《全集》先后获得"中国图书奖""全国优秀美术图书奖""全国畅销书奖"，还被台湾汉幼文化有限公司引进台湾。

2019年，湖南美术出版社与著名连环画画家任率英家属洽谈授权，任家长子任梦璋先生给现场打来电话，叮嘱其家人把书签给湖南美术出版社，称"湖南美术出版社是一家伟大的出版社，他们的编辑非常优秀"。这也源自他对《中国高等美术学院作品全集》的美好印象。一套优秀图书的光芒，穿透了时空。

1989年春末，郭天民获得一个外派机会，去巴黎国际艺术城吕霞光画室访学。行前，他去中央美术学院和女儿告别。多年以后，女儿还记得当时爸爸穿着她从外贸小店买的灰色外套、牛仔裤、白色旅游鞋，虽有些零星的白发，但眉宇间透着浓浓的自信。

郭天民与吕霞光先生交往不少，成为忘年交。一次，在老先生储藏室，他还替老先生找出遗忘多年的旧作。老先生的传奇艺术人生，激发了郭天民的兴趣。回国后，他编辑出版《吕霞光画集》。郭天民常给人讲起吕先生的传奇经历，尤其说到吕先生打马穿过战火纷飞的大别山，抗日战争时从欧洲回国共赴国难，说时一副神往的模样，他心中一定也有过策马扬鞭的豪情与梦想吧。2015年末，中国美术家协会举办"巴黎国际艺术城吕霞光工作室成立三十二周年纪念展"，约稿通知寄到湖南美术出版社时，郭天民已去世六个月。而他生前，已画好了一幅《新凯旋门》。

1989年4月至12月，在吕霞光画室的八个月，郭天民与他的大学老师刘依闻先生相伴。他对老师照顾有加，买菜、做饭、打扫卫生、对外联络，工作、生活上的每桩事情，都是凭着他一句不地道的法语"merci（谢谢）"四处张罗。当时他已患心脏病，怕有不测，就把急救药缝在衣领和枕边，自顾不暇却还在照顾别人。

在巴黎，郭天民参加中国画家四人画展，画展开幕式上，朋友劝他穿上西装，但他坚决拒绝了领带。从巴黎回来后，他喜欢上利落的宽松毛衣、T恤和纯棉牛仔裤、旅游鞋。选的T恤多是深色印花，鲜活又沉着。巴黎那年照亮了他其后的艺术人生。画展上他卖了七张画，得了一笔钱，打越洋电话跟家里商量，是不是将钱寄回去，妻子让他在欧洲多走走。他带着刘依闻先生，走了20多个欧洲城市，他们言语不通，居然顺顺当当地走下来，几乎走遍欧洲。欧洲期间，他参观了上百家博物馆、美术馆、画廊、美术学院、美术团体，还拜访了一家图片出版社。他自称对"西方艺术世界有了感性认识，看见了庐山真面目"。老同学唐小禾、程犁夫妇那期间也到了巴黎，十来天的时间里，郭天民带着他们夫妇徜徉在巴黎各大美术馆：卢浮宫、奥赛、罗丹、布德尔、橘园、毕加索、现代……

在巴黎更大的收获是，郭天民注意到，欧洲艺术大师如毕加索的图书比比皆是，联想到同样画"和平鸽"，国画大师齐白石的作品多是印在毛巾上、搪瓷脸盆里，他心生灵感：我们的出版能做点什么呢？此时，编辑《齐白石全集》的选题冒了火花……

挖了《中国高等美术学院作品全集》这座富矿后，又来了一件大事。

1986年，湖南美术出版社争取到全省中小学美术教材的编辑出版资格。次年，遂开发出湖南省编中小学美术地方教材。

1990年，教育部要对地方教材加强管理，要重新送审。郭天民作为副总编辑，主持了《湖南省中小学美术教材》（第二版）的编写工作。

他专业功底深、审美品位高、做事能力强，大家都心悦诚服。当时美术教育发展迅猛，教育教学观念变化很大，新老编写者观点有分歧。他宽和待人，将观念迥异、性格不同的编写、编辑团队拢在一起。那两年，郭天民埋头苦干，单独住在离社离家都不远的一间小房子里，从早忙到晚，周末节假日也不回去。他带着大家干活，兢兢业业，甘于奉献。

郭天民做事不惮烦，既把握编写的大方向，要打造一套"学知识与学方法""技能训练与能力培养""思想性与艺术性""以提高中小学生'视觉文化审美素质'为主旨"的特色教材，又发挥自己所长，从编写整体设计到封面和版式，花费了大量时间和精力。湘美版小学美术教材被设计成特别的小方本，他对教材里的作品进行选择、整体设计，甚至部分课程都亲力亲为。有时也动手做课，往往独出心裁，先后编出《彩色铅笔头》《折大嘴巴》《信封娃娃》等新课，捏泥、折纸、撕纸，在游戏中

1991年11月郭天民（左）、李绵璐（中）、萧沛苍（右）在张家界

1990年版湖南美术出版社初中美术教材书影

学习，童趣盎然。郭天民乘时借势，凭借审美眼光、艺术认知和整体设计，提高质量，有力推进了湘美版教材的这次华丽蝶变。

访学巴黎那一年，郭天民在璀璨而丰富的艺术之都大开眼界，对艺术认知更深入。他买了一些画册回来，成为编教材时重要的图片来源。那时国内外摄影、印刷水平差距很大，这些画册尤显珍贵。郭天民曾剪下好多画册里的图片，送印刷厂电分结束后，自己又细心地粘贴回画册原来的位置。

多年后，社里对这套教材修订统稿，在检视全套教材时，总有一些课让人眼睛一亮，且不用修改，一问才知，好些都是郭天民做的，这些课至今还广受师生的欢迎。各地美术教育专家、教研员和老师们，常常会回忆起这套湘美版美术教材，夸赞小方本的精彩——图好，选图的眼光好。

八年后，巴黎之行冒出的选题火花终于漫天绽放。

1997年5月26日，湖南宾馆芙蓉厅《齐白石全集》首发仪式，现场喜庆祥和，省局领导及美术界、出版界人士荟萃一堂。作为《齐白石全集》的策划人、主编、总编辑和总设计，郭天民介绍《齐白石全集》编写、编辑的出版全过程，动情地讲述编写过程中的艰难困苦，个人、家庭、团队、单位及作者因之而遭遇的纷乱艰辛、毁誉是非，竟至百感交集，忘情痛哭。

《齐白石全集》项目启动之初，就传闻某中央出版社也拟出版齐白石作品全集。郭老师没打退堂鼓，通过加快出版步伐，提高编写水平和出版水准来迎接挑战。

当时关于怎么编《齐白石全集》有三条路：第一条最简单，按照收藏地单独成册。第二条路，按照媒材、类别分卷，这样各卷作品也一目了然。郭老师的回答是："我们选择了最费事、最花钱、最难编的方式——按时序编。这种方式的最大困难是分期、断代。但唯有这种方式才能全面地、系统地、准确地展示（齐白石的）艺术成就与曲折漫长的艺术道路。"

20世纪90年代初，没有互联网、没有高铁，齐白石相关研究也很不足，要对流散各地的公私收藏的齐白石作品进行寻访、拍摄尚且很难，要再鉴定、辨伪，更是极其繁杂、困难重重。在《齐白石全集》长达五年的编辑过程中，作品征集、断代、辨伪，成为费时最多、最有争议的工作。

郭天民带领团队从65家博物馆、美术馆、艺术院校、研究院所、机关团体以及80余位齐白石亲友、各界名流及民间藏家中选取、拍摄、记录绘画原作4500多幅、篆刻8000余方、书法2000余条、诗文2000多篇80余万字，并收集其早期木雕、竹刻、石刻、瓷刻500余件，整理其诗书画印作品资料17000余条等，全集还收录了港澳台地区以及日本、美国、泰国等海外珍藏的齐白石书画作品。

多年拍摄征集，过程极其艰难。为获得东北某省博藏齐白石早期作品授权，郭天民三次坐几十个小时的绿皮火车去沈阳，寒冬腊月，车站候车室低至零下二三十摄氏度，让他更为难的是，对方一直不松口答应。郭天民不断给那家博物馆写信、打电话，最终精诚所至，金石为开，《齐白石全集》得以收入了该馆所藏作品。为找到齐白石给密友张次溪的那100多封珍贵书信，他四处打听，千方百计寻访到张次溪后人。1995年春，郭天民和编辑春节一过就去北京、沈阳等地拍片，穿棉衣出门，归来已是满城单衣短袖了。

征集过程犹如此，齐白石作品甄选、识别真伪为最难，尤其是那些早期作品，风格不成熟，如早期木雕之类手工艺品，真伪十分难辨。郭天民几次到湘潭齐白石故居，翻出了可信的木雕实物，从以刀代笔的线条，总结出大师早期雕花手艺的风格，形成了鉴定齐白石早期木雕真伪的共识。

而征集、辨伪之后，如何编排这许多内容，则更加考验眼光、格局。《齐白石全集》给数千件作品做了详细著录，还要分类编排，做到整体设计、体例统一，图片制作和印制等工作也很复杂。《齐白石全集》爬罗剔抉，新发现了齐白石的大量作品及相关资料，光诗文卷就新增补了133首诗词，另外，序跋、墓志、传记、日记、信函等字数在20万字以上，还有20余篇散文，以上这些文字材料成为研究齐白石的重要资料。

郭天民对《齐白石全集》精心设计，做了很多个整体设计方案。仅为预览成书效果，样书就做了三套。他不惮于自我批评，或嫌文字太跳脱，或嫌书脊不好看，最后折中综合，用第三套改进作为实施方案，再汲取其他两稿的可取之处。硬封、护封、封套采用不同质地的黑色，加上哑黑烫印、UV印刷，追求厚重、深沉；在护封上采用齐白石肖像、签名、印章，10卷书脊上用了10方不同时期白文方印，每卷一印。《齐白石全集》终于有了后来获大奖的样范。

郭天民做事喜欢全程参与，全情投入，"自编自导自演"，亲力亲为。他习惯到印刷厂看样付印，印刷《齐白石全集》时，他跑到厂里跟工人一起三班倒。多年里，他一直坚持这种"人在现场"的工作方式。

近两千个日日夜夜，郭天民和团队付出了很多，绝不仅仅是汗水、辛劳和智慧，还要承受白眼、委屈和中伤。岂不知那期间，郭天民要面对作者纠纷，还有家人病倒、个人病痛以及社内人事变故等重重压力。他咬牙坚持，身体亮起一串红灯，脑内、心血管、腰椎和消化系统都有了毛病。单位健康普查，十项体检指标打了七个"×"。1998年春节联欢晚会上，社里请郭天民上台谈谈主持编辑《齐白石全集》的感想，

1994年，郭天民（左）与孙智和一起拍摄齐白石作品

《齐白石全集》书影

他只说了四个字："苦不堪言。"1998年正月初八,《齐白石全集》做完了,郭天民无事一身轻,没带心脏病药就出门了,却突然病发,倒在了街边,这一病住院就近一年。

一书告竣,自有其命运。《齐白石全集》获得1997年第三届国家图书奖正式奖,并获得南方12省市书籍设计一等奖、第五届全国书籍装帧设计艺术展览三等奖。《齐白石全集》后被选送莱比锡参加"全世界最美的书"的评选,被德国书籍与文字博物馆收藏。此后《齐白石全集》不断重印,成为美术类全集销售的常青树。2017年,湖南美术出版社还推出了便携易读的《齐白石全集》(纪念版)。这套书已成为美术类全集出版的传奇。

回忆首发式上郭天民的放声飞泪,喜耶、悲耶?当时在场的一位老领导事后撰文总结："这是为创造成功落的泪,是为奋斗艰辛落的泪,也是为解脱放松落的泪。"并认为《齐白石全集》"首创了艺术家个人专集的规模,展示了艺术家背景资料的广度与精度,开掘了艺术家个案学术研究的深度"。"《全集》旁通博考,引证翔实,文体简洁,思清笔健,深入探索了齐白石作品的艺术内涵,全面、完整、准确反映了齐白石的艺术道路和艺术成就,把它列为20世纪90年代图书出版的一座丰碑,是毫不夸张的。"

肯为不朽付残年 《湖湘文库》二重奏

2000年,郭天民到龄退休,之后却没有真的歇下来,各种设计和出版的活儿仍纷至沓来。2006年,他加入《湖湘文库》编辑团队。

正如他女儿郭彤描绘的那样:"他去了一个爱书的老人们聚集的地方,这些出版人凭着各自深厚的经验,有条不紊地计划为湖南编出一套可以传世的文库。计划很长，文本很多，确是大事，但并不急切。慢工出细活，老人们各得其所。从他的嘴里得知，这是一个蛮温馨的老出版人的集散地。爸爸也很乐意去，中午也在那儿吃饭。"

2006年《湖湘文库》项目组负责人张光华搭建工作班子时，首先就想到了请郭天民来担纲装帧设计。他很爽快地答应了。

张光华回忆道："我马上就把预想的方案（和他）交换了下意见。所以开第一次会的时候，老郭就拿了三份样稿……我们找了一些比较有经验的同志，把领导也叫来，大家看了一下，最后就选出了现在这套方案。"

郭天民为《湖湘文库》设计了漂亮的书标——凤凰。它是本土出土，能代表湖湘文化，富于美感，也很有动感，大家一致赞成，后来得到了出版界的一致赞许。

关于《湖湘文库》的总体设计，为彰显湖湘文化厚重的历史感，郭天民选用了铁、灰两种色调来做甲编和乙编的布料，甲编用深一些的黑灰色，它是历史留给我们的古籍总汇；乙编用浅一些的土灰色，它是现当代人留给历史的新著部分。

《湖湘文库》丛书名选用了篆体，典雅而庄重，印制采用圆脊精装工艺。郭天民表示："这套书是真脊、圆背、空腔，在湖南还是第一次这样做，因为难度很大，但是不这样做就没有感觉。"这为湖南印装工艺树立了标杆，推动了长沙印刷业界圆脊精装工艺进步，使湖南精装质量前进了一步。

从2006年到2014年，郭天民在营盘路上铅笔形办公楼11楼东北角，兀兀穷年，除了担任装帧设计总监，还负责每一本书的封面、正文、装帧、用料乃至排版的字体字号。事实上，他还承担着出版科科长的责任：和各个印厂对接，检查印装质量。从设计到印制，全过程负责，这是一个人的二重奏。

2012年郭天民在印刷工厂

《湖湘文库》时期郭天民的工作记事本

《湖湘文库》书标

他还设计了一套管理《湖湘文库》出版的工作记事本，分出版记录、发稿记录、印装质量检查记录，笔记本上的字密密麻麻，详细记录着工作中的点点滴滴。他在记事本里写道："2008-5-16超峰（印厂名）第二次复查：1.生产环境有所改进……2.墨色依旧不匀……结论：从1500册中选取1000种后，基本合格……3.印刷质量近期不可能提高，建议整体发该厂文库新书。"

一年又一年，《湖湘文库》慢慢成形，郭天民乐在其中，不觉桑榆向晚……这套702册的皇皇巨著和漫漫九年，耗尽了一位老人最后的人生精力。他因看电脑用眼过度，患上了黄斑病变，双眼常干涩易流泪。说话时，也更爱眨巴眼睛了。

大病来临，其实不无先兆。2012年4月，郭天民在深圳印刷厂时就有晕倒的经历。2013年一开年，《湖湘文库》编辑部的老同事彭国华就注意到"他吃饭吃得很少"。"我们文库项目组中午安排了中餐，他也不怎么吃，看着人就消瘦了下去，我就说让他要注意身体……后来他说医生查出了点问题，有一个什么指标偏高"，"但这也丝毫没有影响他的工作，他还是把自己的事完成得很好，甚至到了后期他必须去住院治疗之前，他还把各项工作、要注意的事项安排得明明白白"。

郭天民去医院检查，一开始并没查清什么病，还做了一个心脏支架手术。2013年5月初，诊断出肺部恶性肿瘤。他一生不抽烟、不喝酒，甚至茶也不怎么喝。生活规律，每天早起晚睡，也不需要午睡。他年轻时喜欢游泳、打乒乓球，工作后忙才没工夫。他没有任何不良习惯，而斯人有斯疾。

郭天民平静地面对肆虐的病魔，与儿女家人相守，与同事朋友见面，交代事宜，告别过往。2014年5月初，他还专程从长沙去武汉，参加老同学唐小禾与程犁在湖北美术馆举办的50年艺术回顾展。他仔细地看了同学的展览,平静地与友人聊起过往,不悲不戚,深情地告别一生挚友,作别成长故地。江汉一为别,洞庭波渺渺!

一次,在医院,他平静地对儿子说:"人总有起点和终点,这里就是我的终点。"

平生两事画与书　半生"雕虫"误雕龙

郭天民干了半辈子出版,他没多少机会拿起画笔,但他向往绘画,一生中心藏之,何日忘之。他因喜爱罗马尼亚画家巴巴,遂给自己取了个笔名"戈巴"。

退休后,他一直想重新拿起画笔,跟老同事、朋友们常谈起自己的创作构思,有的已经画出了草图。有时跟老同事还会表一下绘画的决心:"退休后,任何时候都可以画画啦!"

去世后,他《湖湘文库》办公室的墙上还挂着那幅大样稿,画的是他尊敬的彭德怀元帅,仰面朝天的人脸,远看似铁铸的山峦。这个伟岸的人,他"倒下去还是一座山"。

郭天民是油画科班出身,早年一直干美术工作,但那时的画作在"文化大革命"中散失殆尽。保留下来最早的画是给妻子画的肖像,用笔粗犷。因为最喜爱,留在家里。为了给孩子治病,他也卖掉了自己早年的一批得意之画。

2015年郭天民去世后,儿子冒着酷暑去清理父亲留存的作品和手稿、早年的习作、辗转借调到各个革命纪念馆时的创作小稿、在展览馆工作期间的一些作品、平时的水彩和油画写生、退休后一直没成稿的一些创作素材稿等等。这些作品,有些在家里挂过,有些家人见过,有些只是听他提起过。

有一回在深圳印刷厂，郭天民曾聊起美术编辑搞艺术与做出版的冲突，淡然地说："现在画画有名又有利，这个世界现在不缺画画的，但真心实意想把书做好的人少。"

郭天民临退休前整理、清理自己设计的图书，为了告别，也为了纪念，出版了自己的书装设计集。他自谦而又不无诙谐地取名为《文心雕虫——郭天民书籍设计作品》，扉页上印着剪刀、糨糊、鼠标和软盘，内文铅笔手写大页码，一如当年在校样上。

书里汇集了他自20世纪80年代以来的重要装帧设计和编辑作品，既有在本社由他"自编自导自演"的如《齐白石全集》《中国高等美术学院作品全集》等全集巨制，也有社内安排的委托设计如《明朗的天》《寒凝大地》《春华秋实》《新中国艺术史》等大部头，更有大量其他兄弟社委托的如《外国微型小说》《人人袖珍文库》《全本楚留香传奇》《歌海——中外歌曲2000首》《诺贝尔奖获奖者辞典》《长满书的大树》等非美术类图书……这些"友情出演"的书装设计，"既有设计者自己的艺术个性，又显得艺术视野开阔，不使人觉得大同小异或千篇一律，这就需要深厚的包括古今中外各种门类的艺术修养和文化修养作为基础"。这是湖南出版界老前辈李冰封的肯定和赞赏。

女儿在《文心雕虫》一书的序言中，认为父亲虽自谦书装为雕虫小技，但"如果不是一种对于书籍发乎情的爱好和得心应手的敏锐，仅仅视为一种劳作的活计，绝不可能有声有色一干就是几十年"。郭老师一辈子到底做了多少图书装帧设计，只怕他自己也未必清楚，反而他女儿意识到"时间在有些人手里真正可以做到超额运转"。

郭天民偏爱黑色，认为它安静、庄重、质朴。他家里陈设着黑色的陶塑鸽子，做《齐白石全集》文化衫也选的是齐白石的墨鸽。他设

《文心雕虫》书影

郭天民为湖南美术出版社新社落成揭幕

计的封面中许多也是黑色调子。《齐白石全集》盒套、封面，都是白石老人肖像如丰碑般浮现在黑底上。他设计的《王憨山》（画集）的封面，黑色和红色的碰撞，力量感十足；"王憨山"三字也极具分量，憨山先生"墨要给足、色要给足"，此之谓也。他甚至不吃圆形的食品，哪怕是水果——他不忍破坏心中认为的圆满美好。

担任《湖湘文库》的设计总监时，郭天民还接手了党媒《新湘评论》的设计。他给这本政论期刊以书卷气，红黑二色，点线面的变化统一，让历史人物形象突出，洋溢着人文情怀。这本刊物曾多次被评为"中国最美期刊"。

郭天民认为：好的设计应将设计因素减到最少，尽可能将设计隐藏起来。他为每一本书创造其自身的风格，并将设计者的个性和修养贯注其中。设计永无止境，装帧设计让图书更美。他以摆弄书籍为乐，在书中得到了无穷的快乐！

郭天民热爱自己的工作，半生出版，他保存了每本书的编辑资料，分门别类，装在一个个牛皮纸袋里。病中三年，他将病历也认认真真整理，装订成册，让医生们惊奇于老编辑职业病的不可疗愈。

郭天民爱美，他画画，他布展，他设计，他策划，他责编图书，他抓总教材，这些是工作，也是他的生活，甚至是他全盘的人生。

他是一位有感觉、爱创新的艺术家，全然可以跻身他那些优秀师友之列，成为优秀的画家，但他画家梦想始终未圆。他的时间、精力、才华更多地用在出版、设计中。他用装帧设计在图书上赞美生命。他曾道："在长期编书的痛苦过程中，为书做设计，是我选择的一种快乐方式。"为美做工，以之为志业；虽有未圆之梦，但灵魂可以安息了。

> 人生七十岁，白发五十年；
> 嫁衣千百款，过眼万千言；
> 大厦高桥落，自若故纸边；
> 但愿人长久，不挂耐克靴。
>
> ——郭天民《七十自寿诗》

2016年12月，郭天民个人作品集《寻找那只鸟·天民集》由湖南美术出版社出版。

郭天民不在了，社里同事还是常常想起他。社里做网络营销，需要在孔夫子旧书网注册副牌网店，起了个名，就叫怀民轩。

他值得人们怀念。走在湖南美术出版社院子里，总是让人莫名亲切。那办公楼的灰调子、黑白不锈钢的太极社标立柱、正门迎面的湖南美术出版社铸铁标牌、那门厅外廊立面上未磨的花岗原石、门厅里朴拙大气的石头墙面、那门厅东墙上建社20周年的双翼标志，再往院子里去，家属楼的铸铁楼道门、每户阳台的弧形铸铁栏杆、道旁隔离铸铁栏杆，这些设计都简朴、大气、有力量，一派郭氏风格。他创造的美，人们日用而不觉，却依旧悦目而怡情。

同事们回忆，当年筹建新社，出版社一班人认真讨论规划大楼。规划设计出来后，社里修改意见往设计中增材加料，三栋大楼务求基础稳固。郭天民曾自豪地宣称："再加高一倍都冇问题。"他还给新社建筑模型里安上小灯泡，方便看夜景效果。他亲手选配调制绘出外墙颜色，去顺德专门定制墙面瓷砖。大楼选地板砖，用桶子浸泡15天，以选出不吸水的好瓷砖。尽心用力，营建自己的家。

为新社落成揭幕的是郭天民和另一位老同志，照片上他们喜气洋洋，欣然有所托。2003年，郭天民又给空空的大门台座做了布德尔《拉弓的赫拉克勒斯》纯铜像，很洋气。

记得 2012 年 4 月底，《黄永玉全集》编辑团队从深圳调图归来，大伙站在办公楼前闲聊，其时夕阳已下，天光犹亮，郭天民走到社标柱旁，突然说："将来我死了，就把骨灰撒在这下面。"

一个人，用自己的双手创造了这么多美好，让美印刻在图书上、留存在建筑和陈设上。在为美做工的人生长途，他如流萤散布光芒，最终让人生布洒了光芒。

胡本昱

兀兀穷年未懈怠

执笔人——**徐夏楠　蔡雨岑**

胡本昱

作为一名编书匠,在长达 36 年的编辑生涯中,他始终坚守文化"把关者"的使命,把每一本稿件都视作自己的孩子,把每一位作者都视作自己的朋友,诚心呵护、竭尽心力。用心血浇灌出一本又一本好书,使之成为绽放于文化百花园的一束束新花。

寒门弟子，两次"负债"

1941年9月21日，胡本昱出生于湖南省湘乡县中沙镇主步村，家境贫困，一无田地，二无房屋，三没有本钱。他的父亲在乡村小学教书，母亲是位缠足妇人，上面还有一个哥哥、一个姐姐。要维持一家五口的生活，仅凭父亲在村小教书的微薄薪资，实在是杯水车薪。

1944年，时局动荡，很多学校都相继停办，胡本昱的父亲也因此失去了村小教书的工作。面对家中的妻子和嗷嗷待哺的孩子，胡父只好只身前往澧县寻找生计。由于内心苦闷，加上积劳成疾，胡父到澧县工作不到半年就因病而逝。家中唯一的顶梁柱倒了，生活的重担一下子压到母亲的肩上，原就拮据的生活雪上加霜，日子越发艰苦。胡本昱的妻子曹雪云回忆起自己的婆婆时，感慨道："胡老师的母亲是个典型的东方传统女性，对待晚辈非常亲厚，从不苛待儿孙。只是因为没有接受过教育，再加上性格懦弱，所以是个没有什么本事和能耐的人。她缠过足，什么都做不了，无法养家糊口。"这样，胡家只能靠母亲做一些针线零活和亲戚的接济勉强度日。

都说穷人家的孩子早当家，兄长胡慕瑗实在不忍母亲受累，为了减轻家里的负担，索性辍学当了学徒。姐姐10岁就去地主家当童工，12岁就做了童养媳。至于胡本昱，母亲只得忍痛把他送给姨母代养。虽然姨母家也不宽裕，但其时姨母尚未生育，又念及姐妹之情，还是很乐意照顾他。回忆起这段童年往事，胡本昱自觉是不幸中的幸运。

1949年10月，新中国成立后，胡家分得了田地，哥哥进入政府部门工作，生活开始向好，胡本昱也结束了借住在姨母家的生活，全家团圆。尽管有了田地，但母亲因为缠过足，无法下地干活，挖土、种玉米、下地插秧这些农活都落在年幼的胡本昱肩上。艰难的生活与沉重的责任，让胡本昱的童年鲜有无忧的时光。

饥饿，是胡本昱童年最深的记忆。有一次，家里余粮耗尽，胡本昱三天没吃东西，母亲心如刀绞，却无能为力。思来想去，只好投奔稍微宽裕些的娘家，寻点吃食。时值盛夏，烈日炙烤着大地，母亲迈着三寸金莲，蹒跚而坚定，独自踏上了回娘家的路。她的身影，渐渐远去，留下胡本昱一人，与空荡荡的家为伴。

母亲一去就是三天，小本昱一人在家，饿得实在不行了，看见院子里黄瓜刚结了手指大小的嫩果，直接摘下来就往嘴里送。左邻右舍都议论："这伢子三天没见他出来了。"出于担心，邻居推开了胡家的门，只见胡本昱躺在床上奄奄一息，面白如纸，便赶忙从家中拿了些食物喂给他，小本昱这才缓过来，脸上有了点血色。

胡本昱开始上学时未满八岁，先是就读于村里的主步小学，后转到镇上的中沙完小。冬天他只着一条单裤，大雪纷飞也是赤着脚去上学，但从不迟到旷课，老师和同学无不对胡本昱过人的毅力感到惊讶。求学条件的困厄并未浇灭胡本昱旺盛的求知欲，一向品学兼优的他，从小学到高中一直成绩优异，每次鉴定均为"甲等"，两次被评为课外活动小组模范，三次被评为劳动模范。

从完小毕业后胡本昱考取了湘乡二中，见他为学费发愁，大爷爷挑了一担南瓜，卖了一块钱，勉强给他凑齐了去湘乡的路费和学费。这是胡本昱第一次离开主步村去那么远的地方，车窗外的景色飞快地朝后面掠去，他心里有一股说不出的期待。一路步行舟车，终于到达湘乡二中，胡本昱掏出皱巴巴的纸钞，郑重地交给老师，不承想，大爷爷给的钱只够交学费。于是胡本昱又步行了30多里回家，可家里根本无钱给他交伙食费。在家住了一晚后，胡本昱又走回学校，面对老师的询问，他支支吾吾地说自己家里一分钱都拿不出了。老师于心不忍，就自掏腰包帮胡本昱先垫上了餐费，让他等家里有了余钱再补上。胡本昱就是这样读完了初中。

为了减轻家里的负担，胡本昱初中毕业填报了师专，意外的是他落榜了，为此他意志消沉了好长一段时间。但幸逢国家试行助学金制度，胡本昱得以继续在湘乡二中读高中。高考之后，胡本昱终于得偿所愿，被湖南师范学院（现湖南师范大学）中文系录取。

胡本昱进入大学后，在递交的入团申请书中写道："我是搭帮共产党和毛主席，一解放就上学了，并成了人民的大学生。"胡本昱第一次踏进大学的门槛时，兴奋极了，心怀对党和毛主席不尽的感佩，一进学院就决心听党的话，努力争取进步。进入师院后，胡本昱越发重视专业知识的学习，在古代汉语和哲学方面展现出了浓厚的兴趣和过人的天赋。大学四年里，文学概论、古汉语、古典文学等课程，他年年都获评"优秀"。

1965年8月，从湖南师范学院毕业后，胡本昱并没如他所预想的那样去学校教书，而是被分配到湖南人民出版社工作。报到那天，胡本昱的随身行李就只有一套换洗衣服。大学四年，胡本昱甚至没有自己的被褥，铺盖都是学校发的，毕业就还给了学校。出版社负责接待新员工的人实在看不过去，主动替他申请预支50元的工资，为他置办了基本生活用品，日后再从每个月的工资里扣一部分。这50元的"债"，胡本昱好几年后才还清。

入社第一天就背上了50元的"巨额债务"，但这笔"债"让他感到温暖，感受到出版行业的人文关怀，之前的忐忑不安一扫而空。50元的"债"成了一种鞭策勤勉、一种殷殷期待。胡本昱暗下决心，一定不能辜负出版社，要竭尽其能，多出好书。就这样，满怀感恩之情的胡本昱开启了他的编辑生涯。

青年时期的胡本昱

患难困苦是磨炼意志的最好学校。正是对读书机会来之不易深有体会，胡本昱内心深处埋下了一颗"为广大人民群众传播知识"的种子。

他勤于阅读、思考和研究，积累了深厚的语言文字功底，为日后的编辑工作奠定了坚实基础。

从洞见好书到管鲍之交

一位优秀的出版人，一定是个懂得判断图书质量、识别作者才华且能看到作者未来的人。胡本昱学养深厚、眼光独到，只要遇到好的选题，与生俱来的职业敏感就会瞬间被调动起来。他总是能够敏锐地捕捉到作者灵光一现的创意，特别擅长发掘和培养优秀的作者。这种能力既源于他对图书出版的热爱，也是通过长期博览群书、知识积累、理性思考、市场调研，在对社会思想思潮风尚趋向的把握以及内容生产的实践中锤炼出来的。

1977年冬天，当时还在湖南人民出版社工作的胡本昱被派往益阳组稿。陈蒲清当时还只是一名普通教师，在益阳地区教师辅导站工作，经李忠初介绍两人结识。胡本昱隐约地感到，眼前这位年轻的教师日后将会成为他编辑生涯中重要的作者之一。

两人见面后，胡本昱就开门见山地说："现在我们需要一本古代汉语的书稿，你可以写吗？"在交流过程中陈蒲清建议道："周秉钧老先生编写的教材《古汉语纲要》很好，可以正式出版。我就写一本通俗的问答体小书，好吗？"胡本昱当即虚心同陈蒲清协商。当晚，陈蒲清根据两人的协商意见结合自己多年的教学积累，拟定了85个文言文问答题。第二天，胡本昱收下提纲，返回长沙。不到半个月，胡本昱告诉陈蒲清，选题被列入了出版计划。出版社决定由胡本昱和喻岳衡共同担任责任编辑，书名定为《文言文基础知识问答》。

在那个时代，两地相隔，书信往来总是充满了等待与不便。为了共同打磨书稿，胡本昱常常天还不亮，便匆匆赶往汽车站，只为能买到一张前往益阳的车票。一到益阳，他总是直奔陈蒲清的宿舍，两人便开始彻夜讨论，他们的声音在夜色中交织，直至书稿的内容和体例被一一敲定。

在胡本昱的一次次奔波往返中，这本小书日渐丰满。这是陈蒲清与胡本昱合作的第一本书，也是陈蒲清第一本正式出版的书。它不仅承载着知识的传递，更凝聚了编辑与作者双方的智慧与情感，书稿如同一颗种子，在他们的共同努力下，终于开出了花朵。

《文言文基础知识问答》内容翔实、实用性强，一经面世就受到了广大读者的欢迎，有的读者因买不到书，竟然整本抄写下来。专家们也注意到了这本小册子，不仅羊春秋、宋祚胤、马积高、周秉钧、邓福南先生等逢人说项，还引起了语言学家吕叔湘的重视。1981年初，陈蒲清托吕叔湘先生的研究生黄国营带了一本呈送给吕叔湘。想不到他仔细看了全书后写信给黄国营说："国营同志，陈蒲清同志那本书写得简明而全面，对一般中学教师补课非常有用。刚好我有一位晚辈亲戚需要这样一本书，我就给了她了。我想向蒲清同志再要一本，我拿《语文常谈》送给他。只是现在没有书，等下次来书时我就寄给他。请你给他写个信，把我的意思告诉他。顺祝日佳。"此后，吕先生还向其他专家推荐此书。

《文言文基础知识问答》没有辜负胡本昱和陈蒲清的心血，先后获得湖南省畅销图书奖、中南五省（区）优秀教育读物一等奖，又被推荐为湖南省社会科学优秀读物。岳麓书社创建后，这本书又由喻岳衡先生带入岳麓书社，于1983年增订一些内容，先后发行了100多万册。

胡本昱和作者陈蒲清长达40年的无间合作与深厚友谊，由这本书开始。高考恢复之初，语文作文试题往往是材料作文。所给的材料，往往是古代寓言故事。陈蒲清便邀汤可敬、曹日升、蒋天桂共同普查古籍，拟编写一本《中国古代寓言选》。胡本昱得知他们的计划后，积极支持，并提出"史料要详、内容要全、源流要明、注释要齐"的要求。陈蒲清等作者从116种古籍中选出了550则寓言，按照先秦、两汉、魏晋南北朝、唐宋、元明清五个发展阶段编排，为确保通俗易懂，每则寓言都配有较为详尽的注释、准确的译文和精当的评语。完稿之后，又请羊春秋先生审阅修订和作序，胡本昱逐字逐句审校，再请茅盾先生题写了书名。终于，《中国古代寓言选》初版于1981年面世。两年后，湖南教育出版社又出版了《中国古代寓言选》的增订版，内容增加到149种古籍中的614则寓言，此书依然由胡本昱担任责编。

后来，陈蒲清又陆续经由胡本昱责编出版了《中国古代寓言史》《世界寓言通论》《寓言精读文库》《农村日用大全》等书，均取得了社会效益和经济效益双丰收。

在《中国古代寓言史》出版后一年，1984年秋，陈蒲清由益阳调进湖南省教育学院，担任古代汉语等课程的教学，兼任中文系主任。到了省城之后，陈蒲清频繁参加各种学术交流，大量接触中外哲学、文化学著作，开拓了文化视野。于是，陈蒲清主动从文化视角来研究寓言。几年后的一天，陈蒲清到图书馆翻阅《简明不列颠百科全书》时，偶然发现其中的"寓言"词条，竟然只字未提中国寓言，于是立志写一本《世界寓言通论》。当时，学术专著的发行已经十分艰难，陈蒲清有些犹豫。一次见面，陈蒲清把自己的想法告诉胡本昱，胡本昱当即说："有价值的学术专著，我们贴钱也要出。你只管把它写好。"胡本昱的话给陈蒲清吃下了定心丸，他静下心来写作。《世界寓言通论》完稿后，胡本昱又担任责任编辑，编辑校对、核查引文、编制索引、装帧设计都由他一手完成，由湖南教育出版社于 1990 年 9 月出版。

胡本昱愿意出版这样一本当时看来没什么市场的书，只因为他相信，"是金子总会发光"，真正有价值的书总会在浩如烟海的图书中脱颖而出。果不其然，《世界寓言通论》甫一面世，《光明日报》率先发表书评《寓言教学与研究的一部好专著》，随后又有 13 家报纸发表了书评、书讯，获得了学界和读者界的极高评价，荣获中国寓言文学理论研究一等奖。

《世界寓言通论》还实现了版权输出，台湾骆驼出版社引进后更名为《寓言文学理论、历史与应用》，于 1992 年 10 月用繁体字出版，以力牧的《寓言理论的新开拓》为序言。台湾的台南大学、宜南大学等把此书和《中国古代寓言史》列为教学用书。这本书展现出了强大的生命力，直至 2010 年，韩国檀国大学的尹柱弼教授还将其译为韩文在韩国出版。

胡本昱和陈蒲清的友谊日渐笃厚，胡本昱知道陈蒲清一直醉心中国古代寓言研究，他认为古代寓言既生动形象，又具有教育意义，是很好的课外读物，又约请陈蒲清主编《中学生精读文库》中的《寓言精读文库》，自己仍然担任责任编辑。《寓言精读文库》由六本组成——《中国古代寓言》《中国现代寓言》《中国各民族民间寓言》《亚洲各国寓言》《欧洲各国寓言》《非美澳寓言》，于 1998 年 11 月出版。此套丛书可以说是《中国古代寓言选》的不断开掘、不断扩展，由古代扩展到现代，由汉族扩展到 56 个民族，由中国扩展到世界各国。丛书内容翔实，广受读者好评。一个单本演变扩展成了丛书，一位名不见经传的作者一步步成为著名学者。

工作中的胡本昱与妻子曹雪云

胡本昱很早就意识到编辑与作者是互相成就的伙伴关系。陈蒲清说:"和本昱在合作编写出版图书时的交往,超过了朋友间的一般交往。"在编写《中国古代寓言选》和《中国古代寓言史》时,陈蒲清还在益阳工作,为了推进出版工作,常常要赶到长沙商讨问题、校对清样,胡本昱和妻子曹雪云总是热情挽留陈蒲清在家中住宿就餐,胡本昱的家成了陈蒲清的饭店和旅馆。陈蒲清到长沙工作后,两人的来往更加密切。胡本昱生病后,陈蒲清经常去探望他。面对疾病,胡本昱意志坚强,大碗大碗地服用味道苦涩、气味难闻的中药,与陈蒲清谈话时也甚少提及疾病的煎熬,而是关心出版界和文化教育界的事情。陈蒲清谈道:"我和本昱结识40年,从没有闹过矛盾。本昱去世后,我非常悲痛。"直至今日,陈蒲清依然会时常回忆起与胡本昱交往的点点滴滴,抑制不住地悲伤。

管鲍之交,倾动人心。

早在1978年4月,时任湖南省出版事业管理局党组书记、局长胡真曾向出版局的工作人员提出:"我们大家都要当'伯乐',发现一些好的编辑和作者。"胡本昱很有感慨,当即给编辑部写信,坦言"建设一支又红又专的编辑队伍和高水平的作者队伍"是最重要、最紧迫的工作,他在信中梳理并列举了一些知名作者已撰写或正在撰写的文稿名单,希望珍视和利用好出版资源。胡真阅读后非常感动,大加赞扬道:

本昱同志的这个工作,做得很好。如果我们编辑部的同志,不要全部,只要二分之一,都像他这样做了,我们的出版事业就大有希望,就会繁荣起来,也大可改变社会上的一些看法,一些著作家、作家就会聚集到出版社的周围来,那种书稿外流的现象也就可以减少,或者不容易看到了。

在胡本昱的挖掘下，那些未曾绽放的文化之花得以绽放，那些沉寂的智慧之泉得以汩汩涌流。他不仅发掘了陈新宪、周秉钧等一批学术大家的珍贵著作，更为出版文化的繁荣增添了浓墨重彩的一笔。

还是在第一次和陈蒲清约稿时，胡本昱得知周秉钧先生撰写了一本关于古汉语文法知识的书稿，用于平时教学。凭借敏锐的职业嗅觉，胡本昱认为这本书稿正是当时许多古汉语学习者所需要的，立刻找周秉钧先生商谈出版事宜。其实早在湖南师范学院读书时，他就知道周秉钧先生写了一本古汉语专著，但因周秉钧被错划为右派，书稿一直未能出版。胡本昱认为应当冲破出版禁区，让真正的知识分子展现真才实学，让他们掌握的知识成为大众的财富。周秉钧依据胡本昱的建议，将旧稿进行了修改和整理，并取名为《古汉语纲要》。

1978年底，周秉钧将修订好的书稿交给了胡本昱。尽管胡本昱毕业于中文系，古汉语又是他的长项，但面对书稿中的每一个字，他仍然纤悉不苟，遇到可疑之处必然要查阅资料，倘若还吃不准，就去请教相关老师，直到做到有据可查、有案可稽。《古汉语纲要》的文字部分有不少篆书等古文字，当时铅字排版水平有限，缺乏很多古字、冷僻字，需要一个个地造字和校对。胡本昱不畏困难，花费了几年时间反复校对，多次打磨，历时三年之久，《古汉语纲要》终于面世。胡本昱深知这本书的价值，笃定其一定会畅销，于是要求印刷厂打了两副纸型，以备重印用。事实证明，胡本昱的眼光确实精准老到，这本书先后印刷了6次，但不必重排，节省了不少时间和成本。

《古汉语纲要》出版后，长期被作为湖南师范学院的教材使用，并在国内外产生了较为广泛的影响。香港中文大学、日本京都大学等名

《中国古代寓言选》稿件完成后，胡本昱（左一）与同事合影

校的教授均对此书推崇备至，在香港也很畅销，日本不少学者甚至托人在港代购。此书于1985年获中南五省（区）优秀教育读物奖。

胡本昱在对待每一位作者和每一篇作品时，都保持着一颗公正和包容的心。他深知，文化的多样性是其生命力所在，因此他倡导"双百"方针，尊重学术自由，鼓励不同的声音，让思想的火花在交流中碰撞，让智慧的种子在包容中生根发芽。

《先秦礼制研究》原是陈戍国的博士学位论文，胡本昱看完书稿后甚是满意，鼓励陈戍国将礼制研究的写作范围拓展到清朝。在胡本昱和湖南教育出版社几任领导的支持之下，《先秦礼制研究》扩充为六卷本的《中国礼制史》丛书，研究跨度从先秦到清朝。该书整个出版周期长达12年，入选国家"十五"规划重点图书。沈文倬先生评此书，"待袪之疑不少，必读之书实多。非积力久而心志专者，难与语乎此"。这套丛书成为我国礼制研究的奠基之作，其学术价值不言而喻。作者陈戍国曾自嘲，这套书出版社是"一本又一本地赔本出版"。即便如此，胡本昱依然给予大力支持，不怨不悔担任此书的责任编辑十余年，尽职竭力，直到退休。

胡本昱把作者放在首位，努力为作者提供专业敬业、周到细致的服务，始终坚持"既出书，又出人"。他编发过的作者的"第一本书"有30多种，涉及40多位作者。有的继"第一本书"之后，在他的启发引导下又撰写出许多有影响力的新作，一次又一次证明了胡本昱的远见和眼光。

在出版的广阔天地里，胡本昱同志如同一位勤勉的园丁，细心耕耘，播撒智慧的种子。他以一腔热血，投身于发现知识瑰宝的征途，用行动诠释了一名出版工作者的执着与梦想。他在培养编辑新人和扶植作者上颇费心力，广交朋友。经常去拜访一些学者，又通过他们引荐结识更多优秀的作者和社外审稿人,不断扩大稿源。他认为,这些朋友既是自己的老师、顾问,又是编辑工作的帮手,结交多多益善。胡本昱一向谦虚随和,与作者、读者交往也十分融洽。每当收到读者来信、作者来稿,他都会仔细阅读、慎重对待。为了不耽误审稿,常常下班回家之后再回复读者来信,甚至工作到深夜。他常说:"与作者、读者能有至诚之交,能互相帮助,对工作是有大益处的。"

重担在肩,唯有倾尽全力

在胡本昱的办公室里,氤氲着一种不动如山、沉静似水的气息,他在此埋首于书稿中,潜心笃志,字斟句酌,就像是医生给病人"望闻问切""对症下药"。

他审稿态度十分严谨,一直保持着极低的差错率。妻子有时也不理解,怎么他一看起稿就发了狠、忘了情。胡本昱自知妻子是关心他,解释道:"我的书出了一点差错,它不仅仅是影响到出版社的业务,是全国都晓得了,这个影响是全国范围的,关系到整个社在全国读者心目中的形象。"

胡本昱很少过周末,加班成了常态。有时候遇上稿子堆积,"开夜车"是家常便饭。只要一看起稿子,他就什么也顾不上,常常忘记吃饭。长年累月极不规律的饮食习惯,让30多岁的胡本昱患上了糜烂性胃炎。长期加班也透支了胡本昱的健康,体质本就较弱的他健康每况愈下。1989年,身体向他发出了警告,他只得先住院三个月。出院后胡本昱却并没按医生的嘱咐静养,回到家又坐到了书桌前。妻子见胡本昱如此不爱惜身体,又是气又是急,撂下狠话:"你这样不顾身体看稿子,打多少止痛针也没用,你不听我的,我不管你了!"胡本昱无奈道:

"没办法，这本稿子要得急，我得加紧看完，万万不能耽误了。"妻子没少抱怨，但从没听过胡本昱一句怨言。每每谈及自己责编的图书质量时，胡本昱抑制不住地自豪："我所编所审的书出版之后，很少有差错，读者反映较好，尽管自己很累，但心里感到踏实。"

这一年，即使身体抱恙，胡本昱仍终审了210多万字，编发初版书47万字，还加入了湖南省出版局审编委员会，审读书刊20多种，合计约400万字。胡本昱每年都超额完成工作任务，哪怕是在即将退休前，也不曾有丝毫懈怠，平均每年编发图书二三十种，总字数近300万；终审、复审书稿多达600万字，这样的工作量相当于三个人全年工作量的总和。努力和汗水终有回报，种花成园，栽树成林。胡本昱先后编辑出版过学术著作、中小学教材、教辅、工具书多达250余种，均取得了可观的社会效益和经济效益。

打磨图书的过程是艰苦细致的，但在胡本昱看来，能为文化教育事业添砖加瓦，何尝不是乐事一桩？

走上社领导岗位后，胡本昱肩上的担子更重了。在工作安排上，他宁愿自己辛苦一点，也要工作安排科学一点，作风民主一点。尽管自己桌上的书稿堆积如山，但青年编辑送审书稿，他都会给予详细的批注，除了指出书稿中存在的问题外，还会传授编辑技能，帮助他们尽快提高业务水平，迅速成长为能够独当一面的好编辑。

在出版人才的培养上，胡本昱也是下足了功夫。每年社里招聘编辑时，胡本昱都会亲自参与试卷拟制工作，遴选人才。为了帮助青年编辑尽快掌握编辑业务，每个刚进社里的新编辑，胡本昱都会找他们谈话，聊工作、聊职责、聊未来的发展规划，将自己数十年的从业经验和专业知识倾囊相授，尽心尽力为湖南出版培养骨干力量。

"胡老师为人谦和，见谁都是笑呵呵的，特别关心年轻人。"孟实华回忆起自己昔日的领导，感触良多。孟实华当年到文教组报到的时候，还是个刚从大学毕业的小姑娘。初来乍到，孟实华对稿件的用字拿不准。这个字和那个字大小有啥不一样？为什么这里必须用这个字体？这些问题让孟实华非常困扰。胡本昱看在眼里，把这件事放在了心上。没过几天，胡本昱送给孟实华一本字体字号本，方便她翻看查阅。这本字体字号本陪伴了孟实华很久很久，久到书页都起了毛边，见证了孟实华从一个分不清字体字号的"菜鸟"编辑，成长为湖南省首位夺得"中国出版奖"的杰出出版人。胡本昱还时常会在湖南省出版工作者协会举办的编辑业务讲习班授课，为青年编辑们答疑解惑。除此之外，胡本昱还特别重视出版经营管理者的培训，他带头组织了10家出版社的编辑室主任参加"怎样当好编辑室主任"的座谈会。这次座谈会开得很成功，《湖南出版工作》还专门开辟专栏进行报道，胡本昱的发言稿作为专栏头条刊出。

胡本昱学养深厚，他撰写并出版了《文言语法》《实用珠算》《新编增广贤文》《汉语拼音字母发音图解》，其中《新编增广贤文》发行200多万册，获得当年全国优秀农村读物二等奖。

胡本昱进入管理层后，先后主持制定了湖南教育出版社"八五"规划和三个年度的选题计划，极具前瞻性地提出了"培养第一流的编辑，组织第一流的作者，出版第一流的好书，创建第一流的地方教育出版社"的理念，并围绕此理念开展实际工作。在他的悉心指导下，湖南教育出版社有五套书被列入国家"八五"重点出版规划，仅1991年至1992年间，就有59种图书获奖，其中《走向数学》丛书获第六届"中国图书奖"二等奖。他还特别重视海内外的联系宣传工作，加快"走出去"的步伐，实现了湖南教育出版社对外版权贸易"零"的突破。担任湖南教育出版社副社长之后，胡本昱并没有以管理之名

胡本昱（右一）在湖南师范学院读书期间与同学合影

脱离一线业务，而是以身作则发挥表率作用，他认为这样才能不断进取，带领团队不断向前。

低头做事，抬头做人

一位真正的文化人，大抵都有些理想主义的色彩和文化至上的情怀。胡本昱便是如此，在他的心中，文化和理想永远是第一位的。认真地做事，严肃地做人，胡本昱始终信奉此道。

胡本昱身上有着一股知识分子的清高，他把自己的名声看得比什么都重要。他向来坚持以质量取稿，不以人情取稿。当编辑当久了，难免会遇到一些作者出书之后硬要送钱或礼品聊表心意，胡本昱一概婉言谢绝。有时候实在盛情难却，胡本昱只好收受少量纪念品，但总是以等量或超量物品回赠。他也从未与别的出版社或杂志社交换采用稿件卖人情。

在胡本昱严格的家教下，他两个儿子的成绩都很不错，尤其是大儿子曹昕，品学兼优，在学校很受老师喜爱。高考前夕，校长告诉曹雪云，学校有几个推荐名额，曹昕就是其中一个，只要曹昕的高考成绩过了浙江大学录取分数线，就能去浙大的机电仪器系本硕连读。曹雪云听了自然很高兴，立刻叫上胡本昱去见了浙大的招生老师。一见面才知道，这个招生老师竟是同乡。招生老师先是夸曹昕优秀，正常发挥上浙大没有问题，就是看在同乡的情谊上自己也会多多照顾云云。随即又说起自己有一本书稿投在湖南科技出版社，一直迟迟未出版，得知胡本昱同在出版系统工作，他希望胡本昱能帮帮忙。

胡本昱当时并未表态。回到家后，妻子曹雪云按捺不住了，问道："儿子能够去浙大读书，这是多好的机会，你为什么不表态呢？"胡本昱答：

胡本昱（后排右一）与同事的合影

"我快要退休了，我做了几十年的编辑，没出过什么差错。我擅长的是文法，这本书的内容我不懂、不了解，我不能出也不好推荐，要是出了什么差错，我一世的名声就毁了。"于是，此事便作罢。

高考成绩出来后，曹昕的分数恰好超过了浙大分数线，全家都很高兴。胡本昱夫妇便带着儿子再次前去拜访招生老师。可这次，招生老师却像换了个人，一改之前的热络，对胡本昱一家爱搭不理。曹昕见状和母亲说："妈妈，你把爸爸喊出来吧，那个学校就算是发金子，我也不去了。"最后，曹昕选择去了西安交通大学。其时，胡本昱已任湖南教育出版社副社长，凭借在出版界工作多年积累的人脉和资源，推荐或出一本小书并非难事，但胡本昱始终坚守文化人的底线，即使事关儿子高考这样的前途大事，也无法动摇他作为一名出版工作者的原则和底线。

书，如其学，如其才，如其志。胡本昱的字总是写得一笔一画、横平竖直，就像他做人一样，有棱有角，刚直不阿。稿件上的每一个批注，都要一笔一画，不能连笔，更不能草书，字字端方。

"保持晚节"这四个字在胡本昱临近退休那几年的年度总结里常常出现，这既是他对自己的要求，更是他对做人做事的境界追求。

他不仅是一个编书匠，还是一名作者和学者。工作之余，他还会进行研究和写作，先后发表文章和书稿共30余万字。他尤其重视编辑业务的理论知识学习，将日常编辑工作中的所思所想著成文章，先后发表了《图书的重印与重版》《必须十分重视出版队伍的思想建设》等文章，其中《书稿全面质量管理概论》一文独具慧眼地选取了书稿质量评价体系为研究对象，详细地论述了书稿评价与质检标准该如何量化、如何把握，在当时出版界产生了不小的影响，获得湖南省首届出版学术论文评选一等奖。胡本昱还积极参与草拟了《编辑学概论》

的提纲,为编辑出版工作实践提供了有益指导。此外,他还为《外国教育论著丛书》《中学生课外读物丛书》《面向现代化丛书》等书撰写出版前言,为《历史比较法与古籍校释》撰写了 4000 余字的《编余琐记》。

胡本昱入行 36 年,"出版"二字在他的生命中占据的分量太重。在即将退休那一年,他依然在年度考核中写下这样一段话:"日后,我要进一步加强理论和专业知识的学习,继续进行编辑学研究与写作,争取为建立具有中国特色的编辑学作出贡献,争取为创造全国第一流出版社作出贡献,努力争取做一个无愧于伟大时代的出版工作者。兀兀穷年,从未懈怠。"

谈起自己的编辑老朋友,作者陈蒲清几度哽咽:"在我的心中,胡本昱先生是一个忠于事业、忠于友情的好人,是一个全身心投入事业而成绩卓越的出版家。"作为湖南教育出版社的第一批老员工,胡本昱将一生都奉献给了湖南教育出版社,奉献给了湖南出版事业。

胡本昱也曾坦言有些后悔,后悔自己做领导后编书少了。晚年时他毫不掩饰地吐露心意:"我应该当一辈子的普通编辑,继续编书。做编辑,最幸福的事就是能多做几本自己喜欢的好书!"

"择一事,终一生",他念兹在兹。他的书,他的事业。